Steckler
Kompakt-Training
Wirtschaftsrecht

Kompakt-Training
Praktische Betriebswirtschaft
Herausgeber Professor Klaus Olfert

www.kiehl.de

Wirtschaftsrecht

Von
Prof. Dr. jur. Brunhilde Steckler

3., aktualisierte Auflage

kiehl

Herausgeber:

Prof. Klaus Olfert
76530 Baden-Baden

ISBN 978-3-470-**53513**-5 · 3., aktualisierte Auflage 2013

Kiehl ist eine Marke des NWB Verlags

Druck: Stückle Druck und Verlag, Ettenheim – ptmue

Kompakt-Training Praktische Betriebswirtschaft

Das Kompakt-Training Praktische Betriebswirtschaft ist aus der Notwendigkeit entstanden, dass Wissen immer häufiger unter erheblichem Zeit- und Erfolgsdruck erworben oder reaktiviert werden muss. Den vielfältigen betriebswirtschaftlichen Fakten und Zusammenhängen, die aufzunehmen sind, stehen eng begrenzte Zeitbudgets gegenüber.

Die vorliegende Fachbuchreihe ist darauf ausgerichtet, die Leser darin zu unterstützen, rasch und fundiert in die verschiedenen betriebswirtschaftlichen Themenbereiche einzudringen sowie diese aufzufrischen. Sie eignet sich in besonderer Weise für:

- Studierende an Fachhochschulen, Akademien und Universitäten
- Fortzubildende an öffentlichen und privaten Bildungsinstitutionen
- Fach- und Führungskräfte in Unternehmen und sonstigen Organisationen.

Das Kompakt-Training Praktische Betriebswirtschaft ist auch zum Selbststudium sehr gut geeignet, nicht zuletzt wegen seiner herausragenden Gestaltungsmerkmale. Jeder einzelne Band der Fachbuchreihe zeichnet sich u. a. aus durch:

- kompakte und praxisbezogene Darstellung
- systematischen und lernfreundlichen Aufbau
- viele einprägsame Beispiele, Tabellen, Abbildungen
- 50 praxisbezogene Übungen mit Lösungen
- MiniLex mit 150 - 200 Stichworten.

Für Anregungen, die der weiteren Verbesserung dieses Lernkonzeptes dienen, bin ich dankbar.

Prof. Klaus Olfert
Herausgeber

Vorwort zur 3. Auflage

In dem vorliegenden Buch werden die Grundzüge des angewandten Zivil- und Wirtschaftsrechts dargestellt. Im Mittelpunkt steht das Recht der Kaufleute und insbesondere das Handelsrecht. Um im kaufmännischen Geschäftsverkehr verantwortlich Verträge abschließen zu können, muss man sich mit der Systematik des Bürgerlichen Rechts vertraut machen und darauf aufbauend die Besonderheiten der einzelnen Vertragsarten kennen lernen. Erst dann werden die Vorschriften des Handelsrechts transparent, welche die Regelungen des Bürgerlichen Gesetzbuches modifizieren und ergänzen.

Das Kompakt-Training Wirtschaftsrecht fügt sich in die Reihe betriebswirtschaftlicher Werke ein und übernimmt deren Struktur. Daher werden die komplexen wirtschaftsrechtlichen Bereiche durch zahlreiche Übungen in Form anschaulicher Anwendungsfälle aus der betrieblichen Wirtschaftspraxis ergänzt. Im Lösungsteil erhalten die Leser Antworten auf die gestellten Fragen.

Im MiniLex sind Definitionen der im Text und in den Übungsfällen aufgeführten juristischen Begriffe sowie die Voraussetzungen und Rechtsfolgen unterschiedlicher rechtlicher Tatbestände enthalten. Die Leser können das MiniLex als Glossar zum Nachschlagen oder Wiederholen wesentlicher Rechtsbegriffe einsetzen.

Einzelne Aspekte der Vertragsgestaltung sind in die Erläuterung der wirtschaftsrechtlichen Sachverhalte einbezogen worden, soweit dies im Rahmen der kompakten Darstellung angemessen ist. Die Garantie- und Gewährleistungsbedingungen im Kaufvertrag, Leistungsort und Leistungszeit, die Allgemeinen Geschäftsbedingungen, der Eigentumsvorbehalt und Handelsklauseln sowie Lizenzvereinbarungen sind Beispiele für Spielräume vertraglicher Regelungen im Wirtschaftsrecht.

Die inhaltliche Konzeption dieses Buches ist aus Vorlesungen, Übungen und Seminaren hervorgegangen, die ich im Laufe vieler Jahre in Lehre und angewandter Forschung für Studierende an verschiedenen rechts- und wirtschaftswissenschaftlichen Fachbereichen entwickelt habe, zuletzt im Fachbereich Wirtschaft der Fachhochschule Bielefeld. Mein besonderes Interesse gilt den berufstätigen Studierenden im Verbundstudienkonzept des Landes Nordrhein-Westfalen. Zudem werden Anregungen aus Wissenschaft und Praxis gern entgegengenommen und fortlaufend in die Neubearbeitungen integriert.

Brunhilde Steckler
Bielefeld, im Dezember 2012

Feedbackhinweis

Kein Produkt ist so gut, dass es nicht noch verbessert werden könnte. Ihre Meinung ist uns wichtig. Was gefällt Ihnen gut? Was können wir in Ihren Augen verbessern? Bitte schreiben Sie einfach eine E-Mail an: **c.ziegler@kiehl.de**

Als kleines Dankeschön verlosen wir unter allen Teilnehmern einmal pro Monat ein Buchgeschenk!

Benutzungshinweise

Aufgaben/Fälle

Die Aufgaben/Fälle im Übungsteil dienen der Wissens- und Verständniskontrolle. Auf sie wird jeweils im Textteil hingewiesen:

Aufgabe 1 > Seite 217
Aufgabe 2 > Seite 217

Der Übungsteil befindet sich als „blauer Teil" am Ende des Buches. Es wird empfohlen, die Aufgaben/Fälle unmittelbar nach Bearbeitung der entsprechenden Textstellen zu lösen.

Aus Gründen der Praktikabilität und besseren Lesbarkeit wird darauf verzichtet, jeweils männliche und weibliche Personenbezeichnungen zu verwenden. So können z. B. Mitarbeiter, Arbeitnehmer, Vorgesetzte grundsätzlich sowohl männliche als auch weibliche Personen sein.

a. a. O.	am angegebenen Ort
Abs.	Absatz
AG	Aktiengesellschaft
AGB	Allgemeine Geschäftsbedingungen
AktG	Aktiengesetz
BGB	Bürgerliches Gesetzbuch
BGB-InfoVO	BGB-Informationspflichtenverordnung
BGH	Bundesgerichtshof
BörsenG	Börsengesetz
bzw.	beziehungsweise
CISG	United Nations Convention on Contracts for the International Sale of Goods (auch: UN-Kaufrecht)
d. h.	das heißt
DIN	Deutsches Institut für Normung (auch: Deutsche Industrie-Norm)
EDV	Elektronische Datenverarbeitung
e. G.	eingetragene Genossenschaft
EG	Europäische Gemeinschaft
EGBGB	Einführungsgesetz zum Bürgerlichen Gesetzbuch
EU	Europäische Union
EuGH	Europäischer Gerichtshof
e. V.	eingetragener Verein
EWG-Vertrag	Gründungsvertrag der Europäischen Wirtschaftsgemeinschaft
EWIV	Europäische Wirtschaftliche Interessen-Vereinigung
f., ff.	folgende, fortfolgende
G	Gesetz
GbR	Gesellschaft bürgerlichen Rechts
GebrMG	Gebrauchsmustergesetz
gem.	gemäß
GeschmMG	Geschmacksmustergesetz
GewO	Gewerbeordnung
GG	Grundgesetz für die Bundesrepublik Deutschland
GmbH	Gesellschaft mit beschränkter Haftung
GmbHG	Gesetz betreffend die Gesellschaften mit beschränkter Haftung
GWB	Gesetz gegen Wettbewerbsbeschränkungen
HGB	Handelsgesetzbuch
IHK	Industrie- und Handelskammer
Incoterms	International Commercial Terms
InsO	Insolvenzordnung
i. S.	im Sinne
i. V.	in Verbindung
KG	Kommanditgesellschaft
KG a. A.	Kommanditgesellschaft auf Aktien
LG	Landgericht
MarkenG	Markengesetz
oHG	offene Handelsgesellschaft
OLSchVO	Verordnung über Orderlagerscheine
OLG	Oberlandesgericht
PartGG	Partnerschaftsgesellschaftsgesetz
PatG	Patentgesetz

ProdHaftG	Produkthaftungsgesetz
TMG	Telemediengesetz
TVG	Tarifvertragsgesetz
u. a.	unter anderem
UKlaG	Unterlassungsklagengesetz
UrhG	Urhebergesetz
UWG	Gesetz gegen den unlauteren Wettbewerb
vgl.	vergleiche
z. B.	zum Beispiel
ZPO	Zivilprozessordnung

A. Grundlagen des Bürgerlichen Rechts

Das Bürgerliche Recht (auch: Privatrecht) regelt die Rechtsverhältnisse natürlicher und juristischer Personen untereinander. Es ist im Bürgerlichen Gesetzbuch (BGB) und in zahlreichen Nebengesetzen (Einführungsgesetz zum BGB, Produkthaftungsgesetz u. a.) niedergelegt. Im Wirtschaftsleben sind die speziellen Wirtschaftsgesetze des **Handels- und Gesellschaftsrechts** zu beachten, darunter insbesondere das Handelsgesetzbuch (HGB), das die Vorschriften des Bürgerlichen Gesetzbuches ergänzt oder abändert, wenn die handelnden Personen Kaufleute sind.

Durch die Umsetzung Europäischer Richtlinien in das deutsche Recht werden Gesetze geändert und den Anforderungen des Gemeinsamen Marktes angepasst. Der Harmonisierung des Verbraucherschutzes in der Europäischen Union dienen z. B. folgende Richtlinien:

- Richtlinie zum Verbrauchsgüterkauf, Zahlungsverzugsrichtlinie, Richtlinie zum elektronischen Geschäftsverkehr u. a.
- Richtlinien zur Anpassung des Verjährungsrechts, des Leistungsstörungsrechts und des Mängelgewährleistungsrechts an einen europäischen Standard
- Richtlinien zur Harmonisierung des Verbraucherschutzes in den Bereichen des elektronischen Geschäftsverkehrs, der Haustürgeschäfte, der Verbraucherkreditverträge und der Allgemeinen Geschäftsbedingungen.

Nach der Aufnahme zahlreicher **Verbraucherschutzregeln** in das Bürgerliche Gesetzbuch ist bei der Anwendung einzelner Rechtsvorschriften darauf zu achten, ob sich diese auf die Rechtsbeziehungen zwischen Unternehmern und Verbrauchern beziehen. So gelten z. B. die Vorschriften über besondere Vertriebsformen gem. §§ 312 ff. BGB, den Verbrauchsgüterkauf gem. §§ 474 ff. BGB, den besonderen Vorschriften über Verbraucherdarlehensverträge gem. §§ 491 ff. BGB und die Regelungen über Finanzierungshilfen gem. §§ 506 ff. BGB speziell für Verträge zwischen einem Unternehmer und einem Verbraucher.

Es sind folgende Definitionen eingeführt worden:

- **Verbraucher** ist jede natürliche Person, die ein Rechtsgeschäft zu einem Zweck abschließt, der weder ihrer gewerblichen noch ihrer selbstständigen beruflichen Tätigkeit zugerechnet werden kann, § 13 BGB.
- **Unternehmer** ist eine natürliche oder juristische Person oder eine rechtsfähige Personengesellschaft, die bei Abschluss eines Rechtsgeschäfts in Ausübung ihrer gewerblichen oder selbstständigen beruflichen Tätigkeit handelt, § 14 BGB.

Der Unternehmerbegriff im Sinne des Bürgerlichen Gesetzbuches umfasst jede gewerbliche und selbstständige Tätigkeit und ist daher nicht mit dem engeren Kaufmannsbegriff des Handelsgesetzbuches gleichzusetzen. Im Bürgerlichen Recht gehören zu den Unternehmern alle Gewerbetreibenden und auch Selbstständige (Ärzte, Rechtsanwälte, Ingenieure und Architekten), während Kaufleute im Sinne der §§ 1 ff. HGB ein Handelsgewerbe betreiben.

1. Rechtsgeschäfte

Zu den Grundlagen des Bürgerlichen Rechts gehört die Rechtsgeschäftslehre. In erster Linie gehören Verträge zu den Rechtsgeschäften, wie z. B. Kauf-, Werk- und Mietverträge, aber auch Finanzierungsgeschäfte, Bürgschaften und vieles andere mehr. Die abstrakten Regeln für das Zustandekommen, die ordnungsgemäße Ausführung und die Beendigung von Rechtsgeschäften stehen daher am Anfang.

1.1 Rechtssubjekte im Wirtschaftsleben

Verbraucher und Unternehmer sind nicht die einzige Möglichkeit der Kategorisierung der im Wirtschaftsleben handelnden Personen. Es sind natürliche und juristische Personen zu unterscheiden, die rechtsfähig und damit Träger von Rechten und Pflichten sein können.

Rechtlich wird die Person als **Rechtssubjekt** bezeichnet, während die Sache als körperlicher Gegenstand im Sinne des § 90 BGB ein **Rechtsobjekt** darstellt.

Natürliche Personen sind Menschen; sie werden mit ihrer Geburt zu Rechtssubjekten, § 1 BGB. Der Mensch ist grundrechtsfähig und kann Eigentum und Besitz erwerben. Zunächst ist er noch geschäftsunfähig, § 104 BGB. Er erlangt die beschränkte Geschäftsfähigkeit mit Vollendung des 7. Lebensjahres (§ 106 BGB) und die unbeschränkte Geschäftsfähigkeit mit Eintritt der Volljährigkeit (Vollendung des 18. Lebensjahres, § 2 BGB).

Juristische Personen sind Vereinigungen mehrerer natürlicher Personen, wie z. B. Vereine, Genossenschaften und Kapitalgesellschaften, die durch die Rechtsordnung zugelassen und mit Rechtsfähigkeit ausgestattet sind. Sie entstehen durch Eintragung in ein öffentliches Register (Vereinsregister, Genossenschaftsregister, Handelsregister), sofern sie die gesetzlichen Voraussetzungen erfüllen.

Ein Verein muss z. B. eine Mitgliederzahl von mindestens sieben natürlichen Personen aufweisen, die eine Satzung mit Zweck, Name und Sitz erstellt haben, welche einen Sollinhalt enthält, vgl. §§ 56, 57, 58 BGB. Dann kann die Eintragung in das Vereinsregister erfolgen.

Eine GmbH kann durch eine oder mehrere Personen errichtet werden, vgl. § 1 GmbHG. Hierfür ist ein Gesellschaftsvertrag erforderlich, der einen Mindestinhalt aufweisen und notariell beurkundet werden muss, §§ 2, 3 GmbHG. Die GmbH wird in das Handelsregister eingetragen, wenn die Anmeldevoraussetzungen gegeben sind, insbesondere ein Teil des Mindeststammkapitals eingezahlt wurde, vgl. §§ 7, 8 GmbHG.

Eine Personengesellschaft, d. h. mehrere natürliche Personen, die sich zur Förderung eines gemeinsamen Zwecks verpflichten, ist nicht rechtsfähig. Dies gilt für Gesellschaften bürgerlichen Rechts (GbR), wie z. B. Fahrgemeinschaften, Werbegemeinschaften oder Arbeitsgemeinschaften im Baugewerbe. Handelsgesellschaften, wie z. B. die offene Handelsgesellschaft (oHG) oder die Kommanditgesellschaft (KG) erhalten eine Teilrechtsfähigkeit durch das Gesetz, vgl. §124 HGB.

Kaufleute werden im Abschnitt über die Kaufmannseigenschaft definiert (Kapitel C. Handelsrecht) und Handelsgesellschaften im Gesellschaftsrecht (Kapitel D.).

1.2 Rechts- und Geschäftsfähigkeit

Als Rechtssubjekt ist die Person rechtsfähig, d. h. sie erlangt die Fähigkeit, Träger von Rechten und Pflichten zu sein. Eine rechtsfähige Person kann deshalb Eigentum erwerben, Gläubiger oder Schuldner eines Anspruchs sein, Mitglied einer Gesellschaft werden und vieles mehr. Dagegen ist das Rechtsobjekt, z. B. eine bewegliche oder unbewegliche Sache, das Objekt der Rechte einer Person.

Die Rechtsfähigkeit hat erhebliche Bedeutung bei der Begründung von Rechten und Pflichten durch Gesetz oder durch Vertrag, ebenso auch bei der Geltendmachung und bei der gerichtlichen Durchsetzung von Ansprüchen. Der Mensch ist eine natürliche Person, dessen **Rechtsfähigkeit** grundsätzlich mit der **Vollendung der Geburt** beginnt und mit dem Tod endet, § 1 BGB. Dagegen erlangen die juristischen Personen ihre **Rechtsfähigkeit mit der Entstehung**, in aller Regel durch Eintragung in ein öffentliches Register, z. B. in das Vereins-, Handels- oder Genossenschaftsregister. Personenhandelsgesellschaften (oHG und KG) erlangen Teilrechtsfähigkeit gem. § 124 HGB.

Beispiel

Der Geschäftsführer der Alpha Hardware GmbH verkauft der Beta Software oHG eine Produktionsanlage. Bei Vertragsabschluss handelt der vertretungsberechtigte Gesellschafter Goebel für die Beta Software oHG. Der Kaufvertrag über die Anlage kommt zwischen der Alpha Hardware GmbH als Verkäuferin und der Beta Software oHG als Käuferin zu Stande. Goebel ist als natürliche Person zwar auch rechtsfähig und mit Eintritt der Volljährigkeit unbeschränkt geschäftsfähig, doch handelt er bei Vertragsabschluss in fremdem Namen. Er hat die Beta Software oHG wirksam vertreten. Die oHG erlangt als Personenhandelsgesellschaft Teilrechtsfähigkeit gem. § 124 HGB und kann daher Vertragspartnerin werden.

Von der Rechtsfähigkeit ist bei natürlichen Personen ihre **Geschäftsfähigkeit** zu unterscheiden. Als Geschäftsfähigkeit gilt die Fähigkeit, Rechtsgeschäfte selbstständig und wirksam vornehmen zu können. Nur die geschäftsfähige natürliche Person kann durch eigene Willenserklärungen wirksam Rechte erwerben und Pflichten begründen, also auch Verträge abschließen.

Nach §§ 106 ff. BGB erhält der Mensch mit der Vollendung des 7. Lebensjahres die **beschränkte Geschäftsfähigkeit**, während die **unbeschränkte Geschäftsfähigkeit** erst mit der Vollendung des 18. Lebensjahres eintritt, vgl. § 2 BGB. Die Willenserklärung eines Geschäftsunfähigen ist nichtig, § 105 BGB, während die Willenserklärung einer beschränkt geschäftsfähigen Person der Einwilligung oder der Genehmigung des gesetzlichen Vertreters bedarf. Sofern ein beschränkt Geschäftsfähiger eine Willenserklärung ohne (vorherige) Einwilligung des gesetzlichen Vertreters abgibt, ist sie **schwebend unwirksam** und bedarf der (nachträglichen) Genehmigung. Erteilt der gesetzliche Vertreter die Genehmigung, wird die Willenserklärung wirksam, verweigert er die Genehmigung, wird die Willenserklärung endgültig unwirksam, §§ 107, 108 BGB. Um diesen Zustand der Rechtsunsicherheit zu beenden, kann der Vertragspartner den gesetzlichen Vertreter des Minderjährigen zu einer Erklärung über die Genehmigung auffordern. Wird die Genehmigung nicht innerhalb von zwei Wochen erteilt, gilt sie als verweigert.

Beispiel

Ein 17-Jähriger vereinbart mit dem Inhaber eines Einzelhandelsgeschäfts, dass er samstags von 12:00 bis 16:00 Uhr im Verkauf aushelfen wird. Seine Eltern wissen von dieser Absicht nichts, hätten aber auch keine Bedenken, wenn ihr Sohn sein Taschengeld aufbessert. Es besteht kein wirksamer Arbeitsvertrag. Denn der 17-Jährige ist nach Maßgabe der §§ 106 ff. BGB in seiner Geschäftsfähigkeit beschränkt. Seine Willenserklärung zum Abschluss eines Arbeitsvertrages bedarf der Einwilligung des gesetzlichen Vertreters. Diese liegt erkennbar nicht vor. Der Vertrag ist schwebend unwirksam und wird erst wirksam, wenn die Eltern als gesetzliche Vertreter die Genehmigung erteilt haben. Der Inhaber des Einzelhandelsgeschäfts müsste die Eltern zu einer Erklärung über die Genehmigung auffordern, um den Zustand der schwebenden Unwirksamkeit des Arbeitsvertrags zu beseitigen, vgl. § 108 Abs. 2 BGB.

Von diesen Grundsätzen sind **Rechtsgeschäfte geringen Umfangs** (= Taschengeldgeschäfte) ausgenommen, ferner rechtlich vorteilhafte Geschäfte und die Folgegeschäfte nach Einwilligung der gesetzlichen Vertreter zum Abschluss eines Arbeitsvertrags (*Steckler/Bachert/Strauß, 2010*) oder zur Übernahme eines Erwerbsgeschäfts, vgl. §§ 107, 110 ff. BGB. Diese Rechtsgeschäfte sind auch ohne erneute Einwilligung der gesetzlichen Vertreter wirksam und bedürfen daher keiner Genehmigung.

1.3 Willenserklärungen und Rechtsgeschäfte

Das **Rechtsgeschäft** ist ein juristischer Tatbestand, der mindestens eine Willenserklärung enthält und regelmäßig weitere Wirksamkeitsvoraussetzungen, um einen rechtserheblichen Erfolg herbeizuführen. Man unterscheidet einseitige Rechtsgeschäfte (Testament, Auslobung, Kündigung) und mehrseitige Rechtsgeschäfte, insbesondere Verträge, die in aller Regel durch zwei übereinstimmende Willenserklärungen zu Stande kommen, gelegentlich auch durch eine Willenserklärung (Schenkungsversprechen, Bürgschaftserklärung). Zu den mehrseitigen Rechtsgeschäften gehören auch Gesamtakte, bei denen mehrere Personen Willenserklärungen auf dasselbe Ziel ausrichten, wie z. B. Gründung eines Vereins oder einer Gesellschaft. Neben den für die Wirtschaft relevanten Rechtsgeschäften mit vermögensrechtlichen Inhalten (Kaufverträge, Mietverträge, Werkverträge etc.) gibt es Rechtsgeschäfte mit personenrechtlichem Inhalt (Eheschließung).

Die **Willenserklärung** ist das Grundelement des Rechtsgeschäfts. Unter einer Willenserklärung ist die Erklärung einer Person zu verstehen, die den auf die **Herbeiführung einer Rechtsfolge** gerichteten Willen zum Ausdruck bringt. Mittels Willenserklärungen kann daher die bestehende Rechtslage verändert werden, z. B. Abschluss eines Vertrages durch Angebot und Annahme, Umgestaltung eines Vertrages in ein Rückgewährschuldverhältnis durch Rücktritt, Beendigung durch Anfechtung oder Kündigung. Ferner wird eine Forderung durch eine Bürgschaftserklärung gesichert oder durch Aufrechnung zum Erlöschen gebracht.

Beispiel

Die Kündigung eines Mietvertrages durch den Mieter bringt dessen Willen zum Ausdruck, den Mietvertrag zu beenden. Um diesen Willen dem Vertragspartner mitzuteilen, bedarf es einer Erklärung. Die Kündigungserklärung ist eine zugangsbedürftige Willenserklärung und daher erst wirksam, wenn sie dem Vertragspartner zugegangen ist. Damit die Rechtsfolge der Beendigung des Vertrages eintreten kann, müssen noch weitere Voraussetzungen gegeben sein, wie z. B. die Schriftform der Kündigungserklärung, das Einhalten von Kündigungsfristen bei der ordentlichen Kündigung oder das Vorliegen eines wichtigen Grundes bei der außerordentlichen Kündigung.

Die Willenserklärung enthält zwei Bestandteile, **einen rechtserheblichen Willen und eine rechtserhebliche Erklärung**.

Die **Erklärung** ist das **objektive Element** der Willenserklärung. Sie ist eindeutig auf eine bestimmte Rechtsfolge ausgerichtet und bedarf grundsätzlich keiner Form, sodass sie nach Wahl des Erklärenden in verschiedener Weise erfolgen kann,

- **konkludent** (= durch schlüssiges Verhalten)
- oder **ausdrücklich** (= mündlich oder schriftlich).

Im geschäftlichen Alltag werden zahlreiche Rechtsgeschäfte durch konkludente, wie etwa bloßes Kopfnicken, oder durch mündliche Willenserklärungen (z. B. telefonisch) abgeschlossen. Da Verträge in aller Regel formlos wirksam sind, besteht bei vielen alltäglichen Geschäften bereits durch konkludentes Handeln eine vertragliche Rechtsbindung.

Beispiel

Die Äußerung gegenüber dem Zeitungsverkäufer: *„Ich möchte heute die Financial Times"* ist eine auf den Abschluss eines Kaufvertrages gerichtete **ausdrückliche Willenserklärung**. Die wesentlichen Vertragsbestandteile – Vertragsparteien, Kaufsache und Kaufpreis – sind eindeutig zu erkennen. Der Verkäufer überreicht dem Kunden wortlos die Zeitung, nimmt das hingehaltene Geldstück entgegen und gibt das Wechselgeld heraus. In diesem Verhalten liegt die konkludente Willenserklärung des Verkäufers, die rechtlich als Annahme des Kaufvertragsantrages anzusehen ist.

Der **Geschäftswille** ist das **subjektive Element** der Willenserklärung. Er umfasst den Willen, eine bestimmte Leistung zu erbringen und bezüglich dieser Leistung eine rechtliche Verpflichtung einzugehen. Es kommt darauf an, dass der **Rechtsbindungswille** gegenüber dem Erklärungsempfänger zum Ausdruck gebracht wird und dass die Willenserklärung hinreichend bestimmt ist.

Beispiel

In der Erklärung, einen zum Verkauf angebotenen Lkw besichtigen zu wollen, liegt noch keine bindende Kaufzusage. Auch die Probefahrt ist noch kein Antrag zum Abschluss eines Kaufvertrages. Erst wenn der Käufer eindeutig seinen Willen zu erkennen gibt, dieses bestimmte Fahrzeug erwerben zu wollen, liegt ein Kaufangebot vor. Bei einem Gegenstand dieser Größenordnung wird häufig aus Beweisgründen ein schriftlicher Kaufvertrag abgeschlossen. Nach den Regeln des Bürgerlichen Rechts wäre auch bei dem Erwerb eines Pkw ein mündlicher oder sogar ein konkludenter Kaufvertragsabschluss wirksam.

In der Praxis ist die Willenserklärung sowohl von Gefälligkeitszusagen als auch von der Aufforderung zur Abgabe eines Angebots (invitatio ad offerendum) zu unterscheiden. Letztere gehört zu den Vorbereitungen für einen Vertragsabschluss und ist insbesondere in den Bereichen Vertrieb, Werbung und Marketing anzutreffen.

Der **invitatio ad offerendum** fehlt das für die Willenserklärung bedeutende Element des Rechtsbindungswillens. Beispiele sind Maßnahmen der **Werbung** oder **Verkaufsförderung**. Diese enthalten noch kein rechtsverbindliches Angebot. Zeitungsanzeigen, Preislisten und Kataloge, Schaufensterauslagen, Speisekarten im Restaurant, Werbespots im Rundfunk oder Fernsehen, eine Homepage im Internet und ähnliche Präsentationen gewerblicher Leistungen und Produkte unterliegen den Regeln des Wettbewerbs- und Werberechts. Auch eine Werbung in der Form einer interaktiven und multimedial aufbereiteten Website im Internet fordert potenzielle Kunden nur zur Abgabe eines bindenden Kaufangebotes auf. Erst die Bestellung der Ware nach Katalog, nach Preisliste, aus der Speisekarte oder aus der Internet-Präsentation ist dagegen als bindendes Angebot zum Vertragsabschluss anzusehen.

Beispiel

Ein Interessent öffnet die Homepage eines Online-Shops im Internet und schaut sich die dort präsentierten Waren an. Durch Mausklick füllt er einen Warenkorb ähnlich wie im Supermarkt. Im Hintergrund wird ein Bestellformular generiert, in das der Kunde seinen Namen und die Lieferanschrift einträgt. Dann sendet er die Bestellung elektronisch an den Online-Shop. Der Kunde hat ein verbindliches Angebot zum Abschluss eines Kaufvertrages abgegeben, indem er sich entsprechend der Programmabfrage identifiziert und die in dem Online-Bestellformular aufgeführten Produkte bestellt hat. Die Bestätigung der Bestellung kann ebenso wie die Zusendung der Produkte eine Annahme des Kaufvertragsangebotes sein.

Die Abgrenzung der Willenserklärung zur – rechtlich unverbindlichen – Gefälligkeitszusage wird nach den Umständen des Einzelfalles vorgenommen. In der Praxis sind Erklärungen im familiären, nachbarschaftlichen oder freundschaftlichen Bereich als Gefälligkeit anzusehen. Dagegen spricht die Zugehörigkeit zu einem kaufmännischen Gewerbe, die Entgeltlichkeit, die für den Erklärungsempfänger erkennbare Rechtsbindung für eine Willenserklärung. Falls z. B. jemand mit einem Handwerksbetrieb einen Termin zur Installation oder Wartung seiner Heizung vereinbart, handelt es sich um einen Werkvertrag, auch wenn bei der Terminabsprache der Begriff „Gefälligkeit" verwendet wurde. Sofern ein Familienmitglied oder ein Freund seine Mithilfe bei dem Bau eines Gartengrills zusagt, liegt eine bloße Gefälligkeit vor. Taucht der freundliche Helfer nicht wie vereinbart auf, ist die versprochene Leistung im Gegensatz zur Werk-/Dienstleistung nicht einklagbar.

Aufgabe 1 > Seite 217

Die Willenserklärung wird mit ihrer **Abgabe durch den Erklärenden** für diesen bindend, § 145 BGB. Falls der Geschäfts- oder Rechtsbindungswille darin enthalten ist, z. B. die Übernahme einer Bürgschaft für eine Verbindlichkeit, das Versprechen einer Schenkung oder das Angebot zum Abschluss eines Kaufvertrages, liegt bereits eine den Erklärenden bindende Willenserklärung vor.

In aller Regel handelt es sich im Wirtschaftsleben um zugangsbedürftige Willenserklärungen, die zu ihrer Wirksamkeit auch einen **Zugang bei dem Erklärungsempfänger** voraussetzen. Dies gilt beispielsweise für den Antrag auf Abschluss eines Vertrages, für die Vertragsannahme und für alle vertragsgestaltenden Erklärungen – Anfechtung, Kündigung, Rücktritt, Aufrechnung usw. Die Willenserklärung ist dem Erklärungsempfänger zugegangen, wenn sie in den Bereich seiner tatsächlichen Verfügungsmacht gelangt, z. B. mit der Zustellung durch die Post. Die Aushändigung eines Briefes oder das Einwerfen in den Briefkasten, Einlegen in das Postfach, Hinterlegen einer Postlagersendung oder Übermittlung einer E-Mail reicht für den Zugang der Willenserklärung aus, wobei davon auszugehen ist, dass in einem gewerblichen Unternehmen die elektronische Post zu den üblichen Geschäftszeiten einmal täglich gelesen wird.

Neben der Abgabe und dem Zugang von Willenserklärungen müssen für die Wirksamkeit eines Rechtsgeschäfts im Einzelfall weitere Voraussetzungen vorliegen, wie z. B. die Übereinstimmung von Wille und Erklärung bei Abgabe einer Willenserklärung, gesetzliche oder vertragliche Formerfordernisse für das betreffende Rechtsgeschäft oder die Geschäftsfähigkeit des Erklärenden bei Abgabe der Willenserklärung.

1.4 Wirksamkeit von Rechtsgeschäften

Ein Rechtsgeschäft kann nichtig oder anfechtbar sein. Die **Nichtigkeit von Rechtsgeschäften** bedeutet, dass es schwere Mängel aufweist und das Gesetz keine Rechtswirkungen anerkennt. Dies ist z. B. der Fall bei fehlender Geschäftsfähigkeit des Erklärenden, Formmängeln, Schein- und Scherzgeschäften und bei Gesetz- oder Sittenwidrigkeit. Das nichtige Rechtgeschäft ist dauerhaft unwirksam, eine Heilung der Nichtigkeit nur ausnahmsweise gegeben. Regelmäßig muss daher ein neues Rechtsgeschäft abgeschlossen werden.

Eine Willenserklärung ist fehlerfrei, wenn die äußere Erklärung und der innere Wille übereinstimmen. Dagegen ist die Willenserklärung fehlerhaft, wenn Erklärung und Wille auseinanderfallen. Die **Fälle des bewussten Auseinanderfallens von Wille und Erklärung** sind gesetzlich geregelt. Dazu gehören

- geheimer Vorbehalt, § 116 BGB
- Scheingeschäft, § 117 BGB
- Scherzerklärung, § 118 BGB.

Auch die **Anfechtung von Willenserklärungen** führt zur Nichtigkeit eines Rechtsgeschäfts. Allerdings ist die Anfechtung nur möglich, wenn ein Anfechtungsgrund gegeben ist, wie etwa wegen Irrtums (§ 119 BGB) oder aufgrund falscher Übermittlung (§ 120 BGB). Darüber hinaus kann die Rechtsfolge der Nichtigkeit nur eintreten, wenn fristgerecht eine Anfechtungserklärung abgegeben wurde. Daher ist ein anfechtbares Rechtsgeschäft zunächst wirksam und wird erst mit Zugang der Anfechtungserklärung nichtig. Falls keine Anfechtung erfolgt, muss das Rechtsgeschäft als wirksam angesehen werden.

Das nichtige Rechtsgeschäft ist in der Regel **von Anfang an (= ex tunc)** als nichtig anzusehen und erzeugt keine Rechtswirkung, § 142 BGB. Nichtigkeit bedeutet, dass die Willenserklärung rechtlich nicht existiert – selbst wenn die Erklärung schriftlich oder in Anwesenheit von Zeugen abgegeben wurde. Nichtige Rechtsgeschäfte entfalten keine Rechtsfolgen, da das Gesetz sie nicht anerkennt.

Betrifft die Nichtigkeit einen Vertrag, wirkt sie auf den Zeitpunkt des Vertragsabschlusses zurück, sodass kein wirksamer Vertrag vorliegt. Bereits erbrachte Leistungen müssen zurückerstattet werden, da die Rechtsgrundlage für ihre Erbringung entfallen ist. Von dieser **Rückwirkung der Nichtigkeit auf den Zeitpunkt des Vertragsabschlusses (= ex tunc)** gibt es zwei bedeutsame Ausnahmen, für die Sonderregeln entwickelt wurden, sodass die Nichtigkeitsfolgen sich erst ab den Zeitpunkt des Zugangs der Anfechtungserklärung **(ex nunc)** und daher nur für die Zukunft auswirken.

- **Arbeitsverträge:** Lehre vom faktischen Arbeitsverhältnis
- **Gesellschaftsverträge:** Lehre von der fehlerhaften Gesellschaft.

Wird ein **Arbeitsvertrag** oder ein **Gesellschaftsvertrag** angefochten, tritt die Rechtsfolge der Nichtigkeit erst im Zeitpunkt des **Zugangs der Anfechtungserklärung (= ex nunc)** ein. In beiden Vertragstypen entstehen Leistungspflichten, die einer Rückabwicklung nicht zugänglich sind. Der Arbeitnehmer kann seine erbrachte Arbeitsleistung nicht zurückfordern. Der Arbeitgeber hat Beiträge zur Sozialversicherung abgeführt. Ansprüche des Arbeitnehmers auf Arbeitsentgelt, auf Sozialleistungen, auf Urlaub und auf ein Zeugnis aus dem Arbeitsverhältnis würden rückwirkend erlöschen, falls die Nichtigkeit im Anfechtungsfall auf den Zeitpunkt des Vertragsabschlusses zurückwirken würde. Entsprechendes gilt für den Gesellschaftsvertrag, nachdem eine Gesellschaft im Rechts- und Wirtschaftsverkehr ihre Tätigkeit aufgenommen hat. Auch der Gesellschaftsvertrag ist einer Rückabwicklung nicht zugänglich, da die im zurückliegenden Zeitraum entstandenen Ansprüche von Lieferanten, Kunden, Arbeitnehmern und Dienstleistern für den zurückliegenden Zeitraum von der Nichtigkeit des Gesellschaftsvertrags betroffen wären.

Die **Fälle des unbewussten Auseinanderfallens von Wille und Erklärung** beruhen auf einem Irrtum des Erklärenden:

- Inhaltsirrtum, § 119 Abs. 1 BGB
- Erklärungsirrtum, § 119 Abs. 1 BGB
- Eigenschaftsirrtum, § 119 Abs. 2 BGB.

Rechtsfolge des Irrtums ist die **Anfechtbarkeit der Willenserklärung**. Die Anfechtung muss unverzüglich erfolgen, nachdem der Anfechtungsberechtigte von dem Anfechtungsgrund Kenntnis erlangt hat. Wird die Willenserklärung nicht unverzüglich angefochten, dann ist sie voll wirksam. Die anfechtbare Willenserklärung ist daher zunächst wirksam und wird erst durch die **Erklärung der Anfechtung** rückwirkend auf den Zeitpunkt ihrer Abgabe vernichtet. Die Nichtigkeit einer Willenserklärung tritt im Fall ihrer Anfechtbarkeit erst ein, wenn sowohl ein **Anfechtungsgrund** als auch eine **Anfechtungserklärung** vorliegen. Zu den Anfechtungsgründen gehören die Irrtumsfälle gem. § 119 BGB, Übermittlungsfehler gem. § 120 BGB und die arglistige Täuschung gem. § 123 BGB. Das Erfordernis der Anfechtungserklärung ergibt sich aus § 143 BGB.

Willenserklärungen sind auch aus anderen Gründen **nichtig**, u. a.

- wegen Mangels in der Person des Erklärenden, §§ 104 ff. BGB
- wegen Formmangels, §§ 125 ff. BGB
- wegen Verstoßes gegen ein gesetzliches Verbot, § 134 BGB
- wegen Sittenwidrigkeit, § 138 BGB.

Die **Nichtigkeit der Willenserklärung wegen persönlicher Mängel des Erklärenden** liegt vor, wenn dieser geschäftsunfähig ist, d. h. das siebte Lebensjahr noch nicht vollendet hat oder wenn er die Willenserklärung im Zustand der Bewusstlosigkeit oder der vorübergehenden Störung seiner Geistestätigkeit abgegeben hat, z. B. bei Bewusstseinsstörungen infolge Alkohol-, Drogen- oder Medikamentenmissbrauchs, §§ 105 ff. BGB.

Die **Nichtigkeit der Willenserklärung wegen Formmangels** entsteht bei Verstößen gegen gesetzliche oder vertragliche Formvorschriften, § 125 BGB. In der Regel kann eine Willenserklärung formlos abgegeben werden, d. h. nach Wahl des Erklärenden entweder **konkludent (= durch schlüssiges Verhalten)**, mündlich oder schriftlich. In einigen Fällen ist gesetzlich eine bestimmte Form zwingend vorgeschrieben. Andernfalls können die Vertragsparteien gem. § 127 BGB eine bestimmte Form vereinbaren, dann sind sie an die vereinbarte (= gewillkürte) Form ebenfalls gebunden.

Zu den gesetzlichen Formerfordernissen gehören im Wesentlichen die Schriftform, die öffentliche Beglaubigung und die Beurkundung. Wegen ihrer Bedeutung im Wirtschaftsleben wird nachfolgend nur die Schriftform behandelt. Besteht kein Schriftformerfordernis, sind Willenserklärungen auch bei konkludenter oder mündlicher Abgabe wirksam.

Die **Schriftform** wird durch eine eigenhändige Namensunterschrift des Erklärenden eingehalten, vgl. § 126 BGB. Hierfür ist auch die Unterschrift auf einem Fax ausreichend, sofern ein Originaldokument vorliegt. Bei Verträgen muss die Unterzeichnung beider Parteien auf derselben Urkunde erfolgen Falls keine verkörperte Urkunde vorliegt, genügt der Vertragsabschluss dem gesetzlichen Schriftformerfordernis nicht. Daher ist eine E-Mail für die Einhaltung der Schriftform nicht ausreichend.

Die **gesetzliche Schriftform** ist z. B. in folgenden Fällen vorgesehen:

- Verbraucherdarlehensverträge, § 492 BGB
- Kündigung eines Mietverhältnisses über Wohnraum, § 568 BGB
- Kündigung oder Aufhebung eines Arbeitsverhältnisses, § 623 BGB
- Bürgschaftserklärung, § 766 BGB
- Schuldversprechen, § 780 BGB
- Schuldanerkenntnis, § 781 BGB.

Die **vertragliche Schriftform** wird häufig bei Dauerschuldverhältnissen vereinbart, z. B. für einen Darlehensvertrag, einen Miet- oder Pachtvertrag oder für einen Leasingvertrag, insbesondere wenn eine Finanzierung hochwertiger Vertragsgegenstände oder eine langfristige Bindung in Bezugs-, Liefer- oder Vertriebsverträgen erfolgt, ferner bei inhaltlich umfangreichen Vereinbarungen, z. B. bei Lizenzverträgen, Franchiseverträgen und in Werkverträgen, zur späteren Ergänzung eines schriftlichen Vertrags oder für die Vertragsbeendigung durch Kündigung oder Rücktritt. Alle Willenserklärungen, die nach dem Interesse einer Vertragspartei zu Beweiszwecken dokumentiert werden sollen, können nach dem Grundsatz der Vertragsfreiheit mit einer vertraglichen

Schriftformklausel abgesichert werden. Da es sich um eine vertragliche Schriftformvereinbarung handelt, die ihrer Disposition unterliegt, können die Vertragsparteien diese jederzeit wieder aufheben.

Beispiel

In einem Mietvertrag über Geschäftsräume lautet eine Vereinbarung: „*Die Kündigung bedarf der Schriftform*“. Es handelt sich um eine vertragliche Schriftform, die erforderlich ist, weil § 568 BGB nur für die Wohnraummiete gilt. Da der Geschäftsbetrieb eingestellt wird, kündigt der Inhaber den Mietvertrag per E-Mail. Die Kündigung ist formnichtig, weil der Mietvertrag eine Schriftformklausel enthält und kein Dokument mit eigenhändiger Unterschrift vorliegt. Eine E-Mail entspricht nicht den Erfordernissen einer schriftlichen Willenserklärung, vgl. §§ 125 ff. BGB. Sofern sich der Vermieter allerdings mit der Kündigung einverstanden erklärt, haben die Parteien einvernehmlich den Mietvertrag aufgehoben. Der Aufhebungsvertrag ist formlos wirksam. Das Schriftformerfordernis betrifft nur die Kündigung und schützt beide Vertragsparteien vor einer einseitigen Beendigung des Vertrages.

Um den elektronischen Rechtsverkehr im europäischen Binnenmarkt zu erleichtern, sind neue Formvorschriften in das Bürgerliche Gesetzbuch aufgenommen worden, welche die Schriftform ergänzen:

- Die **elektronische Form** kann die gesetzliche Schriftform ersetzen, wenn der Aussteller der Erklärung seinen Namen hinzufügt und das elektronische Dokument mit einer qualifizierten elektronischen Signatur nach dem Signaturgesetz versieht. Bei einem Vertrag müssen die Parteien jeweils ein gleichlautendes Dokument in der bezeichneten Weise elektronisch signieren, § 126a BGB. In einigen Fällen schließt das Gesetz den Vertragsabschluss in elektronischer Form aus, vgl. z. B. § 492 Abs. 1 Satz 2 BGB für Verbraucherdarlehensverträge oder § 766 BGB für die Bürgschaftserklärung. Daher wäre eine Bürgschaftserklärung formnichtig, wenn sie in elektronischer Form abgegeben worden wäre.
- Ist durch Gesetz **Textform** vorgeschrieben, so muss die Erklärung in einer Urkunde oder auf andere zur dauerhaften Wiedergabe in Schriftzeichen geeigneten Weise abgegeben, die Person des Erklärenden genannt und der Abschluss der Erklärung durch Nachbildung der Namensunterschrift oder anders erkennbar gemacht werden, § 126b BGB. Das Bürgerliche Gesetzbuch enthält Vorschriften, welche die Textform vorsehen, z. B. die Widerrufsbelehrung bei Verbraucherverträgen, ebenso die Widerrufserklärung des Verbrauchers, vgl. § 355 BGB, ferner die Informationspflichten der Unternehmer im Fernabsatz und elektronischen Geschäftsverkehr, vgl. Art. 246 §§ 2, 3 EGBGB.

Die **Nichtigkeit des Rechtsgeschäfts wegen Verstoßes gegen ein gesetzliches Verbot** gem. § 134 BGB betrifft häufig folgende Fälle:

- Verstöße gegen zwingende Normen des BGB
- Verstöße gegen Vertragsklauselverbote gem. §§ 308, 309 BGB
- Verstöße gegen Wettbewerbsvorschriften
- Verstöße gegen zwingende Normen des Arbeitsrechts
- Verstöße gegen Strafbestimmungen.

Die **Nichtigkeit des Rechtsgeschäfts wegen Verstoßes gegen die guten Sitten** gem. § 138 BGB entsteht insbesondere infolge eines auffälligen Missverhältnisses von Leistung und Gegenleistung in Verträgen, wenn diese durch Ausbeutung einer Zwangslage, der Unerfahrenheit oder des Mangels an Urteilsvermögen des Vertragspartners zu Stande gekommen sind. Der Rechtsbegriff der Sittenwidrigkeit erfasst noch weitere Umstände, darunter vor allem Fälle von Äquivalenzstörungen, z. B. in Ratenkreditverträgen, Fälle von Miet- und Lohnwucher, Knebelungsverträge, Fälle unangemessener Benachteiligung des Vertragspartners in Formularverträgen und ähnlich gelagerte Sachverhalte. In aller Regel erfasst die Nichtigkeit das ganze Rechtsgeschäft. Im Einzelfall kann aber auch nur eine Vertragsklausel nichtig sein oder das nichtige Rechtsgeschäft wird in ein anderes umgedeutet, vgl. §§ 139, 140 BGB.

Beispiel

Die Klausel in Formularverträgen *„gekauft wie besichtigt unter Ausschluss jeglicher Gewähr“* berührt nicht die Wirksamkeit des gesamten Vertrages. Soweit der vertragliche Gewährleistungsausschluss unwirksam ist, gelten die gesetzlichen Gewährleistungsvorschriften des Kaufvertragsrechts.

Es ist deshalb in jedem Einzelfall zu überprüfen, ob die Mängel der Willenserklärung die Rechtsfolge der Nichtigkeit des gesamten Rechtsgeschäfts oder nur einer einzelnen Vertragsbestimmung haben, ob eine Umdeutung in ein darin enthaltenes wirksames Rechtsgeschäft möglich ist oder ob das Gesetz die Heilung der Mängel oder andere Rechtsfolgen vorsieht.

Das Gesetz erkennt die **Teilnichtigkeit von Rechtsgeschäften** an, vgl. § 139 BGB. Regelmäßig erfasst die Nichtigkeit jedoch das gesamte Rechtsgeschäft. Nur ausnahmsweise kommt die Teilnichtigkeit infrage, wenn z. B. eine einzelne Klausel eines Kaufvertrags nichtig ist und die Parteien den Vertrag auch ohne die nichtige Klausel abgeschlossen hätten.

Entspricht ein nichtiges Rechtsgeschäft den Erfordernissen eines anderen Rechtsgeschäfts, ist eine **Umdeutung** möglich. So kann z. B. eine unwirksame außerordentliche Kündigung in eine ordentliche Kündigung umgedeutet oder eine unwirksame offene Handelsgesellschaft in eine Gesellschaft bürgerlichen Rechts umgedeutet werden.

1.5 Widerruf von Willenserklärungen

Der Widerruf einer Willenserklärung steht ihrem Wirksamwerden entgegen, vgl. § 130 Abs. 1 Satz 2 BGB. Nach dem Wortlaut des Gesetzes müsste der Widerruf aber vor Zugang der Willenserklärung oder spätestens gleichzeitig mit dem Zugang erfolgen. Darüber hinaus kann ein Widerrufsrecht aufgrund spezialgesetzlicher Vorschriften oder durch eine vertragliche Vereinbarung gegeben sein.

Wird einem Verbraucher durch Gesetz ein Widerrufsrecht gem. § 355 BGB eingeräumt, so ist er an seine auf den Abschluss eines Vertrages gerichtete Willenserklärung nicht mehr gebunden, wenn er sie fristgerecht widerrufen hat. In folgenden Verträgen bestehen spezielle **gesetzliche Widerrufsrechte:**

- Haustürgeschäfte, § 312 BGB
- Fernabsatzverträge, § 312d BGB
- Verbraucherdarlehensverträge, § 495 BGB
- Finanzierungshilfen zwischen Unternehmer und Verbraucher, §§ 506 ff. BGB
- Ratenlieferungsverträge zwischen Unternehmer und Verbraucher, § 510 BGB
- Existenzgründungsdarlehensverträge, §§ 512, 495 BGB.

In diesen Fällen erlischt die Bindungswirkung der auf den Vertragsabschluss gerichteten Willenserklärung des Verbrauchers durch den fristgerechten **Widerruf**. Der Lauf der Widerrufsfrist von 14 Tagen beginnt erst, wenn die andere Vertragspartei dem Verbraucher eine deutlich gestaltete **Belehrung über sein Widerrufsrecht** in Textform mitgeteilt hat. Die Widerrufsbelehrung muss den Anforderungen des § 360 BGB genügen. Sie muss dem Verbraucher bei Vertragsabschluss oder im Fernabsatz unverzüglich nach Vertragsabschluss mitgeteilt werden. Andernfalls beträgt die Widerrufsfrist einen Monat ab Zugang der Widerrufsbelehrung. Der Widerruf muss keine Begründung enthalten und ist in Textform oder durch Rücksendung der Sache innerhalb von 14 Tagen zu erklären. Zur Fristwahrung gehört die rechtzeitige Absendung. Das Widerrufsrecht erlischt spätestens sechs Monate nach Vertragsabschluss, ohne entsprechende Widerrufsbelehrung erlischt es nicht.

Beispiel

N bestellt per Telefon einige Bücher aus dem Katalog eines Versandhandels. Die Lieferung ist zwar einwandfrei, doch hat sie es sich inzwischen anders überlegt. Sie möchte die Bücher weder abnehmen noch bezahlen. N kann ihre Willenserklärung (Kaufvertragsangebot) widerrufen, die in der telefonisch abgegebenen Bestellung liegt. Denn es handelt sich um ein Fernabsatzgeschäft, weil der Kaufvertrag telefonisch abgeschlossen wurde, § 312b BGB. Ihr steht ein Widerrufsrecht gem. § 312d BGB zu, dass sie innerhalb von 14 Tagen nach Erhalt der Waren ausüben müsste. Sie könnte entweder eine entsprechende Widerrufserklärung nach § 355 BGB abgeben oder die Bücher aufgrund des Rückgaberechts gem. § 356 zurücksenden.

Für die **Ausübung des Widerrufsrechts** ist in allen genannten Verbraucherverträgen die Regelung in § 355 BGB anzuwenden. Das Widerrufsrecht kann durch ein Rückgaberecht ersetzt werden, wenn der Vertragsschluss aufgrund eines Verkaufsprospekts erfolgt, vgl. § 356 BGB. Im Einzelfall ist für die durch Ingebrauchnahme der Sache entstandene Verschlechterung Wertersatz zu leisten, vgl. § 357 BGB. Die Rechtsfolgen des Widerrufs betreffen auch verbundene Verträge, z. B. einen mit einem Kaufvertrag verbundenen Darlehensvertrag, vgl. §§ 358, 359 BGB. Es handelt sich nur dann um verbundene Verträge, wenn das Darlehen ganz oder teilweise der Finanzierung des anderen Vertrags dient und beide eine wirtschaftliche Einheit bilden. Der praktisch häufigste Anwendungsfall ist das Finanzierungsleasing (vgl. Abschnitt B.3 Finanzierungsvereinbarungen).

1.6 Einrede der Verjährung

Jeder schuldrechtliche Anspruch unterliegt der Verjährung. Der Ablauf einer Verjährungsfrist bewirkt nicht das Erlöschen des Anspruchs, sondern gibt dem Schuldner nur ein **Leistungsverweigerungsrecht (= Einrede)** gem. § 214 BGB. Der Schuldner darf deshalb nicht davon ausgehen, dass der Anspruch nicht mehr bestehe und muss in jedem Fall die **Einrede der Verjährung** erheben, wenn der Gläubiger die Leistung von ihm fordert. Zu den Voraussetzungen der Verjährung gehören deshalb:

- Ablauf der Verjährungsfrist,
- Einrede der Verjährung durch den Schuldner.

In erster Linie ist der Anspruch festzustellen, dessen Verjährung geprüft werden soll, denn die Dauer der Verjährungsfrist ist von der Rechtsnatur des Anspruchs abhängig. Erst die zweite Überlegung gilt den Verjährungsfristen, die sich aus gesetzlichen Vorschriften ergeben oder aus einem Vertrag. Im Folgenden werden die gesetzlichen Verjährungsfristen dargestellt. Die allgemeinen Verjährungsvorschriften sehen Verjährungsfristen von 3, 10 oder 30 Jahren vor.

Die **regelmäßige Verjährungsfrist beträgt drei Jahre**, vgl. § 195 BGB. Sie beginnt mit dem Schluss des Jahres, in dem

- der Anspruch entstanden ist und
- der Gläubiger von den anspruchsbegründenden Umständen und der Person des Schuldners Kenntnis erlangt oder ohne grobe Fahrlässigkeit erlangen müsste, § 199 Abs. 1 BGB.

Schadensersatzansprüche, die auf die Verletzung des Lebens, des Körpers, der Gesundheit oder Freiheit beruhen, verjähren ohne Rücksicht auf ihre Entstehung und die Kenntnis oder grob fahrlässige Unkenntnis in 30 Jahren von der Begehung der Handlung, der Pflichtverletzung oder dem sonstigen schadensauslösenden Ereignis, § 199 Abs. 2 BGB.

Sonstige Schadensersatzansprüche verjähren

- ohne Rücksicht auf die Kenntnis oder grob fahrlässige Unkenntnis in zehn Jahren von ihrer Entstehung an, vgl. § 196 BGB
- ohne Rücksicht auf ihre Entstehung und die Kenntnis oder grob fahrlässige Unkenntnis in 30 Jahren von der Begehung der Handlung, der Pflichtverletzung oder dem sonstigen schadensauslösenden Ereignis, vgl. § 199 Abs. 3 BGB.

Die Verjährungsfrist für **Rechte an einem Grundstück** beträgt **zehn Jahre**, vgl. § 196 BGB. Es handelt sich um Ansprüche auf Übertragung des Eigentums an einem Grundstück sowie auf Begründung, Übertragung und Aufhebung eines Rechts an einem Grundstück oder auf Änderung des Inhalts eines solchen Rechts sowie um die Ansprüche auf die Gegenleistung.

Die Verjährungsfrist von Ansprüchen, die nicht der regelmäßigen Verjährung unterliegen, beginnt mit der Entstehung des Anspruchs, sofern keine Sonderregelung besteht, vgl. § 200 BGB.

Beispiel

Der Anspruch auf Kaufpreiszahlung aus einem Kaufvertrag über bewegliche Sachen verjährt in drei Jahren gem. § 195 BGB. Die Verjährungsfrist beginnt mit dem Jahresende des Vertragsabschlusses gem. § 199 BGB. Der Anspruch auf Kaufpreiszahlung aus einem Grundstückskaufvertrag unterliegt dagegen der 10-jährigen Verjährungsfrist gem. § 196 BGB. Die Verjährungsfrist beginnt mit dem Tag des Vertragsabschlusses.

Einer **30-jährigen Verjährungsfrist** unterliegen Herausgabeansprüche aus dem Eigentum und anderen dinglichen Rechten, rechtskräftig festgestellte Ansprüche, Ansprüche aus vollstreckbaren Vergleichen oder Urkunden und Ansprüche, die durch die im Insolvenzverfahren erfolgte Feststellung vollstreckbar geworden sind und Ansprüche auf Erstattung der Kosten der Zwangsvollstreckung, vgl. § 197 BGB. Bei vorgenannten Ansprüchen, die wiederkehrende Leistungen zum Inhalt haben, tritt anstelle der 30-jährigen Verjährungsfrist die regelmäßige Verjährungsfrist. Bei festgestellten Ansprüchen beginnt die Verjährungsfrist mit der Rechtskraft der Entscheidung, der Errichtung des vollstreckbaren Titels oder der Feststellung im Insolvenzverfahren, vgl. § 201 BGB, jedoch nicht vor Entstehung des Anspruchs.

In einigen Fällen bestehen gesetzliche **Sondervorschriften für die Verjährung** einzelner Ansprüche. Gewährleistungsansprüche aus Kauf- und Werkverträgen unterliegen besonderen Verjährungsvorschriften, vgl. §§ 438, 634a BGB, ebenso viele andere vertragliche Ansprüche.

Die vertragliche Gestaltung der Verjährungsfrist unterliegt gesetzlichen Grenzen. Die Verjährung kann bei Haftung wegen Vorsatzes nicht im Voraus durch Rechtsgeschäft erleichtert werden. Zudem kann die Verjährung nicht über eine Verjährungsfrist von 30 Jahren ab dem gesetzlichen Verjährungsbeginn hinaus erschwert werden, vgl. § 202 BGB.

Die **Hemmung der Verjährung** bewirkt, dass der Zeitraum, währenddessen die Verjährung gehemmt ist, in die Fristberechnung nicht eingeht. Die Verjährung ist gehemmt, wenn zwischen dem Schuldner und dem Gläubiger Verhandlungen über den Anspruch oder die den Anspruch begründenden Umstände schweben, vgl. § 203 BGB. Die Verjährung ist ferner gehemmt durch

- Klageerhebung auf Leistung oder auf Feststellung des Anspruchs, auf Erteilung der Vollstreckungsklausel oder auf Erlass des Vollstreckungsurteils
- Zustellung des Antrages im vereinfachten Verfahren über den Unterhalt Minderjähriger
- Zustellung des Mahnbescheids im Mahnverfahren oder des Europäischen Zahlungsbefehls im Europäischen Mahnverfahren nach der Verordnung (EG) Nr. 1896/2006 des Europäischen Parlaments und des Rates vom 12.12.2006 zur Einführung eines Europäischen Mahnverfahrens
- die Veranlassung der Bekanntgabe des Güteantrages, der bei einer durch die Landesjustizverwaltung eingerichteten oder anerkannten Gütestelle oder, wenn die Parteien den Einigungsversuch einvernehmlich unternehmen, bei einer sonstigen Gütestelle, die Streitbeilegungen betreibt, eingereicht ist
- die Geltendmachung der Aufrechnung des Anspruchs im Prozess
- die Zustellung der Streitverkündung
- die Zustellung des Antrags auf Durchführung eine selbstständigen Beweisverfahrens
- den Beginn eines vereinbarten Begutachtungsverfahrens
- die Zustellung des Antrages auf Erlass eines Arrestes, einer einstweiligen Verfügung oder einer einstweiligen Anordnung
- die Anmeldung des Anspruchs im Insolvenzverfahren
- den Beginn des schiedsrichterlichen Verfahrens
- die Einreichung des Antrags bei einer Behörde, wenn die Zulässigkeit der Klage von der Vorentscheidung dieser Behörde abhängt und innerhalb von drei Monaten nach Erledigung des Gesuchs die Klage erhoben wird
- die Einreichung des Antrags bei dem höheren Gericht, wenn dieses das zuständige Gericht zu bestimmen hat und innerhalb von drei Monaten nach Erledigung des Gesuchs die Klage erhoben oder Antrag gestellt wird und
- die Veranlassung der Bekanntgabe des erstmaligen Antrags auf Gewährung von Prozesskostenhilfe oder Verfahrenskostenhilfe gehemmt, vgl. § 204 BGB. Die Hemmung der Verjährung tritt auch bei einem Leistungsverweigerungsrecht des Schuldners, bei höherer Gewalt etc. ein, vgl. §§ 205 ff. BGB.

Beispiel

Falls im Kauf- oder Werkvertrag die gelieferte Sache oder das hergestellte Werk mangelhaft ist, tritt eine Hemmung der Verjährung hinsichtlich der Mängelgewährleistungsansprüche für den Zeitraum der einvernehmlichen Nachbesserung des Werkes bzw. der Kaufsache ein. Dies gilt auch, wenn sich die Parteien nicht über das Bestehen eines Nachbesserungsanspruchs einigen können.

Wenn der Schuldner dem Gläubiger gegenüber den Anspruch durch Abschlagszahlung, Zinszahlung, Sicherheitsleistung oder in anderer Weise anerkennt, beginnt die Verjährung erneut. Das Gleiche gilt, wenn eine gerichtliche oder behördliche Vollstreckungshandlung vorgenommen oder beantragt wird, vgl. § 212 BGB. Als **Anerkenntnishandlungen** gelten nicht nur schriftliche, mündliche oder konkludente Willenserklärungen, sondern bereits ein Verhalten, durch das der Schuldner zu erkennen gibt, dass er sich des Bestehens einer Schuld bewusst ist, z. B.

- vorbehaltlose Zahlungen
- Abschlag- oder Teilzahlungen
- Zinszahlungen und Sicherheitsleistungen
- Nachbesserungen im Hinblick auf Mängelgewährleistung.

Nach Eintritt der Verjährung ist der Schuldner berechtigt, die Leistung zu verweigern, vgl. § 214 BGB. Er kann die **Einrede der Verjährung** geltend machen. Da der Anspruch fortbesteht, ist weder die Aufrechnung noch die Geltendmachung eines Zurückbehaltungsrechts ausgeschlossen. Bei gesicherten Ansprüchen (Hypothek, Pfandrecht) ist der Gläubiger durch die Verjährung nicht gehindert, seine Befriedigung aus dem belasteten Gegenstand zu suchen.

Der Ablauf einer **Ausschlussfrist** bewirkt, anders als bei einer Verjährungsfrist, dass der Anspruch unwiederbringlich untergeht. Eine gesetzliche oder vertragliche Ausschlussfrist hat die Bedeutung, dass ein Recht nur innerhalb eines bestimmten Zeitraums geltend gemacht werden kann. Nach Ablauf dieser Frist ist die Geltendmachung des Rechts ausgeschlossen. Der Ablauf der Ausschlussfrist bewirkt den Untergang eines Anspruchs, während der Ablauf der Verjährungsfrist dem Schuldner nur das Gegenrecht einer Einrede der Verjährung gibt, wenn der Gläubiger den Anspruch geltend macht.

Gesetzliche Ausschlussfristen sind selten, z. B. ist die Ausübung des Anfechtungsrechts wegen arglistiger Täuschung gem. § 124 BGB nur binnen Jahresfrist möglich, eine Irrtumsanfechtung hat unverzüglich zu erfolgen, die Geltendmachung des Ausgleichsanspruchs bei Beendigung des Handelsvertretervertrages innerhalb von drei Monaten gem. § 89b Abs. 4 HGB, Ansprüche wegen Produkthaftung innerhalb von 10 Jahren nach dem Inverkehrbringen des Produkts gem. § 13 ProdHaftG.

Dagegen werden häufig **vertragliche Ausschlussfristen** vereinbart, z. B. zur Rüge von Sachmängeln des Kauf-, Werk- oder Leasinggegenstandes. Mit dem Ablauf der Rügefrist ist die Geltendmachung von Gewährleistungsansprüchen wegen erkennbarer Mängel ausgeschlossen. Diese Ausschlussfristen werden in aller Regel bereits bei Vertragsabschluss vereinbart. Auch bei der Beendigung von Dauerschuldverhältnissen, insbesondere eines Arbeits- oder Mietvertrags, besteht ein Interesse der Vertragsparteien, durch eine Frist sicherzustellen, dass Ansprüche aus diesem Rechtsverhältnis nicht mehr geltend gemacht werden. Sofern Ausschlussfristen in Allgemeinen Geschäftsbedingungen enthalten sind, unterliegen sie der Inhaltskontrolle nach den §§ 307 ff. BGB. Da die Ausschlussfristen regelmäßig wesentlich kürzer sind als die Verjährungsfristen, kann ein Anspruch schon vor Ablauf der Verjährungsfrist entfallen.

2. Vertragsabschluss und Vertragsbeendigung

Der Vertrag ist ein Rechtsgeschäft, das in aller Regel durch zwei auf denselben Rechtserfolg gerichtete Willenserklärungen der Beteiligten zu Stande kommt. Die Vertragsparteien können den Vertrag durch zwei übereinstimmende Willenserklärungen aufheben oder gestalten. Bestehende Forderungen können gegeneinander aufgerechnet oder durch Abtretung auf einen neuen Gläubiger übertragen werden. In einem Gesamtschuldverhältnis sind mehrere Schuldner zur Erbringung einer Leistung verpflichtet, die der Gläubiger jedoch nur einmal fordern kann. Für den Abschluss des Vertrages, die Gestaltung und die Beendigung gelten die Regeln des Bürgerlichen Rechts.

2.1 Zustandekommen des Vertrags

Das Zustandekommen eines Vertrages erfolgt durch eine Übereinstimmung, die **Einigung über die wesentlichen Vertragsbestandteile.** Die erforderlichen Mindestbestandteile dieser Einigung ergeben sich aus den gesetzlichen Wesensmerkmalen der jeweiligen Vertragsform, z. B. für den Kaufvertrag aus § 433 BGB. Zu den wesentlichen Bestandteilen des Kaufvertrags gehören danach mindestens die Bezeichnung der Parteien sowie die Bestimmung der Leistung und der Gegenleistung.

Beispiel

Der Abschluss eines Kaufvertrages setzt **zwei übereinstimmende Willenserklärungen** seitens des Käufers und Verkäufers voraus, die darauf gerichtet sind, einen bestimmten Kaufgegenstand zu einem bestimmten Kaufpreis an den Käufer zu übereignen (= Einigung).

Die übereinstimmenden Willenserklärungen, die den Vertragsabschluss bewirken, werden als **Antrag und Annahme** bezeichnet, im Schrifttum vielfach auch als Angebot und Annahme. Da der Antrag rechtlich eine Willenserklärung ist, müssen alle für den Vertragsabschluss wesentlichen Bestandteile darin enthalten sein. Denn die Annahme kann durch konkludentes Verhalten erfolgen oder durch kurzen Hinweis auf ein Einverständnis mit dem Vertragsinhalt. Danach ist ein Kopfnicken oder ein „Ja“ bereits eine wirksame Annahmeerklärung. Die Annahme liegt erst dann vor, wenn der Vertragspartner sich mit dem Antrag vorbehaltlos einverstanden erklärt; vielfach im betrieblichen Alltag durch die Lieferung der bestellten Ware seitens des Verkäufers oder durch die vorbehaltlose Entgegennahme der Lieferung durch den Käufer.

Beispiel

Der Käufer fragt den Gebrauchtwagenhändler: *„Wollen Sie mir diesen Lkw zum Preis von 9.000,00 € überlassen?“* Der Händler sagt: *„Ja, geht in Ordnung.“* Durch Antrag und Annahme ist ein Kaufvertrag zu Stande gekommen. Im Angebot werden die wesentlichen Bestandteile des Kaufvertrages – Kaufgegenstand und Kaufpreis – aufgeführt, vgl. § 433 BGB. Für die rechtswirksame Annahme des Kaufvertragsangebotes reicht das „Ja“ aus, weil sich eine inhaltliche Übereinstimmung feststellen lässt. Eine nachträgliche Vertragsniederschrift hätte lediglich Beweisfunktion.

Für den Abschluss eines Vertrages sind sowohl der **Zeitpunkt** als auch der **Inhalt der Willenserklärungen** – Antrag und Annahme – zu überprüfen. Der Antrag ist für den Erklärenden bindend, es sei denn, dass er durch den Vorbehalt „unverbindlich“ oder „Angebot freibleibend“ die Gebundenheit ausgeschlossen hat, § 145 BGB. Erfolgt der Antrag einem Anwesenden gegenüber mündlich oder fernmündlich, kann er nur sofort angenommen werden, § 147 Abs. 1 BGB. Ein schriftlicher Antrag kann dagegen nach den Umständen des Einzelfalles auch einige Zeit später angenommen werden, § 147 Abs. 2 BGB. Deshalb ist es im Geschäftsverkehr zweckmäßig und üblich, bei Abgabe eines auf den Vertragsabschluss gerichteten Antrags eine **Frist für die Annahme** zu bestimmen, § 148 BGB.

Die verspätete Annahme eines Antrages oder die Annahme unter Erweiterungen, Einschränkungen oder sonstigen Änderungen gilt als **Ablehnung, verbunden mit einem neuen Antrag**, § 150 Abs. 2 BGB. Dieser neue Antrag bedarf nun wieder einer Annahme, um den Vertrag wirksam zu Stande zu bringen. Neben dem zeitlichen Zusammenhang der auf den Vertragsabschluss gerichteten Willenserklärungen muss die **inhaltliche Übereinstimmung** gegeben sein.

Beispiel

K bestellt bei V telefonisch 10.000 Blatt Kopierpapier einer bestimmten Sorte zur sofortigen Lieferung. V geht auf die Bestellung des K nur insoweit ein, als er bestätigt, dass die verlangte Menge Kopierpapier im Lager vorhanden sei, meint aber, die Lieferung könne frühestens in einer Woche erfolgen. Es besteht keine Einigung. Zwar liegt in der telefonischen Bestellung des K ein Antrag zum Abschluss eines Kaufvertrages. Jedoch fehlt die Annahme durch V; vielmehr hat dieser im Hinblick auf den Liefertermin eine abweichende Erklärung abgegeben. Darin liegt eine Ablehnung, verbunden mit einem neuen Antrag zum Abschluss eines Kaufvertrages, vgl. § 150 Abs. 2 BGB. Erst wenn die Lieferung erfolgt und vorbehaltlos angenommen wird, ist ein Kaufvertrag zu Stande gekommen.

Das **Konsensprinzip** des bürgerlichen Rechts bedeutet, dass ein Vertrag nur dann wirksam zu Stande gekommen ist, wenn sich die Vertragsparteien über alle wesentlichen Vertragsbestandteile geeinigt haben. Besteht ein **Einigungsmangel (= Dissens)**, richten sich die Rechtsfolgen danach, ob dieser Einigungsmangel für die Vertragsparteien erkennbar war. Die wesentlichen Bestandteile eines Vertrages ergeben sich aus der gesetzlichen Bestimmung, die den Vertragstyp charakterisiert. Zum wirksamen Abschluss eines Kaufvertrags ist eine **Einigung über den Wesensgehalt** nach § 433 BGB ausreichend, wonach ein Kaufgegenstand gegen Zahlung eines bestimmten Kaufpreises übereignet werden soll. Über diese Mindestbestandteile hinaus werden die Vertragsparteien aber häufig noch weitere Dispositionen treffen, beispielsweise über den Liefertermin und -ort, über Zahlungskonditionen, Dokumentenübergabe, Vertragsstrafen, Qualitätsprüfungen, Produkthaftung, Schutzrechte, Schriftform, Geheimhaltung und vieles mehr. Insoweit legen die Vertragsparteien selbst den wesentlichen Inhalt ihrer Vereinbarung fest.

Das Vertragsangebot muss dem **Bestimmtheitsgrundsatz** genügen. Es müssen mindestens die wesentlichen Vertragsbestandteile darin enthalten sein, damit der Vertrag auch durch ein konkludentes Angebot zu Stande kommen kann. Die charakteristischen Merkmale des Kaufvertrags sind z. B. der Kaufgegenstand, der Kaufpreis und der Umstand, dass die Kaufsache übereignet werden soll, § 433 BGB. Wird der Übereignungswille im Kaufvertragsangebot nicht erkennbar, könnte es sich auch um ein Mietvertragsangebot handeln. Denn der Mietvertrag enthält als wesentliche Bestandteile ebenfalls eine Sache und eine Zahlungspflicht, jedoch soll die Sache nur zum Gebrauch überlassen werden. Falls das Vertragsangebot nicht hinreichend bestimmt ist, müssen weitere Erklärungen folgen, bis zwei übereinstimmende Willenserklärungen vorliegen.

2.2 Vertragsabschluss durch Stellvertreter

Der Abschluss von Verträgen erfolgt in der betrieblichen Praxis selten durch den Inhaber des Handelsgeschäfts höchstpersönlich, gängige Praxis sind Vertragsabschlüsse durch vertretungsberechtigte Angestellte, Prokuristen oder Handlungsbevollmächtigte. Daher sind die Regelungen der Stellvertretung im Bürgerlichen Gesetzbuch für betriebliche Prozesse unverzichtbar.

Beispiel

Im Wirtschaftsunternehmen wird einzelnen Angestellten Handlungsvollmacht erteilt, z. B. zum Einkauf, zum Verkauf oder für Personalangelegenheiten, damit diese vertretungsberechtigten Mitarbeiter im Namen des Unternehmens Verträge abschließen, gestalten und beenden können. Andere Angestellte erhalten Prokura, was die umfangreichste Form der Vertretungsmacht im Handelsverkehr darstellt. Grundlage für die Stellvertretung sind – neben handelsrechtlichen Spezialvorschriften – §§ 164 ff. BGB.

Die Rechtsfolge des Vertragsabschlusses im Außenverhältnis des Unternehmens zum Geschäftspartner wird nur erzielt, wenn die Voraussetzungen für eine wirksame Vertretung erfüllt sind:

- Zulässigkeit der Vertretung
- Abgabe einer eigenen Willenserklärung
- Handeln im fremden Namen
- Vertretungsmacht.

Nur in wenigen Einzelfällen wird durch Gesetz oder Vertrag die **Zulässigkeit der Vertretung** ausgeschlossen. So muss beispielsweise die Unterzeichnung der Handelsbilanz vom Kaufmann persönlich erfolgen, nur der Inhaber des Handelsgeschäfts darf Prokura erteilen. Gleichfalls kann eine Eheschließung oder die Errichtung eines Testaments nicht wirksam durch einen Vertreter erfolgen. Für den Vertragsabschluss ist die Vertretung grundsätzlich zulässig, sodass die Abgabe und Entgegennahme von Willenserklärungen durch Stellvertreter erfolgen kann.

Die **Abgabe einer eigenen Willenserklärung** ist das Merkmal, welches die Stellvertretung von der Botenschaft unterscheidet. Der Bote überbringt eine fremde Willenserklärung, während der Stellvertreter zwar eine eigene Willenserklärung abgibt, jedoch im Namen des Vertretenen.

Als Vertreter handelt, wer eine **Willenserklärung im fremden Namen** abgibt oder entgegennimmt. Das Gesetz erkennt damit die Aktivvertretung gem. § 164 Abs. 1 BGB ebenso an wie die Passivvertretung gem. § 164 Abs. 3 BGB. Bei der Abgabe wie auch bei der Entgegennahme von Willenserklärungen gilt das **Offenkundigkeitsprinzip**, d. h. der Vertreter muss nach außen hin deutlich machen, dass er nicht für sich selbst handelt, sondern ein **Fremdgeschäft** abschließen will, § 164 Abs. 2 BGB. Falls der Vertreter das Handeln im fremden Namen nicht erkennbar zum Ausdruck bringt, hat er ein **Eigengeschäft** abgeschlossen und die Rechtsfolgen treffen ihn selbst.

Beispiel

Der Kaufmann K bittet seinen Angestellten A, ihm von einer Geschäftsreise aus Frankreich sechs Kartons eines genau bezeichneten Bordeaux-Weines mitzubringen. Falls A versäumt, bei Abschluss des Kaufvertrages darauf hinzuweisen, dass der Wein für K bestimmt sein soll, wird er selbst Vertragspartner und ist zur Zahlung des Kaufpreises verpflichtet (= Eigengeschäft). Nur wenn A bei Abschluss des Kaufvertrages ausdrücklich im Namen des K handelt oder dies aus den Umständen erkennbar wird, kommt der Vertrag zwischen dem Weinhändler und K zu Stande (= Fremdgeschäft). A könnte z. B. einen schriftlichen Vertrag „i. V.“ oder „i. A.“ unterzeichnen oder eine mündliche Willenserklärung „für die Firma K“ abgeben, damit nach dem Offenkundigkeitsprinzip das Handeln im fremden Namen zu Tage tritt. In diesem Fall hätte K den Kaufpreis zu entrichten.

Die **Vertretungsmacht** entsteht **durch Gesetz**, z. B. für die Eltern, den Vormund, den Vorstand einer AG, den Geschäftsführer einer GmbH, für die Gesellschafter einer oHG oder für die Komplementäre einer KG. Die Vertretungsmacht kann aber andererseits auch **durch Vertrag** begründet werden; insbesondere wird im Rahmen des Gesellschaftsvertrages einer oHG oder einer KG die Vertretung häufig abweichend von den gesetzlichen Bestimmungen geregelt. Die vertragliche Vertretungsmacht entsteht gem. § 167 BGB durch **Erteilung der Vollmacht**, die jederzeit ohne Einhaltung einer Frist und ohne Angabe von Gründen widerrufen werden kann. In aller Regel erlischt die Vollmacht mit der Vornahme des Rechtsgeschäfts, für das sie erteilt wurde.

Die Erteilung der Vollmacht ist eine Willenserklärung, die auch konkludent erfolgen kann. Falls jemand wiederholt und über einen gewissen Zeitraum als Vertreter für den Geschäftsherrn auftritt und dieser das Verhalten des Vertreters kannte oder es hätte erkennen und verhindern können, dann entsteht durch das Handeln des Vertreters im fremden Namen die **Anscheins- oder Duldungsvollmacht**. Der Rechtsschein einer Vollmacht ergibt sich bereits durch die Übernahme bestimmter betrieblicher Funktionen, die üblicherweise mit Vollmachten verbunden sind, wie z. B. die Position eines Filialleiters oder eines Ladenangestellten.

Die Vollmacht kann für alle Arten von Rechtsgeschäften erteilt werden, indem der Vollmachtgeber im Verhältnis zu seinem Vertreter Inhalt und Umfang der Vertretungsmacht festlegt, z. B. als

- **Spezialvollmacht**
- **Art- oder Gattungsvollmacht**
- **Generalvollmacht.**

Die **Spezialvollmacht** bezieht sich auf eine einzelne Handlung, z. B. kann sie zum Abschluss eines bestimmten Kaufvertrages erteilt werden. Im Bürgerlichen Recht ist die Spezialvollmacht als Grundform der Vollmacht geregelt, denn gem. § 168 BGB erlischt die Vollmacht mit der Vornahme des Rechtsgeschäfts.

Die **Art- oder Gattungsvollmacht** erstreckt sich auf bestimmte Arten von Geschäften und eignet sich deshalb für viele betriebliche Bereiche. Es besteht die Möglichkeit der Erteilung einer Vollmacht für den Einkauf oder den Verkauf, für Import- oder Exportgeschäfte, zum Abschluss von Arbeitsverträgen oder für alle Arten von Rechtsgeschäften innerhalb einer betrieblichen Abteilung. Die Gattungsvollmacht wird vielfach den leitenden Angestellten für ihren Aufgabenbereich im Unternehmen erteilt. In diesen Fällen besteht eine Handlungsvollmacht, für die ergänzend die handelsrechtlichen Regelungen heranzuziehen sind.

Die **Generalvollmacht** schließt alle Arten von Verträgen ein und ist beispielsweise bei Urlaub oder Krankheit des Geschäftsinhabers oder zur Leitung der Zweigniederlassung eines Unternehmens zu empfehlen. Im Handelsrecht gibt es **typisierte Formen der Vertretungsmacht**, deren Umfang im Außenverhältnis gesetzlich festgelegt ist. Hierzu zählen die Prokura, die Handlungsvollmacht und die Anscheinsvollmacht der Ladenangestellten.

Da die vertretungsberechtigten Personen auch Untervollmachten erteilen können, ist es möglich, dass ein Prokurist oder ein Handlungsbevollmächtigter weiteren Angestellten im Unternehmen zu bestimmten Handlungen Vollmacht erteilt.

Aufgabe 2 > Seite 217

Hinsichtlich der **Rechtswirkung der Vollmacht** ist das Innenverhältnis von dem Außenverhältnis zu unterscheiden. Im **Innenverhältnis** zwischen dem Vertretenen und dem Vertreter besteht ein Vertrag, z. B. ein Auftrag oder ein Arbeitsvertrag. Aus diesem Vertrag ergeben sich die Rechte und Pflichten des Vertreters. Im **Außenverhältnis** bewirkt die Vertretung Rechtsfolgen zwischen dem Vertretenen und einem Dritten. Handelt der Vertreter mit Vertretungsmacht im fremden Namen, so kommt im Außenverhältnis ein Vertrag zwischen dem Vertretenen und dem Dritten zu Stande.

Beispiel

Der Kaufmann K (Vertretener) bevollmächtigt seinen Angestellten A (Vertreter) zum Abschluss eines Kaufvertrages über 20.000 l Heizöl (**Erteilung der Vollmacht im Innenverhältnis**). A ruft bei verschiedenen Heizölfirmen an und bestellt schließlich bei der Firma F (Dritte) für den Kaufmann K 20.000 l Heizöl (**Handeln im fremden Namen**). Der Kaufvertrag kommt zwischen dem Kaufmann K und der Firma F zu Stande (**Kaufvertrag im Außenverhältnis**).

In der betrieblichen Praxis können zahlreiche Probleme im Vertretungsbereich auftreten. Dabei geht es häufig um die Rechtsfolgen des Fehlens der Vertretungsmacht und des Überschreitens der Befugnisse des Vertreters im Innenverhältnis. Für den Fall, dass ein **Vertreter ohne Vertretungsmacht** tätig wird, ist ein gesetzlicher Lösungsweg vorgesehen. Die Wirksamkeit des Vertrags im Außenverhältnis hängt von der Genehmigung des Vertretenen ab und ist zunächst **schwebend unwirksam**, § 177 Abs. 1 BGB. Erteilt der Vertretene – nachträglich – die Genehmigung, dann wird der Vertrag wirksam. Verweigert der Vertretene die Genehmigung, dann bleibt der Vertrag endgültig unwirksam, und die Rechte des Dritten bestimmen sich nach § 179 BGB. Der Dritte kann nach seiner Wahl den Vertreter auf Erfüllung oder Schadensersatz in Anspruch nehmen.

Beispiel

Der Kaufmann K betreibt einen Großhandel für Büromaschinen. Er erteilt seinem Angestellten A Vollmacht für den Abschluss eines Kaufvertrages über 20.000 l Heizöl. Im Telefongespräch mit der Heizölfirma F bestellt A nicht nur das Heizöl, sondern verkauft auch ein Transportfahrzeug. Der Kaufvertrag über die Heizöllieferung ist wirksam, weil A insoweit Vertretungsmacht hatte. Dagegen ist der Kaufvertrag über das Transportfahrzeug schwebend unwirksam, weil A insoweit ohne Vertretungsmacht gehandelt hat. Genehmigt K den Vertrag, wird dieser zwischen K und F wirksam. Sofern K die Genehmigung verweigert, kann F von A Schadensersatz verlangen, § 179 BGB.

Eine Rechtsfolge für das **Überschreiten der Befugnisse durch den Vertreter** ist im Gesetz nicht ausdrücklich geregelt. Im Fall des Überschreitens der Vertretungsmacht werden überwiegend die §§ 177 - 179 BGB analog anzuwenden sein, weil diese Situation mit der fehlenden Vertretungsmacht vergleichbar ist.

Bei einem **Missbrauch der Vertretungsmacht** beachtet der Vertreter die im Innenverhältnis gezogenen Grenzen nicht. Das Rechtsgeschäft ist gem. § 138 BGB nichtig, wenn der Vertreter und der Geschäftspartner zum Nachteil des Vertretenen zusammenwirken. In anderen Fällen ist der Vertrag im Außenverhältnis wirksam und der Geschäftspartner geschützt, wenn im Innenverhältnis ein Missbrauch der Vertretungsmacht stattfindet. Die Vertragsverletzung im Innenverhältnis hat jedoch Schadensersatzansprüche des Vertretenen gegen den Vertreter wegen der Vertragspflichtverletzung zur Folge. Bei groben Verstößen gegen die vertragliche Treuepflicht kann der Vertretene das Auftrags- oder Arbeitsverhältnis zum Vertreter kündigen.

Beispiel

Der Kaufmann K bevollmächtigt seinen Angestellten P, 20.000 l Heizöl zu kaufen, gibt ihm jedoch ein Preislimit vor, das er nicht überschreiten soll. Nachdem P mehrere Angebote eingeholt hat und sich herausstellt, dass das Preislimit nicht einzuhalten ist, schließt er im Namen von K mit der F-GmbH einen Kaufvertrag ab, der das Preislimit übersteigt. Im Außenverhältnis kommt ein wirksamer Kaufvertrag zwischen K und der F-GmbH zu Stande. P handelte im fremden Namen und war zum Einkauf von 20.000 l Heizöl berechtigt. Im Innenverhältnis ist P gegenüber K zum Schadensersatz verpflichtet, weil er die Vereinbarung des Preislimits verletzt hat, § 280 BGB. Ferner kann K seinem Angestellten wegen schuldhafter Verletzung des Arbeitsvertrages kündigen.

Weitere Fälle des Missbrauchs der Vertretungsmacht bedürfen jeweils der gesonderten Nachprüfung. Nach der Rechtsprechung werden die §§ 177 - 179 BGB analog angewandt auf **Fälle des Handelns unter fremdem Namen**, indem der Handelnde eine falsche Identität vortäuscht. Falls der Vertreter und der Dritte bewusst zum Nachteil des Vertretenen Geschäftsabschlüsse tätigen, sind sie dem Vertretenen gemeinsam zum Schadensersatz verpflichtet.

Das **Selbstkontrahieren** ist nur eingeschränkt zulässig, § 181 BGB. Insichgeschäfte können mit rückwirkender Kraft genehmigt werden; es gelten die §§ 177 - 179 BGB. In Gesellschaftsverträgen wird vielfach von der Möglichkeit einer Befreiung von der Beschränkung des § 181 BGB Gebrauch gemacht.

2.3 Erfüllung des Vertrags

Die Erfüllung ist das **Bewirken der geschuldeten Leistung**, vgl. § 362 Abs. 1 BGB. Der Schuldner wird von seiner Leistungspflicht frei, wenn er den Leistungserfolg herbeigeführt hat. **Rechtsfolge ist das Erlöschen des Schuldverhältnisses**, doch kann diese Rechtsfolge nur eintreten, wenn

- die geschuldete Leistung vollständig
- am rechten Ort
- zur rechten Zeit
- und an den Gläubiger

erbracht wird. Eine andere als die geschuldete Leistung hat keine Erfüllungswirkung, und der Gläubiger ist auch nicht verpflichtet, die Leistung anzunehmen. Nur in dem Fall, dass der Gläubiger bereit ist, eine andere als die geschuldete Leistung an Erfüllungs statt anzunehmen, kann die Erfüllungswirkung gem. § 364 BGB eintreten. Deshalb gilt eine Leistung nur dann **an Erfüllungs statt**, wenn der Gläubiger damit einverstanden ist. Dieses Einverständnis erteilt der Gläubiger z. B. dadurch, dass auf Geschäftsbriefen und Rechnungen seine Bankverbindung aufgeführt ist.

Sofern kein Einverständnis des Gläubigers vorliegt, ist eine andere als die geschuldete Leistung nur der Versuch einer Erfüllung, d. h. die Leistung erfolgt **erfüllungshalber**, während die Forderung weiter besteht. In diesen Fällen tritt neben die ursprünglich begründete Forderung eine neue Forderung, und der Gläubiger muss zunächst versuchen, sich aus der neuen Forderung zu befriedigen, ehe er auf die ältere Forderung zurückgreift. Die Leistung erfüllungshalber hat für den Gläubiger den Vorteil, dass die alte Forderung und die dafür bestellten Sicherheiten fortbestehen.

Die Wirkung der Erfüllung kann nur dann eintreten, wenn die geschuldete Leistung **am rechten Ort (= Leistungsort), zur rechten Zeit (= Leistungszeit) und an den Gläubiger** bewirkt wurde. Falls die geschuldete Leistung dem Gläubiger nicht am Leistungsort oder nicht zum Fälligkeitszeitpunkt angeboten wurde, ist der Gläubiger nicht verpflichtet, die Leistung anzunehmen. Er kann deshalb auch nicht in Annahmeverzug geraten.

Sofern die geschuldete Leistung nicht an den Gläubiger, sondern an einen Dritten erbracht wird, kann die Erfüllungswirkung nicht eintreten. Der Schuldner kann die geschuldete Leistung nicht mit befreiender Wirkung an einen Dritten erbringen. Selbst wenn er versehentlich an einen Dritten leistet, bleibt er aus dem Vertrag gegenüber dem Gläubiger zur Leistung verpflichtet. Im Fall einer Abtretungsanzeige kann der Schuldner mit befreiender Wirkung nur an den neuen Gläubiger (= Zessionar) leisten.

Aufgabe 3 > Seite 217

2.4 Aufhebung, Erlass und Schuldanerkenntnis

In gleicher Weise, wie ein Vertrag zu Stande kommt, kann er auch aufgehoben werden. Beide Vertragsparteien erklären übereinstimmend die Aufhebung des bestehenden Vertrags. Damit liegen **zwei übereinstimmende Willenserklärungen** vor, die auf das **Erlöschen des Schuldverhältnisses** gerichtet sind. Diese Einigung stellt einen gesetzlich nicht geregelten Vertragstyp dar, den **Aufhebungsvertrag**. Jeder Vertrag kann durch zwei auf die Aufhebung gerichtete Willenserklärungen ohne besonderen Grund und ohne Beachtung spezieller Fristen jederzeit beendet werden. Da die auf Vertragsaufhebung gerichteten Willenserklärungen auch konkludent wirksam erfolgen können, kann eine Rücktritts- oder eine Kündigungserklärung gem. § 140 BGB in einen Antrag zum Abschluss eines Aufhebungsvertrages umgedeutet werden. Wenn der Vertragspartner der Vertragsbeendigung zustimmt, bewirkt diese Einigung die form- und fristlose Beendigung des ursprünglichen Schuldverhältnisses.

Der **Erlassvertrag** bewirkt das Erlöschen des Schuldverhältnisses in der Weise, dass der Gläubiger die Aufhebung seiner Forderung gegen den Schuldner erklärt, § 397 Abs. 1 BGB. Im Unterschied zum Aufhebungsvertrag reicht bei einem Erlassvertrag die **einseitige Willenserklärung** des Gläubigers aus, um das Erlöschen des Schuldverhältnisses zu bewirken. Deshalb kommt ein Erlass nur hinsichtlich einer Forderung infrage, während der Aufhebungsvertrag die Beendigung eines Vertrages mit allen daraus folgenden Leistungspflichten bewirkt.

Das Erlöschen einer bestehenden Schuld tritt auch ein, wenn der Gläubiger durch Vertrag mit dem Schuldner anerkennt, dass das Schuldverhältnis nicht besteht, vgl. § 397 Abs. 2 BGB. Es handelt sich dabei um **ein negatives Schuldanerkenntnis**. Dies ist beispielsweise der Fall, wenn bei Beendigung eines Arbeitsverhältnisses der Arbeitnehmer erklärt, dass aus diesem Vertrag keine Forderungen gegen den Arbeitgeber mehr bestehen. Die arbeitsrechtliche **Ausgleichsquittung** kann ein negatives Schuldanerkenntnis beinhalten mit der Folge, dass eventuell bestehende Forderungen auf rückständige Lohnzahlungen, Lohnzuschläge, Urlaubsabgeltung etc. erlöschen. Im Unterschied zum Erlassvertrag gehen die Parteien bei einem negativen Schuldanerkenntnis davon aus, dass eine Schuld nicht besteht.

2.5 Rücktritt und Kündigung

Die einseitige Beendigung eines Vertrags erfolgt in aller Regel durch Rücktritt oder Kündigung. Das Recht auf Rücktritt oder Kündigung entsteht durch Gesetz oder durch Vertrag.

Ein **gesetzliches Rücktrittsrecht** ergibt sich im Vertrag wegen nicht oder nicht vertragsgemäß erbrachter Leistung gem. § 323 BGB, als Folge einer Störung der Geschäftsgrundlage gem. § 313 BGB und bei der Vereinbarung eines Fixhandelskaufs gem. § 376 HGB. Ferner verweisen die Vorschriften über die Mängelgewährleistung in Kauf- und Werkverträgen auf die Vorschriften über den Rücktritt. In den Fällen der Vertragspflichtverletzung entsteht das Rücktrittsrecht gem. § 323 BGB unter folgenden Voraussetzungen:

- Rücktrittsgrund (Vertragspflichtverletzung)
- Fristsetzung zur Leistung oder Nacherfüllung oder Abmahnung nach Art der Pflichtverletzung
- kein Ausschluss des Rücktrittsrechts.

Die Rücktrittsgründe sind mit den Sorgfaltspflichtverletzungen gleichzusetzen, die einen Schadensersatzanspruch gem. § 280 BGB begründen. Der Gläubiger kann daher bei Vertragsverletzungen sowohl vom Vertrag zurücktreten als auch Schadensersatz verlangen. Denn das Recht, bei einem gegenseitigen Vertrag Schadensersatz zu verlangen, wird durch den Rücktritt nicht ausgeschlossen, vgl. § 325 BGB.

Die **Fristsetzung** zur Leistung oder Nacherfüllung muss angemessen sein. Sie ist entbehrlich, wenn

- der Schuldner die Leistung ernsthaft und endgültig verweigert, § 323 Abs. 2 Nr. 1 BGB
- der Schuldner die Leistung zu einem im Vertrag bestimmten Termin oder innerhalb einer bestimmten Frist nicht bewirkt und der Gläubiger im Vertrag den Fortbestand des Leistungsinteresses an die Rechtzeitigkeit der Leistung gebunden hat, § 323 Abs. 2 Nr. 2 BGB, oder
- besondere Umstände vorliegen, die unter Abwägung der beiderseitigen Interessen den sofortigen Rücktritt rechtfertigen, § 323 Abs. 2 Nr. 3 BGB.

Danach ist auch bei Vereinbarung einer Fixschuld die Fristsetzung entbehrlich. Wenn das bestellte Taxi zum Flughafen nicht zum vereinbarten Termin erscheint, ist der Rücktritt auch ohne Fristsetzung zulässig. Falls die Hochzeitstorte nicht zur Hochzeit geliefert wird, besteht bei Lieferung am folgenden Tag keine Abnahme- und Zahlungspflicht, sofern das Rücktrittsrecht durch Erklärung ausgeübt wird. In diesen Fällen würde auch eine Abmahnung ausreichen, um die Schuldverhältnisse zu beenden. Hat der Schuldner eine **Teilleistung** bewirkt, so kann der Gläubiger vom ganzen Vertrag nur zurücktreten, wenn er an der Teilleistung kein Interesse hat. Auch bei einer unerheblichen Pflichtverletzung ist das Rücktrittsrecht ausgeschlossen, vgl. § 323 Abs. 5 BGB. Der Rücktritt ist ferner ausgeschlossen, wenn der Gläubiger für den Umstand, der ihn zum Rücktritt berechtigen würde, allein oder weit überwiegend verantwortlich ist, oder wenn der vom Schuldner nicht zu vertretende Umstand zu einer Zeit eintritt, zu welcher der Gläubiger im Verzug der Annahme ist, vgl. § 323 Abs. 6 BGB.

Beispiel

M kauft ein gebrauchtes Fahrzeug, dass noch vor dem Übergabetermin durch einen Unfall beschädigt wird, den der Verkäufer verursacht hat. M kann vom Kaufvertrag zurücktreten. Eine Fristsetzung ist aufgrund der besonderen Umstände entbehrlich, vgl. § 323 Abs. 2 Nr. 3 BGB. Der Rücktritt wäre ausgeschlossen, wenn sich M im Annahmeverzug befunden hätte und der Unfall nicht von dem Verkäufer als Schuldner des Kaufgegenstandes zu vertreten gewesen wäre.

Ein **gesetzliches Rücktrittsrecht** ergibt sich insbesondere im gegenseitigen Vertrag als Folge der Unmöglichkeit der Leistung gem. § 325 BGB, als Folge des Verzugs nach Fristsetzung mit Ablehnungsandrohung gem. § 326 BGB, bei der Vereinbarung eines Fixgeschäfts gem. § 361 BGB bzw. eines Fixhandelskaufs gem. § 376 HGB oder im Fall eines Eigentumsvorbehalts gem. § 455 BGB. Ferner verweisen die Vorschriften über die Durchführung der Wandelung von Kauf- und Werkverträgen bei Sachmängeln des Leistungsgegenstandes auf die Vorschriften über den Rücktritt.

Ein **vertragliches Rücktrittsrecht** entsteht gem. § 346 BGB dadurch, dass der Rücktritt bei Vertragsabschluss ausdrücklich vorbehalten wurde, wobei die Vertragsparteien die tatsächlichen Rücktrittsgründe festlegen. Der Rücktritt erfolgt durch eine formlose **Rücktrittserklärung** gegenüber dem Vertragspartner, worin der Wille zum Ausdruck gebracht werden muss, den Vertrag rückabzuwickeln, § 349 BGB. Infolge des Rücktritts wird der Vertrag in ein Rückgewährschuldverhältnis umgestaltet. Die Hauptleistungspflichten in diesem neuen Schuldverhältnis bestehen in der Rückgewähr der erhaltenen Leistungen. Ein **Rücktrittsgrund** liegt vor, wenn die Voraussetzungen des gesetzlichen oder vertraglichen Rücktrittsrechts erfüllt sind. Es müssen die von den Vertragsparteien festgelegten tatsächlichen Umstände eingetreten sein, die den Rücktrittsgrund bilden.

Rechtsfolgen des Rücktritts sind das Erlöschen der Leistungen, soweit sie noch nicht erbracht sind, die Verpflichtung zur Rückgewähr der bereits erbrachten Leistungen und der Wertersatz für Dienstleistungen oder Gebrauchsüberlassungen, vgl. § 346 BGB.

Die **Kündigung** ist eine einseitige empfangsbedürftige Willenserklärung, die die Beendigung von Schuldverhältnissen mit Wirkung für die Zukunft zur Folge hat, sodass eine Rückabwicklung der erbrachten Leistungen entfällt. Im Unterschied zum Aufhebungsvertrag, der zwei übereinstimmende Willenserklärungen voraussetzt, ist die Kündigung eine einseitige Vertragsbeendigung. Der Zugang der Kündigungserklärung bei dem Erklärungsempfänger bewirkt die Beendigung des Vertrages zum Ablauf der gesetzlichen oder vertraglich vereinbarten Kündigungsfrist.

Dauerschuldverhältnisse, z. B. Miet-, Arbeits- oder Gesellschaftsverträge, die auf unbestimmte Zeit abgeschlossen werden, können sowohl durch einen Aufhebungsvertrag als auch durch eine Kündigung beendet werden. Sofern Dauerschuldverhältnisse auf eine bestimmte Zeit abgeschlossen werden, enden sie durch Zeitablauf. Durch die Vereinbarung einer Befristung wird die ordentliche Kündigung ausgeschlossen, dagegen ist die außerordentliche Kündigung aus wichtigem Grund weiterhin zulässig.

Es ist zu unterscheiden zwischen der ordentlichen Kündigung, die den Vertrag zum Ablauf einer gesetzlichen oder vertraglichen Kündigungsfrist beendet, und der außerordentlichen Kündigung aus wichtigem Grund, die in aller Regel fristlos erfolgt, d. h. der Vertrag wird mit sofortiger Wirkung im Zeitpunkt des Zugangs der Kündigungserklärung beendet. Die **wirksame Kündigung** setzt deshalb voraus:

- **Zugang einer Kündigungserklärung**
- **Ablauf der Kündigungsfrist** (= ordentliche Kündigung) oder Vorhandensein eines Kündigungsgrundes (= außerordentliche Kündigung)
- **kein Ausschluss der Kündigung.**

Bei der Beendigung einzelner Verträge durch Kündigung müssen häufig noch weitere Wirksamkeitsvoraussetzungen beachtet werden, z. B. die Schriftform bei der Kündigung eines Mietvertrages über Wohnraum oder eines Arbeitsvertrages oder im Arbeitsrecht die Anhörung des Betriebsrates oder des Personalrates.

Im Zuge der Schuldrechtsreform 2002 ist ein **gesetzliches Kündigungsrecht** eingeführt worden, vgl. § 314 BGB. Dauerschuldverhältnisse kann jeder Vertragsteil aus wichtigem Grund ohne Einhaltung einer Kündigungsfrist kündigen. Ein wichtiger Grund liegt vor, wenn dem kündigenden Teil unter Berücksichtigung aller Umstände des Einzelfalles und unter Abwägung der beiderseitigen Interessen die Fortsetzung des Vertragsverhältnisses bis zur vereinbarten Beendigung oder bis zum Ablauf einer Kündigungsfrist nicht zugemutet werden kann.

Sofern der wichtige Grund in einer Vertragspflichtverletzung besteht, ist die Kündigung erst nach erfolglosem Ablauf einer zur Abhilfe bestimmten Frist oder nach erfolgloser Abmahnung zulässig. Die Fristsetzung ist aus denselben Gründen entbehrlich wie bei einer Kündigung, vgl. § 323 Abs. 2 BGB. Der zur Kündigung Berechtigte kann die Kündigung nur innerhalb einer angemessenen Frist erklären, nachdem er vom Kündigungsgrund Kenntnis erlangt hat, § 314 Abs. 3 BGB. Diese Kündigungserklärungsfrist beträgt im Arbeitsverhältnis zwei Wochen, § 626 Abs. 2 Satz 1 BGB, sofern vertraglich nichts anderes vereinbart ist.

2.6 Aufrechnung

Die Erklärung der Aufrechnung bewirkt das Erlöschen zweier einander gegenüberstehender, fälliger und gleichartiger Forderungen. Die Rechtsfolge der Aufrechnung kann nur eintreten, wenn folgende Voraussetzungen vorliegen:

- **Zugang einer Aufrechnungserklärung**
- **Aufrechnungslage**
- **kein Ausschluss der Aufrechnung.**

Die **Aufrechnungserklärung** ist eine einseitige empfangsbedürftige Willenserklärung gegenüber dem Vertragspartner, vgl. § 388 BGB. Die **Aufrechnungslage** wird gem. § 387 BGB durch eine besondere Situation gekennzeichnet, in der sich zwei Forderungen – Haupt- und Gegenforderung – gegenüberstehen. Als **Hauptforderung** wird die

Forderung bezeichnet, gegen die aufgerechnet wird, als **Gegenforderung** diejenige, mit der aufgerechnet wird. Die Aufrechnungslage lässt sich wie folgt darstellen:

- **Gegenseitigkeit der Forderung** (zwei Personen schulden einander Leistungen)
- **Gleichartigkeit der Forderungen** (die Leistungen sind von derselben Beschaffenheit, z. B. Geldforderungen)
- **Die Forderung des Aufrechnenden (= Gegenforderung) muss fällig und durchsetzbar sein**, insbesondere darf ihr keine Einrede (Verjährung oder Zurückbehaltungsrecht) entgegenstehen, vgl. § 390 BGB.
- **Die Forderung des anderen Teils (= Hauptforderung) muss erfüllbar sein**, z. B. darf sie nicht gepfändet worden sein, vgl. § 392 BGB.

Die **Rechtsfolge** der Aufrechnung ist die **Tilgungswirkung** zum Zeitpunkt der Aufrechnungslage, § 389 BGB. Damit hat die Aufrechnungserklärung eine **Rückwirkung** auf den Zeitpunkt, zu dem die Forderungen zur Aufrechnung geeignet einander gegenüberstanden. Die Rechtsstellung des Aufrechnenden wird durch die nachträgliche Pfändung der Hauptforderung nicht beeinträchtigt.

Beispiele

A hat eine fällige Kaufpreisforderung gegen B über 1.000,00 €, B eine fällige Forderung auf Werklohn gegen A über 3.000,00 €. Was geschieht, wenn B gegenüber A die Aufrechnung erklärt? Könnte ein Gläubiger des B mit einer Rückzahlungsforderung aus einem Darlehensvertrag über 5.000,00 € die Werklohnforderung des B gegen A pfänden? Als Rechtsfolge der Aufrechnungserklärung des B erlöschen die Forderungen, soweit sie sich decken, vgl. § 389 BGB. Damit ist die Forderung des A vollständig erloschen. Im Ergebnis kann B von A noch 2.000,00 € verlangen. Eine nachträgliche Pfändung der Werklohnforderung ist nicht mehr möglich, insoweit diese bereits erloschen ist. Die Pfändung kann sich daher nur noch auf die Restforderung von 2.000,00 € erstrecken.

Wie wäre die Rechtslage, wenn es sich bei der Forderung des A gegen B nicht um eine Werklohnforderung, sondern um einen Anspruch auf Arbeitsvergütung handelt? Soweit eine Forderung der Pfändung nicht unterworfen ist, findet die Aufrechnung gegen die Forderung nicht statt, vgl. § 394 BGB. Die Arbeitsvergütung ist innerhalb der Pfändungsfreigrenzen nach den Vorschriften der Zivilprozessordnung unpfändbar. Auch die Aufrechnung kann daher den unpfändbaren Teil der Arbeitsvergütung nicht erfassen. Soweit der Betrag von 2.000,00 € noch innerhalb der Pfändungsfreigrenzen liegt, ist die Aufrechnung ausgeschlossen.

Die Aufrechnung kann durch Gesetz oder Vertrag ausgeschlossen sein. Sie ist z. B. gesetzlich ausgeschlossen gegen eine Forderung aus unerlaubter Handlung, vgl. § 393 BGB, gegen eine unpfändbare Forderung, vgl. § 394 BGB, oder – eingeschränkt – gegen eine Forderung von Bund, Ländern, Gemeinden oder Kommunalverbänden, vgl. § 395 BGB.

Allerdings steht die Verjährung einer Aufrechnung nicht entgegen, wenn die verjährte Forderung zu der Zeit, zu welcher sie gegen die andere Forderung aufgerechnet werden konnte, noch nicht verjährt war, vgl. § 390 BGB. Dies ist eine Folge der Rückwirkung der Aufrechnungserklärung auf den Zeitpunkt der Aufrechnungslage.

2.7 Abtretung

Durch einen **Abtretungsvertrag (= Zession)** wird eine Forderung von dem alten Gläubiger **(= Zedent)** auf einen neuen Gläubiger **(= Zessionar)** übertragen, vgl. § 398 BGB. Die Abtretung bewirkt den Übergang der Forderung vom Zedenten auf den Zessionar. Die Voraussetzungen der wirksamen Abtretung sind:

- **Abtretungsvertrag**
- **Bestimmtheit oder Bestimmbarkeit der Forderung**
- **Abtretbarkeit der Forderung**
- **Zedent muss Inhaber der Forderung sein.**

Der Abtretungsvertrag enthält die Einigung des Zedenten mit dem Zessionar hinsichtlich der Übertragung der Forderung. Der Schuldner ist dabei nicht beteiligt, für ihn gelten als Folge der Abtretung die gesetzlichen Schutzbestimmungen.

Gegenstand eines Abtretungsvertrages kann nur eine **bestimmte** oder **bestimmbare Forderung** sein. Grundsätzlich muss deshalb die Forderung im Zeitpunkt ihrer Abtretung bereits entstanden sein. Sie kann von den Parteien selbst bestimmt werden oder ohne Zutun der Parteien nach Inhalt, Höhe und Schuldner der Forderung spätestens im Zeitpunkt ihrer Entstehung bestimmbar sein. Mit dem Bestimmtheitsgrundsatz vereinbar ist deshalb auch die Abtretung künftiger Forderungen **(= Vorausabtretung).**

Grundsätzlich ist jede Forderung abtretbar. Ausnahmsweise nicht abtretbar sind Unterhaltsforderungen, Dienstleistungen, Ansprüche auf Urlaubsabgeltung und ähnliche Forderungen, bei denen der Gläubigerwechsel eine Inhaltsänderung bedeuten würde. Die Abtretung kann auch vertraglich ausgeschlossen werden, wie z. B. bei der Kontokorrentabrede, §§ 399 BGB, 354a HGB. Ferner unterliegen die unpfändbaren Forderungen einem gesetzlichen Abtretungsverbot, vgl. § 400 BGB.

Wenn der Zedent auch Inhaber der Forderung ist, die er an den Zessionar abtritt, treten die **Rechtsfolgen des Abtretungsvertrags** ein: Der Zessionar wird anstelle des Zedenten Inhaber der Forderung, § 398 BGB. Mit der Abtretung gehen die Nebenrechte (z. B. Bürgschaften oder Pfandrechte) auf den Zessionar über, vgl. § 403 BGB. Dagegen verbleiben die Gestaltungsrechte (z. B. Anfechtung, Rücktritts- oder Kündigungsrechte) beim Zedenten. Denn die Abtretung bewirkt nur den Forderungsübergang, nicht dagegen einen Wechsel der Vertragspartei. Deshalb besteht der Vertrag zwischen dem Zedenten (= Gläubiger) und dem Schuldner fort.

Da der Schuldner am Abtretungsvertrag nicht beteiligt ist, enthält das Abtretungsrecht Schutzvorschriften zu seinen Gunsten: Der Schuldner soll durch den Forderungsübergang keine Nachteile erlangen. Konnte er dem Zedenten Einwendungen und Einreden entgegenhalten, bestehen diese nach der Abtretung gegenüber dem Zessionar, § 404 BGB. Der Schuldner wird davor geschützt, dass ihm durch die Abtretung eine Aufrechnungsmöglichkeit genommen wird, § 406 BGB. Deshalb kann der Schuldner auch dann noch aufrechnen, wenn vor der Abtretung zwar die Aufrechnungslage bestand, die Aufrechnung aber noch nicht erklärt war.

Beispiel

Im Geschäftsverhältnis zwischen A und B besteht eine fällige Forderung des A gegen B in Höhe von 7.000,00 € und eine fällige Forderung des B gegen A in Höhe von 5.000,00 € (Aufrechnungslage). Noch bevor B die Aufrechnungserklärung abgibt, tritt A (Zedent) seine Forderung gegen B an C (Zessionar) ab. Als Rechtsfolge der Abtretung ist C Inhaber der Forderung in Höhe von 7.000,00 € gegen B geworden. Wenn C von B Zahlung verlangt, kann B ungeachtet der Abtretung die Aufrechnung erklären. Denn die Aufrechnungserklärung wirkt auf die Aufrechnungslage zurück, die zwischen A und B bestanden hat. Durch die Abtretung der Forderung an C bleibt die Rechtsposition des B erhalten. Als Rechtsfolge der Aufrechnung erlöschen die Forderungen in Höhe von 5.000,00 €, vgl. § 389 BGB. Damit reduziert sich der Zahlungsanspruch des C gegen B auf 2.000,00 €.

Die Abtretung kann in **Form einer offenen oder einer stillen Zession** erfolgen. Die offene Abtretung wird dem Schuldner mitgeteilt, während bei der stillen Zession keine Abtretungsanzeige an den Schuldner erfolgt. Der Schuldner leistet ohne Kenntnis von der Abtretung an den bisherigen Gläubiger (Zedenten), der die Zahlung an den Zessionar weiterleitet. Die **stille Zession** kommt dem wirtschaftlichen Interesse von Kaufleuten an der Erhaltung ihrer Kreditwürdigkeit entgegen. Allerdings entsteht dabei die Frage der **Erfüllungswirkung der Leistung**, die der Schuldner in Unkenntnis der Abtretung der Forderung an den Zedenten erbringt, obwohl dieser nicht mehr Inhaber der abgetretenen Forderung ist. Für diesen Fall enthält das Abtretungsrecht eine **Schuldnerschutzbestimmung**. Wenn sich der Schuldner auf § 407 Abs. 1 BGB beruft, muss der Zessionar die Leistung des Schuldners an den Zedenten gegen sich gelten lassen.

Eine häufige Erscheinungsform der Abtretung ist die **Sicherungszession**. Die Abtretung einer Forderung dient dem Zweck, eine Darlehenschuld gegenüber einem Kreditgeber zu sichern. Falls das Darlehen erheblich höher ist als die einzelnen Forderungen des Zedenten gegenüber seinem Schuldner, kann die **Sicherungszession als Globalzession** vereinbart werden und erfasst alle – auch die künftigen – Forderungen des Zedenten aus dem Rechtsverhältnis mit einem Schuldner, z. B. aus dem Girovertrag des Schuldners mit einer Bank oder Sparkasse.

Aufgabe 4 > Seite 218

Beispiel

Ein Unternehmer benötigt zur Betriebserweiterung einen Kredit. Die Kreditsicherung gegenüber der Bank erfolgt in der Weise, dass der Unternehmer alle Forderungen, die aus Warenlieferungen an seinen Hauptabnehmer (= Schuldner) entstehen, im Voraus an die Bank abtritt (= Globalzession). Es handelt sich um die Vereinbarung einer Sicherungszession, die sowohl für den Unternehmer als auch für die Bank erhebliche Vorteile bietet. Dem Abnehmer wird die Abtretung nicht mitgeteilt, um die Geschäftsbeziehung nicht zu gefährden. Deshalb leistet der Abnehmer wie bisher die Kaufpreiszahlungen für die Warenlieferungen auf das Geschäftskonto des Unternehmers. Für den Fall, dass der Unternehmer seinen Kreditverpflichtungen nicht nachkommt, kann die Bank die Kaufpreisforderungen des Unternehmers gegen seinen Hauptabnehmer (= Schuldner) aus abgetretenem Recht als eigene Forderungen geltend machen.

Zum Zweck der Abwicklung eines umfangreichen Zahlungsverkehrs kann eine **Inkassozession** vereinbart werden. In diesem Fall erfolgt die Abtretung der Forderung zur **Einziehung im eigenen Namen.** Dagegen beinhaltet die bloße Einziehungsermächtigung noch keine Abtretung, weil in diesem Fall die Forderung nicht übertragen wird, sondern die Einziehung im fremden Namen erfolgt.

2.8 Gesamtschuld

Das Gesamtschuldverhältnis entsteht durch Gesetz oder durch Vertrag. Eine Gesamtschuld ist dadurch gekennzeichnet, dass mehrere Schuldner zur Erbringung einer Leistung verpflichtet sind. Der Gläubiger kann nach seiner Wahl von einem der in das Gesamtschuldverhältnis einbezogenen Schuldner die volle Leistung verlangen, vgl. § 421 BGB, während im **Innenverhältnis** der Gesamtschuldner zueinander eine Ausgleichspflicht besteht. Das Gesamtschuldverhältnis wird z. B. bei der Gründung einer Personengesellschaft gesetzlich angeordnet. Sofern sich mehrere Schuldner zu einer Leistung verpflichten, entsteht ein Gesamtschuldverhältnis durch vertragliche Vereinbarung.

Wenn einer der Gesamtschuldner die Leistung an den Gläubiger bewirkt, erlischt die Forderung durch Erfüllung. Im Innenverhältnis sind die übrigen Gesamtschuldner in Höhe ihres Anteils zum Ausgleich verpflichtet, § 426 Abs. 1 BGB. Die Gesamtschuldner sind mangels anderweitiger Vereinbarung zu gleichen Anteilen verpflichtet, bei zwei Gesamtschuldnern entsteht ein Ausgleichsanspruch in Höhe von 50 % der Forderung.

Aufgabe 5 > Seite 218

Nach dem Grundsatz der Vertragsfreiheit können die Gesamtschuldner im Innenverhältnis untereinander die Ausgleichspflicht anderweitig regeln, vgl. § 426 Abs. 1 BGB. Insbesondere die Gesellschafter von Personengesellschaften treffen häufig abweichende Vereinbarungen in ihrem Gesellschaftsvertrag, die im gesamtschuldnerischen Ausgleich zu berücksichtigen sind.

Soweit ein Gesamtschuldner die Leistung an den Gläubiger bewirkt und von den übrigen Schuldnern Ausgleich verlangen kann, geht die Forderung des Gläubigers gem. § 426 Abs. 2 BGB auf ihn über (**Legalzession**, auch: cessio legis). Dieser gesetzliche Forderungsübergang hat den Vorteil, dass auch die akzessorischen Sicherungsrechte, wie z. B. eine Bürgschaft, bestehen bleiben, sodass die auf den ausgleichsberechtigten Gesamtschuldner übergegangene Forderung im Einzelfall besser gesichert ist als der Ausgleichsanspruch. Allerdings bestehen für die übergangenen Forderungen in aller Regel kurze Verjährungsfristen, während der Ausgleichsanspruch aus dem Gesamtschuldverhältnis der allgemeinen Verjährungsfrist von 30 Jahren unterliegt.

3. Leistungspflichten im Schuldverhältnis

Gegenstand des Bürgerlichen Rechts ist u. a. die interessengerechte Regelung von Pflichtverletzungen in Schuldverhältnissen. Kraft des Schuldverhältnisses ist der Gläubiger berechtigt, von dem Schuldner eine Leistung zu verlangen. Die Leistung kann auch in einem Unterlassen bestehen, vgl. § 241 Abs. 1 BGB. Das Schuldverhältnis kann nach seinem Inhalt jeden Teil zur Rücksicht auf die Rechte, Rechtsgüter und Interessen des anderen Teils verpflichten, vgl. § 241 Abs. 2 BGB.

Die Hauptleistungspflichten ergeben sich jeweils aus der Rechtsgrundlage des betreffenden Schutzverhältnisses, z. B. für den Kaufvertrag aus § 433 Abs. 1 und Abs. 2 BGB, für den Mietvertrag aus § 535 Abs. 1 Satz 1 und Satz 2 BGB, für den Werkvertrag aus § 631 Abs. 1, 1. und 2. Hs. BGB. Nebenleistungspflichten können sich aus gesetzlichen Vorschriften, aber auch aus den vertraglichen Vereinbarungen ergeben. Wer Schuldner und wer Gläubiger ist, hängt davon ab, welche Leistungspflicht im Einzelfall betrachtet wird.

Beispiel

Ein Kaufvertrag ist ein Schuldverhältnis, in dem zwei Leistungspflichten bestehen. Der Käufer hat gegen den Verkäufer einen Anspruch auf Übereignung der Kaufsache gem. § 433 Abs. 1 BGB. Der Verkäufer hat gegen den Käufer einen Anspruch auf Zahlung des vereinbarten Kaufpreises gem. § 433 Abs. 2 BGB. Gläubiger des Übereignungsanspruches ist der Käufer, während der Verkäufer Schuldner dieses Anspruches ist. Für den Kaufpreiszahlungsanspruch sind die Positionen von Gläubiger und Schuldner umgekehrt; hier ist der Verkäufer Gläubiger und der Käufer Schuldner des Zahlungsanspruches. Es ist daher das Schuldverhältnis (Kaufvertrag) im Hinblick auf die einzelnen Leistungspflichten zu betrachten (Pflicht des Verkäufers zur Übereignung der Kaufsache und Pflicht des Käufers zur Zahlung des Kaufpreises).

Zur Begründung eines Schuldverhältnisses durch Rechtsgeschäft sowie zur Änderung des Inhalts eines Schuldverhältnisses ist ein **Vertrag** zwischen den Beteiligten erforderlich, vgl. § 311 BGB. Ein Schuldverhältnis mit Pflichten nach § 241 Abs. 2 BGB entsteht auch

- durch die **Aufnahme von Vertragsverhandlungen**
- durch die **Anbahnung eines Vertrags**, bei welcher im Hinblick auf die künftige Rechtsbeziehung einem Teil die Möglichkeit der Einwirkung auf Rechte, Rechtsgüter oder Interessen des anderen Teils gewährt oder anvertraut wird
- durch **ähnliche geschäftliche Kontakte.**

Das Schuldverhältnis entsteht somit durch Vertrag, die Aufnahme von Verhandlungen, die Vertragsanbahnung oder ähnliche geschäftliche Kontakte. Das Zustandekommen eines Vertrages wurde im vorherigen Kapitel ausführlich dargestellt. Die Aufnahme von Vertragsverhandlungen ist durch den konkreten Kontakt zwischen zwei Personen mit der Absicht eines eventuellen Vertragsabschlusses gegeben. Aber bereits zu einem früheren Zeitpunkt kann die **Anbahnung eines Vertrages** vorliegen, auch ohne dass die künftigen Vertragsparteien gezielt Verhandlungen aufnehmen. Dies geschieht z. B. bei einer Bewerbung um ein Arbeitsverhältnis, im Fall des Betretens eines Kaufhauses durch einen potenziellen Kunden oder bei der Vorbereitung einer langfristigen Lieferbeziehung durch erste Kontaktaufnahme der künftigen Vertragspartner.

Beispiel

Ein Kunde betritt einen Baumarkt. Infolge fehlerhafter Lagerung der angebotenen Waren fällt ein Rohr aus dem Regal und bleibt in den Kleidern des Kunden hängen, der zum Glück nicht verletzt wird. Aber der Ärmel seiner Jacke ist zerrissen; dadurch ist ein Schaden von 175,00 € gegeben. Das Schuldverhältnis ist durch die Vertragsanbahnung entstanden, indem der Kunde den Baumarkt betritt. Die erforderliche Rücksicht auf die Rechtsgüter der Kunden (Eigentum, Körper, Gesundheit, Leben), die dem Inhaber des Baumarkts gem. § 241 Abs. 2 BGB obliegt, wurde nicht gewahrt, wenn die Waren in dem für Kunden frei zugänglichen Bereich nicht ordnungsgemäß eingelagert werden. Daraus folgt ein Schadensersatzanspruch gem. § 280 BGB.

Die Entstehung eines Schuldverhältnisses wird nicht nur durch Vertrag, durch die Aufnahme von Vertragsverhandlungen und durch die Vertragsanbahnung begründet, sondern auch durch **ähnliche geschäftliche Kontakte.**

Daher kann ein Schuldverhältnis beispielsweise auch begründet werden, wenn eine Kooperation zwischen zwei Unternehmen beabsichtigt ist, konkrete Vertragsverhandlungen noch nicht begonnen haben, aber zur vorherigen Klärung technischer Fragen das Muster eines Fertigungsteils übergeben wird. Die Rechtspflichten gem. § 241 Abs. 2 BGB bestehen in der Wahrung der Geschäfts- und Betriebsgeheimnisse, Beachtung von Urheberrechten und gewerblichen Schutzrechten, Sorgfaltspflichten bezüglich des Umgangs mit den übergebenen Gegenständen sowie Verschwiegenheitspflichten.

Sofern in einem Schuldverhältnis eine Pflichtverletzung auftritt, ergeben sich entsprechend der Interessenlage des Gläubigers die rechtlichen Folgen des Schadensersatzes, der Kündigung oder des Rücktritts. Im Einzelfall kann auch der Anspruch auf Leistung ausgeschlossen sein oder es ergeben sich Leistungsverweigerungsrechte. Auch die gesetzlichen Regelungen des Gewährleistungsrechts verweisen auf die allgemeinen Vorschriften des Rechts der Pflichtverletzungen.

Infolge der besonderen Bedeutung der Pflichtverletzung im Bürgerlichen Recht wird in diesem Abschnitt zunächst auf den Begriff der Leistung eingegangen und sodann die Leistungsstörungen im Einzelnen erörtert.

3.1 Begriff der Leistungspflicht

Der zentrale Begriff bei der Feststellung, ob eine Pflichtverletzung vorliegt, ist die jeweilige **Leistungspflicht des Schuldners**, die in einer Verpflichtung zum Handeln oder zum Unterlassen bestehen kann, vgl. § 241 BGB. Zur Feststellung, ob der Schuldner seine Leistungspflicht vertragsgemäß erfüllt hat, gehören insbesondere der **Leistungsort**, die **Leistungszeit** und die inhaltliche Bestimmung der **Leistungspflicht**. Die Festlegung der Leistungspflicht erfolgt im Einzelnen durch eine Leistungsbeschreibung, die hinreichend bestimmt sein muss und in der betrieblichen Praxis meist in einem schriftlichen Leistungsverzeichnis festgehalten wird.

Der **Leistungsort** (auch: Erfüllungsort) ist der Ort, an dem die Leistung zu erfolgen hat und deshalb von besonderer Bedeutung für den **Übergang der Leistungsgefahr**. In aller Regel werden die Vertragsparteien den Leistungs- oder Erfüllungsort festlegen, sodass die gesetzlichen Vorschriften subsidiär zur Anwendung gelangen. Die Vereinbarung über den Erfüllungsort kann ausdrücklich oder konkludent erfolgen oder sich aus den Umständen des Einzelfalles ergeben. Innerhalb der gesetzlichen Vorschriften für einzelne Vertragsarten finden sich auch Sondertatbestände, die meist dispositiv, also vertraglich abdingbar sind. Hinsichtlich des Leistungsortes sind zu unterscheiden:

- **Holschuld**, § 269 BGB
- **Bringschuld** (Vertrag)
- **Schickschuld** (Vertrag).

Im Gesetz ist die **Holschuld** vorgesehen, wonach der Schuldner die Leistung bereithält und der Gläubiger diese abholen muss. Haben die Vertragsparteien den Leistungsort nicht bestimmt, liegt eine Holschuld vor, und die Leistung hat am Wohnsitz des Schuldners oder am Sitz seiner gewerblichen Niederlassung zu erfolgen, § 269 BGB.

In der betrieblichen Praxis werden häufig Vereinbarungen über den Leistungsort getroffen, z. B. im Auslandsgeschäft durch internationale Handelsklauseln (Incoterms). Haben die Vertragsparteien eine **Bringschuld** vereinbart, muss der Schuldner den Leistungsgegenstand an den vertraglich festgelegten Ort bringen; in aller Regel ist dies der Wohnsitz des Gläubigers oder der seiner gewerblichen Niederlassung. Die Übernahme der Transportkosten berührt nicht den Erfüllungsort und ändert deshalb auch nicht den Charakter der Leistungspflicht als Hol- oder Bringschuld.

Beispiel

Zahlreiche Liefervereinbarungen enthalten die Regelung *„Lieferung frei Haus"*, *„Lieferung frei Rampe"* oder *„Lieferung frei Baustelle"*. In dieser Vertragsgestaltung kann eine Vereinbarung des Erfüllungsortes liegen, aber auch nur die Abrede über die Transportkosten. Es ist deshalb im Einzelfall aus dem Zusammenhang der vertraglichen Regelung zu ermitteln, ob der Erfüllungsort abweichend vom Gesetz festgelegt wurde.

Die Vereinbarung einer **Schickschuld** bedeutet, dass der Leistungsort wie bei der Holschuld am Wohnsitz des Schuldners liegt, allerdings muss der Schuldner den Leistungsgegenstand einem Versand- oder Transportunternehmen übergeben. Der Versendungskauf gem. § 447 BGB stellt insofern einen Anwendungsfall der Schickschuld dar, indem der Verkäufer als Schuldner der Warenlieferung diese am Erfüllungsort einer Transportperson zu übergeben hat. Eine Besonderheit gilt aber für den Fall, dass die Leistungspflicht in einer Geldzahlung besteht. Nach dem Willen des Gesetzgebers sind **Geldschulden immer Schickschulden**, vgl. § 270 Abs. 1 BGB.

In aller Regel werden die Vertragspartner auch eine **Leistungszeit (= Fälligkeit)** vereinbaren. Die Leistungszeit ist von Bedeutung für den Eintritt des Verzuges und für die aus dem Verzug folgenden Ansprüche auf Schadensersatz und Rücktritt. Haben die Vertragsparteien versäumt, die Fälligkeit der Leistung zu bestimmen, gilt § 271 Abs. 1 BGB, wonach die Leistung sofort zu bewirken ist. Zu den vertraglichen Vereinbarungen einer Leistungszeit gehören z. B. die Stundung oder Verfallklausel bei Ratenzahlung.

Wenn die vertraglich geschuldete Leistung am Leistungsort und zur Leistungszeit erbracht wird, ist der Vertrag erfüllt und die Leistungspflicht erlischt. Die Festlegung der Leistungspflicht erfolgt durch die Vertragsparteien, indem sie den Leistungsgegenstand bestimmen. Es kann sich dabei um eine **Stückschuld** oder um eine **Gattungsschuld** handeln.

Eine **Stückschuld** liegt vor, wenn sich die Vertragsparteien über den Leistungsgegenstand in der Weise geeinigt haben, dass nur dieser bestimmte Gegenstand die Erfüllung des Vertrags bewirken soll.

Beispiele

Kaufvertrag über die Ernte eines genau bezeichneten Weinberges, über eine bestimmte Schiffsladung oder über ein gebrauchtes Kraftfahrzeug.

Eine **Gattungsschuld** liegt vor, wenn sich die Vertragsparteien über den Leistungsgegenstand in der Weise geeinigt haben, dass dieser die vereinbarten Merkmale nach Art, Zahl, Maß, Gewicht, Qualität usw. aufweisen soll.

Beispiele

Kaufverträge über Waren aus serienmäßiger Herstellung wie Maschinen mit Typenbezeichnung, Glas oder Porzellan einer bezeichneten Serie, Nahrungs- oder Genussmittel mit festgelegten Qualitätsmerkmalen.

Die **Gattungsschuld** wird erst im **Zeitpunkt der Konkretisierung** einer Stückschuld gleichgestellt. Vor der Konkretisierung liegt das Beschaffungs- und Leistungsrisiko beim Schuldner und erst durch die Konkretisierung wird die Sache zum Leistungsgegenstand des zwischen diesen Parteien abgeschlossenen Vertrags, vgl. § 243 Abs. 2 BGB, sodass die Leistungsgefahr auf den Gläubiger übergehen kann. Die Konkretisierung geschieht durch die **Aussonderung des Gegenstandes** aus der Vielzahl gleicher Gegenstände einer Gattung. Je nach der Größe des Betriebes und der Art des Kaufgegenstandes erfolgt die Aussonderung durch unterschiedliche Handlungen, z. B. durch einen Aufkleber, der den Namen oder die Kennziffer des Käufers enthält, durch die Bereitstellung zur Auslieferung der Kaufsache innerhalb des Warenlagers oder durch die Verpackung des Gegenstandes zum Zweck des Versands. Die konkretisierende Handlung richtet sich auch nach der Art der vereinbarten Schuld.

- **Holschuld**: Der Schuldner stellt den Leistungsgegenstand am Leistungsort zum Abholen bereit und teilt dies dem Gläubiger mit.
- **Schickschuld**: Der Schuldner übergibt den Leistungsgegenstand am Leistungsort an die Transportperson.
- **Bringschuld**: Der Schuldner bietet dem Gläubiger den Leistungsgegenstand am Leistungsort an.

Sofern der Schuldner dem Gläubiger die geschuldete Leistung am Erfüllungsort und zum Zeitpunkt der Fälligkeit anbietet, geht die Leistungsgefahr auf den Gläubiger über und der Schuldner wird von seiner Verpflichtung zur Leistung frei. Das Kaufvertragsrecht enthält eine **Sonderbestimmung des Gefahrübergangs** zu Gunsten des Käufers, wonach erst mit der Übergabe des Kaufgegenstandes die Leistungsgefahr vom Verkäufer auf den Käufer übergeht. Nur im Fall eines Versendungskaufes findet der Gefahrübergang bereits bei der Übergabe der Sache an den Spediteur, den Frachtführer oder eine andere Transportperson statt, vgl. §§ 446, 447 BGB.

3.2 Leistungspflicht und Einreden

Wenn ein Anspruch entstanden ist, fällig und durchsetzbar, muss er auch erfüllt werden. Die vertragliche Verpflichtung zur Leistung erlischt nur in den gesetzlich vorgesehenen Fällen, z. B. durch Erfüllung, Rücktritt oder Kündigung, wobei die jeweiligen Voraussetzungen regelmäßig von den Vertragspartnern vereinbart werden. Es können jedoch Leistungshindernisse auftreten, die den Schuldner zur Verweigerung der Leistung berechtigen. **Leistungsverweigerungsrechte** bestehen u. a. in folgenden Fällen:

- **Unmöglichkeit der Leistung**, § 275 BGB
- **Einrede des Zurückbehaltungsrechts**, §§ 273 ff. BGB, 369 HGB
- **Einrede der Verjährung**, §§ 195 ff. BGB (vgl. oben A.1.6)
- **Einrede des nicht erfüllten Vertrags**, § 320 BGB.

Falls die Leistung endgültig nicht erbracht werden kann oder dem Leistungserfolg dauernde Rechtshindernisse entgegenstehen, erfolgt die Vertragsabwicklung nach den **Regeln der Unmöglichkeit**. Der Anspruch auf die Leistung ist ausgeschlossen, soweit diese für den Schuldner oder für jedermann unmöglich ist, vgl. § 275 BGB.

Beispiel

Der Käufer interessiert sich seit langem für ein Oldmobil. Als der Kaufvertrag zu Stande kommt, befindet sich das Oldmobil gerade auf einer Ausstellung. Die Vertragspartner hatten keine Kenntnis davon, dass zum Zeitpunkt des Vertragsabschlusses der Leistungsgegenstand bereits einen Totalschaden erlitten hatte. Der Vertrag ist auf eine objektiv unmögliche Leistung gerichtet. Daher ist der Anspruch auf die Leistung ausgeschlossen.

Der Wirksamkeit eines Vertrages steht nicht entgegen, dass der Schuldner nach § 275 BGB nicht zu leisten braucht und das Leistungshindernis schon bei Vertragsabschluss vorliegt. Der Schuldner kann die Leistung verweigern, soweit diese einen Aufwand erfordert, der unter Beachtung des Inhalts des Schuldverhältnisses und der Gebote von Treu und Glauben in einem groben Missverhältnis zu dem Leistungsinteresse des Gläubigers steht. Es ist auch zu berücksichtigen, ob der Schuldner das Leistungshindernis zu vertreten hat, vgl. § 275 Abs. 2 BGB. Der Schuldner kann die Leistung ferner verweigern, wenn er diese persönlich zu erbringen hat und sie ihm unter Abwägung des seiner Leistung entgegenstehenden Hindernisses mit dem Leistungsinteresse des Gläubigers nicht zugemutet werden kann, vgl. § 275 Abs. 3 BGB.

Beispiel

Gegenstand eines Kaufvertrages ist ein Lkw, den der Verkäufer in seinem Geschäftsbetrieb nutzt. Noch vor der Lieferung des Kaufgegenstandes wird der Lkw im Ausland gepfändet und versteigert. Die Leistung des Verkäufers (= Übertragung des Eigentums an der Kaufsache) ist objektiv möglich, da der Lkw noch vorhanden ist, doch kann er sie subjektiv nicht erbringen, weil er nicht mehr Eigentümer des Fahrzeugs ist. Der Verkäufer als Schuldner des Kaufgegenstandes kann die Leistung gem. § 275 Abs. 2 BGB verweigern.

Der Ausschluss der Leistungspflicht gem. § 275 BGB ist nur dann gegeben, wenn die Leistung für den Schuldner oder für jedermann unmöglich ist. **Zahlungsschwierigkeiten** gehören demzufolge nicht zu den Fällen der Unmöglichkeit, denn die Beschaffung finanzieller Mittel zur Zahlung einer Geldschuld ist sowohl dem Schuldner als auch anderen Personen möglich, solange Geld als Zahlungsmittel existiert. Der Käufer hat als Schuldner des Kaufpreises diesen in jedem Fall zu entrichten, auch wenn er Liquiditätsprobleme hat. Insbesondere wenn die geschuldete Leistung nur der Gattung nach bestimmt wurde, bleibt die Leistungspflicht bestehen, solange die Leistung aus der Gattung möglich ist. In diesem Fall muss der Schuldner sich die Ware, zu deren Lieferung er verpflichtet ist, anderweitig beschaffen, falls seine Lager leer sind oder sein Lieferant ausfällt.

Aufgabe 6 > Seite 218

Die **Rechte des Gläubigers** bestimmen sich nach den §§ 280 - 285, 311a und 326 BGB. Der Gläubiger kann danach Schadensersatz oder nach seiner Wahl auch Aufwendungsersatz verlangen. Der Anspruch auf die Gegenleistung entfällt, wenn der Schuldner den Ausschluss der Leistungspflicht nicht zu vertreten hat. Sofern dagegen der Gläubiger allein oder überwiegend für den Ausschluss der Leistungspflicht verantwortlich ist, bleibt der Anspruch des Schuldners auf die Gegenleistung bestehen.

Beispiel

Der Gegenstand eines Kaufvertrages – ein Lkw – wird noch vor der Lieferung an den Käufer im Ausland gepfändet und versteigert. Die Leistung des Verkäufers ist gem. § 275 Abs. 2 BGB ausgeschlossen. Zwar könnte der Lkw von dem Ersteigerer übereignet werden, doch kann der Verkäufer (Schuldner) diese Leistung nicht erbringen, weil er nicht mehr Eigentümer des Fahrzeugs ist. Der Verkäufer wird als Schuldner des Kaufgegenstandes schadensersatzpflichtig gem. § 280 BGB, da er seine Nichtleistung zu vertreten hat.

In den Fällen des Ausschlusses der Leistungspflicht gem. § 275 Abs. 1 bis 3 BGB in einem gegenseitigen Vertrag orientiert sich der Anspruch auf die Gegenleistung an der Verantwortlichkeit des Schuldners.

Aufgabe 7 > Seite 219

Die Rechtsfolgen bei Ausschluss der Leistungspflicht werden im gegenseitigen Vertrag in aller Regel bereits bei Vertragsabschluss durch Maßnahmen der **Vertragsgestaltung** berücksichtigt. Im Auslandsgeschäft bewirkt z. B. die internationale Handelsklausel „CIP“ den Übergang der Leistungsgefahr mit der Übergabe der Ware an den Frachtführer, sodass im Fall des Verlusts oder der Beschädigung der Ware vor der Übergabe der Verkäufer bei einer Gattungsschuld weiterhin zur Leistung verpflichtet bleibt und bei einer Stückschuld schadensersatzpflichtig wird, während der Verlust der Ware nach dem Gefahrübergang vom Käufer zu tragen wäre.

In vielen Situationen kann sich der Verkäufer durch so genannte **„Höhere-Gewalt-Klauseln“** von den Rechtsfolgen der Unmöglichkeit und des Verzugs freizeichnen. Denn in den Fällen von Materialbeschaffungsschwierigkeiten, Betriebsstörungen als Folge von Arbeitskämpfen, behördlichen Eingriffen oder Störungen der Energieversorgung kann sich die Lieferung nicht nur verzögern, sondern sogar unmöglich werden. Die „Höhere-Gewalt-Klausel“ soll zunächst die Leistungshindernisse beschreiben, auf die der Schuldner keinen Einfluss hat und sodann interessengerechte Verzugs- und Unmöglichkeitsfolgen regeln, z. B. eine Verlängerung der Lieferzeit bei Verzug oder das Freiwerden von der Lieferpflicht bzw. Rücktritts- oder Kündigungsrechte bei Unmöglichkeit. Die Zulässigkeit derartiger Klauseln richtet sich nach dem Recht der Allgemeinen Geschäftsbedingungen, vgl. §§ 305 ff. BGB.

Die **Einrede des Zurückbehaltungsrechts** gem. §§ 273 ff. BGB ist gegeben, weil in einem bestehenden Schuldverhältnis der Schuldner das Recht haben soll, seine (Gegen-) Leistung zu verweigern, wenn die ihm gebührende Leistung nicht erbracht wurde. Diese Einrede setzt daher voraus:

- **Gegenseitigkeit der Forderungen:** Die Leistungspflichten stehen in einem Synallagma, d. h. Leistung und Gegenleistung sind gegeneinander auszutauschen. Ein Beispiel ist der Kaufvertrag. Der Käufer kann die Kaufpreiszahlung verweigern, wenn er den Kaufgegenstand nicht erhält.
- **Konnexität der Forderungen:** Die Gegenforderung des Schuldners muss aus demselben rechtlichen Verhältnis stammen, auf dem seine Verbindlichkeit beruht (Konnexität = lat. connectere = verbinden). Die Verpflichtung des Käufers zur Kaufpreiszahlung beruht auf dem Kaufvertrag, der auch die Übereignungspflicht des Verkäufers hinsichtlich der Kaufsache begründet.
- **Kein Ausschluss des Zurückbehaltungsrechts:** Ein Ausschluss des Zurückbehaltungsrechts kann sich durch Gesetz oder durch Rechtsgeschäft ergeben.

Die **Einrede des nicht erfüllten Vertrags** gem. § 320 BGB ist ein besonderes Leistungsverweigerungsrecht im gegenseitigen Vertrag. Der wichtigste Anwendungsfall der Einrede des nicht erfüllten Vertrages ist in Gewährleistungsfällen gegeben (Sonderfall der Mängeleinrede). Der Käufer ist nicht zur Zahlung des Kaufpreises verpflichtet, wenn er eine mangelhafte Sache erhalten hat. Folgende Voraussetzungen müssen gegeben sein:

- **Gegenseitig verpflichtender Vertrag**, z. B. ein Kauf-, Werk- oder Mietvertrag, da die Vergütung das Entgelt für die erhaltene (Primär-)Leistung ist (so genanntes „Synallagma").
- **Fälligkeit der Gegenforderung:** Der Schuldner kann die Einrede des nicht erfüllten Vertrags nur erheben, wenn die Gegenleistung trotz Fälligkeit nicht erbracht wurde. So muss z. B. der vereinbarte Liefertermin für die Kaufsache überschritten sein, damit der Käufer die Kaufpreiszahlung verweigern darf.
- **Keine Vorleistungspflicht des Schuldners:** Im Kaufvertrag könnte vereinbart werden, dass der Käufer verpflichtet sein soll, den Kaufpreis vor der Lieferung der Kaufsache zu entrichten.

3.3 Schadensersatz wegen Pflichtverletzung

Der Schadensersatzanspruch gem. § 280 BGB ist wegen jeder vom Schuldner zu vertretenden Pflichtverletzung im Schuldverhältnis gegeben. Die Grundregel besagt, dass der Gläubiger Schadensersatz verlangen kann, wenn der Schuldner eine Pflicht aus dem Schuldverhältnis verletzt. Dies gilt in den Fällen des Verzugs ebenso wie bei einer Verletzung von Rechtspflichten im vorvertraglichen Schuldverhältnis. Die Vorschriften über die vertragliche Mängelgewährleistung verweisen für Schadensfälle auf die §§ 280 ff. BGB. Diese Vorschriften gehören heute zu den wesentlichen Normen des vertraglichen Schadensersatzrechts. Die **Voraussetzungen** für einen Schadensersatzanspruch gem. § 280 BGB sind:

- **Schuldverhältnis**, § 311 BGB
- **Verletzung einer Rechtspflicht,**
- **die vom Schuldner zu vertreten ist**
- **Schaden.**

Ein **Schuldverhältnis** ist jedes Rechtsverhältnis, in dem ein Anspruch entsteht, vgl. §§ 241, 311 BGB. Es kann sich um ein vertragliches oder um ein gesetzliches Schuldverhältnis handeln. Die Definition vertraglicher Schuldverhältnisse und das Zustandekommen von Verträgen wurden bereits dargestellt.

Eine **Pflichtverletzung** liegt vor, wenn in dem Vertrag eine konkrete Rechtspflicht des Vertragspartners besteht, die im Verletzungsfall nicht beachtet wurde. Die Rechtspflicht kann vertraglich vereinbart worden sein oder durch Gesetz entstehen, vgl. § 242 BGB. Es kommt nicht auf die subjektive Ansicht des Gläubigers von der ordnungsgemäßen Vertragserfüllung an, sondern maßgeblich ist allein, ob nach der Leistungsbeschreibung der Vertragsparteien oder aus dem Grundsatz von Treu und Glauben gem. § 242 BGB eine Verpflichtung des Schuldners begründet wurde. Bei Handelsgeschäften sind die einschlägigen Handelsbräuche, insbesondere die nationalen und internationalen Handelsklauseln, sowie die Sorgfaltspflichten eines ordentlichen Kaufmanns heranzuziehen.

Der Anwendungsbereich der Schadensersatznorm gem. § 280 BGB betrifft in erster Linie die Fälle der Schlechtleistung, sowie der Verletzung vertraglicher Sorgfaltspflichten, Leistungstreuepflichten und sonstiger Nebenleistungspflichten.

Die mangelhafte Erfüllung einer Leistungspflicht ist das in der Praxis am häufigsten auftretende Beispiel für eine Pflichtverletzung. Das Vertragsrecht enthält für einige Vertragsarten – Kaufverträge, Werkverträge, Mietverträge – **Mängelgewährleistungsregeln**, in denen auf die Anwendung der Schadensersatzansprüche gem. §§ 280 ff. BGB verwiesen wird. Im Übrigen kommt diese Grundregel des Schadensersatzrechts unmittelbar zur Anwendung, falls keine spezielle Schadensersatznorm besteht.

Beispiel

Aufgrund der Lieferung von anderen als den bestellten chemischen Stoffen wird ein fehlerhaftes Produkt hergestellt. Die Falschlieferung löst Mängelgewährleistungsansprüche aus, sodass ein Anspruch auf Neulieferung der bestellten Produkte besteht. Die Kosten, die durch den Einsatz von Arbeitszeit bei der fehlerhaften Produktion, weiterer Materialien, Entsorgung der Fehlprodukte, Reinigung der Maschinen und Geräte und eventuellen Produktionsausfall entstehen, sind wegen der Pflichtverletzung im Kaufvertrag über § 280 BGB auszugleichen.

Als **Sorgfaltspflichtverletzung** gilt insbesondere das Außerachtlassen von Warnungs-, Hinweis-, Beratungs-, Aufklärungs- und Instruktionspflichten. **Verstöße gegen die Leistungstreuepflicht** sind insbesondere dann gegeben, wenn der Vertragspartner dem Vertrags- oder Leistungszweck zuwiderhandelt. Auch Pflichtverletzungen im vorvertraglichen Anbahnungsverhältnis begründen einen Schadensersatzanspruch gem. § 280 BGB. Die **Verletzung sonstiger Nebenleistungspflichten** kann u. a. durch Verstoß gegen Verschwiegenheitspflichten, Obhutspflichten oder Wettbewerbsverbote erfolgen. Auch ohne besondere Vertragsvereinbarung muss beispielsweise aus einem Alleinvertriebsauftrag das Konkurrenz- und Wettbewerbsverbot beachtet werden.

Die Pflichtverletzung muss vom Schuldner zu vertreten sein, um einen Schadensersatzanspruch zu begründen, vgl. § 280 Abs. 1 Satz 2 BGB. Das **Vertretenmüssen** ist im Fall des Verschuldens gegeben, d. h. die Verletzungshandlung erfolgt vorsätzlich (Vorsatz = bewusstes und gewolltes Herbeiführen des Erfolges) oder fahrlässig (Fahrlässigkeit = Außerachtlassen der im Verkehr erforderlichen Sorgfalt). Der Schuldner hat nicht nur eigenes Verschulden zu vertreten, sondern gem. § 278 BGB auch das Verschulden seiner Erfüllungsgehilfen. Hierzu gehören insbesondere die Arbeitnehmer, welche bei der Erfüllung vertraglicher Verpflichtungen des Unternehmens mitwirken, z. B. Einkäufer, Verkäufer, sowie andere Arbeiter und Angestellte ohne Rücksicht auf eine eventuell bestehende Vertretungsmacht.

Der Schadensersatzanspruch wegen einer Pflichtverletzung gem. § 280 BGB tritt neben den Erfüllungsanspruch, d. h. der Gläubiger kann die Vertragserfüllung verlangen (z. B. Lieferung und Übereignung der Kaufsache) und zusätzlich auch den Ausgleich eines entstandenen Schadens (z. B. wegen Sachmängeln oder wegen Verletzung anderer Pflichten im Kaufvertrag). Ein Schadensersatzanspruch kann aber auch an die Stelle der Leistungspflicht treten; dann müssen im Einzelfall die weiteren Voraussetzungen der einzelnen Tatbestände gem. §§ 281 ff. BGB erfüllt sein.

3.4 Schuldner- und Gläubigerverzug

Besondere Voraussetzungen bei der Anwendung der Schadensersatzvorschriften sind für den **Verzugsfall** geregelt. Es handelt sich auch bei der verspäteten Erfüllung einer Leistungspflicht um eine Pflichtverletzung. Der Schadensersatzanspruch gem. § 280 BGB entsteht in den Fällen der Verzögerung der Leistung jedoch nur unter den besonderen Voraussetzungen des § 286 BGB. Verzugsvoraussetzungen und Rechtsfolgen sollen wegen ihrer besonderen Bedeutung für die Wirtschaftspraxis ausführlich dargestellt werden.

In einem gegenseitigen Vertrag kann sowohl der Schuldner als auch der Gläubiger mit seiner Leistungspflicht in Verzug geraten. Eine Vertragspartei kann mit jeder vertraglich geschuldeten Leistungspflicht in Verzug geraten. Die **Voraussetzungen des Schuldnerverzugs** sind gem. § 286 BGB:

- Bestehen eines fälligen Anspruchs
- grundsätzlich Mahnung
- zu vertretendes Nichtleisten
- kein Ausschluss durch Einrede.

Der Schuldnerverzug setzt zunächst das **Vorhandensein eines fälligen Anspruchs** voraus. Falls die Vertragsparteien durch Vereinbarung eine Leistungszeit festgelegt haben oder die Leistung gestundet wurde, ist der Anspruch vor Erreichen dieses Zeitpunkts nicht fällig.

Die verzugsbegründende Handlung ist die Mahnung, sofern diese nicht ausnahmsweise entbehrlich ist, vgl. § 286 Abs. 2 BGB. Grundsätzlich muss nach dem Eintritt der Fälligkeit eine Mahnung erfolgen. Als Mahnung wird eine hinreichend bestimmte Leistungsaufforderung des Gläubigers an den Schuldner angesehen. Der Mahnung stehen die Erhebung der Klage auf die Leistung sowie die Zustellung eines Mahnbescheids im gerichtlichen Mahnverfahren gleich. Erst durch **die Zustellung der Mahnung** (der Leistungsklage oder des gerichtlichen Mahnbescheids) gerät der Schuldner in Verzug. Eine Mahnung vor Fälligkeit ist unbeachtlich.

Ausnahmsweise ist die Mahnung entbehrlich, wenn

- für die Leistung eine Zeit nach dem Kalender bestimmt ist
- der Leistung ein Ereignis vorauszugehen hat (z. B. eine Kündigung, eine Mitteilung des Schuldners über den Leistungsort, eine behördliche Entscheidung o. Ä.) und eine angemessene Zeit für die Leistung in der Weise bestimmt ist, dass sie sich kalendermäßig berechnen lässt

- der Schuldner die Leistung ernsthaft und endgültig verweigert
- aus besonderen Gründen unter Abwägung der beiderseitigen Interessen der sofortige Eintritt des Verzugs gerechtfertigt ist, z. B. wenn der Schuldner selbst seine Leistung ankündigt (= Selbstmahnung) oder wenn er die Notwendigkeit der Leistung nach dem Grundsatz von Treu und Glauben gem. § 242 BGB erkennen kann.

Der Schuldner kommt nicht in Verzug, solange die Leistung infolge eines Umstandes unterbleibt, den er nicht zu vertreten hat. In aller Regel hat der Schuldner sein Nichtleisten auch zu vertreten, da er sich vertraglich verpflichtet hat, die Leistung zu erbringen. Ausnahmsweise gerät der Schuldner nicht in Verzug, wenn die Leistung ohne sein Verschulden unterbleibt, § 286 Abs. 4 BGB. Dies wäre der Fall bei dauerhafter Sperrung des Verkehrsweges, Betriebsstillegung, Ausfall des Transportmittels oder wenn der Gläubiger seinen Wohn- oder Geschäftssitz verlegt, ohne den Schuldner zu benachrichtigen. Die fehlende Selbstbelieferung, z. B. ein Ausfall von Material-, Rohstoff-, Halbfertigteile- oder Fertigteilelieferungen als Folge von Arbeitskämpfen im Zulieferbetrieb, genügt dagegen nicht für den Ausschluss des Verzuges. Deshalb ist bei derartigen Risiken vertragsgestaltend ein **Selbstbelieferungsvorbehalt** zur auflösenden Bedingung des Vertragsangebotes erforderlich.

Eine Sonderregelung besteht für den **Zahlungsverzug** gem. § 286 Abs. 3 BGB. Der Schuldner einer Entgeltforderung kommt spätestens in Verzug, wenn er nicht innerhalb von 30 Tagen nach Fälligkeit und Zugang einer Rechnung oder gleichwertigen Zahlungsaufstellung leistet; dies gilt gegenüber einem Schuldner, der Verbraucher ist, nur, wenn auf diese Folgen in der Rechnung oder Zahlungsaufstellung besonders hingewiesen worden ist. Sofern der Zeitpunkt des Zugangs der Rechnung oder Zahlungsaufstellung unsicher ist, kommt der Schuldner, der nicht Verbraucher ist, spätestens 30 Tage nach Fälligkeit und Empfang der Gegenleistung in Verzug.

Nach dieser Regelung kann der **Zahlungsverzug auch ohne Mahnung** eintreten, wenn 30 Tage nach Fälligkeit und Zustellung einer Rechnung oder gleichwertigen Zahlungsaufstellung verstrichen sind. Dies gilt uneingeschränkt, wenn sowohl der Schuldner als auch der Gläubiger des Anspruchs Unternehmer im Sinne von § 14 BGB ist.

Sofern der Schuldner der Forderung ein Verbraucher ist, kann der Zahlungsverzug ohne Mahnung **spätestens 30 Tage** nach Fälligkeit und Zustellung einer Rechnung oder gleichwertigen Zahlungsaufstellung nur dann eintreten, wenn ein besonderer Hinweis auf diese Rechtsfolge gegeben wurde. Die formularmäßigen Aufdrucke auf Rechnungen und Zahlungsaufstellungen, die im Geschäftsverkehr zwischen Unternehmern und Verbrauchern verwendet werden, sind daher entsprechend umzugestalten.

Bei der Anwendung dieser Sonderregelung für den Zahlungsverzug wird häufig übersehen, dass es sich um einen Auffangtatbestand handelt. In erster Linie gilt der Grundsatz, dass der Verzug – auch der Zahlungsverzug – durch eine Mahnung entsteht. Als verzugsbegründende Handlung ist die Mahnung daher keineswegs entbehrlich.

Beispiele

Die Parteien schließen einen Kaufvertrag. Der Kaufgegenstand wird geliefert, und die Kaufpreiszahlung steht noch aus. Es ist grundsätzlich eine **Mahnung** erforderlich, um den Käufer mit seiner Zahlungspflicht in Verzug zu setzen, vgl. § 286 Abs. 1 BGB. Sofern dem Schuldner der Kaufpreisforderung eine Rechnung zugeht, gerät er spätestens **30 Tage nach Zugang** in Verzug, vgl. § 286 Abs. 3 Satz 1 BGB. Handelt es sich jedoch bei dem Schuldner um einen Verbraucher im Sinne von § 13 BGB, müsste die Rechnung den Hinweis auf die 30-Tage-Frist enthalten, um den Verzug zu begründen.

Falls die Parteien Zahlung innerhalb von 14 Tagen nach Lieferung vereinbart haben, ist wiederum eine **Mahnung** erforderlich. Denn die Leistungszeit ist nicht nach dem Kalender bestimmt, sodass eine Ausnahme von dem Grundsatz, dass der Verzug durch eine Mahnung entsteht, nicht gegeben ist, vgl. § 286 Abs. 2 BGB. Der kalendermäßige Leitungszeitpunkt müsste sich aus dem Vertrag ergeben (Tag, Woche, Monat) oder nach dem Vertrag berechnet werden können.

Sofern der Gläubiger eine Rechnung versendet, die den Vermerk enthält „Zahlung innerhalb von 14 Tagen nach Rechnungseingang“, ist ebenfalls eine **Mahnung** erforderlich, da die kalendermäßige Leistungszeit vertraglich vereinbart werden muss und nicht einseitig von einer Vertragspartei festgelegt werden kann. Allerdings entsteht der Verzug auch ohne Mahnung **spätestens 30 Tage** nach Rechnungseingang. Falls der Schuldner Verbraucher im Sinne von § 13 BGB ist, kann der Verzug 30 Tage nach Rechnungseingang nur dann eintreten, wenn diese Folge auf der Rechnung vermerkt ist.

Nur für den Fall, dass die Parteien vertraglich ein kalendermäßiges Zahlungsziel vereinbart haben, z. B. „Zahlung bis zum 31. März“, gerät der Käufer **ohne Mahnung** mit Ablauf dieses Tages in Verzug. Gleiches gilt im Fall einer Vereinbarung einer bestimmten Kalenderwoche oder eines bestimmten Kalendermonats als Leistungszeit. Der Schuldner gerät mit Ablauf der Woche oder des Monats ohne Mahnung in Verzug.

Der Verzug ist ausgeschlossen, wenn dem Schuldner ein **Leistungsverweigerungsrecht** zusteht, beispielsweise die Einrede der Verjährung gem. § 214 BGB, die Einrede des Zurückbehaltungsrechts gem. § 273 BGB, das Leistungsverweigerungsrecht gem. § 275 BGB oder die Einrede des nicht erfüllten Vertrages gem. § 320 BGB.

Im Fall des Schuldnerverzugs entstehen verschiedene günstige Rechtsfolgen für den Gläubiger:

- **Ersatz des Verzögerungsschadens**, § 280 Abs. 1 BGB
- **Haftungserweiterung**, § 287 BGB
- **Verzinsung von Geldschulden**, § 288 BGB.

Der Anspruch auf Ersatz des Verzögerungsschadens tritt neben den Erfüllungsanspruch, sodass die Leistungspflichten auch weiterhin bestehen bleiben. Eine Lösung von der vertraglichen Bindung erreicht der Gläubiger nur dann, wenn die Rücktritts- oder Kündigungsvoraussetzungen vorliegen.

Aufgabe 8 > Seite 219

Der **Gläubigerverzug (= Annahmeverzug)** entsteht dadurch, dass der Gläubiger die ihm vom Schuldner angebotene Leistung nicht annimmt, §§ 293 ff. BGB. Dabei ist grundsätzlich ein **tatsächliches Angebot** des Schuldners erforderlich, sodass die Leistung in der geschuldeten Art und Weise am Erfüllungsort und zum Fälligkeitszeitpunkt vorhanden sein muss, während der Gläubiger die Leistung nur entgegenzunehmen braucht. Das wörtliche Angebot reicht für den Gläubigerverzug nur ausnahmsweise aus, §§ 294, 295 BGB. Der Annahmeverzug hat für den Schuldner eine Reihe günstiger Rechtsfolgen:

- **Haftungsminderung**, § 300 Abs. 1 BGB
- **Gefahrübergang**, § 300 Abs. 2 BGB
- **Wegfall der Verzinsung**, § 301 BGB
- **Berechtigung zur Hinterlegung oder Versteigerung**, §§ 372, 383 BGB
- **Anspruch auf Mehraufwendungen**, z. B. Lagerkosten, § 304 BGB.

Die Bedeutung des Annahmeverzugs liegt im Wesentlichen im Übergang der Leistungsgefahr auf den Schuldner gem. § 300 BGB. Im Übrigen wirken sich die Rechtsfolgen des Annahmeverzugs in der betrieblichen Praxis vor allem in folgenden Kriterien aus:

- im **Kauf auf Abruf**, wenn der Käufer mit seiner Abrufpflicht in Verzug gerät
- im **Spezifikationskauf**, wenn der Käufer mit der Spezifikationspflicht in Verzug gerät
- im **Werkvertrag**, wenn der Besteller mit der Abnahme des hergestellten Werkes in Verzug gerät und
- im **Arbeitsvertrag**, wenn der Arbeitgeber die ihm angebotene Arbeitsleistung nicht annimmt.

3.5 Weitere Ansprüche wegen Pflichtverletzungen

Der Anspruch auf Schadensersatz wegen einer Pflichtverletzung gem. § 280 BGB entsteht bei Leistungsverzögerungen und anderen Verletzungen vertraglicher Leistungspflichten und tritt neben den Erfüllungsanspruch. Zudem enthält das Bürgerliche Gesetzbuch als Folge von Pflichtverletzungen eine Reihe weiterer Schadensersatzansprüche sowie Ansprüche auf Aufwendungsersatz und Herausgabe von Ersatzleistungen, die statt der Leistung geltend gemacht werden können, vgl. §§ 281 ff. BGB.

In einem Schadensfall ist daher zunächst die Interessenlage des Gläubigers zu untersuchen. Sofern das **Erfüllungsinteresse** weiterhin besteht, kann es im Verzugswege verfolgt und gegebenenfalls ein Schadensersatzanspruch gem. § 280 BGB geltend gemacht werden. Nur wenn der Vertrag nicht mehr erfüllt werden kann oder das Interesse des Gläubigers an der Lösung der vertraglichen Verpflichtung überwiegt, sind die Voraussetzungen für die weiteren Ansprüche wegen Pflichtverletzungen zu prüfen oder in der Wirtschaftspraxis zu schaffen. Es handelt sich dabei um folgende Ansprüche:

- **Schadensersatz statt der Leistung** wegen nicht oder nicht wie geschuldet erbrachter Leistung, § 281 BGB
- **Schadensersatz statt der Leistung** wegen Verletzung einer Pflicht nach § 241 Abs. 2 BGB, § 282 BGB
- **Schadensersatz statt der Leistung** bei Ausschluss der Leistungspflicht, § 283 BGB
- **Aufwendungsersatz**, § 284 BGB
- **Herausgabe des Ersatzes oder Abtretung des Ersatzanspruches**, § 285 BGB.

Der **Schadensersatzanspruch gem. § 281 BGB** erfordert zunächst dieselben Voraussetzungen wie der Anspruch gem. § 280 BGB. Es muss eine schuldhafte Pflichtverletzung im Schuldverhältnis gegeben sein. Ferner ist der Schadensersatzanspruch gem. § 281 BGB davon abhängig, dass der Gläubiger dem Schuldner eine angemessene Frist zur Leistung oder zur Nacherfüllung setzt und die Frist ergebnislos verstrichen ist. Der Schadensersatzanspruch tritt dann an die Stelle des Erfüllungsanspruchs. Der Gläubiger kann sowohl den Schadensersatzanspruch gem. § 281 BGB geltend machen als auch vom Vertrag zurücktreten, vgl. § 323 BGB. Die **Voraussetzungen für einen Schadensersatzanspruch** gem. § 281 BGB sind:

- Schuldverhältnis
- Pflichtverletzung
- Verschulden
- Schaden
- angemessene Fristsetzung zur Leistung oder Nacherfüllung
- erfolgloses Verstreichen der Frist.

Von dem Grundsatz, dass der Schadensersatzanspruch statt der Leistung gem. § 281 BGB von einer Fristsetzung des Gläubigers abhängig ist, gibt es einige bedeutsame Ausnahmen, vgl. § 281 Abs. 2 BGB. Die **Fristsetzung ist entbehrlich,**

- wenn der Schuldner die Leistung ernsthaft und endgültig verweigert oder
- wenn besondere Umstände vorliegen, die unter Abwägung der beiderseitigen Interessen den sofortigen Rücktritt rechtfertigen.

In einem **Ratenlieferungsvertrag** oder bei Bewirkung einer **Teilleistung** durch den Schuldner ist der Schadensersatzanspruch gem. § 281 BGB statt der ganzen Leistung davon abhängig, dass der Gläubiger an einer weiteren Teilleistung kein Interesse hat. Verlangt der Gläubiger Schadensersatz statt der ganzen Leistung, ist der Schuldner zur Rückforderung der bereits erbrachten Teilleistungen berechtigt, vgl. § 281 Abs. 5 BGB.

Der **Schadensersatzanspruch gem. § 281 BGB** setzt ferner voraus, dass die Leistung nicht oder nicht wie geschuldet bewirkt wird. Sofern die Leistung nicht erbracht wird, besteht der Schadensersatzanspruch statt der Leistung ohne Weiteres. Falls dagegen die Leistung nicht wie geschuldet erbracht wird, ist der Schadensersatzanspruch ausgeschlossen, wenn die Pflichtverletzung unerheblich ist, vgl. § 281 Abs. 1 Satz 3 BGB.

Die **Schadensersatzansprüche** gem. § 280 BGB wegen Pflichtverletzung oder gem. § 281 BGB statt der Leistung wegen nicht oder nicht wie geschuldet erbrachter Leistung unterscheiden sich nach Art und Umfang. Dies wird im Verzug besonders deutlich. Der Anspruch gem. § 280 BGB betrifft den Verzögerungsschaden und tritt neben den Erfüllungsanspruch. Dagegen entspricht der Anspruch gem. § 281 BGB dem früheren Nichterfüllungsschaden, der an die Stelle des Erfüllungsanspruchs tritt. Auch nach neuer Rechtslage muss sich der Gläubiger daher entscheiden, ob er im Verzugsfall weiterhin Erfüllung verlangt und daneben den Schadensersatzanspruch gem. §§ 280 Abs. 1, 2, 286 BGB geltend macht, oder ob er an der Erfüllung kein Interesse mehr hat. Wenn das Erfüllungsinteresse nicht besteht, kann der Gläubiger – nach Fristsetzung zur Leistung – gem. § 323 BGB vom Vertrag zurücktreten und den Schadensersatzanspruch statt der Leistung gem. §§ 281, 280 Abs. 1 und 3 BGB geltend machen.

Beispiel

In einem Produktionsbetrieb werden Zulieferteile nicht zum vereinbarten Termin geliefert. Es entstehen Kosten durch Produktionsausfall, die sich im Einzelnen aus dem entgangenem Gewinn und Vertragsstrafen wegen Lieferverzögerungen gegenüber den Abnehmern zusammensetzen. Entscheidet sich der Produktionsbetrieb (Gläubiger des Anspruchs auf Lieferung der Zulieferteile) für den Schadensersatzanspruch gem. § 280 BGB, besteht der Erfüllungsanspruch weiterhin und der Gewinn aus dem Verkauf der hergestellten Produkte kann noch erzielt werden. Daher werden über § 280 BGB nur die Kosten ersetzt, die durch Zahlung der Vertragsstrafen an die Abnehmer des Produktionsbetriebes entstehen. Sofern der Produktionsbetrieb einen Ersatzlieferanten einschalten kann und daher kein Interesse an der verspäteten Lieferung hat, wird er vom Vertrag zurücktreten und wegen der Produktionsausfallkosten und des eventuell entgangenen Gewinns den Schadensersatzanspruch gem. § 281 BGB geltend machen.

Der **Schadensersatzanspruch statt der Leistung** gem. §§ 281, 280 Abs. 1 und 3 BGB schließt alle Schadensfolgen ein, die infolge der nicht ordnungsgemäßen Vertragserfüllung entstehen; regelmäßig auch den entgangenen Gewinn. Dagegen umfasst der Schadensersatzanspruch wegen Pflichtverletzung gem. §§ 280 Abs. 1 und 2 BGB nur die Folgen der Vertragsverletzung, d. h. im Verzugsfall die zusätzlichen Kosten infolge der Lieferverzögerung. Da die Lieferung zu einem späteren Zeitpunkt noch erfolgt, weil der Erfüllungsanspruch fortbesteht, gehört der entgangene Gewinn nicht zu den typischen Verzögerungsschäden und wird daher über § 280 BGB nicht ersetzt. Nur wenn der Abnehmer wegen der Lieferverzögerung seinerseits vom Vertrag zurücktritt oder konkrete Aufträge nicht erteilt werden, kann der entgangene Gewinn auch Bestandteil des Verzögerungsschadens gem. § 280 BGB sein.

Auch der **Schadensersatzanspruch gem. § 282 BGB** kann statt der Leistung geltend gemacht werden. Zusätzlich zu den Voraussetzungen gem. § 280 Abs. 1 BGB ist erforderlich, dass eine Pflicht gem. § 241 Abs. 2 BGB verletzt wird. Es handelt sich dabei um eine Verletzung der Rechte, Rechtsgüter und Interessen der anderen Vertragspartei. Dies könnte im Einzelfall beispielsweise eine Eigentumsverletzung, eine Gesundheitsbeschädigung oder ein Eingriff in ein gewerbliches Schutzrecht oder Urheberrecht sein. Es ergeben sich danach für einen Schadensersatzanspruch gem. § 282 BGB folgende **Voraussetzungen**:

- Schuldverhältnis
- Verletzung einer Pflicht gem. § 241 Abs. 2 BGB
- Verschulden
- Schaden.

Der **Schadensersatzanspruch gem. § 283 BGB** ist statt der Leistung im Fall des Ausschlusses der Leistungspflicht gem. § 275 BGB gegeben. Dieser Anspruch erfordert ebenfalls, dass zunächst die Voraussetzungen des § 280 Abs. 1 BGB vorliegen. Danach ergeben sich folgende **Anspruchsvoraussetzungen**:

- Schuldverhältnis
- Pflichtverletzung
- Verschulden
- Ausschluss der Leistungspflicht gem. § 275 BGB
- Schaden.

Der **Aufwendungsersatzanspruch gem. § 284 BGB** kann anstelle eines Schadensersatzanspruches statt der Leistung gem. §§ 281 - 283 BGB geltend gemacht werden. Es müssten daher zunächst die Voraussetzungen für einen der dort aufgeführten Schadensersatzansprüche gegeben sein. Dann müsste der Gläubiger im Vertrauen auf den Erhalt der Leistung Aufwendungen gemacht haben, die er billigerweise machen durfte. Dabei kann es sich um Kosten handeln, die zur Vorbereitung eines konkreten Vertrages, z. B. für Untersuchung oder Herstellung von Mustern (Fertigungsteile, Modelle o. Ä.), anfallen. Ferner denkbar sind angefallene Auslagen hinsichtlich einer beabsichtigten Kooperation im Rahmen überbetrieblicher Arbeitsteilung, Notarkosten oder ähnliche Kosten, die im Vorfeld des Vertragsabschlusses typischerweise auftreten. Der Anspruch auf Aufwendungsersatz ist ausgeschlossen, wenn der Zweck ohne die Pflichtverletzung des Schuldners nicht erreicht worden wäre, vgl. § 284 Satz 2 BGB.

Beispiel

Wenn ein Unternehmen für die Fertigungsanlage, die es zu erwerben beabsichtigt, einen Teil einer Fabrikationshalle räumt und der Vertrag aus Gründen, die der Verkäufer zu vertreten hat, nicht zu Stande kommt, ist der Aufwendungsersatzanspruch gem. § 284 BGB nicht gegeben. Denn für eine andere Fertigungsanlage, die stattdessen beschafft wird, wären die Kosten für die Aufräumungsarbeiten ebenfalls entstanden.

Der **Anspruch auf Herausgabe des Ersatzes gem. § 285 BGB** ist nur dann gegeben, wenn der Schuldner infolge des Umstands, aufgrund dessen er die Leistung nach § 275 Abs. 1 - 3 BGB nicht zu erbringen braucht, für den geschuldeten Gegenstand einen Ersatz oder einen Ersatzanspruch erlangt. Es kann sich z. B. um einen Anspruch auf eine Versicherungsleistung handeln. In diesen Fällen ist der Schuldner verpflichtet, die als Ersatz empfangene Sache herauszugeben oder den Ersatzanspruch abzutreten. Im Versicherungsfall müsste der Schuldner seinen Anspruch gegen die Versicherung, den er aufgrund des Schadensereignisses erhält, an den Gläubiger abtreten.

3.6 Störung der Geschäftsgrundlage

In manchen Situationen des betrieblichen Alltags verschiebt sich nach Vertragsabschluss die wirtschaftliche Äquivalenz von Leistung und Gegenleistung, sodass nach dem Grundsatz von Treu und Glauben gem. § 242 BGB eine inhaltliche Korrektur des Vertrags erforderlich wird. Die Störungen der Geschäftsgrundlage sind in § 313 BGB gesetzlich geregelt. Haben sich Umstände, die zur Grundlage des Vertrags geworden sind, nach Vertragsabschluss schwerwiegend verändert und hat dies zur Folge, dass die Parteien den Vertrag nicht oder mit anderem Inhalt geschlossen hätten, wenn sie diese Veränderung vorausgesehen hätten, so kann Anpassung des Vertrags verlangt werden unter der Voraussetzung, dass einem Teil unter Berücksichtigung aller Umstände des Einzelfalles, insbesondere der vertraglichen oder gesetzlichen Risikoverteilung, das Festhalten am unveränderten Vertrag nicht zugemutet werden kann. **Voraussetzungen** sind:

- Vorhandensein einer Geschäftsgrundlage, die nicht in den Risikobereich einer Partei fällt
- deren Störung
- die Unzumutbarkeit des Benachteiligten, am Vertrag festzuhalten.

Geschäftsgrundlage bilden nur solche Umstände, die von beiden Parteien gemeinsam für einen störungsfreien Vertragsablauf vorausgesetzt werden und von denen der Vertragsabschluss abhängig gemacht wurde. So wäre z. B. die von beiden Kaufvertragsparteien erwartete Erweiterung eines Gewerbegebietes eine Geschäftsgrundlage für den Erwerb einer Fertigungshalle, die in dem Gewerbegebiet gebaut werden soll. Demgegenüber wären enttäuschte Umsatzerwartungen nach einem Unternehmenserwerb keine Umstände, die einen Anspruch auf Vertragsanpassung oder ein Rücktrittsrecht begründen. Rechtsfolgen einer Störung der Geschäftsgrundlage sind:

- **Kündigungsrecht** des Vertrags aus wichtigem Grund, wenn es sich um ein Dauerschuldverhältnis handelt, z. B. um einen Sukzessivlieferungsvertrag, Mietvertrag, Pachtvertrag oder Leasingvertrag
- **Anspruch auf Anpassung** des Vertrags
- **Rücktrittsrecht**, wenn eine Anpassung des Vertrags entfällt.

Die Störung der Geschäftsgrundlage muss die ordnungsgemäße Vertragsdurchführung so nachhaltig beeinträchtigen, dass der benachteiligten Partei die ordnungsgemäße Vertragserfüllung nicht zugemutet werden kann. Der unbestimmte Rechtsbegriff der „Zumutbarkeit" wird nicht nach der subjektiven Parteivorstellung, sondern nach den objektiven Umständen des Einzelfalles ausgelegt. In den Fällen der Äquivalenzstörung müsste festgestellt werden, dass es wirtschaftlich nicht vertretbar wäre, die Erfüllung des Vertrages in der Weise, wie ursprünglich vereinbart, zu verlangen.

4. Gesetzliche Schuldverhältnisse

Kraft eines Schuldverhältnisses ist der Gläubiger berechtigt, von dem Schuldner eine Leistung zu fordern, vgl. die Legaldefinition in § 241 BGB. Ein Schuldverhältnis entsteht entweder durch Rechtsgeschäft oder durch Gesetz. In aller Regel sind für den kaufmännischen Rechtsverkehr die vertraglichen Schuldverhältnisse von größerer Bedeutung.

Sofern jedoch außervertragliche Personen- oder Sachschäden auftreten, können sich Ansprüche des Verletzten nur aus den gesetzlichen Schuldverhältnissen ergeben. Die Regulierung von Verkehrsunfällen, der Ausgleich von Schäden aus Straftaten, aus dem unbefugten Gebrauch fremder gewerblicher Schutzrechte, aus fehlerhaften Produkten und aus sonstigen Eingriffen in eine fremde Rechtssphäre erfolgen nach besonderen Vorschriften, die an die Verletzungshandlung knüpfen. Die gesetzlichen Schuldverhältnisse bilden den jeweiligen Rechtsgrund für den Anspruch des Gläubigers gegen den Schuldner auf Schadensersatz, auf Unterlassung, auf Beseitigung der Störung oder auf Herausgabe des unberechtigt erlangten Vermögensvorteils.

4.1 Geschäftsführung ohne Auftrag

Im kaufmännischen Geschäftsverkehr werden zahlreiche Dienstleistungen und sonstige Tätigkeiten im Auftrag oder im Interesse eines anderen vorgenommen. Die Besorgung fremder Geschäfte erfolgt in der betrieblichen Praxis durch

- den Verkauf, die Erhaltung oder die Lagerung fremder Sachen
- die Tilgung fremder Schulden
- die Weiterleitung von Geldbeträgen
- Maßnahmen zur Bekämpfung von Bränden, Wasser- oder Bodenverschmutzungen und zur Gefahrenabwehr oder -beseitigung.

In derartigen Fällen wird jemand im fremden Interesse tätig, ohne beauftragt worden zu sein, insbesondere zur Abwehr drohender Gefahren oder in der unzutreffenden Annahme, es läge ein Auftrag vor. Sofern ein Geschäft für einen anderen geführt wird, ohne dass tatsächlich ein Auftrag erteilt wurde, entsteht zum Ausgleich der wirtschaftlichen Vor- und Nachteile der Beteiligten das gesetzliche Schuldverhältnis der Geschäftsführung ohne Auftrag, §§ 677 ff. BGB. **Voraussetzungen** der Geschäftsführung ohne Auftrag sind:

- Besorgung eines fremden Geschäfts
- Kenntnis des Geschäftsführers von der Fremdgeschäftsführung
- Fremdgeschäftsführungswille
- eine Berechtigung zur Geschäftsführung, z. B. durch einen Auftrag.

Die **Besorgung eines fremden Geschäfts** ist jede Tätigkeit, die einem fremden Rechts- oder Interessenkreis zuzuordnen ist, z. B. die Zahlung des Bürgen an den Gläubiger des Hauptschuldners, die Erfüllung fremder Verwaltungsaufgaben, die Übernahme von Transport- oder Übermittlungsarbeiten, die Vornahme von Bank- oder Börsengeschäften und auch Hilfeleistungen in Notfällen.

Eine Geschäftsführung ohne Auftrag liegt nur dann vor, wenn der Geschäftsführer **Kenntnis von der Fremdgeschäftsführung** hatte und die übernommene Geschäftsbesorgung im fremden Interesse vornehmen wollte. Der Geschäftsführer muss bei der Ausführung der Tätigkeit in dem Bewusstsein handeln, in einen fremden Rechtskreis einzugreifen. Sofern jemand irrtümlich glaubt, er führe ein eigenes Geschäft **(= vermeintliche Geschäftsführung ohne Auftrag)**, finden die Regeln der Geschäftsführung ohne Auftrag keine Anwendung. Auch in den Fällen der unerlaubten Fremdgeschäftsführung **(= angemaßte Geschäftsführung ohne Auftrag)** gibt es keinen gesetzlichen Schutz des Geschäftsführers, während der Geschäftsherr die Ansprüche aus Geschäftsführung ohne Auftrag dennoch geltend machen kann, vgl. § 687 BGB.

Entspricht die Übernahme der Geschäftsführung dem Interesse und dem Willen des Geschäftsherrn, hat der Geschäftsführer wie ein Beauftragter einen **Aufwendungsersatzanspruch** gegen den Geschäftsherrn, § 683 BGB. Ferner gelten die Bestimmungen des Auftrags für die Verpflichtungen des Geschäftsführers, d. h. dieser hat die Pflichten zur Anzeige der Geschäftsführung, zur Benachrichtigung und Auskunftserteilung, zur Rechenschaftslegung und zur Herausgabe eventuell erlangter Vermögensvorteile.

Falls die Geschäftsführung jedoch nicht dem Interesse und dem Willen des Geschäftsherrn entspricht und dieser das Geschäft nicht genehmigt, entsteht gem. § 684 BGB ein **Herausgabeanspruch** gegen den Geschäftsführer hinsichtlich des aus der Geschäftsführung erlangten Vermögensvorteils nach den Rechtsgrundsätzen der ungerechtfertigten Bereicherung, vgl. §§ 812 ff. BGB.

4.2 Ungerechtfertigte Bereicherung

Die Rückforderung rechtsgrundloser Vermögensvorteile erfolgt nach den Vorschriften der ungerechtfertigten Bereicherung, §§ 812 ff. BGB. Danach entsteht ein schuldrechtlicher **Anspruch auf die Rückgängigmachung der ungerechtfertigten Vermögensverschiebung**, wenn jemand ohne rechtlichen Grund etwas erlangt.

Der Grundtatbestand der ungerechtfertigten Bereicherung erfasst nach der Art der Erlangung des Vermögensvorteils die Leistungs- und die Eingriffskondiktion. Die Rückforderung des Vermögensvorteils im Wege der **Leistungskondiktion** gem. § 812 Abs. 1 Satz 1, 1. Alt. BGB setzt voraus:

- **Vermögensverschiebung durch Leistung**
- **auf Kosten eines anderen**
- **Fehlen eines Rechtsgrundes.**

Eine Vermögensverschiebung im bereicherungsrechtlichen Sinne tritt ein, wenn jemand **durch die Leistung eines anderen** etwas auf dessen Kosten erlangt hat. Der Leistungsbegriff beinhaltet jede gewollte und zweckgerichtete Vermehrung fremden Vermögens. In aller Regel handelt es sich um Erfüllungshandlungen in Bezug auf einen Vertrag, z. B. Zahlung an den Zedenten nach Mitteilung von der Abtretung, Lieferung einer Kaufsache aufgrund eines unwirksamen Kaufvertrags und ähnliche Situationen, in denen eine Leistung bewirkt wird. Risikobehaftet sind insofern auch die dreiseitigen Verträge – Finanzierungsleasing und finanzierter Kauf –, in denen Leistungen mit doppelter Erfüllungswirkung erbracht werden.

Die Bereicherung **auf Kosten eines anderen** bedeutet, dass infolge der Vermögensverschiebung auf der anderen Seite ein **unmittelbarer Vermögensnachteil** eingetreten sein muss. Dies ist beispielsweise der Fall, wenn der Bereicherte ein Recht erwirbt (Eigentum, Forderungen...), wenn er von Verbindlichkeiten befreit wird, Aufwendungen erspart oder in den Besitz einer Sache gelangt. Der **Rechtsgrund für die Vermögensverschiebung** fehlt, wenn weder ein gesetzlicher noch ein vertraglicher Grund für die Bereicherung gegeben ist oder wenn der rechtliche Grund später wegfällt, z. B. durch die Anfechtung eines Vertrages.

Beispiel

Der Verkäufer liefert die Kaufsache an den Käufer. Es stellt sich heraus, dass der Käufer den Vertrag anfechten kann. Die Anfechtung bewirkt die Nichtigkeit des Kaufvertrags, vgl. § 142 BGB. Die Eigentumsübertragung hinsichtlich der Kaufsache bleibt jedoch wirksam, da es sich um ein Verfügungsgeschäft handelt, dass vom Verpflichtungsgeschäft unabhängig ist. Der Verkäufer kann aber nach erfolgreicher Anfechtung des Kaufvertrages gem. § 812 Abs. 1 Satz 1, 1. Alt. BGB die Herausgabe des Erlangten, d. h. die Rückübertragung des Eigentums an der Kaufsache, verlangen. Denn der Kaufvertrag als Rechtsgrund für die Übereignung ist infolge der Anfechtung entfallen.

Neben den Fällen der Leistungskondiktion ist eine weitere Anspruchsgrundlage für den bereicherungsrechtlichen Vermögensausgleich in § 812 Abs. 1 Satz 1, 2. Alt. BGB gegeben. Die **Eingriffskondiktion** setzt voraus:

- **Vermögensverschiebung auf sonstige Weise**
- **auf Kosten eines anderen**
- **Fehlen eines Rechtsgrundes.**

Eine Vermögensverschiebung **auf sonstige Weise** erfolgt durch einen **Eingriff** in eine fremde Rechtssphäre, ebenso durch Handlungen eines Dritten oder infolge eines tatsächlichen Geschehensablaufes. Ein Fall der Eingriffskondiktion liegt beispielsweise bei unbefugter Nutzung fremder gewerblicher Schutzrechte (Patent, Gebrauchsmuster, Marke etc.) oder fremder Urheberverwertungsrechte vor, bei Tilgung fremder Verbindlichkeiten oder bei Aufwendungen auf fremde Sachen.

Beispiel

A erstellt von seinem rechtmäßig erworbenen Computerprogramm Kopien, die er zum Verkauf anbietet. Die Herstellung nicht autorisierter Programmkopien stellt eine Urheberrechtsverletzung dar, weil Vervielfältigungen urheberrechtlich geschützter Werke nur mit Einverständnis des Urhebers hergestellt werden dürfen, vgl. §§ 15, 16 UrhG. A erlangt durch den nicht lizenzierten Vertrieb der Raubkopien einen unberechtigten Vermögensvorteil, denn der Erlös aus der Herstellung und Verbreitung von Vervielfältigungen urheberrechtlich geschützter Werke steht dem Urheber zu. Das Urheberrecht gibt dem Urheber – neben Ansprüchen auf Unterlassung und Schadensersatz – auch einen bereicherungsrechtlichen Ausgleich auf Herausgabe des Erlöses aus dem Vertrieb der Raubkopien, vgl. § 102 Satz 3 UrhG. Es handelt sich um eine Eingriffskondiktion, weil der Vermögensvorteil dadurch entstanden ist, dass A durch die Urheberrechtsverletzung in ein fremdes Recht eingegriffen hat.

Der Umfang des Bereicherungsanspruches richtet sich nach § 818 BGB und erstreckt sich auch auf die gezogenen Nutzungen und ein eventuell erlangtes Surrogat, beispielsweise ein Anspruch gegen eine Versicherung. Dem Bereicherungsanspruch kann der Einwand der Entreicherung gem. § 818 Abs. 3 BGB entgegenstehen, sofern der Vermögensvorteil später wegfällt.

4.3 Unerlaubte Handlung

Das Recht der unerlaubten Handlung (auch: Deliktsrecht) betrifft die Haftung des Schädigers gegenüber dem Geschädigten für alle materiellen und immateriellen Schäden, die infolge rechtswidriger und schuldhafter Verletzungshandlungen entstehen, §§ 823 ff. BGB. Als Verletzungshandlung, die auch in einem Unterlassen bestehen kann, kommt entweder eine **Rechtsgutverletzung** gem. § 823 Abs. 1 BGB oder eine

Schutzgesetzverletzung gem. § 823 Abs. 2 BGB infrage. Die **Voraussetzungen** für einen Anspruch gem. § 823 BGB sind:

- Verletzung des Lebens, des Körpers, der Gesundheit, der Freiheit, des Eigentums oder des sonstigen Rechtes eines anderen gem. § 823 Abs. 1 BGB oder Verletzung eines Schutzgesetzes gem. § 823 Abs. 2 BGB
- Kausalität zwischen Verletzungshandlung und Schaden
- Rechtswidrigkeit
- Verschulden (Vorsatz oder Fahrlässigkeit).

Die Rechtsgutverletzung betrifft die in § 823 Abs. 1 BGB genannten Rechtsgüter. Dort sind absolute Rechte aufgeführt, darunter **Leben, Körper, Gesundheit, Freiheit und Eigentum**, die nicht nur im Rechtsverhältnis zu einem bestimmten Vertragspartner beachtet werden müssen (= relative Rechte), sondern die gegenüber den Eingriffen jeder anderen Person und deshalb absolut geschützt sind. Die Körperverletzung infolge eines Verkehrsunfalls ist die Verletzung eines der in § 823 Abs. 1 BGB genannten Rechtsgüter und hat deshalb einen Schadensersatzanspruch aus unerlaubter Handlung gegen den jeweiligen Schädiger zur Folge.

Die Aufzählung absoluter Rechte wird durch **sonstige Rechte** ergänzt. Damit sind ausschließlich besonders hochrangige Rechte gemeint, die in ihrer Schutzwürdigkeit den absoluten Rechten gleichstehen. Zu den sonstigen Rechten gehören das allgemeine Persönlichkeitsrecht und die dem Eigentum gleichgestellten Rechte wie **Pfandrecht, Hypothek** und **Besitzrecht**, ferner das **Namens- und Firmenrecht, Urheberrechte und gewerbliche Schutzrechte**, weiterhin das **Recht am eingerichteten und ausgeübten Gewerbebetrieb (= Recht am Unternehmen)**. Nur bei Verletzung eines der genannten absoluten oder eines der anerkannten sonstigen Rechte ist die Schadensersatzpflicht gem. § 823 Abs. 1 BGB gegeben.

Beispiel

Auf einer Baustelle wird durch einen Bagger die Stromleitung zu dem benachbarten Betrieb beschädigt. Die Stromunterbrechung führt im Betrieb zu einem Produktionsausfall. Doch richtet sich die Verletzungshandlung nicht gezielt gegen den Gewerbebetrieb; vielmehr betrifft die Stromunterbrechung alle benachbarten Grundstückseigentümer, die über die beschädigte Stromleitung mit Energie beliefert wurden. Da kein unmittelbarer Eingriff in den Gewerbebetrieb besteht, ist der Anspruch aus unerlaubter Handlung ausgeschlossen.

Das Vermögen gehört nicht zu den sonstigen Rechten im Sinne von § 823 Abs. 1 BGB, denn **ein Vermögensnachteil ist noch keine Eigentumsverletzung**. Das Eigentum wird nur durch Beschädigung, Zerstörung oder Entziehung verletzt. Falls ein **Vermögensschaden** eingetreten ist, ohne dass eine Rechtsgutverletzung vorliegt, ist weiter zu überprüfen, ob die Handlung gegen ein **Schutzgesetz** verstößt und damit einen Schadensersatzanspruch gem. § 823 Abs. 2 BGB auslöst. Schutzgesetze sind solche Bestimmungen, die in erster Linie die einzelne Person vor einer Verletzung ihrer Rechte schützen sollen, während der Schutz der Interessen der Allgemeinheit zurücktritt. Als Schutzgesetze sind zahlreiche Vorschriften des Strafgesetzbuches anerkannt, der Arbeits- und Sozialordnung, des Arznei- und Lebensmittelrechts, der Bebauungsvorschriften, des Jugend- und Mutterschutzes, des Datenschutzes, des Straßenverkehrsrechts, des Urheber- und Wettbewerbsrechts sowie weitere gesetzliche Bestimmungen.

Als **Rechtsfolgen einer unerlaubten Handlung** entstehen Ansprüche auf

- **Schadensersatz**, § 823 Abs. 1 und 2 BGB
- **Schmerzensgeld** (nur bei Personenschäden), § 253 BGB
- **Unterlassung** §§ 823 1004 BGB
- **Beseitigung**, §§ 823, 1004 BGB.

Die häufigste Rechtsfolge einer Rechtsgut- oder Schutzgesetzverletzung gem. § 823 BGB ist der **Schadensersatzanspruch**. Die Berechnung des Schadens erfolgt nach allgemeinen Grundsätzen, d. h. der Geschädigte ist so zu stellen, als wäre das Schadensereignis nicht eingetreten. Es sind alle Nachteile auszugleichen, die durch die unerlaubte Handlung entstanden sind, einschließlich des entgangenen Gewinns, §§ 249 ff. BGB.

Bei **Personenschäden** erstreckt sich der Umfang des Schadensersatzes auch auf die beruflichen Nachteile des Verletzten, und darüber hinaus wird ein **angemessenes Schmerzensgeld** gewährt, vgl. §§ 842, 847 BGB.

Besteht die **Gefahr künftiger Rechtsverletzungen** aus den Grundsätzen unerlaubter Handlung, ist in analoger Anwendung von § 1004 BGB ein **Anspruch auf Unterlassung** zukünftiger rechtswidriger Beeinträchtigungen sowie bei fortdauernden Störungen ein **Anspruch auf Beseitigung** anerkannt.

4.4 Produkt- und Produzentenhaftung

Die Produzentenhaftung hat sich aus Verstößen gegen die Verkehrssicherungspflicht im gewerblichen Bereich entwickelt. Eine Rechtsgutverletzung gem. § 823 Abs. 1 BGB, die als Verletzung eines sonstigen Rechts im Sinne dieser Vorschrift anerkannt ist, stellt auch die **Verletzung der Verkehrssicherungspflicht** dar. Derjenige, der eine Gefahrenquelle schafft, z. B. durch das Inverkehrbringen eines Produktes oder durch die Inbetriebnahme einer Maschine, ist verpflichtet, alle möglichen und zumutbaren Vorkehrungen zu treffen, um Schädigungen anderer zu vermeiden.

Die Grundsätze der **Produzentenhaftung** betreffen die Haftung für Schäden, die infolge des Inverkehrbringens von technischen Anlagen, Maschinen, Werkzeugen, Geräten, Fahrzeugen, Materialien, Verpackungen, chemischen Erzeugnissen und Lebensmitteln und sonstigen Stoffen, deren Verwendung Gefahren mit sich bringen können, auftreten. Die Haftung schließt sämtliche Schäden ein, die auf Produktmängel oder unzureichende Gebrauchsanleitungen zurückzuführen sind. Allerdings betrifft die Haftung für Produkt- und Mangelfolgeschäden nicht die Vertriebshändler, wohl aber Importeure, die beispielsweise technische Geräte aus Ländern außerhalb der EU einführen. Die Produzentenhaftung erstreckt sich auf Konstruktionsfehler, Fabrikations- und Materialfehler, Informationsfehler und Produktbeobachtungsfehler.

Beispiele

- Durch das Versagen eines Steuergerätes als Bestandteil einer Industrieanlage entstand ein Brand. Die Fabrikationshalle wurde teilweise beschädigt. Die Haftung des Anlagenherstellers für den eingetretenen Feuerschaden ergibt sich aus § 823 Abs. 1 BGB. Denn es liegt eine Eigentumsverletzung vor, die schuldhaft und rechtswidrig war. Das Versagen des Steuerungsgerätes in der industriellen Fertigungsanlage war kausal für den eingetretenen Schaden.
- Ein konstruktiv ungenügend befestigtes Ölablassrohr eines Pkw-Motors zum Antrieb eines Kompressors brach. Dies führte zu schweren Schäden am Motor. Der Automobilhersteller ist infolge des Konstruktionsfehlers gem. § 823 Abs. 1 BGB verpflichtet, den eingetretenen Schaden zu ersetzen. Nach dem Recht unerlaubter Handlung haftet der Hersteller wegen Verletzung seiner Verkehrssicherungspflicht, wenn er schuldhaft ein fehlerhaftes Produkt auf den Markt bringt und durch den Gebrauch dieses Produkts ein Schaden entsteht.

Die Verkehrssicherungspflichten des Herstellers enden nicht, wenn er seine Erzeugnisse auf den Markt gebracht hat. Auch für **Produktbeobachtungsfehler** hat der Hersteller einzustehen, also für solche Mängel, die nach dem Inverkehrbringen seiner Produkte auftreten. Der Hersteller ist deshalb verpflichtet, sich über die Verwendungsfolgen seines Produkts laufend zu informieren. Dies gilt nicht nur für Neuentwicklungen, sondern auch hinsichtlich der Risiken bei Dauerbenutzung, z. B. Verschleißerscheinungen bei technischen Geräten, Nebenwirkungen bei Langzeiteinnahme von Medikamenten und beim Auftreten von Gefahren, die durch technische Neuerungen vermeidbar geworden sind. Infolgedessen trifft den Hersteller die Verpflichtung, die organisatorischen Voraussetzungen für **Produktüberwachung und Rückruf** zu schaffen. Der Hersteller haftet nach § 1 ProdHaftG auch ohne Verschulden für alle Schäden, die durch einen Fehler des Produkts entstehen. Der **Haftungstatbestand ist das Inverkehrbringen des Produkts**, insbesondere technischer Anlagen, Maschinen und Geräte, Fahrzeuge, aller Arten von Konsumgütern, chemischen Erzeugnissen, Nahrungsmitteln, Verpackungen, Materialien und Druckerzeugnisse. Ein Produkt ist gem. § 3 ProdHaftG fehlerhaft, wenn es nicht die Sicherheit bietet, die unter Berücksichtigung aller Umstände, insbesondere seiner Darbietung, des Gebrauchs, mit dem billigerweise gerechnet werden kann, im Zeitpunkt des Inverkehrbringens erwartet werden kann.

Beispiel

In der Kino- und Fernsehwerbung präsentiert der Hersteller ein allradbetriebenes Fahrzeug, das eine vereiste Ski-Sprungschanze hinauffährt. Die abenteuerlichen Produktdarstellungen der Werbung lassen keine schützenswerten Sicherheitserwartungen der Verbraucher entstehen. Der Automobilhersteller schafft keinen Haftungstatbestand gem. § 3 ProdHaftG.

Die **Herstellereigenschaft** wird nach § 4 ProdHaftG begründet. Der tatsächliche Hersteller hat in seinem Unternehmen eigenverantwortlich ein Produkt erzeugt oder gewonnen. Infolgedessen wird gem. § 4 Abs. 1 ProdHaftG als Hersteller angesehen, wer das Endprodukt, einen Grundstoff oder ein Teilprodukt hergestellt hat, sodass eine haftungsrechtliche Unterscheidung zwischen dem Endprodukt- und dem Teilprodukthersteller entbehrlich ist.

Beispiel

Die Schlussmontage ohne eigene Konstruktionsverantwortung – make ready service – macht einen Händler noch nicht zum Endprodukt-Hersteller. Dagegen wird durch die Produktvervollständigung von Waren, die noch nicht gebrauchsfähig sind, die Herstellereigenschaft begründet. Der Assembler, der für das von ihm konstruierte Produkt vorgefertigte Einzelteile verwendet, gilt als Endprodukt-Hersteller im Sinne des Produkthaftungsrechts.

Als **Hersteller** gelten gem. § 4 ProdHaftG neben dem tatsächlichen Hersteller des Endproduktes auch:

- Quasi-Hersteller
- Drittstaaten-Importeur
- und Lieferant.

Der **Quasi-Hersteller** haftet aus dem von ihm verantwortlich erweckten Anschein der Herstellereigenschaft. Nach § 4 Abs. 1 ProdHaftG gilt auch derjenige als Hersteller, der sich durch das Anbringen seines Namens, seiner Marke oder eines anderen unterscheidungskräftigen Kennzeichens als Hersteller ausgibt.

Gemäß § 4 Abs. 2 ProdHaftG wird auch der **Drittstaaten-Importeur** als Hersteller angesehen, der ein Produkt zum Zweck des Verkaufs, der Vermietung, des Mietkaufs oder einer anderen Form des Vertriebs mit wirtschaftlichem Zweck im Rahmen seiner geschäftlichen Tätigkeit in einen Mitgliedstaat der EU einführt.

Falls der Hersteller eines Produkts nicht festgestellt werden kann, gilt nach einem Auffangtatbestand gem. § 4 Abs. 3 ProdHaftG jeder **Lieferant** als dessen Hersteller, sofern er dem Geschädigten keine Auskunft über die Person des Herstellers oder Lieferanten geben kann. Insofern haftet auch der Händler, der sich durch **Dokumentation und Offenlegung der Vertriebskette** nicht entlasten kann. Ein **Haftungsausschluss** ergibt sich für den Hersteller gem. § 1 Abs. 2 ProdHaftG, wenn:

- er das Produkt nicht in den Verkehr gebracht hat
- nach den Umständen davon auszugehen ist, dass das Produkt im Zeitpunkt des Inverkehrbringens den Fehler, der den Schaden verursacht hat, noch nicht hatte
- das Produkt weder für den Verkauf noch für eine andere Form des Vertriebs mit wirtschaftlichem Zweck hergestellt noch im Rahmen seiner beruflichen Tätigkeit hergestellt oder vertrieben wurde
- der Produktfehler im Zeitpunkt des Inverkehrbringens auf der Beachtung dazu zwingender Rechtsvorschrift beruhte
- der Produktfehler im Zeitpunkt des Inverkehrbringens nach dem Stand der Wissenschaft und Technik nicht erkannt werden konnte.

Eine **Haftungsbegrenzung** ergibt sich sowohl nach der Höhe des Haftungsbetrages als auch in zeitlicher Hinsicht. Nach dem Produkthaftungsrecht ist die **Höhe der Sachschadenhaftung unbeschränkt**, während die Ersatzpflicht für Personenschäden auf einen Höchstbetrag von 85 Millionen € beschränkt ist. Diese Haftungshöchstgrenze gilt als Gesamtschadenssumme für Personenschäden in einem Haftungsfall. Im Fall der Sachbeschädigung hat der Geschädigte einen Schaden bis zu einer Höhe von 500,00 € selbst zu tragen, vgl. §§ 10, 11 ProdHaftG.

Die **Verjährungsfrist** für Ansprüche aus § 1 ProdHaftG beträgt **drei Jahre** von dem Zeitpunkt an, in dem der Geschädigte von dem Schaden und der Person des Ersatzpflichtigen Kenntnis erlangt. Verhandlungen über die Höhe des Schadensersatzanspruches hemmen den Lauf der Verjährungsfrist. Das ProdHaftG enthält eine **Ausschlussfrist von zehn Jahren**, beginnend mit dem Zeitpunkt des Inverkehrbringens des Produktes durch den Hersteller. Von dem Anwendungsbereich des Produkthaftungsgesetzes sind alle diejenigen Produkte ausgenommen, die vor dem 01.01.1990 in den Verkehr gebracht worden sind.

5. Eigentum und Besitz

Das Sachenrecht regelt die Rechte an unbeweglichen Sachen (Immobilien) und an beweglichen Sachen (alle sonstigen körperlichen Gegenstände). Rechtlich ist jeder körperliche Gegenstand eine Sache, z. B. gilt eine Ware als einzelne bewegliche Sache und ein Warenlager oder eine Produktionsanlage als Sachgesamtheit, die aus einzelnen beweglichen Sachen besteht. Gebäude sind Bestandteile eines Grundstücks und deshalb unbewegliche Sachen, vgl. §§ 90 ff. BGB.

Der zentrale Begriff des Sachenrechts ist das **Eigentum**. Das Eigentum ist die Zuordnung einer Sache zu einem Rechtssubjekt, sodass dem Eigentümer ein **absolutes Recht** an der Sache zusteht. Während im Schuldrecht relative Rechte entstehen, die nur im Rechtsverhältnis zwischen Gläubiger und Schuldner eines Anspruchs gelten, kann der Eigentümer als Inhaber eines absoluten Herrschaftsrechts jeder anderen Person gegenüber Schutz beanspruchen.

- Der Eigentümer einer Sache kann mit ihr nach Belieben verfahren und andere Personen von jeder Einwirkung ausschließen, § 903 BGB.
- Dem Eigentümer steht ein gesetzlicher **Herausgabeanspruch** zu, sodass er jederzeit die Herausgabe der Sache von dem Besitzer verlangen kann, § 985 BGB.
- Der Eigentümer hat bei Beeinträchtigungen des Eigentums einen **Beseitigungs- und Unterlassungsanspruch**, § 1004 BGB.
- Der Eigentümer hat die Verfügungsbefugnis über sein Eigentum, d. h. er kann es mit Rechten belasten (Hypothek, Grundschuld) oder er kann das Eigentum an einer Sache auf einen Erwerber übertragen. Eine Verfügung über das Eigentum kann sowohl zu Lebzeiten erfolgen als auch von Todes wegen durch ein Testament.

Aus wirtschaftlicher Sicht kann der Eigentümer vor allem die Nutzungen aus der Sache ziehen, indem er sie verwertet, z. B. durch Belastung eines Grundstücks zum Zweck der Kreditbeschaffung, durch Bestellung eines Pfandrechts an einer beweglichen Sache zu Sicherungszwecken oder durch die entgeltliche Gebrauchsüberlassung im Wege eines Miet- oder Pachtvertrages.

Eigentümer ist derjenige, dem die Sache rechtlich zugeordnet wird und der infolgedessen das absolute Herrschaftsrecht über die Sache ausüben kann. **Besitzer** ist derjenige, der die tatsächliche Gewalt über die Sache erworben hat, § 854 BGB. Im gewerblichen Bereich fallen Eigentum und Besitz häufig auseinander.

Der Eigentümer kann gleichzeitig im Besitz der Sache sein. Wenn er die tatsächliche Sachherrschaft ausübt, ist er **unmittelbarer Besitzer**, § 854 BGB. Sofern er den Gebrauch der Sache einem Dritten überlässt, z. B. durch einen Miet-, Leih- oder Leasingvertrag, wird der Dritte unmittelbarer Besitzer der Sache. Da dieser von dem Eigentümer sein Besitzrecht erhält, bleibt der Eigentümer **mittelbarer Besitzer** der Sache. Zwischen dem Eigentümer und dem unmittelbaren Besitzer der Sache liegt ein Besitzmittlungsverhältnis vor. Ein **Besitzmittlungsverhältnis** besteht z. B. zwischen dem Eigentümer und dem Mieter, Pächter, Verwahrer, Entleiher oder Leasingnehmer, ebenso zwischen dem Absender einer Ware und dem Frachtführer, der Bahn oder dem Spediteur.

5.1 Eigentumsübertragung

Die rechtsgeschäftliche Eigentumsübertragung erfolgt nicht bereits mit dem Abschluss des Kaufvertrags, sondern erst durch ein abstraktes **Verfügungsgeschäft**, dessen Wirksamkeit von dem schuldrechtlichen Verpflichtungsgeschäft unabhängig ist (= Abstraktionsprinzip). Sofern das Eigentum an unbeweglichen Sachen übertragen werden soll, geschieht dies durch Einigung und Eintragung der Rechtsänderung in das Grundbuch, § 873 BGB. Die Übertragung des Eigentums an beweglichen Sachen erfolgt nach den Vorschriften der §§ 929 ff. BGB. Danach sind **drei Möglichkeiten** der rechtsgeschäftlichen Eigentumsübertragung gegeben:

- **Einigung und Übergabe der Sache**, § 929 BGB
- **Einigung und Vereinbarung eines Besitzkonstituts**, § 930 BGB
- **Einigung und Abtretung des Herausgabeanspruchs**, § 931 BGB.

Eine **Einigung zwischen Veräußerer und Erwerber** hinsichtlich der Änderung der rechtlichen Zuordnung der Sache ist bei jeder Eigentumsübertragung erforderlich.

Die **Übergabe der Sache** vom Veräußerer an den Erwerber ist nur bei der Eigentumsübertragung gem. § 929 BGB erforderlich und kann bei anderer Interessenlage ersetzt werden durch die **Vereinbarung eines Besitzkonstituts** gem. § 930 BGB oder durch die **Abtretung des Herausgabeanspruchs** gem. § 931 BGB.

Sofern die Übertragung des Eigentums an einer beweglichen Sache durch Einigung und Vereinbarung eines Besitzkonstituts (auch: Besitzmittlungsverhältnis) erfolgen soll, erlangt der Erwerber das Eigentum und den mittelbaren Besitz, nicht aber den unmittelbaren Besitz an der Sache, § 868 BGB.

Beispiel

E hat für sein Büro eine neue EDV-Anlage bestellt und findet einen Käufer für die vorhandenen PC. Da die neue EDV-Anlage erst in zwei Monaten geliefert werden soll, will E für diesen Zeitraum seine alten Computer noch behalten und nutzen. E kann die PC sofort verkaufen und an den Käufer übereignen. Er vereinbart mit dem Käufer ein Besitzkonstitut, indem er zwar das Eigentum, nicht aber den unmittelbaren Besitz überträgt. Die Parteien einigen sich darüber, dass E dem Käufer die PC übereignet und ihm für zwei Monate ein vertragliches Recht zum Besitz einräumt, z. B. durch Vereinbarung eines Leih- oder Mietvertrages, vgl. § 930 BGB.

Der Eigentümer ist an der Verfügung über sein Eigentum nicht dadurch gehindert, dass sich die Sache im Besitz eines anderen befindet, weil z. B. ein Mieter infolge eines Mietvertrags bis zur Vertragsbeendigung ein Recht zum Besitz hat. Dann erfolgt die Eigentumsübertragung durch Einigung und **Abtretung des Herausgabeanspruchs.**

Beispiel

M betreibt ein Mietwagenunternehmen. Am 01.06. verkauft er zehn seiner Fahrzeuge, obwohl eines davon noch bis zum 15.08. vermietet ist. M kann das Eigentum an allen Fahrzeugen wirksam auf den Erwerber übertragen, denn er hat gegenüber dem Mieter einen Anspruch auf Herausgabe des Fahrzeugs. Der Mieter hat ein Recht zum Besitz und kann deshalb bis zum Ablauf der Mietzeit die Herausgabe verweigern. Doch wird M dem Käufer anstelle der Übergabe des Kaufgegenstandes den Herausgabeanspruch aus dem Eigentum abtreten, § 931 BGB. Nach Ablauf der Mietzeit kann der Erwerber das Fahrzeug von dem Mieter herausverlangen, weil das Besitzrecht entfallen ist, vgl. §§ 985, 986 BGB.

Im Bürgerlichen Recht ist **der gute Glaube des Erwerbers an das Eigentum des Veräußerers** geschützt, indem der gutgläubige Erwerber auch dann Eigentümer wird, wenn die Sache nicht dem Veräußerer gehört, § 932 BGB. Zu Gunsten des Besitzers einer Sache wird vermutet, dass er Eigentümer der Sache sei, § 1006 BGB. Allerdings gibt es keinen gutgläubigen Erwerb von gestohlenen oder dem Eigentümer auf andere Weise abhanden gekommenen Sachen, § 935 BGB.

Im Handelsrecht wird der gutgläubige Erwerb erleichtert, indem unter Kaufleuten der gute Glaube des Erwerbers an die **Verfügungsbefugnis des Veräußerers** für die Eigentumsübertragung ausreicht, § 366 HGB. Denn im Handelsverkehr verfügen Kaufleute häufig über Sachen, die nicht in ihrem Eigentum stehen, die sie aber aufgrund vertraglicher Vereinbarung veräußern dürfen. Zu den Verträgen, die dem Vertrieb der Waren des Herstellers dienen, gehören der Handelsvertretervertrag, der Kommissionsvertrag, der Kommissionsagentenvertrag, der Vertragshändlervertrag, aber auch das Franchising und ähnliche Vertragsformen. Diese Hilfspersonen der Kaufleute haben durch Rechtsgeschäft die **Verfügungsbefugnis über Sachen** erlangt, die im Eigentum des Herstellers stehen. Deshalb erfolgt im Handelsverkehr die Eigentumsübertragung bereits aufgrund des guten Glaubens des Erwerbers an die Verfügungsbefugnis des Veräußerers.

Beispiel

Ein Handelsvertreter vertreibt die Waren des Herstellers zu vereinbarten Konditionen in einem bestimmten Bezirk. Wie wird vermieden, das Eigentum an den Waren vom Hersteller auf den Handelsvertreter und weiter auf den Kunden zu übertragen, zumal dadurch mit Zeitverlust und Kosten zu rechnen ist? Der Handelsvertreter erhält die Verfügungsbefugnis über die Waren, d. h. das Recht, im Namen des Herstellers über das Eigentum an den Waren zu verfügen. Der jeweilige Kunde erwirbt das Eigentum durch Einigung und Übergabe gem. § 929 BGB. Die Übereignung ist wirksam, obwohl offensichtlich ist, dass der Handelsvertreter nicht Eigentümer der Waren ist, sondern über fremdes Eigentum verfügt. Denn im Handelsrecht reicht der gute Glaube des

Kunden an die Verfügungsbefugnis des Handelsvertreters über das Eigentum des Herstellers für den Eigentumserwerb aus, vgl. § 366 HGB.

Der Eigentümer wird im Falle einer unberechtigten Verfügung über sein Eigentum wegen des Rechtsverlusts durch gutgläubigen Erwerb nach den Vorschriften der ungerechtfertigten Bereicherung gem. § 816 BGB entschädigt. Danach ist der Nichtberechtigte, der ohne Erlaubnis des Eigentümers über das Eigentum an einer Sache verfügt, zur Herausgabe des Erlangten verpflichtet. Im Fall der unberechtigten Veräußerung einer Sache muss der Erlös herausgegeben werden, und im Fall der Schenkung ist der Erwerber bereichert und muss deshalb die Sache herausgeben.

5.2 Eigentumsschutz

Das Eigentum wird gesetzlich gegen Entziehung oder gegen die Vorenthaltung des Besitzes geschützt sowie gegen anderweitige Beeinträchtigungen. Von erheblicher Bedeutung ist der **Herausgabeanspruch aus dem Eigentum** gem. § 985 BGB. Danach kann der Eigentümer von dem Besitzer die Herausgabe der Sache verlangen.

Beispiel

Der Hersteller verkauft dem Unternehmer eine Maschine unter Eigentumsvorbehalt. Welche günstigen Rechtsfolgen ergeben sich im Insolvenzfall des Käufers? Der Hersteller kann den sachenrechtlichen Herausgabeanspruch gem. § 985 BGB auch im Insolvenzfall geltend machen, denn aufgrund seines Eigentums hat er ein Aussonderungsrecht gem. § 47 InsO.

Dem Herausgabeanspruch des Eigentümers kann der Besitzer häufig ein schuldrechtliches **Recht zum Besitz** der Sache gem. § 986 BGB entgegenhalten. Denn der Besitzer kann die Herausgabe verweigern,

- **wenn er dem Eigentümer gegenüber zum Besitz berechtigt ist**
- **oder wenn der mittelbare Besitzer, von dem er sein Recht zum Besitz ableitet, dem Eigentümer gegenüber zum Besitz berechtigt ist.**

Ein Recht zum Besitz ergibt sich aus schuldrechtlichen Verträgen, die eine Gebrauchsüberlassung zum Inhalt haben, beispielsweise aus einem Miet- oder Leasingvertrag oder auch aus einem Kaufvertrag unter Eigentumsvorbehalt bis zum Eintritt der aufschiebenden Bedingung der Kaufpreiszahlung.

Beispiel

Der Kaufmann K hat mit dem Hersteller einen Leasingvertrag über eine EDV-Anlage mit einer Laufzeit von sechs Jahren abgeschlossen. Das Operating-Leasing richtet sich nach den Regeln des Mietvertrages. Allerdings zahlt König die Leasingraten nur unregelmäßig, sodass der Hersteller die Sache herausverlangt. Vor Ablauf der Mietzeit kann der Leasingnehmer die Herausgabe der Sache verweigern, weil ihm ein Recht zum Besitz gem. § 986 BGB zusteht, das ihm der Eigentümer durch den Leasingvertrag eingeräumt hat. Nach Ablauf der Mietzeit kann der Eigentümer die Herausgabe der Sache gem. § 985 BGB verlangen, weil das Recht zum Besitz entfallen ist. Dieser Anspruch steht ihm auch zu, wenn der Leasingvertrag durch Kündigung beendet wurde.

Der Herausgabeanspruch gem. § 985 BGB steht dem jeweiligen Eigentümer der Sache zu. Sofern der Eigentümer die Sache während der Dauer eines Gebrauchsüberlassungsvertrags an einen Erwerber durch Einigung und Abtretung des Herausgabeanspruches veräußert, kann der Erwerber die Herausgabe der Sache verlangen.

Der Herausgabeanspruch gem. § 985 BGB richtet sich gegen den jeweiligen Besitzer, der kein Recht zum Besitz der Sache hat, § 986 BGB. Sofern ein Besitzmittlungsverhältnis vereinbart wurde, besteht der Herausgabeanspruch des Eigentümers darin, dass er von dem unberechtigten Besitzer die Herausgabe der Sache nicht an sich selbst, sondern an den berechtigten Besitzer verlangen kann.

Beispiel

Der Eigentümer E hat für die Dauer von fünf Jahren Geschäftsräume an die F GmbH vermietet und dabei die Erlaubnis zur Untervermietung ausgeschlossen. Wegen Betriebsverlegung vermietet die F GmbH ohne Einwilligung E die Geschäftsräume für die Restlaufzeit des Mietvertrags an die B KG. E hat infolge der unberechtigten Untervermietung einen Herausgabeanspruch gem. § 985 BGB gegen die B KG. Doch kann Erler nicht die Herausgabe an sich selbst verlangen, weil die F GmbH für die Dauer des Mietvertrages noch zum Besitz der Sache berechtigt ist, vgl. § 986 BGB. E könnte allenfalls von der B KG die Herausgabe der Geschäftsräume an die F GmbH verlangen. Erst nach Beendigung des Mietvertrages – z. B. durch Kündigung – kann E die Herausgabe der Sache an sich selbst verlangen.

Wird das Eigentum in anderer Weise als durch Entziehung oder Vorenthaltung des Besitzes beeinträchtigt, kann der Eigentümer von dem Störer die Beseitigung der Beeinträchtigung verlangen. Dann besteht ein **Beseitigungsanspruch des Eigentümers** gem. § 1004 Abs. 1 Satz 1 BGB.

Eine **Beeinträchtigung des Eigentums** liegt in der Verletzung der Sachsubstanz, in der Gebrauchsbehinderung, im Gebrauchsentzug oder in Dispositionsbeeinträchtigungen. Zu den Verletzungen der Sachsubstanz gehören beispielsweise die Zerstörung, Verunstaltung oder Beschädigung der Sache, aber auch sachbezogene Funktionsstörungen, die Veränderung des Aggregatzustandes und Störungen der Datenverarbeitung durch Veränderung oder Vernichtung von Datenträgern. Der Hauptanwendungsbereich des Beseitigungsanspruchs ist bei Beeinträchtigungen des Eigentums an Grundstücken gegeben, z. B. durch Immissionen infolge der Zuführung unwägbarer Stoffe gem. § 906 BGB, infolge gefahrdrohender Anlagen gem. § 907, infolge drohenden Gebäudeeinsturzes gem. § 908 BGB, infolge von Bodenvertiefungen, Überhängen von Bäumen, Hinüberfallen von Früchten gem. §§ 909 - 911 BGB oder infolge einer Überbauung der Grundstücksgrenze gem. § 912 BGB.

Besteht die Gefahr einer zukünftigen Beeinträchtigung (= Erstbegehungsgefahr) oder weiterer Beeinträchtigungen (= Wiederholungsgefahr), dann entsteht ein **Unterlassungsanspruch des Eigentümers** gegen den Störer gem. § 1004 Abs. 1 Satz 2 BGB.

In allen Fällen der Eigentumsverletzung ist neben dem Beseitigungs- und Unterlassungsanspruch ein Schadensersatzanspruch des Eigentümers gegen den Schädiger aus unerlaubter Handlung gem. § 823 Abs. 1 BGB gegeben. In analoger Anwendung des § 1004 BGB wird ein Anspruch des Geschädigten auf Unterlassung und auf Beseitigung angenommen, wenn nicht das Eigentum, sondern ein anderes absolutes Recht schuldhaft verletzt wurde. Daher kann dieser Anspruch auch bei einer Verletzung des Rechts am eingerichteten und ausgeübten Gewerbebetrieb geltend gemacht werden.

Aufgabe 9 > Seite 220

B. Vertragsrecht

Der **Grundsatz der Vertragsfreiheit** (auch: Privatautonomie) ist Bestandteil des Persönlichkeitsrechts gem. Art. 2 GG und im Zivil- und Wirtschaftsrecht insbesondere für die Vertragsgestaltung von erheblicher Bedeutung. Die Vertragsfreiheit beinhaltet sowohl die **Abschlussfreiheit** als auch die **Gestaltungsfreiheit**.

Die **Abschlussfreiheit** bedeutet, dass jedes Rechtssubjekt in der Wahl seines Vertragspartners frei ist. Diese grundsätzliche Wahlmöglichkeit kann im Einzelfall dadurch eingeschränkt sein, dass für den beabsichtigten Vertragsschluss nur ein Abnehmer oder Anbieter existiert. In diesem Fall besteht eine Verpflichtung der Monopolunternehmen, mit allen Personen einen Vertrag abzuschließen, die ihre Bedingungen akzeptieren. Einem gesetzlichen **Kontrahierungszwang (= Abschlusszwang)** unterliegen z. B. die öffentlichen Beförderungsunternehmen. Potenzielle Nutzer haben einen Anspruch auf Abschluss eines Beförderungsvertrags, sofern sie die Konditionen akzeptieren. Die Unternehmen und ihre Geschäftsbedingungen unterliegen einer öffentlich-rechtlichen Aufsicht.

Der zweite Bestandteil der Vertragsfreiheit ist die **Gestaltungsfreiheit**, d. h. Verträge können nach den Bedürfnissen der Vertragsparteien innerhalb der gesetzlichen Möglichkeiten frei gestaltet werden. Verstößt ein Vertrag gegen ein gesetzliches Verbot oder gegen die guten Sitten, ist der Vertrag insgesamt oder die jeweilige Vertragsklausel gem. §§ 134, 138 BGB nichtig.

1. Verbraucherschutz

Im Bereich des Verbraucherschutzes wurden verschiedene Europäische Richtlinien in deutsches Recht umgesetzt und neue Vorschriften aufgenommen. Es handelt sich dabei weitgehend um eine Anpassung an die Rahmenbedingungen der Europäischen Union, insbesondere im elektronischen Geschäftsverkehr für den Europäischen Binnenmarkt. Zu den **wesentlichen Verbraucherschutzregelungen** des Bürgerlichen Gesetzbuchs gehören folgende Bestimmungen:

- Gestaltung **rechtsgeschäftlicher Schuldverhältnisse durch Allgemeine Geschäftsbedingungen** gem. §§ 305 ff. BGB
- **Haustürgeschäfte**, **Fernabsatzverträge** und der **elektronische Geschäftsverkehr** als besondere Vertriebsformen im Abschnitt über Schuldverhältnisse aus Verträgen, vgl. §§ 312 ff. BGB
- **Verbrauchsgüterkauf** gem. §§ 474 ff. BGB
- **Verbraucherdarlehensverträge** gem. §§ 491 ff. BGB
- **Finanzierungshilfen** zwischen einem Unternehmer und einem Verbraucher gem. §§ 506 ff. BGB.

Infolge der Einführung zahlreicher Verbraucherschutzregelungen ist bei der Anwendung einzelner Vorschriften des Bürgerlichen Gesetzbuches darauf zu achten, ob es sich um Sonderregelungen im Verhältnis eines Unternehmers zu einem Verbraucher handelt. Es sind **folgende Definitionen** in das BGB aufgenommen worden:

- **Verbraucher** ist jede natürliche Person, die ein Rechtsgeschäft zu einem Zweck abschließt, der weder ihrer gewerblichen noch ihrer selbstständigen beruflichen Tätigkeit zugerechnet werden kann, § 13 BGB.
- **Unternehmer** ist eine natürliche oder juristische Person oder eine rechtsfähige Personengesellschaft, die bei Abschluss eines Rechtsgeschäfts in Ausübung ihrer gewerblichen oder selbstständigen beruflichen Tätigkeit handelt, § 14 BGB.

Diese Definitionen werden bei der Anwendung von Sonderregelungen für Verträge zwischen einem Unternehmer und einem Verbraucher hinzugezogen. In aller Regel ergibt sich der besondere Verbraucherschutz aus dem Wortlaut der jeweiligen Rechtsnormen und aus der Überschrift des einschlägigen Abschnitts des Gesetzes.

1.1 Allgemeine Geschäftsbedingungen

Im kaufmännischen Geschäftsverkehr dienen **Allgemeine Geschäftsbedingungen** der rationellen Abwicklung von Massengeschäften, denn vorformulierte Vertragsbedingungen oder Formularverträge ersetzen zeitraubende Verhandlungen von Einzelvereinbarungen. Durch Verwendung Allgemeiner Geschäftsbedingungen können die für den jeweiligen Unternehmensbereich typischen Vereinbarungen standardisiert werden, z. B. durch die Einführung gleichlautender Einkaufs- oder Lieferbedingungen und durch Vertragsmuster für Kauf-, Miet-, Leasing- oder Arbeitsverträge.

Allgemeine Geschäftsbedingungen sind alle für eine Vielzahl von Verträgen vorformulierten Vertragsbedingungen, die eine Vertragspartei (Verwender) der anderen Vertragspartei bei Abschluss eines Vertrages stellt, vgl. § 305 Abs. 1 BGB. Es ist unerheblich, ob die Bestimmungen einen äußerlich gesonderten Vertragsbestandteil bilden und beispielsweise in einer Anlage dem Vertrag beigefügt oder durch deutlich sichtbaren Aushang am Ort des Vertragsabschlusses bekannt gegeben werden. Auch kommt es nicht darauf an, welchen Umfang sie haben, in welcher Schriftart sie verfasst sind und welche Form der Vertrag hat. Allerdings handelt es sich nicht um Allgemeine Geschäftsbedingungen, wenn die vertraglichen Klauseln im Einzelnen ausgehandelt werden.

Beispiel

In der Unternehmenspraxis ist es üblich, Vertragsabschlüsse sorgfältig vorzubereiten. Bei Verhandlungen mit einem neuen Vertragspartner werden vorhandene Vertragsmuster zu Grunde gelegt. Diese können unverändert vereinbart oder auch im Einzelnen abgeändert werden. Es ist unbeachtlich, dass eine Vertragspartei mit vorformulierten Vertragsmustern in die Verhandlungen geht, wenn die Bereitschaft zur Änderung besteht. Vielmehr kommt es für Allgemeine Geschäftsbedingungen darauf an, dass die vorformulierten Vertragsbedingungen der anderen Vertragspartei „gestellt“ werden, weil sie für eine Vielzahl standardisierter Verträge vorgesehen sind.

Allgemeine Geschäftsbedingungen werden gem. §§ 305, 305a BGB in den Vertrag einbezogen. Sie werden in aller Regel **nur dann Vertragsbestandteil**, wenn der Verwender bei Vertragsabschluss

- einen ausdrücklichen Hinweis gibt oder einen deutlichen Aushang am Ort des Vertragsabschlusses macht
- und der anderen Vertragspartei die Möglichkeit verschafft, in zumutbarer Weise vom Inhalt der Allgemeinen Geschäftsbedingungen Kenntnis zu nehmen.

Für die Einbeziehung Allgemeiner Geschäftsbedingungen kommt es darauf an, ob die Vertragsparteien Unternehmer oder Verbraucher sind. Denn § 302 Abs. 2 BGB findet keine Anwendung auf Allgemeine Geschäftsbedingungen, die gegenüber einem Unternehmer verwendet werden, vgl. § 310 Abs. 1 Satz 1 BGB.

Beispiel

AGB können als formularmäßige Geschäftsbedingungen nach den allgemeinen Regeln gem. §§ 145 ff., 305 Abs. 2 BGB in einen Online-Vertrag einbezogen werden. Ein deutlicher Hinweis auf der Homepage ist für das Merkmal der „Zumutbarkeit“ ausreichend. Das Einverständnis des Kunden kann, falls keine Formvorschrift besteht, schlüssig durch die Inanspruchnahme der Gegenleistung erklärt werden. Da die Online-AGB abgespeichert oder ausgedruckt werden können, genügen sieben Bildschirmseiten mit fünfzehn Unterpunkten immer noch dem Erfordernis der mühelosen Lesbarkeit und Übersichtlichkeit.

Individuelle Vertragsvereinbarungen haben immer Vorrang vor Allgemeinen Geschäftsbedingungen; davon abweichende Bestimmungen in Formularverträgen sind unwirksam, vgl. § 305b BGB. So werden z. B. individuelle Festpreisabreden nicht durch formularmäßige Preisanpassungsklauseln berührt. Die Preisanpassung im vorgedruckten Vertragstext kann deshalb nur wirksam werden, wenn keine entgegenstehende Individualvereinbarung getroffen wurde.

Überraschungsklauseln, d. h. Bestimmungen, die so ungewöhnlich sind, dass der Vertragspartner nicht mit ihnen rechnen muss, werden nicht Vertragsbestandteil, vgl. § 305c BGB. Solche Überraschungsklauseln liegen z. B. vor, wenn im „Kleingedruckten“ eines Kaufvertragsformulars eine zusätzliche Wartungsvereinbarung oder eine Verpflichtung zur Abnahme weiterer Waren oder ein Verzicht auf Gewährleistungsrechte enthalten ist.

Aufgabe 10 > Seite 221

Unklarheiten in Allgemeinen Geschäftsbedingungen gehen zu Lasten des Verwenders. Sofern die Bedeutung einer Vertragsbestimmung dem Vertragspartner gegenüber nicht eindeutig zum Ausdruck gebracht wird, ist sie unwirksam, vgl. § 305c Abs. 2 BGB. Bei der Auslegung Allgemeiner Geschäftsbedingungen ist nicht der Einzelfall, sondern ein objektiver Maßstab zu Grunde zu legen, d. h. es kommt auf die **Verständnismöglichkeit eines rechtlich nicht vorgebildeten Durchschnittskunden** an. Fachbegriffe sollten deshalb bei der Formulierung Allgemeiner Geschäftsbedingungen nicht verwendet werden, denn wer Vertragsbedingungen stellt, hat für verständliche und eindeutige Klauseln zu sorgen **(= Transparenzgebot)**.

Die **Generalklausel des § 307 BGB** hat erhebliche Bedeutung, denn danach sind Allgemeine Geschäftsbedingungen unwirksam, wenn sie den Vertragspartner entgegen den Geboten von Treu und Glauben unangemessen benachteiligen. Eine **unangemessene Benachteiligung** ist im Zweifel anzunehmen,

- wenn eine Bestimmung mit wesentlichen Grundgedanken der gesetzlichen Regelung, von der abgewichen wird, nicht zu vereinbaren ist
- oder wenn wesentliche Rechte oder Pflichten, die sich aus der Natur des Vertrages ergeben, so eingeschränkt werden, dass die Erreichung des Vertragszwecks gefährdet ist.

Da § 307 BGB im Geschäftsverkehr unter Kaufleuten uneingeschränkt anzuwenden ist, können auch die in den einzelnen Klauselverboten der §§ 308 und 309 BGB genannten Vertragsbestimmungen bei Verwendung gegenüber einem Kaufmann unwirksam sein, wenn sie zu einer unangemessenen Benachteiligung des Kaufmanns führen. Die **wichtigsten Klauselverbote** betreffen

- unangemessen lange oder nicht hinreichend bestimmte Fristen für die Annahme oder die Ablehnung eines Angebots oder für die Erbringung einer Leistung
- unangemessen lange oder nicht hinreichend bestimmte Nachfristen
- Rücktrittsvorbehalte ohne sachlich gerechtfertigten und vertraglich festgelegten Grund
- unzumutbare Leistungsänderungsvorbehalte
- fingierte Erklärungen
- Zugangsfiktionen
- unangemessen hohe Nutzungsvergütungen oder ein unangemessen hoher Aufwendungsersatz bei der Vertragsbeendigung
- Leistungsvorbehalte
- kurzfristige Preiserhöhungen
- Ausschluss oder Einschränkung von Leistungsverweigerungs- und Zurückbehaltungsrechten
- Aufrechnungsverbote

- Freistellung von gesetzlich vorgesehenen Mahnungen oder Nachfristsetzungen
- unangemessene Schadensersatzpauschalen oder Vertragsstrafen
- Haftungsausschluss für grobes Verschulden bei Verletzung von Leben, Körper und Gesundheit
- Ausschluss oder Beschränkung von Vertragsbeendigungsrechten bei Pflichtverletzungen
- Ausschluss oder Einschränkung der Gewährleistungsrechte
- unangemessene Bindungsfristen für Dauerschuldverhältnisse.

Wegen der vielfältigen Möglichkeiten der Wahl von Einzelformulierungen werden Fragen der Inhaltskontrolle gem. § 307 BGB und der Verstöße gegen die Klauselverbote in den §§ 308 und 309 BGB häufig zum Gegenstand einer gerichtlichen Auseinandersetzung. Da nach § 3 UKlaG ein **Verbandsklagerecht** besteht, können Verbraucher- und Wirtschaftsvereine sowie die berufsständischen Kammern Klage auf Unterlassung des Gebrauchs unzulässiger Klauseln erheben. Ein Verstoß gegen die Verbraucherschutzregelungen gem. §§ 307 bis 309 BGB führt zur Nichtigkeit der jeweiligen Vertragsklausel oder nach Lage des Einzelfalles auch zur Nichtigkeit des gesamten Vertrages gem. § 139 BGB. In aller Regel bleibt der Vertrag jedoch wirksam, vgl. § 306 BGB.

1.2 Haustürgeschäfte und Widerrufsrechte

Das Haustürgeschäft gehört zu den Vertriebsformen, bei denen ein **besonderer Verbraucherschutz** besteht, vgl. §§ 312 ff BGB. Dabei handelt es sich um einen Vertrag zwischen einem Unternehmer und einem Verbraucher, der eine entgeltliche Leistung zum Gegenstand hat und zu dessen Abschluss der Verbraucher

- durch mündliche Verhandlungen an seinem Arbeitsplatz oder im Bereich einer Privatwohnung
- anlässlich einer vom Unternehmer oder von einem Dritten zumindest auch im Interesse des Unternehmers durchgeführten Freizeitveranstaltung oder
- im Anschluss an ein überraschendes Ansprechen in Verkehrsmitteln oder im Bereich öffentlich zugänglicher Verkehrsflächen

bestimmt worden ist, vgl. § 312 Abs. 1 BGB. Zu den „Haustürgeschäften" gehören daher **nicht nur die an der Haus- oder Wohnungstür** abgeschlossenen Verträge, sondern auch Verträge, die anlässlich einer Verkaufsveranstaltung bei einer Kaffee- oder Ausflugsfahrt oder nach überraschendem Ansprechen in Fußgängerzonen oder auf Straßen und Plätzen geschlossen werden. Allen Geschäften dieser Art ist der Überraschungs- oder Überrumpelungseffekt gemeinsam. Wenn ein Verbraucher dagegen auf einem Markt oder während einer Messe einen Vertrag abschließt, handelt es sich nicht um ein Haustürgeschäft.

Dem Verbraucher steht in einem Haustürgeschäft nach § 312 Abs. 1 BGB ein **Widerrufsrecht** zu, das im Einzelfall durch ein **Rückgaberecht** ersetzt werden kann, §§ 355, 356 BGB. Der fristgerechte Widerruf bewirkt, dass der Verbraucher an seine auf Vertragsabschluss gerichtete Willenserklärung nicht mehr gebunden ist. Der Verbraucher muss den Widerruf in Textform oder durch Rücksendung der Sache gegenüber dem Unternehmer erklären; eine Begründung ist nicht erforderlich. Die **Widerrufsfrist beträgt 14 Tage**, wenn bei Vertragsabschluss eine ordnungsgemäße Widerrufsbelehrung vorliegt und **einen Monat**, wenn der Unternehmer den Verbraucher erst nach Vertragsabschluss über das Widerrufsrecht unterrichten darf. Zur Fristwahrung genügt die rechtzeitige Absendung des Widerrufs.

Die ordnungsgemäße **Widerrufsbelehrung** muss den Anforderungen des § 360 BGB entsprechen und rechtzeitig vor Abgabe der auf Vertragsabschluss gerichteten Willenserklärung des Verbrauchers vorliegen, vgl. § 355 Abs. 2 BGB. Der Inhalt der Widerrufsbelehrung ergibt sich aus der Unterrichtungspflicht des Unternehmers gem. Art. 246 § 2 Nr. 10 EGBGB. Die Widerrufsbelehrung ist entscheidend für den **Beginn der Widerrufsfrist**, § 355 Abs. 3 BGB. Entspricht sie nicht den Anforderungen des § 360 Abs. 1 BGB, beginnt die Widerrufsfrist nicht zu laufen und das Widerrufsrecht des Verbrauchers erlischt nicht. Andernfalls erlischt das Widerrufsrecht spätestens sechs Monate nach Vertragsabschluss, bei der Lieferung von Waren nicht vor deren Eingang beim Empfänger, § 355 Abs. 4 BGB.

Beispiel

Bei einer Ausflugsfahrt mit Verkaufsveranstaltung erwirbt eine ältere Dame eine Rheumadecke. Ihr wird mit der Decke eine Quittung ausgehändigt, auf der die in § 360 Abs. 1 BGB aufgeführten Hinweise enthalten sind und eine Widerrufsfrist von 14 Tagen gewährt wird. Die Widerrufsbelehrung erfüllt die Anforderungen der Textform und auch inhaltlich ist die Unterrichtung des Unternehmers ausreichend. Die Widerrufsfrist beträgt 14 Tage, da die Widerrufsbelehrung bei Vertragsabschluss erfolgt ist. Falls die Rheumadecke der Käuferin zugesandt wird, beginnt die Widerrufsfrist erst mit dem Erhalt der Ware.

Die **Widerrufsbelehrung** soll auch den Namen und die Anschrift desjenigen enthalten, gegenüber dem der Widerruf zu erklären ist und einen Hinweis auf den Fristbeginn sowie darauf, dass zur Fristwahrung die rechtzeitige Absendung genügt. Die erforderliche Belehrung über das Widerrufs- oder Rückgaberecht ist nur dann ordnungsgemäß, wenn darin auch die Rechtsfolgen gem. § 357 Abs. 1 und 3 BGB aufgeführt werden. Erst mit dem Zugang der Widerrufsbelehrung beginnt die zweiwöchige Frist für die Ausübung des Widerrufsrechts zu laufen. Bei schriftlichen Verträgen beginnt die Frist nicht, bevor dem Verbraucher auch eine Vertragsurkunde zur Verfügung gestellt wurde. Das Widerrufsrecht erlischt bei ordnungsgemäßer Widerrufsbelehrung spätestens sechs Monate nach Vertragsabschluss.

Beispiel

Ein Verbraucher unterzeichnet im Vorübergehen bei einer Verkaufsaktion auf der Straße einen Vertrag über den Bezug eines Hometrainers zum Preis von 350 €. Auf dem Bestellformular fehlt die Widerrufsbelehrung. Der Verbraucher könnte den Kaufvertrag noch innerhalb der ersten sechs Monate nach Vertragsabschluss widerrufen.

Dem Verbraucher kann anstelle des Widerrufsrechts ein **Rückgaberecht** nach § 356 BGB eingeräumt werden, wenn zwischen dem Verbraucher und dem Unternehmer im Zusammenhang mit diesem oder einem späteren Geschäft auch eine ständige Verbindung aufrechterhalten werden soll, z. B. in Dauerlieferverträgen. Das Widerrufsrecht kann u. a. bei Vertragsabschluss aufgrund eines Verkaufsprospekts durch ein uneingeschränktes Rückgaberecht ersetzt werden, vgl. § 356 BGB. Voraussetzung ist, dass im Verkaufsprospekt eine ordnungsgemäße Belehrung über das Rückgaberecht enthalten ist, der Verbraucher den Verkaufsprospekt in Abwesenheit des Unternehmers zur Kenntnis nehmen konnte und das Rückgaberecht in Textform eingeräumt wird.

Das Widerrufs- oder Rückgaberecht besteht unbeschadet anderer Vorschriften **nicht bei Versicherungsverträgen** (§ 312 Abs. 3 BGB) oder wenn

- im Fall des Vertragsabschlusses am Arbeitsplatz oder in einer Privatwohnung die mündlichen Verhandlungen auf **vorhergehende Bestellung des Verbrauchers** geführt worden sind oder
- die **Leistung** bei Abschluss der Verhandlungen **sofort erbracht und bezahlt** wird und **das Entgelt 40** € nicht übersteigt oder
- die Willenserklärung des Verbrauchers von einem **Notar beurkundet** worden ist.

Die Rechtsfolgen nach der Ausübung des Widerrufs- und des Rückgaberechts richten sich in aller Regel nach den Vorschriften über den Rücktritt, vgl. §§ 357, 346 ff. BGB. Es entsteht ein Rückgewährschuldverhältnis, die empfangenen Leistungen sind zurückzugewähren und im Einzelfall Wertersatz zu leisten.

1.3 Besonderheiten für Fernabsatzverträge

Fernabsatzverträge sind Verträge über die Lieferung von Waren oder die Erbringung von Dienstleistungen, die zwischen einem Unternehmer und einem Verbraucher unter ausschließlicher Verwendung von Fernkommunikationsmitteln abgeschlossen werden. Fernkommunikationsmittel sind u. a. Briefe, Kataloge, Telefonanrufe, Telekopien, E-Mails, Rundfunk, Tele- und Mediendienste, vgl. § 312b BGB. Der Unternehmer muss sein Vertriebs- oder Dienstleistungssystem für den Fernabsatz organisiert haben.

Für Fernabsatzverträge gelten **spezielle Unterrichtungspflichten** des Unternehmers gegenüber Verbrauchern, vgl. § 312c BGB, Art. 246 §§ 1 und 2 EGBGB. Danach muss der Unternehmer den Verbraucher vor Abschluss eines Fernabsatzgeschäftes **mindestens informieren über**:

- seine Identität und Anschrift, Vertreter und Unternehmensregister
- die wesentlichen Merkmale der Ware oder Dienstleistung sowie darüber, wie der Vertrag zu Stande kommt
- die Mindestlaufzeit des Vertrags, wenn dieser eine dauerhafte oder regelmäßig wiederkehrende Leistungen zum Gegenstand hat
- einen Vorbehalt, eine in Qualität und Preis gleichwertige Leistung (Ware oder Dienstleistung) zu erbringen, und einen Vorbehalt, die versprochene Leistung im Fall ihrer Nichtverfügbarkeit nicht zu erbringen
- den Gesamtpreis der Ware oder Dienstleistung einschließlich aller Steuern und sonstiger Preisbestandteile, gegebenenfalls zusätzlich anfallende Liefer- und Versandkosten
- die Einzelheiten hinsichtlich der Zahlung und der Lieferung oder Erfüllung
- das Bestehen oder Nichtbestehen eines Widerrufs- oder Rückgaberechts sowie die Bedingungen der Ausübung
- alle spezifischen zusätzlichen Kosten, die dem Verbraucher durch die Nutzung der Fernkommunikationsmittel entstehen
- Gültigkeitsdauer befristeter Angebote, insbesondere hinsichtlich des Preises.

Zusätzliche Informationspflichten des Unternehmers bestehen bei Fernabsatzverträgen über Finanzdienstleistungen gem. Art. 246 § 1 Abs. 2 EGBGB. Besonderheiten gelten für telefonisch abgeschlossene Fernabsatzverträge, vgl. Art. 246 § 1 Abs. 3 EGBGB.

Weitere Informationspflichten sind bei Fernabsatzverträgen gem. Art. 246 § 2 EGBGB einzuhalten, wobei insbesondere die Textform und der Informationszeitpunkt zu beachten sind. So hat der Unternehmer dem Verbraucher die Vertragsbestimmungen einschließlich der Allgemeinen Geschäftsbedingungen mitzuteilen. Neben den in Art. 246 § 1 Abs. 1 und 2 EGBGB aufgeführten Informationen sind die Kündigungsfristen von Dauerschuldverhältnissen, die über mehr als ein Jahr oder auf unbestimmte Zeit abgeschlossen werden sowie die Informationen über den Kundendienst und geltende Gewährleistungs- und Garantiebedingungen.

In Fernabsatzgeschäften ist ein **Widerrufs- und Rückgaberecht** gem. § 312d BGB gegeben. Die Widerrufsfrist beginnt abweichend von § 355 BGB nicht vor Erfüllung der Informationspflichten. Das Widerrufsrecht besteht nicht bei Fernabsatzverträgen zur Lieferung von Waren, die nach Kundenspezifikation angefertigt werden oder eindeutig auf die persönlichen Bedürfnisse zugeschnitten sind oder deren Verfalldatum überschritten wurde und in einigen anderen Fällen, vgl. § 312d Abs. 4 BGB. Eine Sonderregelung betrifft den Wertersatz für Nutzungen, § 312e BGB.

Die Vorschriften über Fernabsatzverträge sind in verschiedenen Bereichen **nicht anzuwenden**, u. a. in Verträgen über Waren des täglichen Bedarfs, in Verträgen über Unterbringung und Beförderung, in Automatenverträgen, in einigen Verträgen mit Betreibern von Telekommunikationsmitteln, vgl. den ausführlichen Katalog in § 312b Abs. 3 BGB.

1.4 Pflichten im elektronischen Geschäftsverkehr

Sofern ein Unternehmer zum Zweck des Vertragsabschlusses über die Lieferung von Waren oder über die Erbringung von Dienstleistungen einen Tele- oder Mediendienst betreibt, liegt ein Vertrag im elektronischen Geschäftsverkehr vor. Das Recht der Tele- und Mediendienste ist Gegenstand des Telemediengesetzes (TMG). Es handelt sich um elektronische Informations- und Kommunikationsdienste, soweit sie nicht der Telekommunikation, dem Rundfunk oder der Presse zugeordnet werden, vgl. § 3 TMG. Zum elektronischen Geschäftsverkehr gehören insbesondere die Angebote von Waren und Dienstleistungen im Internet.

Der **Unternehmer** hat gegenüber dem Kunden im elektronischen Geschäftsverkehr **folgende Rechtspflichten**, vgl. § 312g BGB, Art. 246 § 3 EGBGB:

- Es sind angemessene, wirksame und zugängliche technische Mittel zur Verfü-gung zu stellen, mit deren Hilfe der Kunde Eingabefehler vor Abgabe seiner Bestellung erkennen und berichtigen kann,
- die in der Rechtsverordnung nach Art. 246 § 3 EGBGB bestimmten Informationen rechtzeitig vor Abgabe von dessen Bestellung klar und verständlich mitzuteilen,
- den Zugang von dessen Bestellung unverzüglich auf elektronischem Wege zu bestätigen,
- die Möglichkeit zu verschaffen, die Vertragsbestimmungen einschließlich der Allgemeinen Geschäftsbedingungen bei Vertragsschluss abzurufen und in wie-dergabefähiger Form zu speichern.

Ein Vertrag im elektronischen Geschäftsverkehr ist, wenn er zwischen einem Unternehmer und einem Verbraucher abgeschlossen wird, **gleichzeitig auch ein Fernabsatzvertrag** gem. § 312b BGB, da er durch Nutzung von Fernkommunikationsmitteln abgeschlossen wird, sodass auch die Unterrichtungspflichten sowie das Widerrufs- und Rückgaberecht im Fernabsatz gem. §§ 312c und 312d BGB zu beachten sind.

Ferner hat der Unternehmer bei Verträgen im elektronischen Geschäftsverkehr **folgende Kundeninformationspflichten** gem. Art. 246 § 3 EGBGB bereitzustellen:

- Informationen über die einzelnen technischen Schritte, die zu einem Vertragsabschluss führen
- darüber, ob der Vertragstext nach dem Vertragsschluss von dem Unternehmer gespeichert wird und ob er dem Kunden zugänglich ist
- darüber, wie er mit den gem. § 312e Abs. 1 Satz 1 Nr. 1 BGB zur Verfügung gestellten technischen Mitteln Eingabefehler vor Abgabe der Bestellung erkennen und berichtigen kann

- über die für den Vertragsschluss zur Verfügung stehenden Sprachen und
- über sämtliche einschlägigen Verhaltenskodizes, denen sich der Unternehmer unterwirft, sowie die Möglichkeiten eines elektronischen Zugangs zu diesem Regelwerk.

Neben den Vorschriften des Bürgerlichen Gesetzbuches sind im elektronischen Geschäftsverkehr auch die Vorschriften für Telemedien relevant. Im Telemediengesetz (TMG) und im Rundfunkstaatsvertrag (RStV) sind u. a. weitere Informationspflichten (Impressumspflicht) und spezielle Haftungsregelungen für die Anbieter von Online-Diensten geregelt. Zudem sind die Regelungen des Werberechts, des Urheberrechts und des Datenschutzes anzuwenden.

2. Kaufvertrag

Das Zustandekommen eines Kaufvertrags setzt die Einigung der Parteien über Kaufgegenstand und Kaufpreis voraus. Die **Hauptleistungspflicht des Verkäufers** ist, dem Käufer die Sache zu übergeben und das Eigentum an der Sache zu verschaffen, § 433 Abs. 1 BGB. Grundsätzlich muss deshalb dem Käufer der Besitz (= tatsächliche Sachherrschaft) an dem Kaufgegenstand verschafft werden, und es ist eine Eigentumsübertragung vorzunehmen.

Die **Hauptleistungspflicht des Käufers** ist die Zahlung des vereinbarten Kaufpreises, § 433 Abs. 2 BGB. Die Abnahmepflicht wird erst dann zu einer Hauptpflicht, wenn dies vereinbart wurde oder der Verkäufer ein erkennbares Interesse an der Abnahme hat, z. B. wegen hoher Lagerkosten oder wegen der Erforderlichkeit umfangreicher Lagerflächen.

2.1 Mängelgewährleistung

Im Kaufvertragsrecht ist der Verkäufer verpflichtet, dem Käufer die Sache frei von Sach- und Rechtsmängeln zu verschaffen, vgl. § 433 Abs. 1 Satz 2 BGB. Die gesetzliche Regelung der Mängelgewährleistung setzt voraus:

- **Kaufvertrag**
- **Sach- oder Rechtsmangel**
- **im Zeitpunkt des Gefahrübergangs**
- **kein Ausschluss der Gewährleistung**
- **keine Verjährung gem. § 438 BGB**.

Die Mängelgewährleistung des Verkäufers erfordert zunächst das **Vorhandensein eines wirksamen Kaufvertrags**. Diese Frage beantwortet sich nach den Regeln der Rechtsgeschäftslehre. Die Gewährleistungsregeln sind grundsätzlich vor den Anfechtungsmöglichkeiten zu überprüfen. Der Käufer kann einen Kaufvertrag nicht wegen Irrtums über eine Eigenschaft der Kaufsache anfechten, wenn ihm die mangelhafte Sache bereits geliefert worden ist, sondern er muss in diesem Fall die gesetzlichen Gewährleistungsansprüche geltend machen.

Sodann ist als weitere Voraussetzung für die Gewährleistung das Vorhandensein eines Mangels festzustellen. Dabei wird zwischen Sach- und Rechtsmängeln unterschieden, vgl. §§ 434, 435 BGB.

Die Sache ist **frei von Rechtsmängeln**, wenn Dritte in Bezug auf die Sache keine oder nur die im Kaufvertrag übernommenen Rechte gegen den Käufer geltend machen können, vgl. § 435 BGB. Einem Rechtsmangel steht es gleich, wenn im Grundbuch ein Recht eingetragen ist, das nicht besteht.

Beispiele

- Der Käufer erwirbt Waren, die sich noch im Lager des Verkäufers befinden. Es stellt sich heraus, dass ein Gläubiger des Verkäufers das Warenlager gepfändet hatte. Die Waren können nicht mehr an den Käufer übereignet werden, weil sie der Pfändung unterliegen. Der Gläubiger des Verkäufers (= Dritter) hat ein Pfandrecht an den Sachen.
- Nach dem Erwerb eines Computerprogramms wird bei der Installation durch entsprechenden Schutzrechtsvermerk offenkundig, dass es sich um eine Raubkopie handelt. Das Computerprogramm darf nicht genutzt werden, weil eine entsprechende Lizenz fehlt.
- Bevor ein Grundstück erworben wird, können durch Einsichtnahme in das Grundbuch die eventuellen Rechte Dritter an dem Grundstück festgestellt werden.

Die Sache ist **frei von Sachmängeln**, wenn sie bei Gefahrübergang die vereinbarte Beschaffenheit hat, vgl. § 434 Abs. 1 BGB. Soweit die Beschaffenheit nicht vereinbart ist, ist die Sache frei von Sachmängeln,

- wenn sie sich für die nach dem Vertrag vorausgesetzte Verwendung eignet, sonst
- wenn sie sich für die gewöhnliche Verwendung eignet und eine Beschaffenheit aufweist, die bei Sachen der gleichen Art üblich ist und die der Käufer nach der Art der Sache erwarten kann.

Zu der Beschaffenheit im Sinne von § 434 Abs. 1 Satz 2 BGB gehören auch Eigenschaften, die der Käufer nach den öffentlichen Äußerungen des Verkäufers, des Herstellers oder seines Gehilfen **insbesondere in der Werbung** oder bei der Kennzeichnung über bestimmte Eigenschaften der Sache erwarten kann, es sei denn, dass der Verkäufer die Äußerung nicht kannte oder kennen musste oder dass sie die Kaufentscheidung nicht beeinflussen konnte.

Ein **Sachmangel** ist auch dann gegeben, wenn die **vereinbarte Montage** durch den Verkäufer oder dessen Erfüllungsgehilfen unsachgemäß durchgeführt worden ist. Ein Sachmangel liegt bei einer zur Montage bestimmten Sache ferner vor, wenn die **Montageanleitung** mangelhaft ist, es sei denn, die Sache ist durch den Käufer fehlerfrei montiert worden, vgl. § 434 Abs. 2 BGB.

Einem Sachmangel steht es gleich, wenn der Verkäufer eine andere Sache oder eine zu geringe Menge liefert, vgl. § 434 Abs. 3 BGB.

Der erweiterte Fehlerbegriff betrifft daher folgende Abweichungen der Ist-Beschaffenheit von der Soll-Beschaffenheit, vgl. § 434 BGB:

- Abweichungen von der vereinbarten Beschaffenheit, § 434 Abs. 1 Satz 1 BGB,
- bei fehlender Beschaffenheitsvereinbarung: Nichteignung für die nach dem Vertrag vorausgesetzte Verwendung, § 434 Abs. 1 Satz 2 Nr. 1 BGB oder Nichteignung für die gewöhnliche Verwendung und Abweichungen von der üblichen Beschaffenheit, die der Käufer nach Art der Sache erwarten kann, § 434 Abs. 1 Satz 2 Nr. 2 BGB
- unsachgemäße Durchführung einer vereinbarten Montage gem. § 434 Abs. 2 Satz 1 BGB
- mangelhafte Montageanleitung gem. § 434 Abs. 2 Satz 2 BGB
- Falschlieferung (aliud) gem. § 434 Abs. 3, 1. Alt. BGB
- Minderlieferung gem. § 434 Abs. 3, 2. Alt. BGB.

Die Ist-Beschaffenheit der Sache lässt sich anhand der Lieferung feststellen. Die Soll-Beschaffenheit ergibt sich entweder aus dem Vertrag oder aus der Verwendung der Sache. Wenn die vertraglich vorausgesetzte Verwendung der Sache nicht ermittelt werden kann, müssen die gewöhnliche Verwendung und Abweichungen von der üblichen Beschaffenheit festgestellt werden, wobei die Käufererwartungen zu berücksichtigen sind. Letztere werden auch durch die Werbung beeinflusst.

Als Mängel gelten nach dieser Vorschrift sowohl Qualitätsabweichungen als auch Minderlieferungen und sogar Aliud-Lieferungen (= Lieferung einer anderen als der bestellten Sache). Dagegen sind Mehrlieferungen nicht als mangelhafte Erfüllung des Kaufvertrags anzusehen.

Der Sachmangel muss bereits im **Zeitpunkt des Gefahrübergangs** vorhanden sein. Der Verkäufer braucht nicht mehr für solche Sachmängel einzustehen, die nach der **Übergabe der Sache** an den Käufer oder nach der **Eintragung eines Grundstücks oder Schiffs** auf den Namen des Käufers auftreten, § 446 BGB.

Beim **Versendungskauf** (= im Kaufvertrag wird eine **Schickschuld** vereinbart) geht die Gefahr auf den Käufer über, wenn der Verkäufer die Sache dem Spediteur, dem Frachtführer oder einer anderen Person oder Anstalt (Post, Bahn, sonstige private Transportdienste) zur Ausführung der Versendung ausgeliefert hat, § 447 BGB. Dies gilt jedoch nicht, wenn der Käufer von vertraglichen Vereinbarungen über die Art der Versendung abweicht oder wenn die Sache nicht vom Erfüllungsort (= Wohnsitz des Schuldners oder Sitz seiner gewerblichen Niederlassung, § 269 BGB) abgesandt wird. In diesen Fällen geht die Gefahr erst mit der Übergabe an den Käufer über. Hier sind die Handelsklauseln zu beachten, wonach sich der Käufer mit der Versendung ab Werk, ab Lager etc. einverstanden erklärt und infolge dieser vertraglichen Vereinbarung der Gefahrübergang bereits vor der Übergabe der Sache stattfindet.

Aufgabe 11 > Seite 221

Rechtsfolgen der Sachmängelhaftung:

- Der Käufer kann als Nacherfüllung nach seiner Wahl die Beseitigung des Mangels oder die Lieferung einer mangelfreien Sache verlangen, § 439 BGB.
- Der Käufer kann nach den §§ 440, 323, 326 Abs. 5 BGB von dem Vertrag zurücktreten oder nach § 441 BGB den Kaufpreis mindern.
- Der Käufer kann nach den §§ 440, 280, 281, 283 und 311a BGB Schadensersatz oder nach § 284 BGB Ersatz vergeblicher Aufwendungen verlangen.

Der Käufer muss zunächst den **Nacherfüllungsanspruch** gem. § 439 BGB verfolgen, bevor er die weiteren Rechte geltend macht. Er muss sich nach erfolgloser Nacherfüllung zwischen Rücktritt und Kaufpreisminderung entscheiden, kann aber zusätzlich Schadensersatz verlangen.

Als Nacherfüllung kann der Käufer nach seiner Wahl entweder **Nachbesserung** (= Mängelbeseitigung) oder **Neulieferung** verlangen. Der Verkäufer hat die zum Zweck der Nacherfüllung erforderlichen Aufwendungen, insbesondere Transport-, Wege-, Arbeits- und Materialkosten zu tragen.

Der Verkäufer kann die vom Käufer gewählte Art der **Nacherfüllung verweigern**, wenn sie nur mit unverhältnismäßigen Kosten möglich ist. Dabei sind insbesondere der Wert der Sache in mangelfreiem Zustand, die Bedeutung des Mangels und die Frage zu berücksichtigen, ob auf die andere Art der Nacherfüllung ohne erhebliche Nachteile für den Käufer zurückgegriffen werden könnte. Der Anspruch des Käufers beschränkt sich in diesem Fall auf die andere Art der Nacherfüllung, wobei der Verkäufer auch diese wegen Unverhältnismäßigkeit der Kosten verweigern könnte. Liefert der Verkäufer zum Zweck der Nacherfüllung eine mangelfreie Sache, so kann er vom Käufer Rückgewähr der mangelhaften Sache verlangen.

Beispiel

Gegenstand eines Kaufvertrages ist eine Büroausstattung, bestehend aus Regalen, Schreibtisch und Sideboard. Eine Schranktür ist beschädigt. Sofern der Käufer als Nacherfüllung Neulieferung der gesamten Büroausstattung verlangt, könnte der Verkäufer mit dem Hinweis auf die Unverhältnismäßigkeit diese Art der Nacherfüllung verweigern. Der Käufer kann Mängelbeseitigung, d. h. die Nachlieferung einer mangelfreien Schranktür verlangen, ohne dass sich dadurch für ihn Nachteile ergeben. Die beschädigte Schranktür müsste der Käufer zurückgeben.

Für die Geltendmachung von **Rücktritts- und Schadensersatzansprüchen** ist eine Fristsetzung zur Nacherfüllung erforderlich, vgl. § 440 BGB. Sofern der Käufer als Nacherfüllung die Nachbesserung gewählt hat, gilt diese erst nach dem erfolglosen zweiten

Versuch als fehlgeschlagen, wenn sich nicht aus der Art der Sache oder des Mangels oder den sonstigen Umständen etwas anderes ergibt. Die **Fristsetzung ist entbehrlich**, wenn

- der Schuldner die Leistung ernsthaft und endgültig verweigert oder wenn besondere Umstände vorliegen, die unter Abwägung der beiderseitigen Interessen die sofortige Geltendmachung des Anspruchs rechtfertigen, vgl. § 281 Abs. 2 BGB
- der Schuldner die Leistung zu einem im Vertrag bestimmten Termin oder innerhalb einer bestimmten Frist nicht bewirkt und der Gläubiger im Vertrag den Fortbestand seines Leistungsinteresses an die Rechtzeitigkeit der Leistung gebunden hat, vgl. § 323 Abs. 2 BGB, oder
- wenn die dem Käufer zustehende Art der Nacherfüllung fehlgeschlagen oder ihm unzumutbar ist, vgl. § 440 BGB.

Statt zurückzutreten, kann der Käufer den Kaufpreis durch Erklärung gegenüber dem Verkäufer mindern. Daher muss auch im **Fall der Minderung** zuvor die Frist zur Nacherfüllung ergebnislos verstrichen sein. Nach dem Wortlaut des § 441 Abs. 3 BGB ist bei der Minderung der Kaufpreis in dem Verhältnis herabzusetzen, in welchem zurzeit des Verkaufs der Wert der Sache in mangelfreiem Zustand zu dem wirklichen Wert gestanden haben würde. Der geminderte Kaufpreis verhält sich zu dem vereinbarten Kaufpreis wie der Wert der mangelhaften Sache zum Wert der mangelfreien Sache. Dadurch geht das Ergebnis der Preisverhandlungen in die Berechnung der Minderung ein.

Die **Mängelhaftung des Verkäufers** ist ausgeschlossen

- wenn der Käufer den Mangel bei Abschluss des Vertrags kennt, § 442 Satz 1 BGB
- wenn dem Käufer ein Mangel infolge grober Fahrlässigkeit unbekannt geblieben ist und der Verkäufer einen Fehler arglistig verschwiegen oder eine Garantie für die Beschaffenheit übernommen hat, § 442 Satz 2 BGB
- wenn ein Haftungsausschluss vereinbart wird, vgl. § 444 BGB
- wenn der Käufer die Sache im Wege des Pfandverkaufs in einer öffentlichen Versteigerung erwirbt, § 447 BGB.

In der Praxis tritt häufig der Fall auf, dass die Sachmängelhaftung des Verkäufers ausgeschlossen ist, weil der Käufer den Mangel bei Vertragsabschluss kannte oder ihm der Mangel infolge grober Fahrlässigkeit unbekannt geblieben ist.

In Kaufverträgen über gebrauchte Sachen wird oft der vertragliche Haftungsausschluss *„gekauft wie besichtigt“* vereinbart, sodass der Käufer infolge des Verzichts seine gesetzlichen Gewährleistungsansprüche wegen äußerlich erkennbarer Mängel verliert.

Beispiele

- Ein Kunde achtet im Selbstbedienungsladen nicht auf das Verfalldatum und stellt erst nach dem Kaufvertragsabschluss fest, dass das Mindesthaltbarkeitsdatum überschritten ist. Die Gewährleistungsansprüche sind ausgeschlossen, weil der Käufer fahrlässig die Überprüfung des Verfalldatums unterlassen hat. Ein Umtausch der Ware gilt als Kulanz, ohne dass eine rechtliche Verpflichtung des Verkäufers zur Nacherfüllung bestünde.
- Bei dem Kauf eines gebrauchten Fahrzeugs vereinbaren die Parteien *„gekauft wie besichtigt unter Ausschluss jeglicher Gewähr“*. Damit hat der Käufer auf seine gesetzlichen Gewährleistungsansprüche wegen äußerlich erkennbarer Mängel verzichtet, während die Gewährleistung für versteckte Mängel fortbesteht.

Die **Verjährung der kaufvertraglichen Gewährleistungsrechte** ist in § 438 BGB geregelt und beträgt **bei beweglichen Sachen 2 Jahre**. Es ist zu berücksichtigen, dass die Verjährungsregelung nur die in § 437 Nr. 1 und 3 BGB bezeichneten Ansprüche auf Nacherfüllung, Schadensersatz und Aufwendungsersatz erfasst. Die Ansprüche auf Rücktritt oder Minderung unterliegen den allgemeinen Verjährungsbestimmungen gem. §§ 195 ff. BGB. Zudem besteht eine Sondervorschrift für den Verbrauchsgüterkauf in § 475 Abs. 2 BGB.

2.2 Garantievereinbarungen

Die Vertragsparteien können nach dem Grundsatz der Vertragsfreiheit ihre Gewährleistungsrechte im Kaufvertrag frei gestalten. Sie müssen sich dabei an den Rahmen der Gesetze halten und insbesondere die §§ 134, 138, 305 ff. BGB beachten.

Falls der Verkäufer oder ein Dritter, beispielsweise der Hersteller, eine Garantie für die Beschaffenheit der Sache übernimmt oder dafür, dass die Sache für einen bestimmten Zeitraum die vereinbarte Beschaffenheit behält, so stehen dem Käufer im Garantiefall neben den gesetzlichen Gewährleistungsansprüchen auch die Rechte aus der Garantie zu. Die **Garantieansprüche** bestehen zu den in der Garantieerklärung und der einschlägigen Werbung angegebenen Bedingungen gegenüber demjenigen, der die Garantie eingeräumt hat, vgl. § 443 Abs. 1 BGB. Durch diese Regelung wird sichergestellt, dass der Käufer die Ansprüche aus der Garantie zusätzlich neben der gesetzlichen Gewährleistung erhält.

Soweit eine **Haltbarkeitsgarantie** übernommen worden ist, wird vermutet, dass ein während ihrer Geltungsdauer auftretender Sachmangel die Rechte aus der Garantie begründet, vgl. § 443 Abs. 2 BGB. Daher kommt es für die Garantieleistung im Unterschied zur gesetzlichen Gewährleistung nicht darauf an, dass der Sachmangel **im Zeitpunkt des Gefahrübergangs** vorhanden war. Denn es ist gerade der Sinn einer Garantieübernahme, dass eine Haftung für solche Sachmängel begründet wird, die nach Gefahrübergang durch den Gebrauch der Sache bei dem Käufer auftreten.

Aufgabe 12 > Seite 221

Die Gestaltung der Gewährleistungsrechte erfolgt regelmäßig durch die Formulierung von **„Garantiebedingungen"** im Sinne Allgemeiner Geschäftsbedingungen seitens des Verkäufers und deren Einbeziehung in den Kaufvertrag. Das Garantieversprechen ist die Übernahme einer Verpflichtung, für einen entstehenden Schaden einzutreten. Beim Kauf technischer Geräte und Gebrauchsgüter, aber auch beim Kauf größerer Maschinen und Elektroartikel übernimmt der Hersteller oder der Händler eine „Garantie" für Sachmängel, die infolge fehlerhafter Herstellung auftreten. Derartige Garantiezusagen können sowohl Gegenstand eines selbstständigen Garantievertrages als auch Bestandteil des Kaufvertrages sein, sie können durch den Händler oder durch den Hersteller erfolgen.

2.3 Haftungsfreizeichnung

Der Grundsatz der Vertragsfreiheit wirkt sich auf die Gewährleistung in der Weise aus, dass infolge der vertraglichen Gestaltung die Haftung des Verkäufers für Rechts- und Sachmängel eingeschränkt oder sogar vollständig ausgeschlossen werden kann. Die Haftungsfreizeichnung muss sich an den Rahmen der geltenden Gesetze halten, insbesondere sind die § 134, 138 BGB sowie die §§ 305 ff. BGB zu beachten.

Die **Zulässigkeit Allgemeiner Geschäftsbedingungen, die die Sachmängelhaftung betreffen**, regelt § 309 Nr. 8 b) BGB. Von diesen dort aufgeführten Klauselverboten werden nur **Verträge über Lieferungen neu hergestellter Sachen und Werkleistungen** erfasst, nicht dagegen die Veräußerung gebrauchter Gegenstände. Bei der Auslegung einer Vertragsbestimmung sind die Verständnismöglichkeiten eines rechtsunkundigen Durchschnittsverbrauchers zu Grunde zu legen, sodass die einzelnen Klauseln einfach, klar und unmissverständlich formuliert sowie vollständig sein sollten.

In Allgemeinen Geschäftsbedingungen über Lieferungen neu hergestellter Sachen und Werkleistungen ist der **Gewährleistungsausschluss unwirksam**, und zwar auch dann, wenn der Ausschluss nur teilweise oder durch Verweisung auf Ansprüche gegen Dritte erfolgt, § 309 Nr. 8 b) aa) BGB.

In Formularverträgen über neue Sachen und Leistungen dürfen die Gewährleistungsansprüche nicht auf ein **Nacherfüllungsrecht** beschränkt werden. Dem Vertragspartner muss vielmehr ausdrücklich das Recht zur Minderung oder zum Rücktritt für den Fall vorbehalten werden, dass die Nachbesserung fehlschlägt, § 309 Nr. 8 b) bb) BGB.

Aufgabe 13 > Seite 221

In Allgemeinen Geschäftsbedingungen über die Lieferung neuer Sachen darf die Verpflichtung, die zum Zweck der Nacherfüllung erforderlichen **Aufwendungen** zu tragen, insbesondere Transport-, Wege-, Arbeits- und Materialkosten, nicht ausgeschlossen oder beschränkt werden, § 309 Nr. 8 b) cc) BGB.

Beispiel

Die Klausel *„Bei Reparaturen innerhalb der Garantiezeit werden die erforderlichen Ersatzteile nicht berechnet"* ist unwirksam, weil darin nicht erkennbar wird, wer die weiteren Kosten der erforderlichen Garantieleistungen für Transport-, Wege- und Arbeitsleistungen zu erbringen hat.

Der Lieferant neuer Sachen darf seinen Kunden die Nacherfüllung nicht vorenthalten, indem er seine Gewährleistung von der vollständigen oder überwiegenden **Zahlung des Entgelts** abhängig macht, § 309 Nr. 8 b) dd) BGB.

Beispiel

In der Formulierung der Klausel *„Bei Nichteinhaltung der Zahlungsbedingungen entfallen die kostenlosen Garantieleistungen"* in den Allgemeinen Lieferbedingungen eines Einzelhändlers entsteht der Eindruck, dass die Gewährleistung bei Nichteinhaltung der Zahlungsbedingungen entfallen würde. Die Klausel wäre nur mit dem Zusatz wirksam: *„Sofern die Nacherfüllung nicht möglich oder fehlgeschlagen ist, kann der Käufer Nachlieferung, Herabsetzung des Kaufpreises oder Rückgängigmachung des Vertrags verlangen".*

Der Verwender Allgemeiner Geschäftsbedingungen darf dem anderen Vertragsteil keine **Ausschlussfrist für die Anzeige** nicht offensichtlicher Mängel setzen, die kürzer ist als die Verjährungsfristen, die in §§ 438 Abs. 1 Nr. 2 und 634 a Abs. 1 Nr. 2 BGB vorgesehen sind, vgl. § 309 Nr. 8 b) ee) BGB. Da Ausschlussfristen für die Anzeige offensichtlicher Mängel zulässig sind, muss bei der Gestaltung vertraglicher Ausschlussfristen für Mängelanzeigen eine Differenzierung von offensichtlich erkennbaren Mängeln und versteckten Mängeln erfolgen.

Beispiel

In Allgemeinen Lieferbedingungen ist die folgende Klausel nichtig: *„Beanstandungen können nur berücksichtigt werden, wenn sie 2 Wochen nach Entgegennahme der Ware dem Verkäufer schriftlich angezeigt werden".* Dagegen wäre eine Ausschlussfrist im Kaufvertrag in folgender Formulierung wirksam: *„Treten während der Garantiezeit Fehler auf, sind diese innerhalb von 14 Tagen nach ihrem Auftreten schriftlich dem Verkäufer mitzuteilen. In den ersten 2 Jahren nach Ablieferung kann ein Fehler ohne Einhaltung der Anzeigefrist geltend gemacht werden".*

In Allgemeinen Geschäftsbedingungen ist ferner eine **Verkürzung der gesetzlichen Verjährungsfristen** für die Gewährleistung unzulässig, § 309 Nr. 8 b) ff) BGB.

Beispiel

Die Klausel in den Formularbedingungen eines Kaufvertrags „*Gewährleistungsansprüche verjähren nach 2 Jahren ab Vertragsschluss*“ hält einer Inhaltskontrolle nicht stand. Die Klausel wäre nichtig, weil die Verjährung für die gesetzlichen Gewährleistungsansprüche gem. § 438 BGB erst im Zeitpunkt der Ablieferung der Sache beginnt.

Die **einzelnen Klauselverbote** gem. § 309 Nr. 8 b) BGB gelten nicht unmittelbar in Verträgen unter Kaufleuten, vgl. § 310 BGB. Im Einzelfall ist nach § 307 BGB zu überprüfen, ob unter Berücksichtigung des kaufmännischen Geschäftsverkehrs eine Äquivalenzstörung eintritt. Dies ist anzunehmen, wenn die Vertragsgestaltung mit wesentlichen Grundgedanken der gesetzlichen Regelung, von der abgewichen wird, nicht zu vereinbaren ist oder wenn der Vertragspartner in seinen Rechten so eingeschränkt wird, dass die Erreichung des Vertragszwecks gefährdet ist. Auf eine Vereinbarung, durch welche die Rechte des Käufers wegen eines Mangels ausgeschlossen oder beschränkt werden, kann sich der Verkäufer nicht berufen, wenn er den Mangel arglistig verschwiegen oder eine Garantie für die Beschaffenheit der Sache übernommen hat, vgl. § 444 BGB.

2.4 Verbrauchsgüterkauf

Kauft ein Verbraucher von einem Unternehmer eine bewegliche Sache, gelten ergänzend zu den allgemeinen Vorschriften des Kaufrechts die speziellen Vorschriften über den Verbrauchsgüterkauf, vgl. §§ 474 ff. BGB.

Der Unternehmer kann sich nicht auf Vereinbarungen berufen, die vor Mitteilung eines Mangels von den §§ 433 bis 435, 437, 439 bis 443 BGB oder von den speziellen Vorschriften zum Verbrauchsgüterkauf abweichen. Folglich sind die wesentlichen Normen über Gewährleistungsrechte des Käufers für den Unternehmer zwingend, vgl. § 475 Abs. 1 BGB.

Insbesondere darf die **Verjährungsfrist** beim Kauf neuer Sachen nicht weniger als zwei Jahre und bei gebrauchten Sachen nicht weniger als ein Jahr betragen, vgl. § 475 Abs. 2 BGB. Der Anspruch auf Schadensersatz kann jedoch ausgeschlossen oder beschränkt werden, sofern in Allgemeinen Geschäftsbedingungen der Rahmen der §§ 307 bis 309 BGB eingehalten wird.

Eine **Beweislastumkehr** erfolgt zu Gunsten des Verbrauchers im Gewährleistungsfall bei Sachmängeln. Sofern im Verbrauchsgüterkaufvertrag innerhalb von sechs Monaten seit Gefahrübergang ein Sachmangel auftritt, wird vermutet, dass die Sache bereits bei Gefahrübergang mangelhaft war, es sei denn, diese Vermutung ist mit der Art der Sache oder des Mangels unvereinbar, vgl. § 476 BGB.

Auch im **Garantiefall** wird der Verbraucherschutz deutlich. Eine Garantieerklärung muss einfach und verständlich abgefasst sein. Sie muss enthalten

- den Hinweis auf die gesetzlichen Rechte des Verbrauchers sowie darauf, dass sie durch die Garantie nicht eingeschränkt werden und
- den Inhalt der Garantie und alle wesentlichen Angaben, die für die Geltendmachung der Garantie erforderlich sind, insbesondere die Dauer und den räumlichen Geltungsbereich des Garantieschutzes sowie Namen und Anschrift des Garantiegebers.

Der Verbraucher kann verlangen, dass ihm die Garantieerklärung in Textform mitgeteilt wird. Auch wenn der Unternehmer diese Anforderungen nicht erfüllt, wird die Wirksamkeit seiner Garantieverpflichtung nicht beeinträchtigt, vgl. § 477 BGB.

Ein Unternehmer, der von einem Verbraucher aus der gesetzlichen Gewährleistung in Anspruch genommen wurde, kann gegen seinen Lieferanten nach Maßgabe der §§ 478, 479 BGB Rückgriff nehmen.

3. Finanzierungsvereinbarungen

Im Geschäftsverkehr werden Vertragsgegenstände aus unterschiedlicher Interessenlage heraus mit Fremdmitteln finanziert. Auf der Seite des Erwerbers besteht regelmäßig ein Interesse daran, einen Gegenstand zu privaten oder betrieblichen Zwecken zu nutzen, während die Aufbringung der erforderlichen finanziellen Mittel eine Liquiditätsbindung bedeutet. Vielfach spielen auch steuerliche Erwägungen eine Rolle bei der Entscheidung, einen Betriebsgegenstand zu leasen, zu mieten oder eine Ratenzahlung zu vereinbaren statt gegen Barzahlung zu kaufen. Auf der Seite des Veräußerers besteht das Interesse, die Sache gegen Zahlung der vereinbarten Vergütung auf den Erwerber zu übertragen und im Fall der Ratenzahlung eine entsprechende Sicherheit zu erhalten.

Durch die Umsetzung europäischer Richtlinien zum Verbraucherschutz sind Finanzierungshilfen zwischen einem Unternehmer und einem Verbraucher ebenso wie Verbraucherdarlehen in das Bürgerliche Gesetzbuch aufgenommen worden. Die **Sonderbestimmungen des Verbraucherrechts** betreffen

- **Zahlungsaufschübe und sonstige Finanzierungshilfen gem. § 506 Abs. 1 BGB**
- **Finanzierungsleasingverträge gem. § 506 Abs. 2 BGB**
- **Teilzahlungsgeschäfte gem. §§ 507 ff BGB**
- **Ratenlieferungsverträge gem. § 510 BGB**
- **Verbraucherdarlehensverträge gem. §§ 491 ff BGB.**

Diese Regelungen enthalten u. a. Schriftformerfordernisse für den Mindestinhalt der Verträge, Widerrufsrechte, Rückgabe- und Rücktrittsrechte. Es handelt sich um zwingende Normen, die im Einzelfall auch auf Existenzgründer anzuwenden sind, sofern das Darlehen, der Zahlungsaufschub oder die sonstige Finanzierungshilfe 75.000 € nicht übersteigt, vgl. §§ 511, 512 BGB.

3.1 Finanzierungshilfen

Verträge, durch die ein Unternehmer einem Verbraucher einen entgeltlichen Zahlungsaufschub oder eine sonstige Finanzierungshilfe gewährt, unterliegen **besonderen Verbraucherschutzregelungen**, vgl. § 506 Abs. 1 BGB. Es handelt sich z. B. um entgeltliche Stundungsvereinbarungen, die Inzahlungnahme gebrauchter Sachen und ähnliche vertragliche Vereinbarungen, mit denen die Vertragsparteien die sofortige Barzahlung der geschuldeten Leistung aufschieben oder erleichtern.

Sofern Zahlungsaufschübe oder sonstige Finanzierungshilfen zwischen einem Unternehmer und einem Verbraucher vereinbart werden, finden **folgende Verbraucherschutzvorschriften** entsprechende Anwendung:

- Regelungen über verbundene Verträge gem. §§ 358 ff. BGB
- vorvertragliche Informationspflichten gem. § 491a BGB
- Schriftformerfordernis für den wesentlichen Vertragsinhalt gem. § 492 BGB
- Nichtigkeit als Rechtsfolge von Formmängeln gem. § 494 BGB
- Widerrufsrecht gem. § 495 BGB
- Unwirksamkeit eines Einwendungsverzichts, Wechsel- und Scheckverbot gem. § 496 BGB
- Verzugszinsen und Anrechnung von Teilleistungen gem. § 497 BGB
- Gesamtfälligstellung gem. § 498 BGB.

Für **Finanzierungsleasingverträge** und **Teilzahlungsgeschäfte** gelten jedoch die Besonderheiten gem. §§ 506 ff BGB. Ausgenommen sind Verträge, deren Barzahlungspreis 200 € nicht übersteigen, Verträge zwischen Arbeitgeber und Arbeitnehmer zu günstigeren als den marktüblichen Zinssätzen und andere Sonderfälle, vgl. §§ 506 Abs. 1, 491 Abs. 2 und 3 BGB.

3.2 Teilzahlungsgeschäft

Ein Teilzahlungsgeschäft liegt vor, wenn z. B. in einem Kaufvertrag eine **Teilzahlungsabrede über mindestens zwei Ratenzahlungen** getroffen wird. Auf den Abzahlungskauf und andere Teilzahlungsgeschäfte finden die Vorschriften über den Kaufvertrag oder die jeweilige Vertragsart Anwendung, so z. B. die Vorschriften über den Werkvertrag bei Teilzahlungsabreden über die Vergütung.

Sofern der Vertragsgegenstand ohne vollständige Zahlung dem Käufer, Besteller u. a. zur Nutzung übergeben wird, sind der Verkäufer, der Werkunternehmer u. a. an einer **Sicherung der Restzahlung** interessiert, die durch Vereinbarung eines Eigentumsvorbehalts hinsichtlich des Vertragsgegenstandes erfolgen kann, aber auch durch eine Sicherungszession oder durch eine Bürgschaft.

Auf **Teilzahlungsgeschäfte zwischen einem Unternehmer und einem Verbraucher** finden ergänzend zu den allgemeinen vertragsrechtlichen Bestimmungen spezielle Verbraucherschutzregelungen Anwendung, vgl. §§ 507 ff. BGB.

Teilzahlungsgeschäfte mit Verbrauchern unterliegen der Schriftform. Der Schriftform ist genügt, wenn Antrag und Annahme durch die Vertragsparteien jeweils getrennt schriftlich erklärt werden. Die Erklärung des Unternehmers bedarf keiner Unterzeichnung, wenn sie mithilfe einer automatischen Einrichtung erstellt wird, vgl. §§ 507, 492 BGB.

Die vom Verbraucher **zu unterzeichnende Vertragserklärung** muss bei Teilzahlungsgeschäften gem. § 507 BGB die in Art. 247 §§ 6, 12 und 13 EGBGB aufgeführten Mindestangaben enthalten.

Das **Schriftformerfordernis gilt nicht** für Teilzahlungsgeschäfte im Fernabsatz, wenn der Unternehmer dem Verbraucher die Angaben in Textform und so rechtzeitig zur Verfügung stellt, dass dieser sie vor Vertragsabschluss eingehend zur Kenntnis nehmen kann, vgl. § 507 BGB.

Beispiel

Im elektronischen Geschäftsverkehr zwischen Unternehmer und Verbraucher werden Teilzahlungsangebote gemacht. Die in § 507 BGB aufgeführten Vertragsinhalte müssten durch entsprechende Programmierung den Kunden in Textform und vor Vertragsabschluss vollständig zur Verfügung stehen, vgl. § 126b BGB.

Das **Teilzahlungsgeschäft ist nichtig**, wenn die Schriftform nicht eingehalten wurde oder eine der vorgeschriebenen Angaben mit Ausnahme des Eigentumsvorbehaltes fehlt. Dieser Mangel wird jedoch geheilt, wenn dem Verbraucher die Sache übergeben oder die Leistung erbracht wird. Allerdings ist der Barzahlungspreis mit dem gesetzlichen Zinssatz zu verzinsen, wenn die Angabe des Teilzahlungspreises oder des effektiven Jahreszinses fehlt. Ist ein Barzahlungspreis nicht genannt, so gilt im Zweifel der Marktpreis als Barzahlungspreis. Der Teilzahlungspreis mindert sich, wenn der effektive oder anfängliche Jahreszinssatz zu niedrig angegeben ist. Die Bestellung von Sicherheiten kann bei fehlenden Angaben hierüber nicht gefordert werden, vgl. § 507 Abs. 2 BGB.

Dem Verbraucher steht in Teilzahlungsgeschäften ein **Widerrufsrecht** zu, vgl. §§ 506, 495 Abs. 1 BGB. Durch Vertrag kann dem Verbraucher statt des Widerrufsrechts auch ein Rückgaberecht eingeräumt werden, vgl. § 508 Abs. 1 BGB. Im Fall eines Widerrufs seiner auf den Abschluss des Teilzahlungsgeschäfts gerichteten Willenserklärung ist der Verbraucher auch an einen mit diesem Vertrag verbundenen Verbraucherdarlehensvertrag nicht mehr gebunden, vgl. §§ 508, 358 BGB. Er kann zudem Einwendungen aus verbundenen Verträgen gegenüber dem Unternehmer geltend machen, vgl. §§ 506, 359 BGB.

Wegen **Zahlungsverzugs** des Verbrauchers kann der Unternehmer unter den Voraussetzungen des § 498 BGB zurücktreten,

- wenn der Verbraucher mit mindestens zwei aufeinander folgenden Raten in Verzug ist und
- der Unternehmer erfolglos eine zweiwöchige Frist zur Zahlung des rückständigen Betrags mit der Erklärung gesetzt hat, dass er bei Nichtzahlung innerhalb der Frist die gesamte Rechtschuld verlange.

Die Modalitäten des **Rücktritts in Teilzahlungsgeschäften** sind in § 508 Abs. 2 BGB geregelt. Danach hat der Verbraucher dem Unternehmer auch die infolge des Vertrags gemachten Aufwendungen zu ersetzen.

Eine **gesetzliche Rücktrittsfiktion** enthält § 508 Abs. 2 Satz 5 BGB. Nimmt der Unternehmer die aufgrund eines Teilzahlungsgeschäfts gelieferte Sache wieder an sich, z. B. indem er von seinem Eigentumsvorbehalt Gebrauch macht, so gilt dies als Ausübung des Rücktrittsrechts. Diese Rücktrittsfiktion gilt entsprechend, wenn ein Vertrag über die Lieferung einer Sache mit einem Verbraucherdarlehensvertrag verbunden ist, § 358 Abs. 3 BGB.

Sofern der Verbraucher vorzeitig seine Verbindlichkeiten aus dem Teilzahlungsgeschäft erfüllt, vermindert sich der Teilzahlungspreis um die Zinsen und sonstigen laufzeitabhängigen Kosten, die bei gestaffelter Berechnung auf die Zeit nach der vorzeitigen Erfüllung entfallen, vgl. § 504 BGB.

Beispiel

Im Katalog eines Versandhandels werden Waren angeboten, die nach den Zahlungsbedingungen erst 3 Monate nach der Lieferung bezahlt werden müssen. Meier bestellt für seinen privaten Bedarf einige Waren aus dem Katalog, die ihm jedoch nicht gefallen. Aus den Lieferbedingungen ergibt sich kein Widerrufs- oder Rückgaberecht. Infolge der Stundungsabrede handelt es sich um eine Finanzierungshilfe im Sinne des § 506 BGB. Meier kann daher seine auf den Abschluss des Kaufvertrages gerichtete Willenserklärung widerrufen, §§ 506 Abs. 1, 495, 355 BGB, da der Vertrag keine ordnungsgemäße Widerrufsbelehrung enthält. Meier ist zur Zahlung des Kaufpreises nicht verpflichtet. Allerdings ist er zur Rücksendung der Ware auf Kosten und Gefahr des Verkäufers verpflichtet und hat für eine Verschlechterung der Sache Wertersatz zu leisten, vgl. § 357 BGB.

3.3 Finanzierter Kauf

Sofern der Käufer den Kaufpreis nicht aufbringen kann und der Verkäufer mit einer Teilzahlungsvereinbarung nicht einverstanden ist, muss der Käufer den Kaufpreis durch Aufnahme eines Darlehens finanzieren. Ein **finanzierter Kauf** liegt vor, wenn ein Kreditinstitut dem Käufer ein Darlehen in der Weise gewährt, dass die Darlehensvaluta nicht an den Käufer, sondern an den Verkäufer zur Tilgung einer Kaufpreisforderung ausgezahlt wird. Es handelt sich um ein mit dem Kaufvertrag verbundenes Darlehen.

Deshalb sind an einem finanzierten Kauf **drei Personen beteiligt**, die verschiedene Verträge abschließen. Es ist der Abschluss eines Kaufvertrages zwischen Verkäufer und Käufer, sowie eines Darlehensvertrages zwischen dem Käufer als Darlehensnehmer und einem Finanzierungsdienstleister als Darlehensgeber erforderlich. Daneben besteht regelmäßig eine vertragliche Rahmenvereinbarung zwischen dem Verkäufer und dem Finanzierungsdienstleister, worin die laufende Zusammenarbeit geregelt wird. Der Abschluss eines Rahmenvertrags ist zweckmäßig zwischen einem Hersteller hochwertiger Wirtschaftsgüter, welche in der Praxis häufig finanziert werden, und einer Bank oder Sparkasse, die die Finanzierungen übernehmen und abwickeln soll. Darin kann festgelegt werden, dass der Hersteller als Verkäufer Sicherheiten für die Rückzahlung der Darlehensraten durch den Käufer übernimmt oder das Sicherungseigentum an dem Kaufgegenstand auf den Finanzdienstleister übertragen wird.

Aufgabe 14a > Seite 222

Der finanzierte Kauf erfordert grundsätzlich den Abschluss eines Kaufvertrags und den Abschluss eines Darlehensvertrags. Die **Auszahlung der Darlehensvaluta** an den Verkäufer ist keine Leistung des Kreditinstituts (= Darlehensgeber) an den Verkäufer, sondern eine **Handlung mit doppelter Erfüllungswirkung im Kauf- und Darlehensvertrag**. Durch die Zahlung der Darlehensvaluta wird die Kaufpreisforderung des Verkäufers im Kaufvertrag erfüllt, deshalb handelt es sich um eine **Leistung des Käufers an den Verkäufer**. Gleichzeitig wird aber auch die aus dem Darlehensvertrag geschuldete Darlehensvaluta ausgezahlt, deshalb liegt auch eine **Leistung des Finanzierungsinstituts (= Darlehensgeber) an den Käufer (= Darlehensnehmer)** vor.

Der Kaufvertrag und der Darlehensvertrag sind **rechtlich selbstständige Verträge** und müssten nach den allgemeinen Regeln des bürgerlichen Rechts getrennt abgewickelt werden (Trennungstheorie). Sofern der finanzierte Kaufvertrag zwischen einem Unternehmer und einem Verbraucher abgeschlossen wird, gelten die besonderen Verbraucherschutzvorschriften über Finanzierungshilfen, vgl. §§ 506 ff. BGB. Das Angebot des Verkäufers, einem Verbraucher zur Finanzierung der Kaufsache einen Darlehensvertrag zu vermitteln, verbindet den Darlehensvertrag mit dem Kaufvertrag. Statt eines Teilzahlungskaufs, in dem der Verbraucher Raten an den Verkäufer zahlt, schließt er einen Darlehensvertrag ab und zahlt Raten an den Darlehensgeber. Der finanzierte Kauf zwischen einem Unternehmer und einem Verbraucher ist daher mit einem Teilzahlungsgeschäft vergleichbar, sodass die §§ 359, 501 BGB zur Anwendung kommen. Der Verbraucher kann die Rückzahlung des Darlehens verweigern, soweit Einwendungen aus dem verbundenen Vertrag ihm gegenüber dem Unternehmer, mit dem er den verbundenen Vertrag geschlossen hat, zur Verweigerung seiner Leistung berechtigen würden.

Die **Definition von verbundenen Verträgen** ist in § 358 Abs. 3 BGB enthalten. Danach ist ein Vertrag über die Lieferung einer Ware oder die Erbringung einer Leistung mit einem Verbraucherdarlehensvertrag verbunden, wenn das Darlehen ganz oder teilweise der Finanzierung des anderen Vertrags dient und beide eine wirtschaftliche Einheit bilden. Eine wirtschaftliche Einheit ist insbesondere anzunehmen, wenn der Verkäufer selbst die Gegenleistung des Verbrauchers finanziert, oder im Fall der Finanzierung durch einen Dritten, wenn sich der Darlehensgeber bei der Vorbreitung oder dem Abschluss des Verbraucherdarlehensvertrags der Mitwirkung des Unternehmers bedient.

Aufgabe 14b > Seite 222

Im finanzierten Kauf wird der Kaufvertrag durch die Übergabe der Kaufsache an den Käufer und die Zahlung des Kaufpreises (= Auszahlung der Darlehensvaluta) an den Verkäufer erfüllt. Dagegen hat das Finanzierungsinstitut ein **Sicherungsinteresse** hinsichtlich der vollständigen Rückzahlung des Darlehens. Aus diesem Grund wird im finanzierten Kauf in aller Regel das Eigentum an der Kaufsache zur Sicherung der Darlehensraten an den Finanzdienstleister (= Darlehensgeber) übertragen. Für den Fall, dass der Käufer (= Darlehensnehmer) mit der Rückzahlung der Darlehensraten in Verzug gerät, kann der Finanzdienstleister als Eigentümer gem. § 985 BGB die Kaufsache herausverlangen und verwerten.

Diese Vorgehensweise – Rücktritt vom Darlehensvertrag und Verwertung der Sache – ist nur unter den Voraussetzungen der §§ 508 Abs. 2 Satz 5, 498 BGB gegeben. Auch ohne Rücktrittserklärung gilt die Verwertung als Ausübung des Rücktrittsrechts. Der Verbraucher hat dem Unternehmer die infolge des Vertrags gemachten Aufwendungen zu ersetzen. Bei der Bemessung der Vergütung von Nutzungen der Sache ist auf die inzwischen eingetretene Wertminderung Rücksicht zu nehmen.

3.4 Leasing und Factoring

Der Leasingvertrag hat sich aus dem wirtschaftlichen Interesse an der Nutzung von Betriebsmitteln ohne Liquiditätsbindung heraus entwickelt und ist nach den betrieblichen Bedürfnissen in verschiedenen Gestaltungsformen anzutreffen. Aus rechtlicher Sicht ist das Operating-Leasing vom Finanzierungs-Leasing zu unterscheiden.

Beim **Operating-Leasing** (auch: **Hersteller-Leasing**) handelt es sich um eine langfristige Nutzungsvereinbarung über Produktionsmittel, regelmäßig durch den Hersteller selbst. Der Vertrag ähnelt dem **Mietvertrag**, weil eine **entgeltliche Gebrauchsüberlassung** vereinbart wird und der Leasingnehmer die Möglichkeit erhält, sich durch **Kündigung** aus der langfristigen Leasingvereinbarung zu lösen. Im Unterschied zur Miete trägt der Leasingnehmer aber die Gefahr des Untergangs des Leasinggegenstandes und die Kosten der Instandhaltung. Vielfach wird auch die Gewährleistung für Sachmängel ausgeschlossen, doch ist die Wirksamkeit einer derartigen Vereinbarung umstritten und richtet sich nach der jeweiligen Ausgestaltung. Gelegentlich erhält der Leasingnehmer auch eine **Kaufoption** nach Ablauf einer festgelegten Zeit, wobei die gezahlten Leasingraten auf den Kaufpreis angerechnet werden. Nach den Möglichkeiten unterschiedlicher Vertragsgestaltung kann die Leasingvereinbarung rechtlich als Abzahlungskauf einzuordnen sein. In aller Regel ist das Operating-Leasing aber als Mietvertrag anzusehen und wird nach den gesetzlichen Regeln des Mietrechts behandelt.

Das **Finanzierungs-Leasing** wird auch als **echter Leasingvertrag** bezeichnet. Es entsteht ein dreiseitiges Rechtsgeschäft, vergleichbar mit dem finanzierten Kauf. Der Leasingnehmer schließt mit einem Finanzierungsinstitut (= Leasinggeber) einen Leasingvertrag. Der Leasinggeber (= Käufer) kauft den Leasinggegenstand beim Hersteller (= Verkäufer), sodass zwischen diesen Parteien ein Kaufvertrag zu Stande kommt. Der Leasinggegenstand wird vom Hersteller direkt an den Leasingnehmer geliefert. Auf diese Weise bewirken die Beteiligten eine **Finanzierung ohne Kreditgewährung**; der Hersteller verkauft ein Wirtschaftsgut, der Leasingnehmer erhält den Besitz der Sache im Wege des Leasingvertrags und kann sie wirtschaftlich nutzen.

Die **Lieferung des Leasinggegenstandes** ist rechtlich keine Leistung des Herstellers an den Leasingnehmer, weil zwischen diesen Personen keine Leistungspflicht begründet wird, hat aber dennoch eine **doppelte Erfüllungsfunktion.** Einerseits wird der **Kaufvertrag** erfüllt, indem eine Leistung des Herstellers an den Leasinggeber erbracht wird, andererseits wird der **Leasingvertrag** erfüllt, indem eine Leistung des Leasinggebers an den Leasingnehmer erfolgt.

Da der Leasingvertrag gesetzlich nicht geregelt ist, kann er nach dem Grundsatz der Vertragsfreiheit unterschiedlich gestaltet werden. In aller Regel wird eine **Grundmietzeit** vereinbart, die nach der Art des Leasinggegenstandes etwa 3 bis 6 Jahre beträgt und häufig kürzer ist als die betriebsübliche Nutzungszeit. Während der Dauer der Grundmietzeit ist die Kündigung des Leasingvertrags ausgeschlossen. An Zahlungen wird eine **Leasingsonderzahlung** vereinbart, die bei Vertragsabschluss zu erbringen ist, **Leasingraten** für die Dauer der Grundmietzeit und in Verbindung mit einer Kaufoption noch eine **Restwertzahlung**. Die Summe der Zahlungen ist so bemessen, dass nach Ablauf der Grundmietzeit sämtliche dem Leasinggeber entstandenen Kosten für die Anschaffung und Vertragsabwicklung abgedeckt sind und ihm ein Gewinn verbleibt.

Die **rechtliche Einordnung des Finanzierungs-Leasing** als Kauf- oder Mietvertrag ist nicht einfach. Die Vereinbarung der entgeltlichen Gebrauchsüberlassung des Leasinggutes ähnelt dem Mietvertrag. Daher ist grundsätzlich das Mietrecht anzuwenden. Sowohl die rechtliche Gestaltung als auch wirtschaftliche Gründe führen aber dazu, das Finanzierungs-Leasing nach den gesetzlichen Regeln des Kaufrechts zu behandeln. Falls im Leasingvertrag eine **Kaufoption** vereinbart wurde, hat der Leasingnehmer auch rechtlich die Möglichkeit, nach Ablauf der Grundmietzeit das Eigentum an dem Leasinggegenstand zu erwerben.

Die **Gefahrtragungs- und Gewährleistungsregeln** werden im Leasingvertrag abweichend vom Mietvertrag gestaltet. Bei Abschluss eines Mietvertrags trägt der Vermieter die Gefahr für den Untergang oder die Verschlechterung der Mietsache, d. h. er verliert in diesen Fällen den Anspruch auf Zahlung des Mietzinses. Im Leasingvertrag wird diese Gefahrtragungsregel üblicherweise zu Lasten des Leasingnehmers abgeändert, der nach der Übergabe des Leasinggutes das Risiko des Untergangs oder der Verschlechterung übernimmt. Die mietrechtlichen **Mängelgewährleistungsansprüche** des Mieters gegen den Vermieter werden regelmäßig im Leasingvertrag ausgeschlossen; dafür tritt der Leasinggeber an den Leasingnehmer die Gewährleistungsrechte aus dem Kaufvertrag mit dem Hersteller ab. An die Stelle der mietrechtlichen Gewährleistung tritt deshalb die kaufrechtliche Gewährleistung, sodass der Leasingnehmer infolge der Abtretung direkte Ansprüche gegenüber dem Hersteller erhält.

Aufgabe 15 > Seite 222

Sofern es sich um einen Finanzierungs-Leasingvertrag zwischen einem Unternehmer und einem Verbraucher handelt, finden **besondere Verbraucherschutzvorschriften** entsprechende Anwendung, vgl. § 506 BGB. Hierzu gehören

- die Regelungen über verbundene Verträge gem. §§ 358, 359, 359a BGB
- das Schriftformerfordernis für den wesentlichen Vertragsinhalt gem. § 492 Abs. 1 Satz 1 bis 4 sowie § 492 Abs. 2 und 3 BGB mit der Verpflichtung zur Aus-händigung einer Abschrift des Vertrags an den Verbraucher
- das Widerrufsrecht gem. § 495 Abs. 1 BGB
- die Unwirksamkeit eines Einwendungsverzichts sowie das Wechsel- und Scheckverbot gem. § 496, die Vorschriften über Verzugszinsen und Anrechnung von Teilleistungen gem. § 497 BGB und die Gesamtfälligstellung gem. § 498 BGB.

Ein Leasingvertrag, welcher der Finanzierung von Leistungen dient, die Verbraucher als Entgelt für die Besitzüberlassung des Leasinggutes erbringen, unterliegt grundsätzlich denselben Verbraucherschutzvorschriften wie Teilzahlungsgeschäfte. Im Unterschied zum Finanzierungs-Leasingvertrag gelten für Teilzahlungsgeschäfte jedoch noch zusätzliche Schutznormen, vgl. §§ 506 ff. BGB.

Das **Factoring** ist ein Kaufvertrag über Forderungen, dessen wirtschaftlicher Zweck in der **Schaffung von Liquidität** liegt. Es handelt sich um eine Vorfinanzierung abgetretener Außenstände. Durch den Factoring-Vertrag kauft der Factor, in aller Regel eine Factoring-Gesellschaft, bestimmte Forderungen des Factoring-Kunden **(= Anschlusskunde)** auf. Es entstehen zwei Hauptleistungspflichten, nämlich die Verpflichtung des Anschlusskunden zur Abtretung der Forderungen und die Verpflichtung des Factors zur Zahlung des Kaufpreises. Zur Abgeltung des Verwaltungsaufwandes (Debitorenbuchhaltung, Mahnwesen, Rechtsverfolgung...) und des eventuell übernommenen Delkredere-Risikos wird eine Factoring-Gebühr in Rechnung gestellt, die in aller Regel nach dem Jahresumsatz bemessen wird.

Im Rahmen eines **echten Factoring** übernimmt der Factor auch das Delkredere-Risiko, d. h. die Gefahr der Uneinbringlichkeit der Forderungen, sodass durch die Abtretung die Forderungen endgültig auf den Factor übergehen.

Bei einem **unechten Factoring** erfolgt zunächst auch eine Abtretung der Forderungen durch die Kundenfirma an den Factor gegen Zahlung des Kaufpreises. Zusätzlich wird aber vereinbart, dass im Fall der Uneinbringlichkeit der Forderungen eine Rückbelastung erfolgen soll, sodass das Delkredere-Risiko bei der Kundenfirma verbleibt.

Die **Factoring-Finanzierung eignet sich** vorwiegend für Großhandelsunternehmen, sowohl im Inlands- als auch im Auslandsgeschäft. Die betriebswirtschaftlichen Vorteile des Factoring liegen vor allem in der Liquidierung der Forderungen. Der Anschlusskunde kann über die Außenstände verfügen und sämtliche Lieferantenrechnungen voll skontieren. Neben den Zinsgewinn aus dem Verkauf treten häufig noch die Vorteile der Barzahlung im Einkauf, indem der Anschlusskunde bessere Einkaufspreise erzielt und seitens seiner Lieferanten bevorzugt wird, was ihm bei Lieferungsengpässen zugute kommt.

Beispiele

- Angenommen, ein Großhandelsunternehmen hat eine ihm gegenüber seinem ausländischen Abnehmer zustehende Forderung an einen Factor abgetreten und den Kaufpreis hierfür erhalten. Die Forderung erweist sich als uneinbringlich. Sofern eine vertragliche Übernahme durch den Factor nicht vereinbart wurde, trägt das Großhandelsunternehmen das Delkredere-Risiko. Im Fall des „unechten Factoring" erfolgt eine Rückbelastung, wenn die Forderung nicht eingetrieben werden kann.
- Ein Anschlusskunde vereinbart mit dem Factor, dass dieser alle Forderungen gegen den Abnehmer Andersen mit dem Risiko des Delkredere gegen Zahlung der Gesamtsumme abzüglich 1,7 % übernimmt. Andersen erhebt gegenüber einer Forderung die Einrede der Verjährung und es stellt sich heraus, dass der Anspruch tatsächlich bereits verjährt ist. Der Factor kann keine Rückbelastung vornehmen. Denn es handelt sich um ein echtes Factoring, in dem der Factor das Delkredere-Risiko übernommen hat.

Die Erfahrungen der Factoring-Gesellschaften können für die Verkaufsplanung des Factoring-Kunden vorteilhaft sein, denn der Einblick in das Zahlungsverhalten der Abnehmer, in Märkte und regionale Besonderheiten führt dazu, dass der Factor sich zu einem Marktspezialisten entwickelt, der insbesondere im Außenhandel zunehmend an Bedeutung gewinnt.

3.5 Darlehensvertrag

Mit Abschluss eines Darlehensvertrages verpflichtet sich der Darlehensgeber, dem Darlehensnehmer einen Geldbetrag in der vereinbarten Höhe zur Verfügung zu stellen. Der Darlehensnehmer ist verpflichtet, einen geschuldeten Zins zu zahlen und bei Fälligkeit das zur Verfügung gestellte Darlehen zurückzuerstatten, § 488 Abs. 1 BGB.

Die Darlehensgewährung erfolgt durch **Übereignung der Darlehensvaluta** an den Darlehensnehmer. In aller Regel treffen die Vertragsparteien im Darlehensvertrag auch Vereinbarungen über Laufzeit und Zinsen und legen die Höhe und die Fälligkeit der Rückzahlungsraten sowie weitere Rückzahlungskonditionen fest.

Soweit die Parteien keine anderweitigen Vereinbarungen getroffen haben, sind die vereinbarten Zinsen nach Jahresablauf bzw. bei kürzerer Laufzeit mit der Rückerstattung des Darlehens zu entrichten. Zur Rückzahlung des Darlehens ist die Fälligstellung durch Kündigung des Darlehensgebers erforderlich. Die Kündigungsfrist beträgt drei Monate. Handelt es sich um ein zinsloses Darlehen, kann der Darlehensnehmer das Darlehen auch ohne Kündigung rückerstatten.

Das **ordentliche Kündigungsrecht** des Darlehensnehmers erfolgt gem. § 489 BGB bei einem Darlehensvertrag mit gebundenem Sollzinssatz

- wenn die Sollzinsbindung vor dem vereinbarten Rückzahlungstermin endet unter Einhaltung einer Kündigungsfrist von einem Monat für den Ablauf des Tages, an dem die Zinsbindung endet
- in jedem Fall nach Ablauf von zehn Jahren nach dem Empfang der Darlehensvaluta mit einer Kündigungsfrist von sechs Monaten.

Die Kündigung des Darlehensnehmers gilt als nicht erfolgt, wenn er den geschuldeten Betrag nicht innerhalb von zwei Wochen nach Wirksamwerden der Kündigung zurückzahlt. In aller Regel kann das ordentliche Kündigungsrecht des Darlehensnehmers nicht durch Vertrag ausgeschlossen oder erschwert werden.

Ein **außerordentliches fristloses Kündigungsrecht** hat der Darlehensgeber u. a., wenn in den Vermögensverhältnissen des Darlehensnehmers eine wesentliche Verschlechterung droht, vgl. § 490 Abs. 1 BGB. Der Darlehensnehmer hat ein außerordentliches Recht zur Kündigung unter Einhaltung einer Frist von drei Monaten, wenn berechtigte Interessen vorliegen, vgl. § 490 Abs. 2 BGB.

Im **Verbraucherdarlehensvertrag** gelten die **besonderen Schutzvorschriften** gem. §§ 491 ff. BGB. Es ist zu berücksichtigen, dass diese Sonderregelungen zu Gunsten der Verbraucher keine Anwendung in solchen Darlehensverträgen finden,

- bei denen das auszuzahlende Darlehen (Nettodarlehensbetrag) weniger als 200 € beträgt
- bei denen sich die Haftung des Darlehensnehmers auf eine dem Darlehensgeber zum Pfand übergebene Sache beschränkt
- bei denen der Darlehensnehmer das Darlehen binnen drei Monaten zurückzuzahlen hat oder nur geringe Kosten vereinbart sind
- die ein Arbeitgeber mit seinem Arbeitnehmer zu Zinsen abschließt, die unter den marktüblichen Sätzen liegen
- die im Rahmen der Förderung des Wohnungswesens und des Städtebaus aufgrund öffentlich-rechtlicher Bewilligungsbescheide oder aufgrund von Zuwendungen aus öffentlichen Haushalten unmittelbar zwischen der fördernden Anstalt und den Darlehensnehmern zu Zinssätzen abgeschlossen werden, die unter den marktüblichen Sätzen liegen.

Auch sind verschiedene Verbraucherschutzvorschriften nicht anzuwenden, wenn der Darlehensvertrag durch gerichtliches oder notarielles Protokoll beurkundet wurde oder das Darlehen der Finanzierung von Wertpapieren, Devisen, Derivaten oder Edelmetallen dient, vgl. § 491 Abs. 3 BGB.

Folgende **Regelungen** gelten **speziell für Verbraucherdarlehensverträge**:

- **vorvertragliche Informationspflichten** gem. § 491a BGB
- **Schriftformerfordernis** für den wesentlichen Vertragsinhalt gem. § 492 BGB
- **Unterrichtungspflicht** während der Vertragslaufzeit gem. § 493 BGB
- **Rechtsfolgen** von Formmängeln gem. § 494 BGB
- **Widerrufsrecht** gem. § 495 BGB
- **Unwirksamkeit eines Einwendungsverzichts** gem. § 496 Abs. 1 BGB
- **Wechsel- und Scheckverbot** gem. § 496 Abs. 2 und 3 BGB
- **Verzugszinsen und Anrechnung von Teilleistungen** gem. § 497 BGB
- **Gesamtfälligstellung bei Teilzahlungsdarlehen** gem. § 498 BGB
- **Kündigungsrechte** und anderes gem. §§ 499 ff. BGB.

Dem Darlehensnehmer steht im Verbraucherdarlehensvertrag ein **Widerrufsrecht** gem. §§ 495, 355 BGB zu. Allerdings unterliegt dieses Widerrufsrecht Sonderregelungen zum Schutz des Verbrauchers, vgl. § 495 Abs. 2 BGB:

- Die Widerrufsbelehrung muss die Pflichtangaben nach Art. 247 § 6 Abs. 2 EGBGB enthalten.
- Die Widerrufsfrist beginnt nicht vor Vertragsabschluss und bevor der Verbraucher die Pflichtangaben nach § 492 Abs. 2 BGB erhält.

In den in § 495 Abs. 3 genannten Fällen ist das Widerrufsrecht des Verbrauchers ausgeschlossen.

Eine Vereinbarung, durch die der Darlehensnehmer auf das Recht verzichtet, Einwendungen, die ihm gegenüber dem Darlehensgeber zustehen, gem. § 404 BGB einem Abtretungsgläubiger entgegenzusetzen oder eine ihm gegen den Darlehensgeber zustehende Forderung gem. § 406 auch dem Abtretungsgläubiger gegenüber aufzurechnen, ist unwirksam, vgl. § 496 Abs. 1 BGB.

Beispiel

Ein Verbraucher hat bei einem Kreditinstitut ein Darlehen über 20.000 € aufgenommen und zahlt monatliche Raten von 200 €. Auf seinem Sparkonto liegen 3.000 €. Nachdem das Kreditinstitut die Darlehensforderung gegen den Verbraucher an eine internationale Kreditanstalt abgetreten hat, kündigt der Verbraucher fristgemäß seinen Darlehensvertrag und den Sparvertrag, erklärt die Aufrechnung mit einer Gegenforderung über 3.000 € und zahlt die restliche Darlehenssumme zurück. Das internationale Kreditinstitut meint, die Aufrechnung mit dem Sparguthaben sei nicht zulässig und verweist auf den Wortlaut des Darlehensvertrages, der eine Klausel über ein Aufrechnungsverbot im Fall der Abtretung der Darlehensforderung enthält. Die Klausel ist gem. § 496 Abs. 1 BGB unwirksam.

Der Darlehensnehmer darf nicht verpflichtet werden, für die Ansprüche des Darlehensgebers aus dem Verbraucherdarlehensvertrag eine **Wechselverbindlichkeit** einzugehen. Auch darf der Darlehensgeber vom Darlehensnehmer zur Sicherung seiner Ansprüche keinen Scheck entgegennehmen, vgl. § 496 Abs. 2 BGB.

Vom (Geld-)Darlehensvertrag gem. §§ 488 ff. BGB wird der **Sachdarlehensvertrag** gem. §§ 607 ff. BGB unterschieden. Durch den Sachdarlehensvertrag wird der Darlehensgeber verpflichtet, dem Darlehensnehmer eine vereinbarte vertretbare Sache zu überlassen. Der Darlehensnehmer ist zur Zahlung eines Darlehensentgelts und bei Fälligkeit zur Rückerstattung von Sachen gleicher Art, Güte und Menge verpflichtet vgl. § 607 Abs. 1 BGB.

Vertretbare Sachen sind bewegliche Sachen, die nach Zahl, Maß oder Gewicht bestimmt zu werden pflegen, vgl. § 91 BGB. Beispiele sind Geld, Wertpapiere, neue Maschinen, Geräte und Gebrauchsgüter, Kraftfahrzeuge und ähnliche Gegenstände, die in gleicher Art und Güte mehrfach vorhanden sind. Nicht vertretbare Sachen sind dagegen solche Gegenstände, die wegen ihrer Eigenart nicht durch eine Sache gleicher Gattung ersetzt werden können, weil sie gebraucht oder den individuellen Bedürfnissen des Bestellers angepasst sind.

Aufgabe 16 > Seite 222

3.6 Ratenlieferungsvertrag

Ratenlieferungsverträge zwischen einem Unternehmer und einem Verbraucher unterliegen dem besonderen Verbraucherschutz, vgl. § 510 BGB. Dies gilt nur für Verträge,

- in denen die Lieferung mehrerer als zusammengehörend verkaufter Sachen in Teilleistungen erfolgt und bei dem das Entgelt für die Gesamtheit der Sachen in Teilzahlungen zu entrichten ist oder
- die regelmäßige Lieferung von Sachen gleicher Art erfolgt oder
- die Verpflichtung zum wiederkehrenden Erwerb oder Bezug von Sachen besteht.

Daher handelt es sich beispielsweise um **Ratenlieferungsverträge**, wenn ein Verbraucher ein Abonnement über Bücher oder Zeitschriften bezieht, wenn er eine Dauerbelieferung mit Lebensmitteln vereinbart oder wenn er eine einzelne Bestellung auf Ratenbasis aufgibt und die Lieferung in Teilleistungen erfolgt.

In diesen Verträgen steht dem Verbraucher ein **Widerrufsrecht** gem. § 355 BGB zu, sofern der Preis 200 € nicht übersteigt und in den weiteren Ausnahmefällen des § 391 Abs. 2 und 3 BGB. Bei der Preisberechnung ist die Summe aller vom Verbraucher bis zum frühestmöglichen Kündigungszeitpunkt zu entrichtenden Teilzahlungen zu bilden.

Ferner ist ein **Schriftformerfordernis** für den Ratenlieferungsvertrag in § 510 Abs. 2 BGB enthalten. Die Schriftform ist nicht erforderlich, wenn dem Verbraucher die Möglichkeit verschafft wird, die Vertragsbestimmungen einschließlich der Allgemeinen Geschäftsbedingungen bei Vertragsabschluss abzurufen und in wiedergabefähiger Form zu speichern. Der Unternehmer hat dem Verbraucher den Vertragsinhalt in Textform gem. § 126b BGB mitzuteilen. Dadurch wird der Abschluss von Ratenlieferungsverträgen im elektronischen Geschäftsverkehr ermöglicht.

4. Sicherungsvereinbarungen

Im kaufmännischen Geschäftsverkehr besteht ein Interesse an der Sicherung von Forderungen aus Schuldverhältnissen gegen das Insolvenzrisiko des Schuldners, insbesondere beim Abschluss von Verträgen mit Ratenzahlungsvereinbarungen oder mit langfristigen Zahlungszielen. Die Sicherungsrechte entstehen kraft Gesetzes oder durch vertragliche Vereinbarung.

4.1 Eigentumsvorbehalt und Sicherungseigentum

Die Unabhängigkeit der abstrakten Eigentumsübertragung von dem schuldrechtlichen Kaufvertrag ermöglicht es, das **Eigentum als Sicherungsrecht** einzusetzen, z. B. zur Sicherung einer Kaufpreisschuld oder einer Rückzahlungsverpflichtung aus einem Darlehensvertrag. Durch die **Vereinbarung eines Eigentumsvorbehalts** wird das Verfügungsgeschäft unter der aufschiebenden Bedingung vollständiger Kaufpreiszahlung abgeschlossen, vgl. § 449 BGB. Der Verkäufer bleibt Eigentümer der Kaufsache, auch wenn er diese dem Käufer liefert, bis die Bedingung – Kaufpreiszahlung – eintritt, § 158 Abs. 1 BGB. Erst dann wird der Käufer ohne weitere Vereinbarung Eigentümer.

Der Eigentumsvorbehalt kann bereits im Kaufvertrag (Verpflichtungsgeschäft) enthalten sein oder erst zu einem späteren Zeitpunkt mit der Übereignung (Verfügungsgeschäft) vereinbart werden. Der Verkäufer kann den Eigentumsvorbehalt noch bis zur Lieferung des Vertragsgegenstandes erklären, beispielsweise durch eine Eigentumsvorbehaltsklausel auf dem Lieferschein. Aufgrund des Eigentumsvorbehalts kann der Verkäufer die Sache nur herausverlangen, wenn er vom Vertrag zurückgetreten ist, § 449 Abs. 2 BGB.

Aufgabe 17 > Seite 222

Nach dem **Grundsatz der Vertragsfreiheit** kann der Eigentumsvorbehalt entsprechend der Interessenlage der Vertragsparteien gestaltet werden. In der Form des einfachen Eigentumsvorbehalts erklärt der Verkäufer, er behalte sich das Eigentum an der Kaufsache bis zur vollständigen Kaufpreiszahlung vor. Es gibt folgende Möglichkeiten der Gestaltung eines Eigentumsvorbehaltes:

- **einfacher Eigentumsvorbehalt**
- **erweiterter Eigentumsvorbehalt**
- **verlängerter Eigentumsvorbehalt**
- **weitergeleiteter Eigentumsvorbehalt**.

Im Unterschied zum einfachen Eigentumsvorbehalt, der lediglich die restliche Kaufpreiszahlung sichert, können mit der Vereinbarung eines erweiterten Eigentumsvorbehalts auch andere Forderungen gegen den Käufer in die Sicherungsabrede einbezogen werden. Diese Form des Eigentumsvorbehaltes bietet sich bei langfristigen Handelsbeziehungen an, in denen zahlreiche Forderungen des Verkäufers gegen den Käufer begründet werden. Sofern der Verkäufer noch alte Forderungen aus anderen Handelsgeschäften mit dem Käufer hat, kann er sein Sicherungsinteresse durch die **Vereinbarung eines erweiterten Eigentumsvorbehalts** verfolgen. Die aufschiebende Bedingung für die Eigentumsübertragung wird dahingehend erweitert, dass auch Forderungen des Verkäufers gegen den Käufer aus anderen Verträgen erfüllt sein müssen, ehe der Käufer das Eigentum an der Vorbehaltsware erwirbt.

Beispiel

Ein Hersteller von Markenprodukten unterhält eine ständige Geschäftsverbindung mit einem Vertragshändler und wöchentlicher Abrechnung der Aufträge und Provisionen. Mit der laufenden Rechnung ist ein Eigentumsvorbehalt verbunden, wonach das Eigentum an den gelieferten Waren erst mit dem Ausgleich der Saldoforderung erfolgt. Es liegt ein erweiterter Eigentumsvorbehalt in Form eines Kontokorrentvorbehalts vor.

Die Vereinbarung eines Eigentumsvorbehalts ist **nichtig**, soweit der Eigentumsübergang davon abhängig gemacht wird, dass der Käufer Forderungen eines Dritten, insbesondere eines mit dem Verkäufer verbundenen Unternehmens, erfüllt, vgl. § 449 Abs. 3 BGB.

Beispiel

Ein Großhandelsunternehmen gehört zu einem Konzern. Es vereinbart mit einem Abnehmer, dass die Forderungen anderer Konzernunternehmen erfüllt sein müssen, bevor das Eigentum an den gelieferten Produkten übergeht. Der Konzernvorbehalt ist eine Form des erweiterten Eigentumsvorbehalts, welcher über die Forderungen zwischen den Vertragsparteien hinausgeht und daher gem. § 449 Abs. 3 BGB nichtig ist. Denn es sollten neben den Forderungen des Großhandelsunternehmens gegen den

Lieferanten auch sämtliche Forderungen der verbundenen Unternehmen eingeschlossen werden.

Der **einfache** oder **erweiterte Eigentumsvorbehalt** erfüllt nur dann den erstrebten Sicherungszweck, wenn der Vertragsgegenstand im Unternehmen des Käufer verbleibt. Betreibt der Käufer aber ein Umsatzgeschäft, dann ist der Verkäufer mit einem einfachen Eigentumsvorbehalt nicht mehr hinreichend gesichert, weil er infolge des Weiterverkaufs der Sache an einen gutgläubigen Abnehmer des Käufers gem. §§ 929, 932 BGB, 366 HGB das Eigentum verliert. In diesen Fällen erfolgt die **Vereinbarung eines verlängerten Eigentumsvorbehaltes**, wonach sich der Eigentumsvorbehalt nicht nur auf den Vertragsgegenstand erstreckt, sondern auch auf den Veräußerungserlös. Der verlängerte Eigentumsvorbehalt berücksichtigt den Eigentumsverlust bei einem Weiterverkauf, indem darin eine Vorausabtretung der Forderung enthalten ist, die durch den erlaubten Verkauf der Vorbehaltsware entsteht. Der Verkäufer hat einen Anspruch auf den aus der Weiterveräußerung erzielten Erlös.

Aufgabe 18 > Seite 223

In besonderen Fällen des Weiterverkaufs kann das Sicherheitsbedürfnis des Verkäufers die **Vereinbarung eines weitergeleiteten Eigentumsvorbehaltes** erfordern. Dann müsste der Verkäufer den Käufer verpflichten, die Handelsware seinerseits nur unter Eigentumsvorbehalt zu veräußern. Im Unterschied zum verlängerten Eigentumsvorbehalt erhält der Verkäufer keinen Anspruch auf den Veräußerungserlös, sondern behält das Eigentum bis der Kunde des Käufers den Kaufpreis bezahlt hat. Der gutgläubige Eigentumserwerb wird durch die Vorbehaltsklausel ausgeschlossen. Der Verkäufer ist sachenrechtlich gegen die eventuelle Zahlungsunfähigkeit des Kunden seines Vertragspartners gesichert. Tritt bei dem Kunden der Insolvenzfall ein, kann der Verkäufer sein Eigentum in gleicher Weise herausverlangen wie im Insolvenzfall seines Vertragspartners, vgl. §§ 47 ff. InsO.

Infolge des Abstraktionsprinzips besteht die Möglichkeit, das Eigentum auch bei einer Fremdfinanzierung als wirksame Kreditsicherung einzusetzen. Nach dem Grundsatz der Vertragsfreiheit hat sich der **Sicherungsübereignungsvertrag** gem. § 311 BGB als sachgerechte Lösung dieser wirtschaftlichen Interessenlage entwickelt. In den dreiseitigen Finanzierungsgeschäften, z. B. beim finanzierten Kauf oder beim Finanzierungs-Leasing, wird das Eigentum an dem Kauf- oder Leasinggegenstand zur Sicherung der Darlehens- oder Leasingraten an den Darlehens- oder Leasinggeber übertragen **(= Sicherungseigentum)**. Der betriebswirtschaftliche Vorteil des Sicherungseigentums besteht darin, dass der Käufer den Besitz an der Sache erhält und diese in seinem Gewerbebetrieb nutzen kann. Dagegen ist der Kreditgeber wegen seiner noch ausstehenden restlichen Forderung gegen das Insolvenzrisiko des Schuldners durch ein Aussonderungsrecht gem. § 47 ff. InsO gesichert.

Das Sicherungseigentum entsteht durch die Übereignung der Sache nach § 930 BGB mittels **Einigung und Vereinbarung eines Besitzkonstituts**. Die Sicherungsübereignung ist nur wirksam, wenn sie dem sachenrechtlichen Bestimmtheitsgrundsatz genügt, indem die Sachen im Übereignungsvertrag genau festgelegt werden. Bei der Sicherungsübereignung eines Warenlagers ist erforderlich, dass die Räume bezeichnet (= Raumsicherung), die Waren gekennzeichnet (Markierungssicherung) oder Inventarlisten erstellt (Inventarsicherung) werden.

4.2 Sicherungszession

Der **Zweck einer Sicherungszession** liegt nicht wie bei der Abtretung darin, die Forderung in das Vermögen des Zessionars eingehen zu lassen, vielmehr dient die Forderung dem Zessionar zur Sicherung eigener Ansprüche gegen den Zedenten, meist eines Rückzahlungsanspruchs aus einem Darlehen. Da die Sicherungszession den Zessionar vor dem Risiko einer Insolvenz des Schuldners schützen soll, kann dieser die Forderung weiterhin im eigenen Namen geltend machen, bei Erteilung einer Einzugsermächtigung im Fall der stillen Zession auch Zahlung an sich selbst verlangen.

Im **Außenverhältnis** ist der Zessionar als Sicherungsnehmer zur Einziehung der Forderung und auch zur Verfügung über die Forderung berechtigt, während er im Innenverhältnis zum Zedenten zur Einziehung erst bei Eintritt der Verwertungsbefugnis – regelmäßig die Insolvenz des Zedenten – berechtigt ist. Den eventuellen Erlösüberschuss hat der Zessionar an den Zedenten abzuführen. Im Insolvenzfall des Zedenten gehört die abgetretene Forderung zur Insolvenzmasse und der Zessionar erhält ein Recht auf abgesonderte Befriedigung, vgl. § 51 Nr. 1 InsO.

Der verlängerte Eigentumsvorbehalt ist ein besonderer Fall der Sicherungsabtretung künftiger Forderungen zu Gunsten von Warenlieferanten. Die Fälle der **Kollision zwischen verlängertem Eigentumsvorbehalt und Sicherungszession** werden in aller Regel zu Gunsten des Eigentums als des stärkeren Rechtes entschieden. Im Streit zwischen Geld- und Warenkreditgeber wird deshalb der Warenkreditgeber obsiegen, der seine Forderung durch einen verlängerten Eigentumsvorbehalt gesichert hat.

Beispiel

K benötigt einen Kredit über 50.000 €. Die Bank lässt sich zur Sicherung ihres Rückzahlungsanspruchs aus dem Darlehensvertrag die Forderungen des K gegen seine Abnehmer bis zur Höhe von 50.000 € abtreten (= Sicherungszession). V liefert an K Waren unter Vereinbarung eines verlängerten Eigentumsvorbehaltes zur Sicherung seiner Kaufpreisforderung. K veräußert die Waren an den Abnehmer A. Es stellt sich die Frage, wem die Kaufpreisforderung zusteht, der Bank aufgrund der Sicherungszession (= Geldkreditgeber) oder V aufgrund des verlängerten Eigentumsvorbehaltes (= Warenkreditgeber). Die Abtretung an die Bank ist wegen Verstoßes gegen § 138 BGB nichtig, soweit sie die Forderungen des K aus Warenlieferungen erfasst, auf die sich ein verlängerter Eigentumsvorbehalt erstreckt. Im Ergebnis ist der Eigentumsvorbehalt das stärkere Recht, sodass V infolge der Vorausabtretung Anspruch auf den Kaufpreis hat.

Auch die **Globalzession** ist eine Sicherungsabtretung künftiger Forderungen, indem die bezeichneten Forderungen gegen einen Geschäftspartner „global" abgetreten werden, z. B. werden Kundenforderungen aus bestimmten Geschäften mit bestimmten Geschäftspartnern an eine Bank zur Sicherung eines debetorischen Kontos abgetreten. Die Globalzession kann sittenwidrig und damit gem. § 138 BGB nichtig sein, wenn die wirtschaftliche Betätigungsfreiheit des Zedenten i. S. wirtschaftlicher Knebelung beeinträchtigt wird oder in Fällen der Übersicherung oder des Konzernvorbehalts.

4.3 Bürgschaft

Durch das Bürgschaftsversprechen verpflichtet sich der Bürge gegenüber dem Gläubiger eines Dritten, für die Erfüllung der Verbindlichkeit des Dritten einzustehen, § 765 Abs. 1 BGB. Die Bürgschaft ist daher ein Vertrag zwischen Gläubiger und Bürgen, der zur **Sicherung einer bestehenden Forderung** des Gläubigers (= Verbindlichkeit des Dritten) abgeschlossen wird. Es muss daher zunächst ein Vertrag zwischen Gläubiger und Hauptschuldner vorhanden sein, aus dem die Hauptschuld entstanden ist oder noch entstehen wird, ferner der Bürgschaftsvertrag zwischen Gläubiger und Bürgen und ein Vertrag zwischen Bürgen und Hauptschuldner, aufgrund dessen sich der Bürge zur Übernahme der Bürgschaft verpflichtet.

Der Bürge übernimmt gegenüber dem Gläubiger die Sicherung der bestehenden Hauptschuld, sodass der **Sicherungszweck der Bürgschaft** im Vordergrund steht. Das Gesetz regelt deshalb auch die Ausfallbürgschaft als Grundform des Bürgschaftsvertrags. Durch Vereinbarung einer **Ausfallbürgschaft** ist der Bürge erst dann zur Zahlung verpflichtet, wenn der Schuldner die Hauptschuld nicht erfüllen kann und der Gläubiger eine Zwangsvollstreckung gegen den Schuldner ohne Erfolg versucht hat. Dem Bürgen steht bei der Ausfallbürgschaft die **Einrede der Vorausklage** zu, § 771 BGB.

Im Bank- und Geschäftsverkehr erweist sich die zeit- und kostenaufwendige Form der Ausfallbürgschaft als dem Sicherungsinteresse des Gläubigers unangemessen. Infolgedessen wird regelmäßig eine **selbstschuldnerische Bürgschaft** vereinbart, indem der Bürge auf die Einrede der Vorausklage verzichtet, vgl. § 773 Abs. 1 Nr. 1 BGB. In diesem Fall kann der Gläubiger sich ohne vorherige Zwangsvollstreckung gegen den Schuldner direkt an den Bürgen wenden und von diesem Zahlung verlangen.

Ein wirksamer Bürgschaftsvertrag setzt voraus:

- **Einigung zwischen Gläubiger und Bürgen,** § 765 BGB
- **Schriftform des Bürgschaftsversprechens,** § 766 BGB
- **Akzessorietät (= Bestehen der Hauptforderung),** § 767 BGB.

Die **Schriftform** des Bürgschaftsversprechens ist wegen der Gefährlichkeit des Vertrags erforderlich, denn der Bürge geht eine Verbindlichkeit ein, für die er – jedenfalls vom Gläubiger – keine Gegenleistung erlangt. Da Kaufleute weniger schutzbedürftig sind als geschäftlich unerfahrene Personen, kann ein Kaufmann sich auch mündlich wirksam verbürgen, vgl. § 350 HGB. Die schriftliche Bürgschaftsübernahme muss die wesentlichen Teile des Bürgschaftsvertrags enthalten, insbesondere den Gläubiger, den Schuldner und die Hauptschuld bezeichnen. Der Schriftform genügt die Übergabe einer Blanketturkunde an den Gläubiger oder einen anderen, sofern dieser zur Vervollständigung der Urkunde durch den Bürgen bevollmächtigt wird.

Die **Akzessorietät der Bürgschaft** bedeutet, dass sich die Bürgschaft auf eine bestimmte bestehende Hauptschuld beziehen muss. Falls die Hauptschuld nicht besteht, ist die Bürgschaft unwirksam. Die Hauptschuld kann durch Anfechtung oder bei Erfüllung durch den Schuldner entfallen, dann erlischt auch die Bürgschaft. Handelt es sich um eine künftige oder bedingte Hauptschuld, entsteht die Bürgschaft erst mit Entstehung oder Wirksamwerden der Hauptschuld. Die im Bank- und Geschäftsverkehr häufig vereinbarte Höchstbetragsbürgschaft genügt dem Erfordernis der Bestimmtheit der Hauptschuld, wenn Gläubiger und Schuldner feststehen, das Rechtsverhältnis – z. B. ein Girovertrag – bereits begründet ist und der Betrag der Bürgschaft summenmäßig festgelegt wird.

Aufgabe 19a > Seite 223

Der Zweck des Bürgschaftsvertrags ist die **Sicherung der Hauptschuld**. Allerdings kann sich der Bürge gegenüber dem Gläubiger bei der Inanspruchnahme aus der Bürgschaft verteidigen, indem er Einwendungen und Einreden aus dem Bürgschaftsvertrag oder aus dem Hauptschuldverhältnis geltend macht.

Aufgabe 19b > Seite 223

Einreden können sich aus dem Bürgschaftsvertrag oder aus der Hauptschuld ergeben. Einreden aus der Hauptschuld sind z. B. die Verjährung, § 768 BGB, die Anfechtbarkeit und die Aufrechenbarkeit, § 770 BGB. Einreden aus dem Bürgschaftsvertrag sind die Einrede des Zurückbehaltungsrechts, § 273 BGB, oder die Einrede der Vorausklage, § 771 BGB, falls letztere nicht nach § 773 BGB ausgeschlossen ist. Für Kaufleute gelten handelsrechtliche Sonderregeln.

Aufgabe 19c > Seite 223

Die Bürgschaft soll die Hauptschuld sichern, nicht jedoch den Hauptschuldner von seiner Verbindlichkeit befreien. Deshalb hat der Bürge, falls er aus der Bürgschaft in Anspruch genommen wurde, einen **Rückgriffsanspruch** gegen den Schuldner. Der Regress des Bürgen erfolgt in aller Regel über die **Legalzession gem. § 774 BGB**, wonach die Forderung des Gläubigers auf den Bürgen übergeht. Da die Verjährungsfrist für die Forderung des Gläubigers aber bereits läuft, kann im Einzelfall eine Forderung bereits kurz nach dem Übergang auf den Bürgen verjähren. Der Bürge hat deshalb auch einen eigenen Anspruch aus dem Rechtsverhältnis mit dem Schuldner. Dies kann entweder ein Aufwendungsersatzanspruch gem. § 670 BGB aus einem Auftrag oder Geschäftsbesorgungsvertrag sein oder bei fehlender Vereinbarung ein Anspruch aus dem gesetzlichen Schuldverhältnis der Geschäftsführung ohne Auftrag gem. §§ 683, 670 BGB.

5. Werkvertrag

Durch den Abschluss eines Werkvertrags verpflichtet sich der Unternehmer zur Herstellung des versprochenen Werkes, der Besteller zur Entrichtung der vereinbarten Vergütung, § 631 Abs. 1 BGB. Gegenstand des Werkvertrags kann sowohl die **Herstellung einer Sache** als auch die **Herbeiführung des Erfolges** sein, z. B. Bau oder Renovierung eines Hauses, Architektenleistungen, Bestellung eines Schornsteinfegers, Löschung eines Schiffes, Reparatur eines Kraftfahrzeuges, Ausführung von Sanitär- , Heizungs- oder Elektroarbeiten, Übernahme von Beförderungsleistungen, Herstellung und Bearbeitung von Werken der Kunst oder technischen Produkten, Werbemaßnahmen und vieles mehr.

Der Besteller ist zur Abnahme des vertragsgemäß hergestellten Werkes verpflichtet, § 640 Abs. 1 BGB. Die **Abnahmepflicht des Bestellers** ist eine Hauptleistungspflicht aus dem Werkvertrag, an die das Gesetz bedeutende Folgen knüpft.

- **Mit der Abnahme des Werkes wird die Vergütung fällig und ist zu verzinsen,** § 641 BGB.
- **Die vorbehaltlose Abnahme trotz Kenntnis eines Werkmangels führt zu einem teilweisen Verlust der Gewährleistungsansprüche,** vgl. § 640 Abs. 2 BGB.
- **Mit der Abnahme des Werkes beginnt die Verjährungsfrist für Mängelgewährleistungsansprüche,** § 634 a Abs. 2 BGB.
- **Die Gefahr des Untergangs und der Verschlechterung des Werkes geht mit der Abnahme auf den Besteller über,** § 644 BGB.

Als Besonderheit des Werkvertrags gilt eine Vergütung als stillschweigend vereinbart, wenn die Herstellung des Werkes bzw. die Herbeiführung des Erfolges durch Dienstleistung den Umständen nach nur gegen eine Vergütung zu erwarten ist, § 632 Abs. 1 BGB. Wenn das herzustellende Werk zum Geschäftsbetrieb des Unternehmers gehört, gilt die **gesetzliche Fiktion der Entgeltlichkeit**.

Beispiel

Ein Betriebsinhaber bestellt wegen einer defekten Produktionsmaschine den Reparatur-Service des Herstellers. Als die Rechnung kommt, beruft sich der Betriebsinhaber darauf, dass eine Vergütung nicht vereinbart sei. Doch ist er zur Zahlung der Vergütung auch ohne besondere Vereinbarung verpflichtet. Denn im Werkvertrag gilt eine Vergütung als stillschweigend vereinbart, denn Reparaturleistungen sind üblicherweise entgeltlich, § 632 Abs. 1 BGB.

Zur Sicherung des Anspruchs des Werkunternehmers auf die vereinbarte Vergütung entsteht ein **gesetzliches Pfandrecht (= Unternehmerpfandrecht)** an den hergestellten oder ausgebesserten Sachen des Bestellers, wenn sie zur Herstellung oder zum Zweck der Ausbesserung in den Besitz des Unternehmers gelangt sind, § 647 BGB.

Die **Gewährleistung im Werkvertrag** umfasst sowohl Sach- als auch Rechtsmängel, vgl. § 633 BGB.

Das Werk ist **frei von Sachmängeln**, wenn es die vereinbarte Beschaffenheit hat, vgl. § 633 Abs. 2 BGB. Soweit die Beschaffenheit nicht vereinbart ist, ist das Werk frei von Sachmängeln,

- wenn es sich für die nach dem Vertrag vorausgesetzte, sonst
- für die gewöhnliche Verwendung eignet und eine Beschaffenheit aufweist, die bei Werken der gleichen Art üblich ist und die der Besteller nach der Art des Werks erwarten kann.

Einem **Sachmangel** steht es gleich, wenn der Unternehmer ein anderes als das bestellte Werk oder das Werk in zu geringer Menge herstellt, vgl. § 633 Abs. 2 Satz 3 BGB. Der **Fehlerbegriff im Werkvertrag** entspricht dem des Kaufvertrages, wonach jede dem Besteller nachteilige Abweichung der Ist-Beschaffenheit von der Soll-Beschaffenheit als Fehler des Vertragsgegenstandes anzusehen ist. Da der Nachweis der Soll-Beschaffenheit im Werkvertrag erheblich schwieriger zu führen ist als im Kaufvertrag, empfiehlt sich bei umfangreichen Werkverträgen, bei-spielsweise über die Herstellung einer Anwendungssoftware, der Abschluss eines schriftlichen Vertrages mit einem Pflichtenverzeichnis, worin die Leistungspflichten des Werkunternehmers festgelegt werden.

Das Werk ist **frei von Rechtsmängeln**, wenn Dritte in Bezug auf das Werk keine oder nur die im Vertrag übernommenen Rechte gegen den Besteller geltend machen können, vgl. § 633 Abs. 3 BGB.

Beispiel

Gegenstand eines Werkvertrags ist die Programmierung eines Web-Auftritts. Sofern der Werkunternehmer Materialien einbindet (Bilder, Grafiken, Sounds etc.), die urheberrechtlich geschützt sind, müsste er die entsprechenden Lizenzen einholen. Versäumt er dies, ist das Werk – der Web-Auftritt – mit einem Rechtsmangel behaftet. Denn die Urheber oder die aus dem Urheberrecht Berechtigten könnten Unterlassungs- und Schadensersatzansprüche wegen Urheberrechtsverletzungen gegen den Besteller geltend machen. Der Besteller darf seinen Internet-Auftritt nicht nutzen.

Als **Rechtsfolge eines Werkmangels** entstehen im Werkvertrag gesetzliche Gewährleistungsrechte, z. B. Ansprüche auf Nacherfüllung, auf Rücktritt vom Werkvertrag, auf Minderung der Vergütung, auf Schadensersatz oder auf Aufwendungsersatz. Zudem ist ein Recht auf Selbstvornahme in § 637 BGB geregelt.

Der **Anspruch auf Nacherfüllung** setzt voraus, dass im Werkvertrag ein Sach- oder Rechtsmangel des Werkes gegeben ist, vgl. § 635 BGB. Zudem darf der Anspruch nicht durch vorbehaltlose Abnahme des Werkes in Kenntnis des Werkmangels erloschen sein, § 640 Abs. 2 BGB. Sofern der Besteller Nachbesserung verlangt, kann der Unternehmer nach seiner Wahl den Mangel beseitigen oder ein neues Werk herstellen. Der Unternehmer hat die zum Zweck der Nacherfüllung erforderlichen Aufwendungen zu tragen, insbesondere Transport-, Wege-, Arbeits- und Materialkosten. Er kann die Nacherfüllung verweigern, wenn sie nur mit unverhältnismäßigen Kosten möglich ist. Zudem kann er bei einer Neuherstellung des Werkes vom Besteller die Rückgewähr des mangelhaften Werkes verlangen.

Beispiel

Ein Bauunternehmer erhält den Auftrag zur Renovierung einer Fertigungshalle. Nach der Abnahme stellt sich heraus, dass das Dach bei starkem Regen Undichtigkeiten aufweist. Es besteht ein Streit darüber, ob die Dacharbeiten fehlerfrei waren. Der Besteller möchte den Werklohn mindern und die erforderlichen Reparaturen selbst durchführen. Er muss dem Bauunternehmer zunächst eine angemessene Frist zur Nacherfüllung setzen. Erst nach erfolglosem Verstreichen der Frist kann er den Werklohn mindern, vgl. § 635 BGB.

Der **Anspruch auf Selbstvornahme** erfordert, dass eine angemessene Frist zur Nacherfüllung erfolglos verstrichen ist oder der Unternehmer die Nacherfüllung verweigert bzw. diese fehlgeschlagen ist, vgl. § 637 BGB. Zudem kann der Besteller im Fall der Selbstvornahme die hierfür erforderlichen Aufwendungen ersetzt und gegebenenfalls auch einen Vorschuss verlangen.

Die Ansprüche auf **Rücktritt vom Werkvertrag** gem. §§ 636, 323 und 326 Abs. 5 BGB oder auf **Minderung der Vergütung** gem. § 638 BGB ergeben sich unter folgenden Voraussetzungen:

- Werkvertrag
- Werkmangel
- erfolglose Fristsetzung zur Nacherfüllung oder Entbehrlichkeit der Frist gem. §§ 636 oder 323 Abs. 2 BGB
- kein Erlöschen des Anspruchs durch vorbehaltlose Abnahme des Werkes in Kenntnis des Werkmangels, § 640 Abs. 2 BGB
- kein vertraglicher Haftungsausschluss gem. § 639 BGB.

Der **Anspruch auf Schadensersatz** gem. §§ 636, 280, 281, 283 und 311a BGB erfordert ebenfalls die erfolglose Fristsetzung zur Nacherfüllung oder eine Entbehrlichkeit der Frist gem. §§ 636 oder 281 Abs. 2. BGB. Anstelle des Schadensersatzanspruches kann **Aufwendungsersatz** gem. § 284 BGB verlangt werden.

Der **Umfang des Schadensersatzanspruchs** schließt alle Schäden ein, die auf den Werkmangel zurückzuführen sind, d. h. den Minderwert der hergestellten Sache, ferner die Kosten der Schadensermittlung und den infolge des Werkmangels entgangenen Gewinn, vgl. §§ 249 ff. BGB. Soweit Schäden an sonstigen Rechtsgütern des Bestellers aufgrund einer Vertragspflichtverletzung eintreten, sind diese unmittelbar gem. §§ 280 ff. BGB zu ersetzen. Die Abgrenzung ist insbesondere wegen der unterschiedlichen Verjährungsfristen dieser Ansprüche von erheblicher Bedeutung.

Beispiel

Im vorangegangenen Fall ist durch das Eindringen der Feuchtigkeit ein Wasserschaden entstanden, indem eingelagerte Materialien unbrauchbar wurden. Der Anspruch auf Schadensersatz wegen mangelhafter Erfüllung des Werkvertrags umfasst die Kosten für die Reparatur der undichten Stelle im Dach. Dagegen werden die Mangelfolgeschäden an sonstigen Rechtsgütern des Bestellers, vorliegend also der Materialverlust, durch einen Schadensersatzanspruch wegen Pflichtverletzung gem. §§ 280 ff. BGB ausgeglichen.

Die **Verjährungsregelung** für Mängelgewährleistungsansprüche im Werkvertrag gem. § 634a BGB betrifft nur die in § 634 Nrn. 1, 2 und 4 BGB bezeichneten Ansprüche auf Nacherfüllung, Selbstvornahme, Schadensersatz und Aufwendungsersatz. Die Ansprüche auf Rücktritt vom Vertrag oder Minderung der Vergütung unterliegen wie im Kaufvertragsrecht den allgemeinen Verjährungsregelungen der §§ 195 ff BGB.

Die **Gewährleistungsansprüche** des Bestellers – mit Ausnahme des Rücktrittsrechts und des Minderungsrechts – **verjähren** gem. § 634a BGB

- in **zwei Jahren** bei einem Werk, dessen Erfolg in der Herstellung, Wartung oder Veränderung einer Sache oder in der Erbringung von Planungs- oder Überwachungsleistungen hierfür besteht
- in **fünf Jahren** bei einem Bauwerk und einem Werk, dessen Erfolg in der Erbringung von Planungs- oder Überwachungsleistungen hierfür besteht und
- im Übrigen in der **regelmäßigen Verjährungsfrist**.

Die zwei- oder fünfjährige Verjährung beginnt **mit der Abnahme des Werkes**. Sofern der Unternehmer den Mangel arglistig verschwiegen hat, verjähren die Ansprüche in der regelmäßigen Verjährungsfrist.

Im Unterschied zum Werkvertrag, der auf die Herstellung oder Veränderung einer Sache gerichtet ist oder auf einen anderen durch Arbeit oder Dienstleistung herbeizuführenden Erfolg, wird in der Praxis häufig die Lieferung herzustellender oder zu erzeugender beweglicher Sachen vereinbart. Es handelt sich typischerweise um Verträge in der industriellen Fertigung und zur Beschaffung von Zulieferteilen, die nach den Angaben des Bestellers hergestellt werden.

Auf diesen Vertrag, der bis zur Schuldrechtsreform 2002 als Werklieferungsvertrag bezeichnet wurde, finden die Vorschriften über den Kauf Anwendung, vgl. § 651 Satz 1 BGB. Denn zusätzlich zur Werkleistung erfolgt die Übereignung der hergestellten oder erzeugten Sache. Folglich sind auch die Mängelgewährleistungsvorschriften des Kaufvertragsrechts anzuwenden, wenn die Sache Mängel aufweist.

Die **Gewährleistungsrechte** sind gem. § 442 Abs. 1 BGB **ausgeschlossen**, wenn der Käufer bzw. Besteller bei Vertragsabschluss den Mangel kennt. Dies gilt auch dann, wenn der Mangel auf den vom Besteller gelieferten Stoff zurückzuführen ist, vgl. § 651 Satz 2 BGB.

Soweit es sich bei den herzustellenden oder zu erzeugenden Sachen um **nicht vertretbare Sachen** handelt, sind auch die §§ 642, 643, 645, 649 und 650 BGB mit der Maßgabe anzuwenden, dass an die Stelle der Abnahme der Zeitpunkt des Gefahrübergangs gem. §§ 446, 447 BGB tritt. Nicht vertretbare Sachen sind bei ihrer Herstellung oder Erzeugung den individuellen Wünschen und Bedürfnissen des Bestellers angepasst und folglich vom Unternehmer nicht anderweitig absetzbar oder verwertbar. Dies betrifft Werkleistungen wie Werbefilme oder Anwendungssoftware, ein maßgeschneidertes Kleidungsstück, ein Bauwerk oder einzelne Bauleistungen. Vertretbare Sachen sind z. B. Gegenstände aus einer Serienproduktion, die auf Vorrat oder nach Katalogbestellung angefertigt werden.

Wenn nicht vertretbare bewegliche Sachen Vertragsgegenstand sind, gelten aus dem Werkvertragsrecht die Regelungen über die Pflichten des Bestellers zur Mitwirkung gem. § 642 BGB, die Kündigung des Unternehmers bei unterlassener Mitwirkung gem. § 643 BGB, die Verantwortlichkeit des Bestellers gem. § 644 BGB, das Kündigungsrecht des Bestellers gem. § 649 BGB und die Kündigungsfolgen gem. § 650 BGB.

6. Miet- und Pachtvertrag

Der Mietvertrag ist auf die **entgeltliche Gebrauchsüberlassung einer Sache** gerichtet und kommt zu Stande, wenn sich die Parteien über das Mietobjekt, die Höhe des Mietzinses und die Vertragsdauer geeinigt haben. Durch den Mietvertrag verpflichtet sich der Vermieter, dem Mieter den Gebrauch der vermieteten Sache während der Mietzeit zu gewähren, während dieser zur Zahlung der vereinbarten Miete verpflichtet ist, vgl. § 535 BGB. Im Unterschied zum Mietvertrag wird der Verpächter in einem Pachtvertrag verpflichtet, nicht nur den Gebrauch des Gegenstandes, sondern auch den „Genuss der Früchte" zu gewähren, § 581 Abs. 1 BGB. Daher wird bei gewerblicher Nutzung (Landwirtschaft, Gewerberäume, Unternehmen, gewerbliche Grundstücke) von einem Pachtvertrag auszugehen sein. Da infolge der Verweisungsnorm in § 581 Abs. 2 BGB die Vorschriften über die Miete auf den Pachtvertrag entsprechend anzuwenden sind, werden diese Vertragsformen im Folgenden gemeinsam behandelt. Gegenstand eines Miet- oder Pachtvertrags können bewegliche Sachen, Grundstücke und Räume sein.

Beispiel

Ein Gewerbetreibender vereinbart mit einem Geschäftspartner (a) die entgeltliche Überlassung einer Hauswand als Werbefläche, (b) die Erlaubnis, auf dessen Betriebsgrundstück einen Verkaufsstand aufzustellen, (c) die Überlassung eines Computerprogramms zur Nutzung im Intranet, (d) die unentgeltliche Überlassung einer Druckmaschine, (e) die Überlassung einer Gaststätte zum weiteren Betrieb. Um welche Vertragstypen handelt es sich?

Die Vereinbarungen (a) zur Überlassung einer Hauswand als Werbefläche und (b) zur Aufstellung eines Verkaufsstandes sind Mietverträge i. S. des § 535 BGB. (c) Bei der Überlassung eines Computerprogramms zur Nutzung im Intranet handelt es sich um einen Lizenzvertrag über die Mitnutzung an einem Urheberrecht gem. §§ 311 BGB, 31 UrhG. (d) Die unentgeltliche Überlassung einer Druckmaschine kann Leihe oder Schenkung sein, vgl. §§ 598, 516 BGB. (e) Die Überlassung einer Gaststätte zum weiteren Betrieb wird als Pachtvertrag angesehen, weil auch Nutzungen aus dem überlassenen Gegenstand gezogen werden, vgl. § 581 BGB.

Neben den allgemeinen Vorschriften für Mietverhältnisse gem. §§ 535 ff. BGB gibt es Sondervorschriften betreffend die Mietverhältnisse über Wohnraum gem. §§ 549 ff. BGB, die Mietverhältnisse über andere Sachen gem. §§ 578 ff. BGB, den Pachtvertrag gem. §§ 581 BGB und den Landpachtvertrag gem. §§ 585 ff. BGB. Im Folgenden werden nur die allgemeinen Vorschriften über Mietverhältnisse dargestellt.

Grundsätzlich ist der Vermieter verpflichtet, die Mietsache dem Mieter in einem zum vertragsgemäßen Gebrauch geeigneten Zustand zu überlassen und sie während der Mietzeit in diesem Zustand zu erhalten, vgl. § 535 Abs. 1 Satz 2 BGB. Hat die Mietsache zurzeit der Überlassung an den Mieter einen Mangel, der ihre Tauglichkeit zu dem vertragsgemäßen Gebrauch aufhebt, oder entsteht während der Mietzeit ein solcher Mangel, so ist der Mieter von der Entrichtung der Miete befreit. Für die Zeit, während der die Tauglichkeit gemindert ist, hat er nur eine angemessen herabgesetzte Miete zu entrichten. Eine unerhebliche Minderung der Tauglichkeit bleibt außer Betracht, vgl. § 536 Abs. 1 BGB. Diese Regelung gilt auch, wenn der Mietsache eine zugesicherte Eigenschaft fehlt oder später wegfällt und in dem Fall, dass dem Mieter der vertragsgemäße Gebrauch der Mietsache durch das Recht eines Dritten ganz oder zum Teil entzogen wird, vgl. § 536 Abs. 2 und 3 BGB. Danach haftet der Vermieter für **Sach- oder Rechtsmängel des Mietgegenstandes** unter folgenden Voraussetzungen:

- Mietvertrag
- die Mietsache weist einen Mangel auf, der ihre Tauglichkeit zu dem vertragsgemäßen Gebrauch aufhebt oder mindert

  oder der Mietsache fehlen zugesicherte Eigenschaften

  oder der Gebrauch der Mietsache wird dem Mieter durch das Recht eines Dritten entzogen
- Erheblichkeit der Gebrauchsminderung
- Mängelanzeige gem. § 536c BGB
- kein Ausschluss der Gewährleistung
- keine Verjährung gem. §§ 195 ff. BGB.

Der Vermieter hat für die Tauglichkeit des Mietgegenstandes zu dem vertragsgemäßen Gebrauch für die gesamte Dauer der Mietzeit einzustehen. Auch die Lasten der Mietsache, wie beispielsweise Steuern, Hypothekenzinsen, Straßenreinigung, Kanalisation, Müllabfuhr und Schornsteinfegergebühren trägt der Vermieter, soweit von den dispositiven Regeln des Bürgerlichen Rechts nicht abgewichen wurde. Demgegenüber hat der Mieter die **Pflicht zur Mängelanzeige**, und er hat die erforderlichen baulichen Erhaltungs- oder Verbesserungsmaßnahmen zu dulden. Unterlässt der Mieter die Anzeige von Mängeln der Mietsache, so wird er schadensersatzpflichtig.

Als **Rechtsfolgen der Mängelgewährleistung** des Vermieters im Mietvertrag ergeben sich folgende Ansprüche des Mieters:

- **Anspruch auf Beseitigung des Sach- oder Rechtsmangels** gem. § 536 BGB
- **Befreiung von der Entrichtung der Miete oder Minderung** gem. § 536 BGB
- **Schadensersatz** gem. § 536a BGB, wenn der Vermieter mit der Mängelbeseitigung in Verzug kommt
- **Aufwendungsersatz** gem. § 536a BGB nachdem der Mieter die Mängel selbst beseitigt hat, im Verzug des Vermieters mit der Mängelbeseitigung oder bei Gefahr im Verzug
- **Recht zur außerordentlichen Kündigung** gem. § 543 BGB.

Die Gewährleistungsansprüche sind ausgeschlossen, wenn der Mieter den Mangel bei Vertragsabschluss kannte oder ihm infolge grober Fahrlässigkeit unbekannt geblieben ist, wenn er eine mangelhafte Sache annimmt, obwohl er den Mangel kennt oder auf seine Rechte verzichtet hat, vgl. § 536b BGB. Ein Verzicht erfolgt häufig durch entsprechende Gestaltung von Formularverträgen. Die **Verjährungsfrist** für Ansprüche des Mieters wegen Sach- und Rechtsmängeln beträgt gem. § 195 BGB drei Jahre.

Der **Anspruch des Vermieters** auf die Entrichtung der Miete entfällt nicht dadurch, dass der Mieter durch einen in seiner Person liegenden Grund an der Ausübung seines Gebrauchsrechts gehindert wird. Daher bleibt der Mieter auch zur Zahlung der Miete verpflichtet, wenn er infolge Krankheit, Urlaub oder sonstiger Abwesenheit die Mietsache zeitweilig nicht gebraucht oder den Gebrauch einstellt, vgl. § 537 BGB.

Der Mieter ist ohne die Erlaubnis des Vermieters nicht berechtigt, den Gebrauch der Mietsache einem **Dritten zu überlassen**, insbesondere sie weiter zu vermieten. Verweigert der Vermieter die Erlaubnis, so kann der Mieter das Mietverhältnis außerordentlich mit der gesetzlichen Frist kündigen, sofern nicht in der Person des Dritten ein wichtiger Grund vorliegt. Im Fall der **Gebrauchsüberlassung** an Dritte hat der Mieter auch dessen Verschulden zu vertreten.

Im Fall eines vertragswidrigen Gebrauchs der Mietsuche, z. B. durch Fortsetzung der unberechtigten Gebrauchsüberlassung an Dritte, kann der Vermieter nach vorheriger Abmahnung auf Unterlassung klagen, vgl. §§ 540, 541 BGB.

Ein Mietvertrag kann befristet oder unbefristet abgeschlossen werden. Eine Formvorschrift für den Abschluss von Mietverträgen besteht nur bei der Wohnraummiete gem. § 550 BGB. Danach bedarf ein Mietvertrag über Wohnraum der Schriftform, falls er für längere Zeit als ein Jahr abgeschlossen wird.

Beispiel

Ein Mietvertrag über Geschäftsräume wird über fünf Jahre abgeschlossen. Dabei haben die Parteien auf die Schriftform verzichtet. Welche Rechtsfolge hat der nur mündliche Vertragsabschluss? Mietverträge über Grundstücke oder Räume mit einer Vertragslaufzeit von mehr als einem Jahr bedürfen der Schriftform. Sofern die gesetzliche Schriftform nicht beachtet wurde, ist die Befristung unwirksam und der Vertrag gilt als auf unbestimmte Zeit abgeschlossen. Die Regelung in § 550 BGB ist jedoch auf die Wohnraummiete beschränkt. Daher ist der Mietvertrag wirksam und endet mit Ablauf der vereinbarten fünf Jahre.

Das Mietverhältnis endet durch den **Ablauf der vereinbarten Mietzeit** oder durch **Kündigung**. Jede Vertragspartei kann das Mietverhältnis aus wichtigem Grund außerordentlich fristlos kündigen. Ein wichtiger Grund liegt vor, wenn dem Kündigenden unter Berücksichtigung aller Umstände des Einzelfalls, insbesondere eines Verschuldens der Vertragsparteien, und unter Abwägung der beiderseitigen Interessen die Fortsetzung des Mietverhältnisses bis zum Ablauf der Kündigungsfrist oder bis zur sonstigen Beendigung des Mietverhältnisses nicht zugemutet werden kann, vgl. § 543 BGB. Ein wichtiger Grund liegt insbesondere vor, wenn

- dem Mieter der vertragsgemäße Gebrauch der Mietsache ganz oder zum Teil nicht rechtzeitig gewährt oder wieder entzogen wird,
- der Mieter die Rechte des Vermieters dadurch in erheblichem Maße verletzt, dass er die Mietsache durch Vernachlässigung der ihm obliegenden Sorgfalt erheblich gefährdet oder sie unbefugt einem Dritten überlässt oder
- der Mieter für zwei aufeinander folgende Termine mit der Entrichtung der Miete oder eines nicht unerheblichen Teils der Miete in Verzug ist oder
- der Mieter in einem Zeitraum, der sich über mehr als zwei Termine erstreckt, mit der Entrichtung der Miete in Höhe eines Betrags in Verzug ist, der die Miete für zwei Monate erreicht oder einem nicht unerheblichen Teil der Miete ausmacht.

Im Verzugsfall des Mieters mit seiner Mietzahlung ist die Kündigung ausgeschlossen, wenn der Mieter vor der Kündigung die Miete entrichtet hat. Die Kündigung wird unwirksam, wenn der Mieter sich durch Aufrechnung von seiner Mietschuld befreien konnte und unverzüglich nach der Kündigung die Aufrechnung erklärt.

Sofern der wichtige Grund in der Verletzung einer Pflicht aus dem Mietvertrag besteht, ist die Kündigung nur nach vorheriger **Abmahnung**, verbunden mit einer angemessenen Frist zur Abhilfe der Pflichtverletzung zulässig, vgl. § 543 Abs. 3 BGB.

Wird nach dem **Ablauf der vereinbarten Mietzeit** der Mietgebrauch durch den Mieter fortgesetzt, verlängert sich der Mietvertrag auf unbestimmte Zeit, sofern nicht eine Vertragspartei innerhalb von zwei Wochen widerspricht. Die Frist beginnt für den Mieter mit der Fortsetzung des Gebrauchs und für den Vermieter mit dem Zeitpunkt, in dem er von der Fortsetzung Kenntnis erlangt, vgl. § 545 BGB.

Beispiel

Nach Ablauf eines befristeten Mietverhältnisses über ein Fahrzeug stellt sich heraus, dass der Mieter die Mietsache nicht zurückgibt. Was muss der Vermieter veranlassen, um die Entstehung eines Mietvertrags auf unbestimmte Zeit durch den fortgesetzten Mietgebrauch zu verhindern? Er müsste binnen zwei Wochen nach Ablauf der Mietdauer und Kenntnis von der Fortsetzung des Mietgebrauchs dem Mieter gegenüber erklären, dass er mit der Fortsetzung des Mietverhältnisses nicht einverstanden ist, § 545 BGB. Andernfalls würde sich der Mietvertrag auf unbestimmte Zeit verlängern und müsste durch Kündigung beendet werden.

Nach **Beendigung des Mietverhältnisses** ist der Mieter zur Rückgabe der Mietsache verpflichtet, § 546 BGB. Bei verspäteter Rückgabe kann der Vermieter die vereinbarte Miete oder eine ortsübliche Miete als Entschädigung verlangen, § 546a BGB. Die Ersatzansprüche des Vermieters wegen Veränderungen oder Verschlechterungen der Mietsache verjähren in sechs Monaten vom Zeitpunkt der Rückgabe der Mietsache an. Ansprüche des Mieters auf Aufwendungsersatz oder auf Gestattung der Wegnahme einer Einrichtung verjähren in sechs Monaten nach Beendigung des Mietverhältnisses, § 548 BGB.

Die Mietverhältnisse über Wohnraum unterliegen den besonderen Vorschriften der §§ 549 ff. BGB. Darin sind u. a. Bestimmungen über die Form des Mietvertrages gem. § 550 BGB, die Miete gem. §§ 556 ff. BGB, das gesetzliche **Vermieterpfandrecht** an den eingebrachten Sachen des Mieters gem. §§ 562 ff. BGB, der Wechsel der Vertragsparteien gem. §§ 563 ff. BGB und die Beendigung des Mietverhältnisses gem. §§ 568 ff. BGB geregelt. Spezialregelungen sind für die Wohnraummiete auf bestimmte Zeit gem. §§ 575 ff. BGB und für Werkwohnungen gem. §§ 576 ff. sowie für die Bildung von Wohnungseigentum gem. §§ 577 ff. BGB vorgesehen. Zur Sicherung der Forderungen aus Pachtverträgen entsteht bei der Landpacht ein Verpächterpfandrecht gem. § 592 BGB und im allgemeinen Pachtvertrag auch ein Pächterpfandrecht gem. § 583 BGB.

7. Geschäftsbesorgungsvertrag

Der Geschäftsbesorgungsvertrag ist auf eine entgeltliche wirtschaftliche Tätigkeit im Interesse des Auftraggebers gerichtet. Im Einzelnen gehören dazu die Bankverträge, wie beispielsweise Grund- oder Rahmenverträge, Einlagen-, Kredit-, Diskont-, Effekten-, Depot-, Giro- und Kreditkartenverträge, ferner Baubetreuungs- und Bauträgerverträge, Betriebsführungsverträge, Geschäftsführerverträge, Kommissions- und Speditionsgeschäfte, Verträge über Rechts- oder Steuerberatung, Bürgschaftsübernahme, Vertragshändlerverträge, Werbeagenturverträge und ähnliche Vereinbarungen.

Das Gesetz regelt den Geschäftsbesorgungsvertrag in §§ 675 ff. BGB nur insoweit, als auf die **Anwendung einiger Vorschriften über den Auftrag** verwiesen wird. Der Auftrag ist ein Vertrag, durch den sich der Beauftragte verpflichtet, unentgeltlich ein Geschäft für den Auftraggeber zu besorgen. Dagegen erfolgt die Übernahme einer Geschäftsbesorgung gegen Zahlung einer Vergütung, sodass eine entgeltliche Auftragsübernahme vorliegt.

Die Anwendung von § 663 BGB auf den Geschäftsbesorgungsvertrag hat zur Folge, dass Geschäftsbesorgungskaufleute, wie Banken, Rechtsanwälte, Steuerberater, Wirtschaftsprüfer u. a., die öffentlich zu einer bestimmten Geschäftsbesorgung bestellt werden, die Ablehnung des Auftrags unverzüglich anzuzeigen haben. Ferner ist der Geschäftsbesorger zur **Auskunftserteilung** gegenüber dem Auftraggeber verpflichtet und nach Maßgabe der vertraglichen Vereinbarung **weisungsgebunden**. Er kann aber im Interesse des Auftraggebers von den Weisungen abweichen, vgl. §§ 665, 666 BGB.

Zu den in der Praxis wichtigsten gesetzlichen Bestimmungen für den Geschäftsbesorgungsvertrag gehört der **Anspruch auf Aufwendungsersatz** gem. § 670 BGB, der dem Geschäftsbesorger neben dem vertraglich vereinbarten Entgelt den Ersatz seiner in Ausübung der Geschäftsbesorgung entstandenen Auslagen sichert. Der Aufwendungsersatzanspruch beinhaltet z. B. Telefon- und Portokosten, Fotokopien, Kontoführungsgebühren und ähnliche Aufwendungen, wie auch den Regressanspruch des Bürgen und die Ersatzansprüche des Kommissionärs und des Spediteurs für Lager- und Versicherungskosten. Auf Verlangen des Geschäftsbesorgers ist der Auftraggeber ferner zur **Vorschusszahlung** verpflichtet, § 669 BGB.

Beispiel

Ein Kaufmann unterhält ein Geschäftskonto bei seiner Bank. Er erteilt hinsichtlich der Miete für seine Büroräume einen Dauerauftrag. Handelt es sich um eine entgeltliche Geschäftsbesorgung? Der Girovertrag, die Einrichtung, Änderung und Kündigung des Dauerauftrags sind entgeltliche Geschäftsbesorgungsverträge. Infolgedessen entstehen vertragliche Entgelts- und gesetzliche Aufwendungsersatzansprüche der Bank als Geschäftsbesorgerin gegen den Kaufmann.

Im Geschäftsbesorgungsvertrag entstehen besondere **Informationspflichten** gem. § 675a BGB. Wer zur Besorgung von Geschäften öffentlich bestellt ist oder sich dazu öffentlich erboten hat, stellt für regelmäßig anfallende standardisierte Geschäftsvorgänge (Standardgeschäfte) schriftlich, in geeigneten Fällen auch elektronisch, unentgeltlich Informationen über Entgelte und Auslagen der Geschäftsbesorgung zur Verfügung, soweit nicht eine Preisfestsetzung nach § 315 BGB erfolgt oder die Entgelte und Auslagen gesetzlich verbindlich geregelt sind. Finanzdienstleister haben zusätzlich Informationen über Ausführungsfristen, Wertstellungszeitpunkte, Referenzkurse von Überweisungen und weitere Einzelheiten zur Verfügung zu stellen.

Der Geschäftsbesorgungsvertrag kann von dem Auftraggeber jederzeit widerrufen und von dem Geschäftsbesorger jederzeit gekündigt werden, § 671 BGB. Ein wichtiger Anwendungsbereich für diesen Vertragstyp sind Verträge über die Einbringung von Zahlungsdiensten, vgl. §§ 675c ff. BGB.

8. Lizenzvertrag

Der Lizenzvertrag ist im Bürgerlichen Gesetzbuch nicht geregelt, aber im Bereich des gewerblichen Rechtsschutzes und des Urheberrechts als Vertragsform bekannt und für die wirtschaftliche Nutzung von Rechten in Handel und Industrie unumgänglich. Die Nutzungsrechte an Patenten, Mustern, Marken und anderen gewerblichen Schutzrechten können ebenso wie die Nutzungsrechte an urheberrechtlich geschützten Werken vom Rechtsinhaber durch einen Vertrag zur ausschließlichen oder zur einfachen Nutzung auf einen anderen übertragen werden. Im Unterschied zur Übertragung des Vollrechts durch Rechtskauf gem. § 453 BGB erfolgt mit dem Abschluss eines schuldrechtlichen Lizenzvertrags nur eine beschränkte Übertragung der Nutzungsmöglichkeiten an dem jeweiligen Schutzrecht, z. B. durch inhaltliche Beschränkung auf Herstellung, Vertrieb oder Gebrauch des Schutzgegenstandes, Anwendung des patentrechtlich geschützten Verfahrens, durch zeitliche und räumliche Einschränkungen und sonstige Vertragsgestaltung.[1)]

Rechtsgrundlage für den Lizenzvertrag ist der Grundsatz der Privatautonomie, wonach gem. § 311 BGB den Vertragsparteien die inhaltliche Gestaltung ihrer Vereinbarung im Rahmen der Gesetze überlassen bleibt. Im Unterschied zum Kaufvertrag wird durch Lizenzvertrag nicht das Eigentum an Sachen übertragen, es wird auch nicht wie im Mietvertrag der Gebrauch einer Sache überlassen, sondern die **Mitnutzung von Rechten** gestattet.

Aufgabe 20 > Seite 223

Der Lizenznehmer ist als Gegenleistung für die Erlaubnis zur gewerblichen Nutzung des Schutzrechts zur **Zahlung der Lizenzgebühren** verpflichtet, unabhängig davon, ob er die ihm eingeräumten Nutzungsrechte wahrnimmt. Gegenstand eines Lizenzvertrags können Nutzungsrechte aller Art sein; neben den gewerblichen Schutzrechten daher auch das Firmenrecht, aber sogar das unternehmerische Know-how. Infolgedessen kann der Lizenzvertrag u. a. die Nutzung folgender Rechte betreffen:

- Rechte an Erzeugnis- oder Verfahrenspatenten
- Gebrauchsmusterrechte
- Rechte an Topographien von Halbleitererzeugnissen
- Rechte an Pflanzensorten
- Geschmacksmusterrechte (Design)
- Marken und Kennzeichnungsrechte
- Firmenrechte, Ausstattungsrechte

---

1) *Steckler*, Grundzüge des Gewerblichen Rechtsschutzes, 2. Auflage, Bielefeld 1996, S. 185 ff.

- Urheberverwertungsrechte
- Know-how, Betriebsgeheimnisse usw.

Der **Patentlizenzvertrag** betrifft die beschränkte Übertragung von Nutzungsrechten an patentierten Erfindungen, an patentierten Verfahren und den daraus gewonnenen Erzeugnissen. Da die Lizenzierung auch die **Nutzung von Betriebsgeheimnissen** beinhalten kann, ist es bei einem Lizenzvertrag über eine Erfindung unerheblich, ob die Eintragung der technischen Neuheit als Patent oder Gebrauchsmuster überhaupt beabsichtigt ist. Die Wirksamkeit eines Lizenzvertrages hängt aber grundsätzlich von dem Bestand des Rechts ab, dessen (Mit-)Nutzung übertragen wird.

Beispiel

Der Lizenznehmer stellt fest, dass das Verfahrenspatent, welches er durch Patentlizenzvertrag in seinem Unternehmen nutzen kann, durch Nichtzahlung der Patentgebühren erloschen ist. Damit steht das Verfahren zur allgemeinen Nutzung jedem Unternehmen frei. Für den Patentlizenzvertrag ist die Geschäftsgrundlage entfallen, sodass die Verpflichtung zur weiteren Zahlung von Lizenzgebühren entfällt.

Eine **Markenlizenz** besteht in der Erlaubnis zur Mitnutzung eines Markenrechts oder eines sonstigen Kennzeichenrechts des Unternehmens. Die Verwendung einer fremden Marke zu Werbezwecken ist als Vorbereitungshandlung für das Inverkehrbringen der gekennzeichneten Produkte mit den Vertriebsrechten an den Waren verbunden. Bei der Marken-Lizenzierung sollte sich der Lizenzgeber vertraglich die Qualitätskontrolle über die Waren vorbehalten, die mit seiner Marke versehen werden. Damit erfolgt neben der Kontrolle über gleichbleibende Güte und Qualität der Waren, die dem guten Ruf des lizenzgebenden Unternehmens dient, auch eine Begrenzung des Produkthaftungsrisikos beim Lizenznehmer.

Nach dem Grundsatz der Vertragsfreiheit kann neben den gewerblichen Schutzrechten auch die Nutzung anderer Rechte Gegenstand eines Lizenzvertrages sein. Es können daher auch **Lizenzverträge über Firmenrechte oder über Ausstattungsrechte** abgeschlossen werden, ebenso auch Lizenzverträge über nicht patent- oder gebrauchsmusterfähige Erfindungen. In aller Regel wird es sich dabei aber über Lizenzabsprachen im Zusammenhang mit Vertriebsvereinbarungen handeln, insbesondere im Vertragshändlervertrag, im Handelsvertretervertrag oder im Franchising-Vertrag.

Auch der Inhaber eines Urheberrechtes kann einem anderen **Nutzungsrechte an dem urheberrechtlich geschützten Werk** durch Lizenzvertrag einräumen, § 31 UrhG. Das einfache Gebrauchsrecht gibt dem Lizenznehmer die Möglichkeit, das Werk neben dem Urheber oder anderen Berechtigten auf die ihm erlaubte Art (vervielfältigung, Vertrieb, öffentliche Wiedergabe etc.) zu nutzen.

Der Lizenzvertrag kann sich auf einzelne oder auf alle Nutzungsarten des jeweiligen Werkes, wie z. B. auf Vervielfältigung, Verbreitung, Ausstellung, Vortrag, Aufführung, Vorführung, Sendung und sonstige öffentliche Wiedergabe, Bearbeitung, Umgestaltung etc., beschränken. Nach dem Zweckübertragungsgrundsatz umfasst die Lizenz jeweils nur die Nutzung der im Einzelfall gestatteten Art. Jede Änderung der Nutzungsart bedarf einer erneuten Einwilligung des Rechteinhabers.

Aufgabe 21 > Seite 223

Der Lizenzvertrag kann die Übertragung eines einfachen oder eines ausschließlichen Nutzungsrechts enthalten. Durch die **Vereinbarung einer einfachen Lizenz** erhält der Lizenznehmer ein nicht ausschließliches Nutzungsrecht. Dieses kann an mehrere Lizenznehmer nebeneinander vergeben werden. Der Lizenzvertrag begründet Rechte und Pflichten der Vertragspartner, nicht dagegen das Recht, einen anderen von der Nutzung oder Verwertung des gewerblichen Schutzrechts oder des Urheberrechts auszuschließen.

Beispiel

Der Patentinhaber (= Lizenzgeber) erteilt dem Lizenznehmer die Erlaubnis, einen patentierten Gegenstand in Nordrhein-Westfalen herzustellen. Es handelt sich um eine einfache Lizenz zur Herstellung des Patenterzeugnisses in Nordrhein-Westfalen. In diesem Gebiet können sich auch andere Hersteller des Patenterzeugnisses niederlassen, sofern sie von dem Patentinhaber eine Herstellungslizenz erhalten. Auch der Patentinhaber selbst könnte die Herstellung in dem Vertragsgebiet durch einen eigenen Gewerbebetrieb aufnehmen.

Mit der **Vereinbarung einer ausschließlichen Lizenz** erwirbt der Lizenznehmer das alleinige Recht, das Schutzrecht in bestimmter Weise auszuüben, zu nutzen oder zu verwerten. Der Lizenznehmer kann jedem anderen, den Inhaber des Schutzrechts eingeschlossen, die vereinbarte Nutzung des Rechts in dem Vertragsgebiet für die Laufzeit der Lizenzvereinbarung untersagen.

Als ausschließliche Lizenzverträge werden auch Vereinbarungen bezeichnet, wonach der Lizenzgeber sich verpflichtet, keine weiteren Lizenzen an Dritte einzuräumen. Da der Lizenzgeber bei einer derartigen Vereinbarung selbst die Vertragsschutzrechte noch wahrnehmen könnte, sollte der Vertrag auch Regelungen darüber enthalten, welche Rechte der Lizenzgeber ausüben darf. Der Abschluss eines ausschließlichen Patentlizenzvertrages wird z. B. regelmäßig mit Know-how-Vereinbarungen verbunden sein. Denn nach der Interessenlage der Vertragsparteien enthält der Lizenznehmer die Vertragsrechte zur alleinigen Nutzung, sodass der Lizenzgeber keine weiteren Lizenzeinnahmen hat und auf die Ausübung der Vertragsrechte besonderen Wert legen wird. Derartige Vereinbarungen werden oft auf Länder oder Sprachregionen beschränkt, um den unterschiedlichen technologischen Anforderungen Rechnung zu tragen.

Beispiel

Die Vereinbarung einer ausschließlichen Lizenz sollte nur dann getroffen werden, wenn der Lizenznehmer über die notwendigen Fabrikations- und Vertriebsmöglichkeiten verfügt. Da der Lizenznehmer von den Forschungsergebnissen des Lizenzgebers profitiert, sichern Rücklizenzen, Geheimhaltungsklauseln und andere Vereinbarungen die Weiterentwicklung des Produkts. Durch diese Know-how-Absprachen wird das Produkt auf dem neuesten Stand der Technik bleiben.

Der Inhaber eines Rechts kann die **Übertragung einzelner Nutzungsrechte** inhaltlich, räumlich, zeitlich und in weiterer Hinsicht beschränken sowie nach Interessenlage im Einzelfall zahlreiche zusätzliche Vereinbarungen in den Lizenzvertrag aufnehmen. Der Inhalt des Lizenzvertrages richtet sich nach der gesetzlichen Ausgestaltung des Schutzrechts. Ein Patentinhaber kann z. B. folgende Nutzungen einer Erfindung lizenzieren, vgl. § 9 PatG: Herstellung, Anbieten, Inverkehrbringen, Gebrauchen oder Einführen eines Erzeugnispatents, ferner Anwendung eines Verfahrenspatents oder Anbieten, Inverkehrbringen, Gebrauchen oder Einführen eines aus dem patentierten Verfahren hergestellten Erzeugnisses. Dementsprechend richten sich die inhaltlichen Beschränkungen des Lizenzvertrags nach der Interessenlage im Einzelfall sowie Art und Umfang des Rechts des Lizenzgebers.

Aufgabe 22 > Seite 224

C. Handelsrecht

Das Handelsrecht ist als **Sonderprivatrecht der Kaufleute** dem Bürgerlichen Recht im weiteren Sinne zuzuordnen. Deshalb enthält das Handelsgesetzbuch für den Rechts- und Geschäftsverkehr unter Kaufleuten sowohl zusätzliche als auch abändernde Bestimmungen zu den Vorschriften des Bürgerlichen Gesetzbuches. Als **zusätzliche Regeln** für Kaufleute sind z. B. die Vorschriften über die Firma, das Handelsregister und die Handelsbücher anzusehen, als **abändernde Regeln** die Sondervorschriften über den Annahmeverzug beim Handelskauf, das Fixgeschäft, das kaufmännische Zurückbehaltungsrecht usw. Die Anwendung des Handelsgesetzbuches mit den besonderen Vorschriften für Kaufleute erfolgt daher nicht unabhängig von den Vorschriften des Bürgerlichen Rechts. Vielmehr enthält das BGB die Grundregeln für das Zustandekommen, die störungsfreie Durchführung und die Beendigung von Rechtsgeschäften, während das HGB diese Grundregeln den Bedürfnissen des Handelsverkehrs entsprechend ändert und ergänzt.

Beispiel

Kaufmann A verkauft dem Kaufmann B einen Pkw. Falls das Fahrzeug mangelhaft ist, ergeben sich die Rechtsfolgen der Sachmängelgewährleistung aus den §§ 434 ff. BGB. Zusätzlich ist die kaufmännische Untersuchungs- und Rügepflicht gem. § 377 HGB zu beachten. Die Gewährleistungsansprüche sind gem. § 377 Abs. 2 HGB ausgeschlossen, wenn die Mängelrüge nicht unverzüglich erfolgt.

Kaufleute gelten als erfahren im täglichen Umgang mit Rechtsgeschäften; zudem ist im Handelsverkehr eine zügige und flexible Abwicklung der Geschäfte erforderlich. Deshalb legt das Handelsgesetzbuch den Beteiligten **strengere Verpflichtungen** auf als das Bürgerliche Gesetzbuch:

- **besondere kaufmännische Sorgfaltspflichten** gem. § 347 HGB
- **keine Herabsetzung von Vertragsstrafen** gem. § 348 HGB
- **keine Einrede der Vorausklage** gem. § 349 HGB
- **Entbehrlichkeit der Schriftform** gem. § 350 HGB
- **geringerer Schutz durch Verbrauchervorschriften**, z. B. bei der Inhaltskontrolle Allgemeiner Geschäftsbedingungen
- **besondere Informationspflichten im elektronischen Geschäftsverkehr** gem. §§ 312c und 312g BGB.

Im Handelsrecht wird auf schnelle Reaktionen Wert gelegt. Bei dem Abschluss und der Ausführung von Handelsgeschäften muss der Kaufmann **unverzüglich** seine Rechte geltend machen, um keinen Rechtsverlust zu erleiden, z. B. gem. § 377 Abs. 2 HGB Mängel der Kaufsuche unverzüglich rügen. Im Handelsrecht entstehen Kosten für die Erbringung kaufmännischer Dienstleistungen. Die Entgeltlichkeit der Leistungen eines Kaufmanns wird auch dann angenommen, wenn keine Vereinbarung zwischen den

Beteiligten vorliegt. Im Handelsrecht sind Veröffentlichungspflichten der Kaufleute gegeben. Den besonderen Publizitätserfordernissen des Handelsverkehrs dient u. a. die Einrichtung des Handelsregisters.

1. Der Kaufmannsbegriff

Als Kaufmann gilt nach § 1 Abs. 1 HGB, wer ein **Handelsgewerbe** betreibt. Unter den verschiedenen Formen der wirtschaftlichen Tätigkeit sind zunächst gewerbliche und nichtgewerbliche Bereiche zu trennen. Ein Gewerbe ist nach allgemein anerkannter Definition eine **erlaubte, planmäßige und dauerhafte Tätigkeit** zum Zweck der Gewinnerzielung. Die nichtselbstständige Erwerbstätigkeit fällt deshalb ebensowenig unter den Anwendungsbereich des Handelsgesetzbuches wie der nicht gewerbliche Bereich. Die freien Berufe, wissenschaftliche und künstlerische Tätigkeiten sowie die Land- und Forstwirtschaft sind traditionell nicht als Handelsgewerbe anzusehen.

Infolgedessen ist der **Kaufmannsbegriff** gem. § 1 HGB nicht mit dem Begriff des Unternehmers in § 14 BGB identisch, der auch selbstständige berufliche Tätigkeiten umfasst. Unternehmer ist eine natürliche oder juristische Person oder eine rechtsfähige Personengesellschaft, die bei Abschluss eines Rechtsgeschäfts in Ausübung ihrer gewerblichen oder selbstständigen beruflichen Tätigkeit handelt. Der Begriff des Unternehmers ist für die Anwendung der Verbraucherschutzregelungen des Bürgerlichen Rechts heranzuziehen. Dagegen geht es bei der Definition des Kaufmanns um die Anwendung der Vorschriften des Handelsgesetzbuches.

Die Kaufmannseigenschaft entsteht entweder **kraft Gesetzes** für Ist- und Formkaufleute **oder durch Eintragung in das Handelsregister** bei den übrigen Kaufleuten.

1.1 Istkaufmann

Die Kaufmannseigenschaft entsteht kraft Gesetzes, sobald ein Handelsgewerbe betrieben wird, das nach Art und Umfang eine kaufmännische Einrichtung erfordert. Es handelt sich um einen Istkaufmann. Die Eintragung in das Handelsregister hat daher auch nur deklaratorische Wirkung.

Der **Istkaufmann** betreibt ein Handelsgewerbe im Sinne der allgemein anerkannten Definition des Gewerbes. Er übt eine erlaubte, planmäßige, dauerhafte und auf Gewinnerzielung ausgerichtete Tätigkeit aus. Die freien Berufe werden traditionell bei der Definition des Gewerbebetriebes ausgenommen. Allein durch das Betreiben eines Handelsgewerbes wird äußerlich erkennbar, dass jemand Kaufmann ist.

Zum Betreiben eines Handelsgewerbes ist erforderlich, dass der Inhaber im eigenen Namen tätig wird. Kaufmann ist derjenige, in dessen Namen das Gewerbe betrieben wird. Auch der Pächter, Nießbraucher, Treuhänder oder Franchisenehmer eines Betriebes und sogar die Strohperson gelten als Kaufmann. Bei einer gemischten Tätigkeit ist der Schwerpunkt zu ermitteln. Der Begriff des Gewerbes dient somit der Abgrenzung der Gewerbetreibenden von Arbeitnehmern und freiberuflich Tätigen.[1]

[1] Zum Arbeitnehmerbegriff vgl. *Steckler/Bachert/Strauß*, Arbeitsrecht, a. a. O., Abschnitt A.1.

Der Gewerbebetrieb muss eine kaufmännische Einrichtung erfordern, um als Handelsgewerbe zu gelten. Als Voraussetzungen für den Istkaufmann gelten somit

- **Betreiben eines Handelsgewerbes**
- **Erforderlichkeit einer kaufmännischen Einrichtung**.

Die Kaufmannseigenschaft entsteht für Istkaufleute gem. § 1 HGB bereits mit der **Aufnahme des Handelsgewerbes.** Dies ist der Zeitpunkt des ersten Vertragsabschlusses für das Unternehmen. Dabei kommt es nicht auf die Art des Geschäftsabschlusses an. Es können Geschäftsräume angemietet, ein Druckauftrag für Geschäftspapier oder Werbebroschüren gegeben, die Homepage im Internet eingerichtet, die erste Warenlieferung bestellt oder die erste Dienstleistung erbracht werden. Aus diesem Grund ist der Istkaufmann als ein **Kaufmann kraft Gesetzes** anzusehen, für ihn gelten die Bestimmungen des Handelsrechts auch schon vor der Eintragung in das Handelsregister.

Der **Istkaufmann** ist aufgrund seiner Kaufmannseigenschaft gem. § 29 HGB zur Eintragung seiner Firma in das Handelsregister verpflichtet. Die Eintragung in das Handelsregister erfolgt in aller Regel zu einem späteren Zeitpunkt als die Aufnahme des Handelsgewerbes. Deshalb hat die **Eintragung deklaratorische Wirkung**, denn sie bekundet eine Tatsache, die auch ohne die Eintragung bereits bestanden hat, nämlich die Kaufmannseigenschaft kraft Gesetzes (Istkaufmann gem. § 1 Abs. 1 HGB).

Beispiel

Die Bürgschaftserklärung bedarf zu ihrer Wirksamkeit der Schriftform, vgl. § 766 BGB. Sie ist formnichtig, wenn sie nur mündlich, beispielsweise telefonisch, abgegeben wird, § 125 BGB. Falls ein Kaufmann eine Bürgschaftserklärung abgibt, ist die Schriftform entbehrlich, § 350 HGB. Deshalb wird die mündliche Bürgschaftserklärung des Kaufmanns mit dem Zugang beim Erklärungsempfänger wirksam. Betreibt jemand ein kaufmännisches Handelsgewerbe, kann er sich nicht darauf berufen, dass seine Kaufmannseigenschaft nicht bestehe, weil er nicht im Handelsregister eingetragen sei. Seine Bürgschaftserklärung ist formlos wirksam.

Der nach **Art und Umfang in kaufmännischer Weise eingerichtete Gewerbebetrieb** ist für die Entstehung der Kaufmannseigenschaft bei Istkaufleuten von herausragender Bedeutung. Andere Gewerbetreibende gelten als Kannkaufleute; ihre Kaufmannseigenschaft entsteht erst mit der Eintragung in das Handelsregister. Sofern es sich um Formkaufleute handelt, existieren sie als juristische Personen ohne Registereintragung nicht. Daher ist zu prüfen, ob ein Gewerbebetrieb nach Art oder Umfang einen in kaufmännischer Weise eingerichteten Geschäftsbetrieb erfordert, vgl. § 1 Abs. 2 HGB. Der Gesetzgeber hat die Kleingewerbetreibenden vor den Folgen der Anwendung des Handelsgesetzbuches schützen wollen. Es muss daher nach den Indizien für die Erforderlichkeit einer kaufmännischen Einrichtung eine Abgrenzung vorgenommen werden, um die Kaufmannseigenschaft gem. § 1 Abs. 1 HGB für den Istkaufmann festzustellen.

Aufgabe 23 > Seite 224

Wenn zwar ein Handelsgewerbe betrieben wird, aber eine kaufmännische Einrichtung nicht erforderlich ist, besteht auch keine Pflicht zur Eintragung in das Handelsregister. Die Anmeldepflicht besteht nur für kaufmännische Unternehmen im Sinne des § 1 HGB (Istkaufleute). Allerdings können andere Gewerbetreibende sich freiwillig in das Handelsregister eintragen lassen und dadurch die Kaufmannseigenschaft erwerben. Die Kaufmannseigenschaft endet mit der tatsächlichen Einstellung des Betriebes. Infolge der Eintragung ist der Rechtsschein des Handelsregisters gem. § 15 HGB zu beachten.

1.2 Kannkaufmann

Unternehmer, die ein Handelsgewerbe betreiben, das nach Art und Umfang keine kaufmännische Organisation erfordert, sind auch **keine Kaufleute kraft Gesetzes**. Diese und andere Gewerbebetriebe können sich dennoch auf freiwilliger Basis in das Handelsregister eintragen lassen, vgl. § 2 HGB. Im Zuge der Handelsrechtsreform ist für alle Gewerbetreibenden die Möglichkeit geschaffen worden, die Regeln des Handelsrechts anzuwenden. Eine Verpflichtung zur Eintragung besteht jedoch nicht.

Beispiel

Als Kannkaufleute werden u. a. Hotels, Sanatorien, Kinos, Theater und Zirkus, private Bildungseinrichtungen, Auskunfteien, Wachunternehmen, Detekteien, Inkassobüros, Patent- und Werbeagenturen, Treuhandbüros, Ehevermittler, private Arbeitsvermittler, Bauunternehmer, Bauhandwerker, Bergbau, Steinbrüche, Ziegeleien und ähnliche Betriebe des Dienstleistungsgewerbes in das Handelsregister eingetragen.

Erst mit der Eintragung in das Handelsregister erwirbt der Kleingewerbetreibende die Kaufmannseigenschaft. Er unterliegt uneingeschränkt dem Handelsrecht. Die Eintragung in das Handelsregister hat **konstitutive Wirkung**, weil in diesen Fällen die Kaufmannseigenschaft erst durch die Eintragung zur Entstehung gelangt.

1.3 Land- und Forstwirtschaft

Ein **land- und forstwirtschaftlicher Betrieb** ist in aller Regel nicht als Kaufmann anzusehen, vgl. § 3 Abs. 1 HGB. Doch kann ein land- oder forstwirtschaftliches Unternehmen in das Handelsregister eingetragen werden, falls nach Art und Umfang eine kaufmännische Einrichtung erforderlich ist. Unter der Voraussetzung einer kaufmännischen Einrichtung hat der Land- oder Forstwirt das Recht, nicht aber die Pflicht zur Eintragung ins Handelsregister, § 3 Abs. 2 HGB.

Ein land- oder forstwirtschaftlicher Betrieb gilt daher als **Kannkaufmann**. Diese Regelung in § 3 HGB privilegiert die Land- und Forstwirtschaft, da derartige Betriebe in aller Regel ein Handelsgewerbe betreiben und somit als Istkaufleute anzusehen wären. Sie sind von der Anwendung des § 1 HGB ausdrücklich ausgenommen.

Beispiele

Zur Landwirtschaft gehört primär die eigene Bodennutzung. Es werden aber auch der Obst-, Gemüse-, Tabak-, Hopfen- und Weinanbau einschließlich des Verkaufs eigener Erzeugnisse einbezogen. Als Forstwirtschaft gilt die Gewinnung von Waldprodukten durch planmäßigen Anbau und Abholzen. Ein höherer Umsatz des Nebenerwerbs schadet nicht; es reicht vielmehr aus, dass eine Verwertung der Produkte des Hauptbetriebs stattfindet oder dieser gefördert wird. Dagegen entfällt das Privileg des Nebenbetriebes, wenn einem landwirtschaftlichen Betrieb ein Versandhandel ökologischer Nahrungsmittel angegliedert wird, weil die dort verwerteten Produkte überwiegend von Dritten bezogen werden.

Auch wenn ein Land- oder Forstwirt ein **Handelsgewerbe als Nebengewerbe** betreibt, besteht das landwirtschaftliche Privileg fort. Zu den landwirtschaftlichen Nebengewerben gehören regelmäßig solche Betriebe, in denen die Erzeugnisse der Land- und Forstwirtschaft verwertet werden, z. B. eine Molkerei, Brauerei, Bren-nerei, Mühle, Tiermästereien, Vogelzucht und Geflügelfarmen, Fischwirtschaft und –zucht und die Gewinnung anorganischer Bodenbestandteile in Kies- und Sandgruben oder eine Ziegelei. Das Nebengewerbe ist eintragungsfähig, nicht jedoch eintragungspflichtig, solange es neben der Land- oder Forstwirtschaft betrieben wird. Dies setzt voraus, dass der Land- oder Forstwirt den Nebenbetrieb in Abhängigkeit von dem land- oder forstwirtschaftlichen Hauptbetrieb führt.

1.4 Schein- und Fiktivkaufmann

Die Kaufmannseigenschaft kann auch durch den **Rechtsschein des Handelsregisters** infolge einer vom Kaufmann veranlassten Registereintragung entstehen. Jeder im Handelsregister eingetragene Gewerbebetrieb gilt als **Fiktivkaufmann**, weil das Handelsregister öffentlichen Glauben genießt und seine Eintragungen als richtig gelten. Die im Handelsregister eingetragenen Personen oder Unternehmen können deshalb nicht einwenden, dass das unter ihrer Firma betriebene Gewerbe kein Handelsgewerbe sei, vgl. § 5 HGB. Für alle eingetragenen Kaufleute bewirkt der Rechtsschein des Handelsregisters, dass die Kaufmannseigenschaft besteht und deshalb das Handelsrecht Anwendung findet. Sofern sich die tatsächlichen Umstände ändern, ist der Kaufmann gehalten, das Handelsregister entsprechend zu berichtigen. Er gilt solange als Kaufmann, bis die Löschung im Handelsregister eingetragen wurde.

Aufgabe 24a > Seite 225

Die Kaufmannseigenschaft kann auch durch einen Rechtsschein außerhalb des Handelsregisters entstehen, den der Gewerbetreibende selbst hervorgerufen hat, insbesondere durch sein **Auftreten im Handelsverkehr**. In diesem Fall gilt er als **Scheinkaufmann** dadurch, dass er einen Rechtsschein für das Vorhandensein der Kaufmannseigenschaft setzt, für den er nach dem Grundsatz von Treu und Glauben einzustehen hat. Da der Rechtsschein für das Vorhandensein der Kaufmannseigenschaft nicht durch eine Eintragung im Handelsregister hervorgerufen wird, müssen die allgemeinen Grundsätze des Rechtsscheins gem. § 242 BGB herangezogen werden. Die Kaufmannseigenschaft ergibt sich aus § 242 BGB in Verbindung mit § 5 HGB analog.

Aufgabe 24b > Seite 225

Der Scheinkaufmann muss sich gegenüber gutgläubigen Dritten, die auf den Rechtsschein seiner Kaufmannseigenschaft vertrauen, als Kaufmann behandeln lassen, wenn ihm der Rechtsschein zugerechnet werden kann. Auch auf den Scheinkaufmann ist deshalb im Einzelfall das Handelsrecht anzuwenden.

1.5 Formkaufmann

Die Kaufmannseigenschaft entsteht für **Handelsgesellschaften** durch die Wahl der Rechtsform **kraft Gesetzes**, § 6 HGB. Zu den Handelsgesellschaften gehören die offene Handelsgesellschaft (oHG), die Kommanditgesellschaft (KG), die Gesellschaft mit beschränkter Haftung (GmbH), die Aktiengesellschaft (AG), die Kommanditgesellschaft auf Aktien (KG a. A.), die eingetragene Genossenschaft (e. G.) und die GmbH & Co. KG.

Es ist zwischen der Entstehung der Gesellschaft und der Begründung der Kaufmannseigenschaft zu unterscheiden. Die **Körperschaften** (GmbH, AG, KG a. A., e. G.) entstehen erst mit ihrer **Eintragung im Handelsregister**, daher fällt die Erlangung der Kaufmannseigenschaft mit ihrer Entstehung zusammen. Dagegen entstehen die **Personenhandelsgesellschaften** (oHG, KG, GmbH & Co. KG) bereits durch den **Abschluss eines Gesellschaftsvertrages**. Sofern die Gesellschafter den Betrieb ihres Handelsgewerbes schon vor der Eintragung der Gesellschaft im Handelsregister aufnehmen, sind die Vorschriften des Handelsrechts anzuwenden, vgl. § 123 Abs. 2 HGB.

2. Die Firma

Die Firma eines Kaufmanns ist **der Name**, unter dem er im Handel seine Geschäfte betreibt und die Unterschrift abgibt, § 17 HGB. Die Firma hat Namens- und Kennzeichnungsfunktion. Der Kaufmann tritt im Handelsverkehr unter seiner Firma auf, kann unter seiner Firma klagen und verklagt werden, erwirbt Forderungen und geht Verbindlichkeiten unter seiner Firma ein. Die Übertragung der Firma ist nur zusammen mit dem Unternehmen zulässig, § 23 HGB.

Die Namens- und Werbefunktion der Firma wird wegen langjähriger und kostenintensiver unternehmerischer Bemühungen als Bestandteil des eingerichteten und ausgeübten Gewerbebetriebs wie ein absolutes Recht nach § 823 Abs. 1 BGB geschützt. Alle Kaufleute, die zur Eintragung ihrer Firma in das Handelsregister verpflichtet sind, müssen eine Firma nach den Vorschriften des Handelsgesetzbuches wählen und dabei auch das Gewerbe-, Namens- und Markenrecht beachten, insbesondere eine Verwechslungsgefahr mit bestehenden Geschäftskennzeichen vermeiden.

Pflichtangaben auf Geschäftsbriefen machen die Rechtsform und die Haftungsverhältnisse im Rechtsverkehr transparent. Kaufleute haben auf allen Geschäftsbriefen, die an einen bestimmten Empfänger gerichtet sind, die Firma, die Bezeichnung nach § 19 Abs. 1 Nr. 1 HGB, den Ort der Handelsniederlassung, das Registergericht und die Nummer der Registereintragung anzugeben, vgl. § 37a HGB.

2.1 Grundsätze der Firmenbildung

Die **handelsrechtlichen Erfordernisse** der Firmenbildung ergeben sich für Einzelkaufleute und Handelsgesellschaften gleichermaßen aus den §§ 17 ff. HGB. Die Firma muss zur Kennzeichnung des Kaufmanns geeignet sein, Unterscheidungskraft besitzen und darf keine irreführenden Angaben enthalten. Bei der Eintragung ihrer Firma in das Handelsregister haben Kaufleute folgende firmenrechtliche Grundsätze zu berücksichtigen:

- **Grundsatz der Firmenwahrheit (auch: Firmentransparenz)**
- **Grundsatz der Firmenbeständigkeit**
- **Grundsatz der Firmeneinheit**
- **Grundsatz der Firmenausschließlichkeit (auch: Firmenunterscheidbarkeit)**
- **Grundsatz der Firmenöffentlichkeit**.

Der **Grundsatz der Firmenwahrheit** bedeutet, dass die Firma nicht nur den gesetzlichen Anforderungen, sondern auch den tatsächlichen Gegebenheiten entsprechen soll und keine täuschenden Zusätze enthalten darf. Dem Grundsatz der Firmenwahrheit entsprechend müssen Kaufleute bei der Firmenwahl die handelsrechtlichen Vorschriften einhalten. Das Handelsrecht verpflichtet zur Aufnahme obligatorischer Zusätze in die Firma, aus denen sich die Haftungsverhältnisse ergeben:

- **Einzelkaufmann:**

  Bezeichnung „eingetragener Kaufmann", „eingetragene Kauffrau" oder eine allgemein verständliche Abkürzung, insbesondere „e.K.", „e.Kfm.", „e.Kfr.", § 19 Abs. 1 Nr. 1 HGB
- **offene Handelsgesellschaft (oHG):**

  Bezeichnung „offene Handelsgesellschaft" oder eine allgemein verständliche Abkürzung, § 19 Abs. 1 Nr. 2 HGB
- **Kommanditgesellschaft (KG):**

  Bezeichnung „Kommanditgesellschaft" oder eine allgemein verständliche Abkürzung, § 19 Abs. 1 Nr. 3 HGB
- **GmbH & Co. KG:**

  Die Aufnahme der Haftungsbeschränkung „GmbH & Co." in die Firma ist zwingend erforderlich, § 19 Abs. 2 HGB.

- **GmbH:**

  Bezeichnung „Gesellschaft mit beschränkter Haftung“ oder eine allgemein verständliche Abkürzung, § 4 GmbHG

- **AG, KG a. A.:**

  Bezeichnung „Aktiengesellschaft“ bzw. „Kommanditgesellschaft auf Aktien“ oder eine allgemein verständliche Abkürzung dieser Bezeichnung, §§ 4, 279 AktG

- **e. G.:**

  Bezeichnung „eingetragene Genossenschaft“ oder die Abkürzung „e. G.“, § 3 GenG

Die Wahl der Firmenbezeichnung ist für alle Rechtsformen des Unternehmens vereinheitlicht worden. Nach der Neuregelung des Handelsrechts reicht es aus, dass die Firma zur Kennzeichnung des Kaufmanns geeignet ist, Unterscheidungskraft besitzt und keine irreführenden Angaben enthält. Kapitalgesellschaften, Personenhandelsgesellschaften und Einzelkaufleute können sowohl Personen-, Sach- als auch Fantasienamen wählen. Zusätze, die auf den Gegenstand des Handelsgeschäfts hinweisen, sind zulässig, soweit sie den Verkehr nicht über Art und Umfang des Geschäfts täuschen, § 18 Abs. 2 HGB.

Beispiel

Arne Andersen eröffnet einen Textileinzelhandel. Er gilt als Istkaufmann, weil er ein Handelsgewerbe betreibt, das nach Art und Umfang eine kaufmännische Einrichtung erfordert. Deshalb ist er zur Eintragung seiner Firma ins Handelsregister verpflichtet. Dem Grundsatz der Firmenwahrheit entsprechend kann Arne Andersen die Firma „Textilhandlung Andersen e. K.“ wählen, wobei er seinem persönlichen Namen einen Sachzusatz hinzufügt. Die Bezeichnung „e. K.“ ist obligatorisch, um den Textilhandel als einzelkaufmännisches Handelsgeschäft erkennen zu lassen. Die Bezeichnungen „Andersen, Internationaler Textilhandel e. K.“ oder „Europäischer Textilhandel e. Kfm.“ wären wegen Täuschung unzulässig, wenn das Geschäft keine internationalen oder europaweiten Handelsbeziehungen unterhält.

Die Firma der Kapitalgesellschaft wird in der Regel dem **Gegenstand des Unternehmens** entnommen (= Sachfirma) und muss den entsprechenden Gesellschaftszusatz enthalten, z. B. „AG“ oder „GmbH“. Häufig werden Mischfirmen gebildet, die sowohl einen Gesellschafternamen als auch eine Sachbezeichnung enthalten. Diese Möglichkeiten der Firmenbildung stehen nun auch den Einzelkaufleuten offen.

Beispiel

Falls Arne Andersen eine GmbH gründet, könnte er firmieren unter „Arne Andersen GmbH“ (= Personenfirma), „Textil GmbH“ (= Sachfirma) oder „Andersen, Textil GmbH“ (= Mischfirma). Im Fall eines einzelkaufmännischen Handelsgeschäfts wäre statt der Bezeichnung „GmbH“ der Haftungshinweis „e. K.“ oder “ e. Kfm.“ erforderlich.

Der **Grundsatz der Firmenbeständigkeit** beinhaltet ein Veräußerungsverbot gem. § 23 HGB, wonach die Firma nicht ohne das Handelsgeschäft, für welches sie geführt wird, veräußert werden kann. Aus der Verbindung von Firma und Unternehmen folgt die Beibehaltung der Firma bei Namensänderung des Inhabers, bei einem Inhaberwechsel oder bei dem Ein- und Austreten von Gesellschaftern.

- Falls der Geschäftsinhaber seinen Namen durch Eheschließung ändert, kann die bisherige Firma fortgeführt werden, § 21 HGB.
- Die Firmenfortführung im Fall des Inhaberwechsels bedarf eines Einverständnisses des bisherigen Inhabers, § 22 Abs. 1 HGB. Dies gilt unabhängig von der dem Erwerb zu Grunde liegenden Vertragsform, sowohl im Fall des Kaufs, des Nießbrauchs, der Pacht etc.
- In den Fällen des Eintretens und Ausscheidens von Gesellschaftern kann die bisherige Firma fortgeführt werden, § 24 Abs. 1 HGB. Sofern der Name eines ausscheidenden Gesellschafters in der Firma enthalten ist, erfordert die Fortführung der Firma allerdings dessen Einverständnis, § 24 Abs. 2 HGB.

Die Firma gibt nach diesen Veränderungen nicht mehr die tatsächliche Situation wieder, sodass in aller Regel durch die Firmenbeständigkeit der Grundsatz der Firmenwahrheit durchbrochen wird. Die Fortführung der Firma nach dem Grundsatz der Firmenbeständigkeit ist nur ausnahmsweise wegen **Täuschungsgefahr** untersagt.

Aufgabe 25 > Seite 225

Der **Grundsatz der Firmeneinheit** bedeutet, dass der Kaufmann für sein Handelsgeschäft nur eine Firma führen darf. Auch diese aus § 17 HGB hergeleitete Regel dient dem Interesse des Handelsverkehrs an der Vermeidung einer Täuschungsgefahr. Allerdings sind mehrere **Ausnahmen** vom Grundsatz der Firmeneinheit anerkannt:

- Ein Einzelkaufmann erwirbt ein zweites Handelsgeschäft, das er neben seinem ersten Unternehmen unter der ursprünglichen Firma fortführt, § 22 HGB.
- Auch wenn ein Einzelkaufmann mehrere organisatorisch selbstständige Unternehmen führt, darf er jedes Unternehmen unter einer eigenen Firma in das Handelsregister eintragen.
- Die firmenrechtliche Behandlung von Zweigniederlassungen ist umstritten. Sofern das Filialunternehmen organisatorisch vom Hauptgeschäft getrennt ist und die Zusammengehörigkeit in den unterschiedlichen Firmen deutlich gemacht wird, ist der Grundsatz der Firmeneinheit gewahrt und eine abweichende Firma für die Zweigniederlassung ist zulässig. Dies geschieht in aller Regel durch die Hinzufügung der Ortsnamen.

Der **Grundsatz der Firmenausschließlichkeit oder -unterscheidbarkeit** bedeutet, dass sich jede neue Firma von allen an demselben Ort bereits bestehenden und in das Handelsregister eingetragenen Firmen deutlich unterscheiden muss, § 30 HGB. In diesem firmenrechtlichen Grundsatz kommt der Gedanke der **Vermeidung von Täuschungen**

im Handelsverkehr am deutlichsten zum Ausdruck. Der Kaufmann muss bei der Wahl der Firma für ein neu zu gründendes Handelsgeschäft die Eintragungen des Handelsregisters beachten, weil diese Priorität haben. Im Fall der **Namensgleichheit** muss sich die neue Firma von den bereits eingetragenen Firmenbezeichnungen unterscheiden.

Beispiel

Jens Jensen will einen Lebensmittelgroßhandel in der Rechtsform einer Kommanditgesellschaft eröffnen und unter der Firma „Jensen KG" in das Handelsregister eintragen lassen. Was müsste er firmenrechtlich veranlassen, wenn eine gleichnamige Firma im Handelsregister eingetragen ist? Nach dem Grundsatz der Firmenunterscheidbarkeit ist die Priorität der eingetragenen Firma zu beachten, § 30 HGB. Falls bereits eine gleichnamige Firma im Handelsregister eingetragen ist, muss Jens Jensen seiner Firma einen unterscheidenden Zusatz hinzufügen, z. B. den Vornamen „Jens Jensen KG" oder einen auf den Gegenstand des Unternehmens hinweisenden Sachzusatz „Jensen, Lebensmittel KG".

Der **Grundsatz der Firmenöffentlichkeit** bedeutet, dass die Firma bekanntgegeben werden muss. Dies geschieht in handelsüblicher Weise durch die gesetzliche Verpflichtung des Kaufmanns zur **Eintragung der Firma in das Handelsregister** gem. § 29 HGB. Der Kaufmann hat auf allen Geschäftsbriefen und Bestellscheinen seine Firma, die Bezeichnung nach § 19 Abs. 1 Nr. 1 HGB, den Ort seiner Handelsniederlassung, das Registergericht und die Handelsregisternummer anzugeben, § 37a HGB. Ausgenommen von dieser Verpflichtung sind Mitteilungen auf Vordrucken im Rahmen bestehender Geschäftsverbindungen.

2.2 Der Firmenschutz

Der Gebrauch der Firma gehört zur gewerblichen Betätigungsfreiheit als Bestandteil des grundgesetzlich geschützten allgemeinen Persönlichkeitsrechts gem. Art. 2 GG. Die Verletzung des Firmenrechts zieht Unterlassungs- und Schadensersatzansprüche nach sich. Das Registergericht hat einen **öffentlich-rechtlichen Anspruch** auf Unterlassung des Firmengebrauchs gegen denjenigen, der eine ihm nicht zustehende Firma im Handelsverkehr verwendet. Dieser Anspruch kann mit einer Festsetzung von Ordnungsgeld durchgesetzt werden, § 37 Abs. 1 HGB.

Derjenige, der durch den unbefugten Firmengebrauch in seinen Rechten verletzt wird, hat einen **privatrechtlichen Unterlassungsanspruch**, der sich aus § 37 Abs. 2 HGB ergibt. Hierbei handelt es sich um einen Anspruch des verletzten Firmeninhabers gegen den Verletzer auf Unterlassung des Gebrauchs der Firma. Dieser Anspruch kann im Wege der zivilrechtlichen Unterlassungsklage und bei Eilbedürftigkeit auch durch einen Antrag auf einstweilige Verfügung vor den Zivilgerichten durchgesetzt werden.

Verletzungstatbestand ist in beiden Fällen der **unbefugte Firmengebrauch**, mithin der Gebrauch der Firma entgegen den firmenrechtlichen Grundsätzen der §§ 17 ff. HGB. Die größte Rolle spielen Verletzungen des firmenrechtlichen Grundsatzes der Unterscheidbarkeit gem. § 30 HGB. Der Schutzbereich des § 37 Abs. 2 HGB erfasst nur die Verletzung der eingetragenen Firma. Die Verletzungshandlung selbst kann aber sowohl durch Kaufleute als auch durch Nichtkaufleute erfolgen. Denn andere Gewerbetreibende unterliegen zwar nicht den Vorschriften über die Firma, können aber den Kaufmann in seinen Firmenrechten verletzen.

Die Verletzung der Firma kann nach anderen Rechtsgrundlagen zu zivilrechtlichen Schadensersatzfolgen und weiteren Ansprüchen führen. Je nach Lage des Einzelfalles kann eine Kollision von Kennzeichenrechten folgende Rechtsgebiete berühren:

- Markenrecht
- Namensrecht
- Unternehmensrecht
- Internet Domain Recht.

Markenrecht: In den Fällen der unbefugten Benutzung einer fremden Geschäftsbezeichnung entsteht ein markenrechtlicher Unterlassungs- und Schadensersatzanspruch gem. §§ 15 Abs. 4 und 5 MarkenG. Das Markenrechtsgesetz erfasst die Verwendung von Marken, geschäftlichen Bezeichnungen und geographischen Herkunftsangaben, mithin auch die Firma und die sonstigen Geschäftsbezeichnungen. Dazu gehören auch Unternehmenskennzeichen und Werktitel. Unternehmenskennzeichen sind Zeichen, die im geschäftlichen Verkehr als Name, als Firma oder als besondere Bezeichnung eines Geschäftsbetriebs oder eines Unternehmens benutzt werden.

Namensrecht: Der unbefugte Firmengebrauch in identischer Form lässt gleichzeitig auch einen zivilrechtlichen Unterlassungsanspruch aus dem Namensrecht gem. § 12 BGB entstehen, denn die Firma ist gem. § 17 HGB der Name des Kaufmanns. Die namensrechtliche Vorschrift hat den Vorteil, dass sie einen weitreichenden Schutz gegen die unbefugte Führung einer identischen Firma gewährt.

Unternehmensrecht: Einen Auffangtatbestand bildet der deliktische Unterlassungs- und Schadensersatzanspruch gem. §§ 823 Abs. 1, 1004 BGB infolge der Verletzung des Rechts am Unternehmen (Recht am eingerichteten und ausgeübten Gewerbebetrieb) durch den unbefugten Gebrauch einer fremden Firma. Danach werden alle unbefugten Eingriffe in ein fremdes Firmenrecht erfasst, die nicht sondergesetzlich durch das Handelsrecht, das Namensrecht oder das Markenrecht geregelt sind. Der Anspruch aus unerlaubter Handlung ist aber verschuldensabhängig, sodass der Eingriff in fremde Firmenrechte mindestens fahrlässig erfolgen muss.

Internet Domain Recht: Mit der Zunahme des elektronischen Handels häufen sich Fälle, in denen ein Kaufmann unter seiner Firma eine Internet-Präsentation eröffnen möchte, aber die gewünschte Internet Adresse bereits vergeben ist. Es entsteht mit dem Anspruch auf Freigabe der Internet Domain zunächst die Frage des anzuwendenden Rechts. Streitigkeiten auf der Ebene „.de“ werden nach deutschem Namens-, Firmen- und Kennzeichenrecht entschieden. Im Fall der Kollision von Namens- und Kennzeichenrechten wird bei Namensgleichheit auf allgemeine Rechtsgrundsätze zurückgegriffen.

Aufgabe 26 > Seite 225

Da aufgrund der Registrierung als Internet-Adresse keine Rechte des Domain-Inhabers entstehen, kann nach internationalen Rechtsgrundsätzen die Freigabe der Internet Domain nur verlangt werden, wenn jemand ein stärkeres Recht geltend machen kann. Die Firma oder der Handelsname bedarf internationaler Bekanntheit. Im Allgemeinen begründet aber nur eine eingetragene Marke die Freigabe der gewünschten Domain, weil die Marke infolge der internationalen Anerkennung durch mehrstaatliche Abkommen als stärkeres Recht akzeptiert wird.[1)]

2.3 Haftung bei Inhaberwechsel

Aus handelsrechtlicher Sicht wirkt sich die **Firmenfortführung** vor allem im Bereich der Haftungsverhältnisse aus. Das Handelsrecht regelt die **Haftung des Erwerbers** eines Unternehmens und die Haftung des in eine bestehende Gesellschaft neu eintretenden Gesellschafters in den §§ 25 bis 28 HGB.

Die Veräußerung eines Unternehmens erfolgt nach den Regeln des Bürgerlichen Rechts durch einen Unternehmenskauf- oder Pachtvertrag oder durch ein ähnliches Rechtsgeschäft unter Lebenden. Ein Unternehmen kann auch durch Erbfolge von dem Nachfolger übernommen werden. Da das Unternehmen eine **Sachgesamtheit** darstellt, finden bei der Veräußerung durch Kaufvertrag die Regeln der **Sach- und Rechtsmängelhaftung** Anwendung, vgl. §§ 433 ff. BGB. Als Besonderheit des Handelsrechts ist zu beachten, dass der Veräußerer oder dessen Erben in die Fortführung der Firma ausdrücklich einwilligen müssen, vgl. § 22 HGB.

Die **Anspruchsgrundlage** im Fall einer Unternehmensveräußerung ist dem bürgerlichen Recht zu entnehmen, weil dort der Kaufvertrag, der Pachtvertrag, der Mietvertrag etc. mit den Haupt- und Nebenleistungspflichten der Vertragsparteien einschließlich der Gewährleistungspflichten geregelt sind. Die Haftungsfolgen der Unternehmensveräußerung ergeben sich dagegen aus dem Handelsrecht.

Beispiel

Kaufmann K betreibt einen Großhandel mit Textilien. Von seinem Lieferanten L bezieht er 100 Ballen Stoff, versäumt jedoch die Zahlung des Kaufpreises. K veräußert seinen Textilgroßhandel mit der Firma an E, der das Unternehmen unter der bisherigen Firma fortführt. Infolge der Unternehmensveräußerung und der Firmenfortführung haftet der Erwerber E für die im Textilgroßhandel entstandenen Altverbindlichkeiten gem. § 25 HGB. Nach wie vor handelt es sich aber um einen Anspruch auf Kaufpreiszahlung

[1)] *Steckler*, Grundzüge des IT-Rechts, 3. Aufl., München 2010, Abschnitt 5. Schutz von Internet Domain Namen.

aus dem Kaufvertrag, sodass L nunmehr von E Zahlung verlangen kann, §§ 433 Abs. 2 BGB, 25 Abs. 1 Satz 2 HGB.

Die handelsrechtlichen Grundsätze der Haftungsfolgen bei der Unternehmensveräußerung orientieren sich an der **Firmenfortführung** und am **Haftungszusammenhang**. Aus der Sicht der Gläubiger ist die Identität des Unternehmens mit der Haftungsmasse verbunden. Deshalb stellt das Handelsrecht sicher, dass mit dem Unternehmen auch die rechtlichen und wirtschaftlichen Folgen der im Geschäftsbetrieb begründeten Rechtsverhältnisse von dem Erwerber zu tragen sind. Die im Unternehmen begründeten Forderungen und Verbindlichkeiten gehen kraft Gesetzes insgesamt auf den Erwerber über.

Die **Rechtsfolgen der Unternehmensveräußerung gem. § 25 HGB** betreffen sämtliche Verbindlichkeiten und Forderungen, die vor dem Zeitpunkt der Veräußerung in dem Unternehmen entstanden sind. Sie wurden aber für die Verbindlichkeiten und Forderungen unterschiedlich geregelt:

- Der Veräußerer und der Erwerber haften gesamtschuldnerisch für die Verbindlichkeiten, die in dem Unternehmen begründet wurden.
- Die Forderungen gehen auf den Erwerber über, falls der Veräußerer in die Firmenfortführung eingewilligt hat.

Nach dem Grundsatz der Vertragsfreiheit können die Parteien bei der Unternehmensveräußerung mit Firmenfortführung auch von § 25 Abs. 1 HGB abweichende Vereinbarungen treffen, insbesondere vertraglich bestimmen, dass der Erwerber weder für Verbindlichkeiten haftet noch die Forderungen auf ihn übergehen, vgl. § 25 Abs. 2 HGB.

Die **Vereinbarung eines Haftungsausschlusses** ist Dritten gegenüber nur wirksam, wenn sie in das Handelsregister eingetragen und bekannt gemacht oder wenn sie von dem Erwerber oder dem Veräußerer dem Dritten mitgeteilt worden ist. Der Haftungsausschluss stellt eine **eintragungsfähige Tatsache** dar. Eine Eintragungspflicht zum Handelsregister besteht allerdings nicht, weil nach dem Gesetzeswortlaut eine Bekanntmachung auch auf andere Weise erfolgen kann. Aus der Anwendung von § 25 Abs. 2 HGB ergeben sich bei Vereinbarung eines vertraglichen Haftungsausschlusses für den Schuldner folgende Möglichkeiten, eine Forderung des Handelsunternehmens mit schuldbefreiender Wirkung zu erfüllen.

Aufgabe 27 > Seite 226

Es ist deshalb für die erwünschte Rechtsfolge des Erlöschens der Forderung ohne Bedeutung, an wen der Schuldner leistet, wenn ihm die von der gesetzlichen Regelung abweichende Vereinbarung über die Haftung nicht durch Mitteilung oder Handelsregister-Eintragung bekanntgegeben wurde. In diesem Fall kann der Schuldner mit befreiender Wirkung sowohl an den Veräußerer als auch an den Erwerber des Unternehmens leisten. Die **Wirkung einer von § 25 Abs. 1 HGB abweichenden Vereinbarung** bei der Unternehmensveräußerung hängt somit ausschließlich von deren **Bekanntmachung** ab.

Die Haftung des Erwerbers eines Unternehmens setzt gem. § 25 Abs. 1 und 2 HGB die Firmenfortführung voraus. Deshalb bestimmt § 25 Abs. 3 HGB, dass die Haftung des Erwerbers in Fällen der **Unternehmensveräußerung ohne Fortführung der Firma** einen besonderen Verpflichtungsgrund erfordert. Ein besonderer Haftungsgrund ergibt sich vor allem aus der Bekanntmachung der Haftungsübernahme in handelsüblicher Weise, also durch Eintragung ins Handelsregister und Bekanntmachung oder durch Mitteilung an alle Gläubiger des Unternehmens. Ferner kann sich ein besonderer Verpflichtungsgrund aus dem Unternehmensveräußerungsvertrag ergeben, wenn eine Schuldübernahme, ein Schuldbeitritt oder ein Schuldversprechen vereinbart worden ist.

Die Haftung des früheren Geschäftsinhabers kann bis zu fünf Jahre andauern, vgl. § 26 BGB.

Eine gesetzliche Haftungsregelung besteht auch im **Fall des Eintritts eines Gesellschafters in das Geschäft eines Einzelkaufmanns**. § 28 HGB enthält Haftungsfolgen, die der Vorschrift des § 25 HGB entsprechen, sofern jemand als persönlich haftender Gesellschafter oder als Kommanditist in ein einzelkaufmännisches Unternehmen eintritt. Durch den Eintritt einer Person oder mehrerer Personen in das Geschäft eines Einzelkaufmanns entsteht eine oHG oder eine KG.

Als Rechtsfolge des § 28 HGB **haftet die Gesellschaft**, die durch den Eintritt eines persönlich haftenden Gesellschafters oder eines Kommanditisten entsteht, für alle im einzelkaufmännischen Unternehmen entstandenen Verbindlichkeiten. Damit haftet die Gesellschaft kraft Gesetzes für die im einzelkaufmännischen Handelsgeschäft bereits vorhandenen Altverbindlichkeiten. Die Gesellschaft haftet auch dann, wenn die frühere Firma nicht fortgeführt wird. Es handelt sich um eine Regelung zum Schutz der Gläubiger. Die im Unternehmen begründeten Forderungen gelten dem Schuldner gegenüber als auf die Gesellschaft übergegangen, d. h. ein Schuldner kann mit befreiender Wirkung an die Gesellschaft leisten.

Aufgabe 28 > Seite 226

Die Vertragsparteien können in den Fällen des Eintritts eines persönlich haftenden Gesellschafters in ein einzelkaufmännisches Unternehmen **Haftungsvereinbarungen** treffen, die von den Rechtsfolgen des § 28 HGB abweichen. In aller Regel handelt es sich um eine Vereinbarung, wonach der eintretende Gesellschafter nicht für die Altverbindlichkeiten des Einzelkaufmanns haftet. Dieser Haftungsausschluss müsste in das Handelsregister eingetragen werden, um im Handelsverkehr gegenüber Dritten wirksam zu werden, vgl. § 28 Abs. 2 HGB.

Sofern der **Unternehmensübergang durch Erbfolge** eintritt, regelt § 27 HGB die Haftung des oder der Erben. Wird das Unternehmen fortgeführt, gilt die Haftungsregelung des § 25 HGB entsprechend für den Erben. Wenn dagegen das Unternehmen nicht fortgeführt wird, haftet der Erbe nach den Regeln des Erbrechts.

3. Das Handelsregister

Das Handelsregister ist ein öffentliches Register, das von den Gerichten elektronisch geführt wird, vgl. §§ 8 ff. HGB. Das **Amtsgericht (Registergericht)** nimmt die Eintragungen für alle Kaufleute vor, die in dem jeweiligen Gerichtsbezirk ihren Sitz haben. Das Handelsregister hat gem. § 9 Abs. 1 HGB in erster Linie **Publizitätswirkung**, indem die wichtigen Rechtsverhältnisse der Kaufleute offengelegt werden und jedem ohne den Nachweis einer Berechtigung die Einsicht zu Informationszwecken gestattet ist. Diese Publizität hat im Handelsverkehr eine große Bedeutung, da Kaufleute auf die Richtigkeit des Handelsregisters vertrauen können, vgl. § 15 HGB. Ferner hat das Handelsregister auch **Publikationswirkung**, weil der Kaufmann durch die Eintragung Mitteilungen an seine Geschäftspartner vornehmen kann, vgl. §§ 25 Abs. 2, 28 Abs. 2 HGB.

Hinsichtlich der Rechtsverhältnisse, die in das Handelsregister eingetragen werden, sind **eintragungspflichtige und eintragungsfähige Tatsachen** zu unterscheiden. Denn nur von den eintragungspflichtigen Tatsachen geht der dem Kaufmann zurechenbare Rechtsschein des Handelsregisters aus.

Eine **eintragungspflichtige Tatsache (auch: einzutragende Tatsache)** liegt vor, wenn eine gesetzliche Verpflichtung des Kaufmanns besteht, diese Tatsache zur Eintragung ins Handelsregister anzumelden. Hierzu gehören unter anderem folgende Tatsachen:

- **Eintragung der Firma**, § 29 HGB
- **Erteilung der Prokura**, § 53 Abs. 1 HGB
- **Erlöschen der Prokura**, § 53 Abs. 3 HGB
- **Eintragung der oHG** gem. § 106 HGB
- **Eintragung der KG** gem. § 162 HGB
- **Eintragung des Ausschlusses eines persönlich haftenden Gesellschafters von der Vertretung**, § 125 Abs. 4 HGB
- **Eintragung von Eintreten und Ausscheiden der Gesellschafter einer oHG oder KG**, §§ 107, 143 Abs. 2, 161 Abs. 2 HGB
- **Kommanditeinlage des Kommanditisten einer KG,** § 161 Abs. 1 HGB
- **anzumeldende Änderungen,** §§ 107, 161 Abs. 2, 175 HGB.

Durch die **Eintragung und Bekanntmachung** der handelsrechtlich erheblichen Tatsachen in das öffentliche Handelsregister wird ein Rechtsschein erzeugt, nämlich eine Vermutung für das Vorhandensein und die Richtigkeit der eingetragenen und bekanntgemachten Tatsachen. Der **gute Glaube an die Richtigkeit des Handelsregisters** ist durch § 15 HGB geschützt.

§ 15 Abs. 1 HGB betrifft die negative Publizität des Handelsregisters. Danach gilt eine eintragungspflichtige Tatsache als nicht vorhanden, wenn sie nicht im Handelsregister eingetragen ist. Deshalb kann derjenige, in dessen Angelegenheiten sie einzutragen war, regelmäßig der Kaufmann, die Tatsache einem Dritten nicht entgegenhalten. Sofern die eintragungspflichtige Tatsache dem Dritten aus anderen Informationsquellen bekannt ist, kommt es auf die fehlende Eintragung im Handelsregister nicht an. Nach § 15 Abs. 1 HGB sind folgende Voraussetzungen erforderlich:

- **eintragungspflichtige Tatsache**
- **keine Eintragung im Handelsregister und keine Bekanntmachung**
- **keine Kenntnis des Dritten**.

Rechtsfolge: Der Kaufmann kann sich auf die Tatsache nicht berufen. Derjenige, in dessen Angelegenheiten die Tatsache einzutragen war, z. B. der Kommanditist bei der Herabsetzung seiner Kommanditeinlage, kann sich ohne Eintragung und Bekanntmachung nicht auf diese Tatsache berufen.

Aufgabe 29 > Seite 226

§ 15 Abs. 2 HGB betrifft die positive Publizität des Handelsregisters. Danach wird der Handelsverkehr im guten Glauben an den Rechtsschein des Handelsregisters geschützt, indem die Tatsache, die in das Handelsregister eingetragen ist und bekanntgemacht wurde, als vorhanden gilt. Es müssen folgende Voraussetzungen vorliegen:

- **eintragungspflichtige Tatsache**
- **Eintragung im Handelsregister und Bekanntmachung**
- **Ablauf von 15 Tagen seit der Bekanntmachung**.

Rechtsfolge: Jeder Dritte muss die eingetragene Tatsache gegen sich gelten lassen. Dies gilt jedoch uneingeschränkt erst nach **Ablauf von 15 Tagen** seit der Bekanntmachung. Innerhalb dieser Schonfrist kann der Dritte den Nachweis erbringen, dass er die Tatsache weder kannte noch kennen musste. Da ein ordentlicher Kaufmann verpflichtet ist, die Bekanntmachungen im Handelsregister regelmäßig zu lesen, wird ihm der Einwand unverschuldeter Unkenntnis selten und nur in ungewöhnlichen Ausnahmefällen gelingen.

Aufgabe 30 > Seite 227

§ 15 Abs. 3 HGB betrifft die Fälle unrichtiger Bekanntmachung eintragungspflichtiger Tatsachen. Auch von einer unrichtigen Bekanntmachung geht die Rechtsscheinwirkung des Handelsregisters (= positive Publizität) aus. Es sind folgende Voraussetzungen zu beachten:

- **eintragungspflichtige Tatsache**
- **unrichtige Bekanntmachung**
- **keine Kenntnis des Dritten von der Unrichtigkeit**.

Rechtsfolge: Jeder Dritte kann sich auf die Bekanntmachung berufen, ungeachtet dessen, dass hierdurch die tatsächliche Lage nicht wiedergegeben wird. In diesem Fall kommt es entscheidend darauf an, dass dem Dritten die Unrichtigkeit der Tatsache nicht bekannt war, denn dann wäre er nicht gutgläubig und könnte auf den Rechtsschein des Handelsregisters nicht vertrauen.

Aufgabe 31 > Seite 227

Der Kaufmann ist infolgedessen verantwortlich für den Rechtsschein, der von unrichtigen Eintragungen und Bekanntmachungen von Tatsachen ausgeht, die sein Unternehmen betreffen und deren Eintragung er veranlasst hat.

4. Die besondere Vertretung des Kaufmanns

Ein Kaufmann wird nicht sämtliche in seinem Unternehmen anfallenden Rechtsgeschäfte selbst abschließen und ausführen, sondern sich der Hilfe anderer Personen bedienen, die in seinem Namen im Handelsverkehr auftreten, Verträge abschließen und gestalten. Darunter sind unselbstständige Hilfspersonen (Angestellte) des Kaufmanns, wie Prokuristen und Handlungsbevollmächtigte, aber auch selbstständige Hilfspersonen wie z. B. Handelsvertreter, Kommissionäre, Spediteure, Frachtführer und Lagerhalter.

4.1 Prokura

Die Prokura ist eine handelsrechtlich ausgestaltete Vollmacht. Deshalb gilt zunächst uneingeschränkt das Vertretungsrecht des Bürgerlichen Gesetzbuches, das durch einige handelsrechtliche Sonderbestimmungen modifiziert und ergänzt wird.

Die **Erteilung der Prokura** kann gem. § 48 Abs. 1 HGB nur durch eine **ausdrückliche Erklärung** des Inhabers des Handelsgeschäfts erfolgen; dagegen kennt das Bürgerliche Gesetzbuch auch die konkludente Vollmachterteilung. Der Prokurist zeichnet im Schriftverkehr mit „ppa"; dies entspricht dem Offenkundigkeitsprinzip in § 164 Abs. 2 BGB, und zusätzlich wird der Umfang der Vertretungsmacht im Sinne einer handelsrechtlichen Prokura erkennbar.

Die Prokura erlischt durch **Widerruf**, § 52 Abs. 1 HGB, während die bürgerlich-rechtliche Vollmacht mit Abschluss des Rechtsgeschäfts oder durch Widerruf erlischt, durch Veräußerung oder Einstellung des Unternehmens und durch die Eröffnung des Insolvenzverfahrens. Die Prokura ist nicht übertragbar, § 52 Abs. 2 HGB, während nach bürgerlich-rechtlichen Regeln Untervollmacht erteilt werden kann. Ein Prokurist darf jedoch Handlungsvollmacht erteilen.

Die **Erteilung der Prokura** ist eine **eintragungspflichtige Tatsache**, § 53 Abs. 1 HGB, doch hat ihre Eintragung in das Handelsregister nur deklaratorische Wirkung, weil die Prokura bereits mit der Erteilung entsteht. Das **Erlöschen der Prokura** ist ebenfalls eine selbstständige eintragungspflichtige Tatsache, § 53 Abs. 3 HGB. Diese Eintragungspflicht besteht auch dann, wenn die Eintragung der Prokuraerteilung versehentlich unterblieben ist. Aufgrund der negativen Publizität des Handelsregisters geht auch von der fehlenden Eintragung des Erlöschens der Prokura der Rechtsschein aus. Der Kaufmann kann sich im Handelsverkehr ohne entsprechende Registereintragung auf das Erlöschen der Prokura nicht berufen, vgl. § 15 Abs. 1 HGB.

Aufgabe 32 > Seite 227

Der **Umfang der Prokura** ist in den §§ 49, 50 HGB für das Außenverhältnis zwingend vorgeschrieben. Danach ist der Prokurist zu allen Arten von gerichtlichen und außergerichtlichen Geschäften und Rechtshandlungen ermächtigt, die der Betrieb eines Handelsgewerbes mit sich bringt. Er kann im Namen des Kaufmanns jedes Rechtsgeschäft abschließen, das der **Betrieb irgendeines Handelsgewerbes** mit sich bringt, daher auch Personal einstellen und entlassen, Handlungsvollmacht erteilen, Darlehen aufnehmen, Schenkungen machen, Grundstücke erwerben und verpachten, Forderungen abtreten, neue Branchen erschließen, den Geschäftssitz verlegen, Prozesse führen und vieles mehr.

Die **gesetzliche Beschränkung der Prokura** durch die **Immobiliarklausel** des § 49 Abs. 2 HGB betrifft ausschließlich die Veräußerung und Belastung von Betriebsgrundstücken; hierzu benötigt der Prokurist eine besondere Befugnis des Kaufmanns.

Beispiel

Der Prokurist erwirbt im Namen des Kaufmanns ein Grundstück zum Preis von 1.700.000 €. Vereinbarungsgemäß werden 700.000 € angezahlt und eine Restkaufpreishypothek über 1 Mio. € in das Grundbuch eingetragen. Es handelt sich um einen Grundstückskaufvertrag, auf den die Immobiliarklausel des § 49 Abs. 2 HGB nicht anzuwenden ist, weil die Grundstücksbelastung eine Kaufmodalität zur Sicherung der restlichen Kaufpreiszahlung darstellt. Der Kaufmann ist deshalb aus dem von seinem Prokuristen geschlossenen Grundstückskaufvertrag verpflichtet, §§ 433 ff. BGB.

Aus der gesetzlichen Regelung der Prokura, die sich auf den Abschluss von Handelsgeschäften beschränkt, ergibt sich, dass Privatgeschäfte des Kaufmanns ebenso wie Prinzipalgeschäfte von der Vertretungsmacht ausgenommen sind. Die Rechtsprechung hat die **Beschränkung der Prokura** auch auf **Grundlagengeschäfte** ausgedehnt.

Beispiele

Als Grundlagengeschäfte gelten u. a. die Aufnahme neuer Gesellschafter in eine Handelsgesellschaft, die Einstellung oder Veräußerung des Unternehmens und die Firmenänderung.

Eine rechtsgeschäftliche Beschränkung des Umfangs der Prokura Dritten gegenüber ist unwirksam, § 50 Abs. 1 HGB. Damit wird eine Beschränkung der Vollmacht für bestimmte Geschäfte (= Einzelvollmacht) oder die Vollmacht für bestimmte Arten von Geschäften (= Artenvollmacht) oder auf bestimmte Umstände oder für eine bestimmte Zeit oder an einzelnen Orten nur im Innenverhältnis wirksam. Im Außenverhältnis kann die Prokura insoweit nicht beschränkt werden. Der einzige Ausnahmefall ist die **Filialprokura**, wonach die Prokura auf eine Zweigniederlassung beschränkt werden kann, wenn diese unter anderer Firma geführt wird, § 50 Abs. 3 HGB.

4.2 Handlungsvollmacht

Als Handlungsvollmacht gilt jede von einem Kaufmann im Rahmen seines Handelsgewerbes erteilte **Vollmacht, die nicht Prokura ist**, vgl. § 54 Abs. 1 HGB. Die Handlungsvollmacht kann durch den Inhaber des Handelsgeschäfts oder auch durch einen Bevollmächtigten gem. §§ 167, 171 BGB erteilt werden. Daher kann auch ein Prokurist Handlungsvollmacht und ein Handlungsbevollmächtigter Untervollmacht erteilen. Insbesondere die selbstständigen Handelsvertreter, aber auch die Angestellten des Kaufmanns können Handlungsvollmacht erhalten und Untervollmachten erteilen. Handlungsbevollmächtigte zeichnen Schriftverkehr mit „i. A." (im Auftrag) oder „i. V." (in Vertretung). Die Handlungsvollmacht kann wie jede andere Vollmacht jederzeit widerrufen werden. Eine Eintragung in das Handelsregister entfällt.

Beispiel

H ist Inhaber eines Fischgeschäfts an der Ostsee und eines Fischkutters. Er erteilt seinem Mitarbeiter M Vollmacht. M kauft einen zweiten Fischkutter. H weigert sich, den Kaufpreis zu zahlen. Der Handlungsbevollmächtigte ist zum Kauf eines Fischkutters nicht berechtigt, weil es sich weder um ein branchenübliches (Fisch) noch um ein gewöhnliches (Preis) Geschäft handelt, vgl. § 54 Abs. 1 HGB. Da H den schwebend unwirksamen Kaufvertrag nicht genehmigt hat, ist dieser endgültig unwirksam geworden, § 177 BGB. M ist verpflichtet, den Kaufpreis zu zahlen oder Schadensersatz zu leisten, vgl. §§ 433 Abs. 2, 179 BGB.

Der Handlungsbevollmächtigte ist zur Vornahme aller Geschäfte und Rechtshandlungen berechtigt, die der Betrieb eines derartigen Handelsgewerbes gewöhnlich mit sich bringt. Damit ist der **Umfang der Handlungsvollmacht** gesetzlich auf branchenübliche und gewöhnliche Geschäfte beschränkt, vgl. § 54 HGB. Der Handlungsbevollmächtigte ist auch nicht zur Veräußerung und Belastung von Grundstücken, Eingehung von Wechselverbindlichkeiten, Aufnahme von Darlehen und Prozessführung berechtigt.

Aufgabe 33 > Seite 227

Im Unterschied zur Prokura kann die Handlungsvollmacht vertraglich mit Außenwirkung beschränkt werden, wenn dem Dritten die **Beschränkungen der Handlungsvollmacht** mitgeteilt werden, vgl. § 54 Abs. 3 HGB. Die Handlungsvollmacht lässt sich deshalb wie jede bürgerlich-rechtliche Vertretungsmacht als Generalhandlungsvollmacht, als Arthandlungsvollmacht oder als Spezialhandlungsvollmacht gestalten. Infolgedessen ist die Handlungsvollmacht die übliche Form der Vertretungsmacht im Wirtschaftsunternehmen, indem den leitenden Angestellten für ihren jeweiligen Aufgabenbereich – Einkauf, Verkauf, Personal etc. – Vollmacht erteilt wird.

Als Besonderheit gilt für **Handelsvertreter** eine **Vermutung für die Abschlussvollmacht** gem. § 55 HGB. Die dem Handelsvertreter erteilte Vollmacht betrifft jedoch nicht Änderungen von Verträgen, insbesondere die Gewährung von Zahlungsfristen. Auch bedarf die Entgegennahme von Zahlungen einer besonderen Inkassovollmacht des Handelsvertreters. Allerdings kann der Handelsvertreter Mängelanzeigen und ähnliche Erklärungen entgegennehmen, vgl. § 55 Abs. 4 HGB.

4.3 Ladenvollmacht

Das Handelsgesetzbuch stellt für den Angestellten im Laden oder Warenlager eine **gesetzliche Vermutung seiner Vertretungsmacht** für Verkäufe und Empfangnahmen auf, die in einem derartigen Laden oder Warenlager gewöhnlich geschehen, § 56 HGB.

Beispiel

Grundsätzlich sind alle in einem offenen Verkaufsgeschäft mit den dort Beschäftigten Personen abgeschlossenen Kaufverträge wirksam, vgl. §§ 433 BGB, 56 HGB. Die gesetzliche Vermutung der Ladenvollmacht kann aber durch einen ausdrücklichen Hinweis ausgeschlossen werden, wie beispielsweise mit der Anbringung eines Schildes *„Zahlung nur an der Kasse"*.

Als Laden gilt jede Verkaufsstätte, zu der die Kunden freien Zutritt haben und die zum Geschäftsabschluss bestimmt ist. Dazu gehören auch Verkaufsstände auf Messen und Ausstellungen oder ein Großhandelslager mit Verkaufsmöglichkeit, nicht dagegen Fabrikations- und Lagerhallen oder Büroräume. Angestellt ist jede Person, die mit Kenntnis des Kaufmanns an der Verkaufstätigkeit mitwirkt. Es handelt sich nicht nur um Arbeitnehmer, sondern auch um Familienmitglieder und Aushilfspersonen. Der Begriff der „gewöhnlichen Verkäufe oder Entgegennahmen" schließt die Entgegennahme von Mängelanzeigen ein, ferner auch die sachenrechtliche Übereignung sowie die Vermittlung von Werk- und Werklieferungsverträgen, nicht dagegen den Einkauf, den Rücktritt vom Vertrag oder einen Umtausch von Waren.

5. Der Vertrieb über selbstständige Hilfspersonen

Kaufleute als Hersteller, als Be- oder Verarbeiter von Waren, als Groß- oder als Einzelhändler und als Dienstleister bedienen beim Absatz ihrer Waren und bei der Erbringung ihrer Dienstleistungen anderer Personen. In vielen Fällen werden als Absatz- und Umsatzmittler selbstständige Kaufleute tätig. Hierzu gehören u. a. Handelsvertreter, Kommissionäre, Vertragshändler und Handelsmakler.

Deren Tätigkeit besteht darin, Verträge zwischen Hersteller und Händler oder zwischen den Händlern untereinander zu vermitteln oder abzuschließen. Die selbstständigen Hilfspersonen des Kaufmanns verfolgen eigene unternehmerische Ziele. Sie stehen nicht in einem Arbeitsverhältnis zum Kaufmann, sondern betreiben ein eigenes Handelsgewerbe im Sinne des § 1 HGB. Ihr Rechtsverhältnis zum auftraggebenden Kaufmann ist überwiegend als entgeltlicher **Geschäftsbesorgungsvertrag** anzusehen, vgl. §§ 675 ff. BGB. Das vereinbarte Entgelt besteht in einer Provision, die aus den von ihnen vermittelten bzw. abgeschlossenen Geschäften nach dem jeweiligen Umsatz berechnet wird. Die Vorschriften des Handelsgesetzbuches für den jeweiligen Vertrag gehen als Spezialnormen den allgemeinen Vorschriften des Bürgerlichen Gesetzbuches vor.

5.1 Handelsvertreter

Handelsvertreter ist, wer als selbstständiger Gewerbebetreibender ständig damit betraut ist, für einen anderen Unternehmer Geschäfte zu vermitteln oder in dessen Namen abzuschließen, § 84 HGB. Der Handelsvertreter ist ein **Kaufmann gem. § 1 HGB**. Er wird für das Handelsunternehmen als Umsatzmittler eingesetzt, in die Vertriebsorganisation eingegliedert und übt eine **Tätigkeit im fremden Namen** aus. Wesentlich für die Tätigkeit des Handelsvertreters sind folgende Merkmale:

- **selbstständiger Gewerbetreibender**
- **ständige Betrauung mit Vermittlungs- oder Abschlusstätigkeit**
- **Handeln im fremden Namen und für fremde Rechnung**.

Der Handelsvertreter ist in aller Regel selbstständig, ausgenommen der angestellte Einfirmenvertreter gem. § 84 Abs. 2 HGB. Seine Selbstständigkeit wird durch die Übernahme des Unternehmerrisikos deutlich, indem er keine feste Vergütung erhält, sondern einen erfolgsorientierten **Provisionszahlungsanspruch**. Der Handelsvertreter hat meist eigene Geschäftsräume, die er auf seine Kosten unterhält und personell ausstattet. Er lässt seine Firma im Handelsregister eintragen, verwendet sie auf seinen Geschäftsbriefen und ist zum Führen von Handelsbüchern verpflichtet.

Den Handelsvertreter trifft eine **Vermittlungs- oder Abschlusspflicht** gem. § 84 Abs. 1 Satz 1 HGB. Neben den allgemeinen Vertretungsregeln des Bürgerlichen Rechts gilt für Handelsvertreter § 91a HGB. Danach wird der Mangel der Vertretungsmacht geheilt, wenn der Unternehmer nicht unverzüglich widerspricht. In aller Regel umfasst die Tätigkeit des Handelsvertreters eine **Mehrfirmenvertretung**, wenn ihm von mehreren

Unternehmern Vertretungsmacht erteilt worden ist. Sofern er lediglich als **Einfirmenvertreter** tätig wird, steht er unter dem besonderen Schutz arbeitsrechtlicher Bestimmungen, vgl. § 92a HGB. Nach jeweiliger Vertragsauslegung gilt der Handelsvertreter im Einzelfall als Angestellter oder als freier Mitarbeiter des Unternehmers oder auch als selbstständiger Auftragnehmer.

Zu den bedeutsamsten Rechten des Handelsvertreters gehören seine **Ansprüche auf Provisionszahlungen**. Denn die Provision ist das Entgelt für seine Vermittlungs- und Abschlusstätigkeit. Im Handelsvertretervertrag können nach dem Grundsatz der Vertragsfreiheit auch noch weitere Formen der Vergütung vereinbart werden, z. B. ein festes Entgelt, eine Umsatzbeteiligung, eine Gewinnbeteiligung und Kombinationen aus verschiedenen Entgeltformen. Daneben besteht der gesetzliche Provisionsanspruch des Handelsvertreters für alle während des Handelsver-treterverhältnisses abgeschlossenen Geschäfte, die auf seine Tätigkeit zurückzuführen sind und nicht bereits einem ausgeschiedenen oder nachfolgenden Handelsvertreter zustehen, § 87 HGB.

Die **Voraussetzungen der Abschlussprovision** sind:

- Abschluss eines Geschäfts während des Bestehens des Handelsvertreterverhältnisses
- Mitursächlichkeit der Tätigkeit des Handelsvertreters für den Geschäftsabschluss oder für die Nachbestellung (= Kausalität)
- kein Anspruch des ausgeschiedenen oder nachfolgenden Handelsvertreters.

Provisionspflichtig sind danach alle Geschäfte, die auf die Tätigkeit des Handelsvertreters zurückzuführen sind, unabhängig davon, ob der Handelsvertreter auch Abschlussvollmacht hatte oder nur eine Vermittlungstätigkeit ausübte. Für die **Abschlussprovision des Bezirksvertreters** entfällt das Merkmal der Kausalität zwischen Tätigkeit und Vertragsabschluss, denn gem. § 87 Abs. 2 HGB hat ein Bezirksvertreter Anspruch auf Provisionszahlung auch für die Geschäfte, die ohne seine Mitwirkung mit Personen seines Bezirks oder Kundenkreises abgeschlossen worden sind.

Bei dem Ausscheiden oder Eintreten eines Handelsvertreters in die Vertriebsorganisation ist zu berücksichtigen, dass der Unternehmer die Provision nur einmal zahlen muss, sodass es zu Überhangprovisionen bei Beendigung des Handelsvertretervertrages kommen kann. Sofern ein Abschluss überwiegend auf die Tätigkeit des ausgeschiedenen Handelsvertreters zurückzuführen ist, gilt § 87 Abs. 3 HGB mit der Folge, dass diesem die Provision zusteht.

Der Anspruch auf **Delkredereprovision** entsteht gem. § 86b HGB, wenn der Handelsvertreter eine schriftliche Erklärung abgibt, worin er sich verpflichtet, für die Erfüllung der Verbindlichkeit aus einem Geschäft einzustehen. Die Erklärung bedarf zu ihrer Wirksamkeit der Schriftform und muss sich auf ein bestimmtes Geschäft oder auf einen bestimmten Geschäftspartner beziehen. Es handelt sich regelmäßig um eine Bürgschaftsübernahme, gelegentlich kann aber auch ein Schuldbeitritt oder ein selbstständiges Garantieversprechen vorliegen. Der Handelsvertreter hat einen gesetzlichen Anspruch auf die Delkredereprovision, weil er mit seiner Verpflichtung, für die Zahlungsfähigkeit des Vertragspartners einzustehen, ein zusätzliches Haftungsrisiko übernommen hat.

Sofern der Handelsvertreter auch die Einziehung von Zahlungen übernommen hat, entsteht ein besonderer Anspruch auf die **Inkassoprovision** gem. § 87 Abs. 4 HGB.

Für die Übernahme weiterer Dienstleistungen, die nicht bereits vertraglich geschuldet sind, kann der Handelsvertreter die **allgemeine Provision eines Kaufmanns aus § 354 HGB** beanspruchen. Diese fällt z. B. infolge außergewöhnlich hoher Belastungen im Bereich der sog. After-Sales-Services an, wenn ein erheblicher Aufwand durch die Bearbeitung von Kundenreklamationen und die Mängelrügeabwehr bei Gewährleistungsfällen entsteht. Die Ansprüche aus dem Handelsvertretervertrag verjähren in 4 Jahren gem. § 88 HGB, beginnend mit dem Schluss des Jahres, in dem der Anspruch fällig geworden ist.

Beispiel

Ein Handelsvertreter mit Abschlussvollmacht hat für den Inhaber des Handelsgeschäfts Kruse eine größere Zahl von Kaufverträgen abgeschlossen. Im Hinblick auf die zweifelhafte Zahlungsfähigkeit eines Käufers versichert der Handelsvertreter gegenüber Kruse telefonisch, er werde in jedem Fall für die Zahlungsfähigkeit des Käufers einstehen. Dem Handelsvertreter stehen die Ansprüche auf Abschlussprovisionen gem. § 87 HGB zu. Einen Anspruch auf die zusätzliche Delkredereprovision hat der Handelsvertreter nicht, weil die mündliche Übernahme des Delredererisikos unwirksam ist, §§ 125 BGB, 86b HGB.

Die **Beendigung des Handelsvertretervertrages** erfolgt u. a. durch Kündigung. Die ordentliche Kündigung ist nur bei einem auf unbestimmte Zeit abgeschlossenen Handelsvertretervertrag unter Beachtung der in § 89 HGB genannten Fristen zulässig. Dagegen erfordert die außerordentliche Kündigung das Vorliegen eines wichtigen Grundes gem. § 89a HGB. Ein wichtiger Grund zur außerordentlichen Kündigung des Handelsvertretervertrages durch den Unternehmer wird angenommen, wenn der Handelsvertreter trotz vertraglichen Wettbewerbsverbotes für einen Konkurrenten tätig wird, bei einem schweren Vertrauensbruch, bei Unterschlagung von eingezogenen Geldbeträgen oder bei Kreditschädigung. Ein Grund zur außerordentlichen Kündigung durch den Handelsvertreter ist bei häufiger Lieferung mangelhafter Ware, bei Abwerbung seiner Stammkunden durch den Unternehmer und bei falschen Angaben über Nachbestellungen gegeben.

Nach Beendigung des Handelsvertretervertrages entsteht ein **Ausgleichsanspruch des Handelsvertreters** gem. § 89b HGB. Dabei handelt es sich um eine Entschädigung für den zu erwartenden Provisionsverlust aus Geschäften mit geworbenen Kunden bis zur Höhe einer Jahresprovision. Der Ausgleichsanspruch ist ausgeschlossen, wenn der Handelsvertreter seinen Vertrag selbst gekündigt oder den Anlass für die Kündigung durch schuldhaftes Verhalten gegeben hat oder aufgrund einer Vereinbarung über einen Nachfolger. Der Ausgleichsanspruch steht dem nebenberuflichen Handelsvertreter nicht zu, vgl. § 92b HGB.

5.2 Kommissionär und Kommissionsagent

Der Kommissionär übernimmt gewerbsmäßig Waren oder Wertpapiere **für Rechnung eines anderen (= Kommittent) in eigenem Namen** zu kaufen oder zu verkaufen, §§ 383 ff. HGB. Er ist Kaufmann gem. § 1 HGB. Kommissionsverträge finden sich heute im Wesentlichen im Handel mit Wertpapieren (Effektenkommission), aber auch im Auslandsgeschäft, z. B. beim Warenimport und -export, ferner branchentypisch im Weinhandel, im Kunsthandel, im Textilhandel, im Buchhandel und in einigen anderen Bereichen. Abgesehen von Einkäufen und Verkäufen übernimmt der Kommissionär gelegentlich auch Geschäftsbesorgungen, wie z. B. die Inkassokommission, die Exportkommission, die Filmverleih- und Theateraufführungskommission oder die Anzeigen- und Werbungskommission belegen. Den Kommissionsvertrag kennzeichnen folgende Merkmale:

- **Kauf oder Verkauf von Waren oder Wertpapieren, gelegentlich auch die Übernahme von Geschäftsbesorgungen**
- **gewerbsmäßige Übernahme (Ausnahme: Gelegenheitskommisssion gem. § 406 HGB)**
- **Handeln im eigenen Namen für fremde Rechnung**.

Im Unterschied zum Handelsvertreter, der im fremden Namen tätig wird, schließt der Kommissionär die **Geschäfte im eigenen Namen** ab. Der Kommissionär wird damit selbst Vertragspartner. Er handelt jedoch **für Rechnung des Kommittenten**, dem das wirtschaftliche Ergebnis des Vertragsabschlusses zukommt. Der Kommissionsvertrag kann gem. § 383 Abs. 1 HGB als Einkaufs- oder als Verkaufskommission abgeschlossen werden. Der Einkaufskommissionär kauft für Rechnung des Kommittenten Waren oder Wertpapiere, während der Verkaufskommissionär für Rechnung des Kommittenten Waren oder Wertpapiere verkauft.

Im Kommissionsgeschäft muss das Innenverhältnis zwischen dem Kommissionär und dem Kommittenten und das Außenverhältnis zwischen dem Kommissionär und dem Dritten unterschieden werden. Zudem ergibt sich die Verpflichtung des Kommissionärs, das aus der Ausführung erlangte an den Kommittenten herauszugeben, da er für fremde Rechnung tätig wird, vgl. § 384 Abs. 2 HGB. Es entstehen **drei Rechtsverhältnisse**:

- der **Kommissionsvertrag** zwischen dem Kommissionär und dem Kommittenten, durch den sich der Kommissionär zur Ausführung des übernommenen Geschäfts verpflichtet (= Innenverhältnis)
- das **Ausführungsgeschäft** zwischen dem Kommissionär und dem Dritten (= Außenverhältnis)
- das **Abwicklungsgeschäft** zwischen dem Kommissionär und dem Kommittenten, wonach der Kommissionär die aus dem Ausführungsgeschäft erlangten Rechte und Sachen auf den Kommittenten überträgt (= Innenverhältnis).

Im Abwicklungsgeschäft richten sich die **Pflichten des Kommissionärs** nach der Art des Kommissionsvertrags. Falls eine Einkaufskommission vereinbart wurde, ist der Kommissionär zur Übereignung der erworbenen Waren verpflichtet, im Fall der Verkaufskommission zur Abtretung der Kaufpreisforderung an den Kommittenten.

Die Pflichten des Kommissionärs bestehen in der **Ausführungspflicht**, § 384 HGB und der **Interessenwahrungspflicht**, § 384 HGB (Aushandeln günstiger Bedingungen für Preise, Rabatte, Kreditmöglichkeiten, Rechtswahrung des Kommittenten bei Verlust, Beschädigung oder Mängeln der Ware, keine eigenmächtige Gewährung von Vorschüssen und Krediten) Der Kommissionär ist weisungsgebunden, § 384 Abs. 1 HGB, z. B. bei Vereinbarung von Liefer- und Zahlungsbedingungen und zur Rechnungslegung verpflichtet, § 384 Abs. 2 HGB. Sofern der Kommissionär die Weisungen des Kommittenten nicht befolgt, kann der Kommittent Schadensersatz verlangen und braucht das Geschäft nicht für seine Rechnung gelten zu lassen, § 385 HGB. Bei Preisabweichungen muss der Kommittent allerdings sofort reagieren und das Geschäft unverzüglich zurückweisen, sonst gilt es ungeachtet der abweichenden Vereinbarung als für seine Rechnung abgeschlossen (limitierte Verkaufs- oder Einkaufskommission).

Die **Rechte des Kommissionärs** umfassen Ansprüche auf Provisionszahlung, vgl. §§ 394, 396 HGB. Im Kommissionsvertrag entstehen zur Sicherung der Forderungen des Kommissionärs gegen den Kommittenten besondere Sicherungsrechte. Dazu gehören ein **Pfandrecht am Kommissionsgut**, § 397 HGB und Befriedigungsrechte gem. §§ 398, 399 HGB, die den Zugriff auf das Kommissionsgut oder auf die Forderungen ermöglichen. Ferner erlangt der Kommissionär ein **Selbsteintrittsrecht** ohne Verlust seines Provisionsanspruchs gem. §§ 400, 403 HGB, sofern dies nicht vertraglich ausgeschlossen wurde und es sich um Waren oder Wertpapiere handelt, die einen Börsen- oder Marktpreis haben.

Sofern im Ausführungsgeschäft **Leistungsstörungen** auftreten, beispielsweise Zahlungsverzug des Dritten, kann das Abwicklungsgeschäft nicht wie vorgesehen erfüllt werden. Der Kommissionär ist Vertragspartner des Dritten und hat deshalb einen vertraglichen Schadensersatzanspruch. Der Schaden tritt allerdings nicht beim Kommissionär, sondern beim Kommittenten ein, weil der Kommissionär auf dessen Rechnung handelt. Anspruch und Schaden fallen nach dieser Sachlage auseinander.

Beispiel

Der Kommissionär kauft eine Ware für den Kommittenten ein, doch gerät der Verkäufer in Lieferverzug. Der Kommissionär hat einen vertraglichen Anspruch auf Ersatz des Verzugsschadens gegen den Verkäufer gem. §§ 433, 280, 286 BGB, aber keinen Schaden. Der Kommittent hat zwar einen Schaden, aber keinen Schadensersatzanspruch, weil er nicht Vertragspartner des Verkäufers ist, sondern der Kommissionär. Es wäre unbillig, wenn der Schädiger dadurch von der Haftung befreit würde, dass Anspruchsberechtigung und Schaden auseinanderfallen. Diese Situation wird durch die Konstruktion der Drittschadensliquidation gelöst, vgl. §§ 285, 249 BGB. Der Kommissionär kann den Schaden des Kommittenten im Wege der Drittschadensliquidation bei dem Dritten geltend machen. Andererseits könnte der Kommittent aber auch die Abtretung des Schadensersatzanspruchs von dem Kommissionär verlangen, um den Schaden selbst geltend zu machen.

Der **Kommissionsagentenvertrag** ist ein Rahmenvertrag, der formfrei abgeschlossen wird. Er ist gesetzlich nicht geregelt und folgt dem Grundsatz der Privatautonomie, § 311 BGB. Es handelt sich um einen Vertragstypus zwischen dem Kommissionsvertrag und dem Handelsvertretervertrag. Der Kommissionsagent unterscheidet sich vom Kommissionär dadurch, dass seine Tätigkeit ausschließlich auf den **Verkauf** ausgerichtet ist, und eine **dauerhafte Geschäftsverbindung** begründet wird. Daraus ergibt sich eine besondere Schutzbedürftigkeit des Kommissionsagenten. Auf den Kommissionsagentenvertrag finden neben dem Recht des Kommissionsvertrags auch einzelne Bestimmungen des Handelsvertreterrechts Anwendung.

Der Kommissionsagent ist als selbstständiger Gewerbetreibender von einem Unternehmer ständig damit betraut, **für dessen Rechnung, aber im eigenen Namen** Waren oder Wertpapiere zu verkaufen. Er ist somit Kaufmann gem. § 1 HGB. Seine Tätigkeit ist in das Vertriebssystem eines Unternehmens eingegliedert, das Preise und Konditionen der vom Kommissionsagenten abzuschließenden Kaufverträge vorgibt.

5.3 Vertragshändler und Franchising

Der Vertragshändler ist ein Kaufmann, dessen Unternehmen in die Vertriebsorganisation eines Herstellers von Markenwaren eingegliedert ist. Durch Vertrag mit dem Hersteller oder einem Zwischenhändler ist der Vertragshändler dazu verpflichtet, ständig **im eigenen Namen und auf eigene Rechnung** die Waren des Herstellers zu vertreiben und ihren Absatz zu fördern. Die Kaufmannseigenschaft entsteht gem. § 1 HGB.

Der **Vertragshändlervertrag** ist ein gesetzlich nicht geregelter Rahmenvertrag über Bezugs- und Vertriebsrechte der Waren des Herstellers. Im Unterschied zum Kommissionsagenten handelt der Vertragshändler auf eigene Rechnung und übernimmt dadurch auch ein eigenes unternehmerisches Risiko. Der Vertrags- oder Eigenhändler beschafft die Waren durch Kaufverträge von dem Hersteller und veräußert diese Waren wiederum an die Abnehmer der Markenware. Es entsteht durch die Vorgaben des Herstellers im Hinblick auf die Weiterveräußerung und den Kundendienst eine besondere Kundenbindung an die Markenware.

Das **Vertriebssystem über Vertragshändler** ist regelmäßig auf ein bestimmtes Vertriebsgebiet bezogen. Der Vertragshändler erhält ein **Alleinvertriebsrecht**, wonach er in dem ihm zugewiesenen Gebiet von dem Hersteller allein mit Vertragsware beliefert wird. Mit dieser Vereinbarung wird häufig eine **Bezugsbindung des Vertragshändlers** verknüpft. Das Alleinvertriebsrecht beinhaltet keinen absoluten Gebietsschutz in dem Sinne, dass der Hersteller auch seine übrigen Abnehmer verpflichtet, nicht in das Gebiet des Vertragshändlers zu liefern. Der Vertragshändlervertrag enthält neben den Hauptleistungspflichten des Warenbezugs vom Hersteller und einer Vertriebspflicht des Vertragshändlers weitere Regelungen über Preisfestsetzungen oder Preisempfehlungen, die Übernahme der Werbung für das Produkt des Herstellers und die Verpflichtung, neben der eigenen Firma auch das Herstellerzeichen im Handelsverkehr werbend herauszustellen. Da keine gesetzlichen Vorschriften für Vertragshändlerverträge vorhanden sind, werden streitige Rechtsfragen durch analoge Anwendung des Handelsvertreterrechts geregelt.

Das **Franchising** ist ein in den USA entwickeltes Vertriebssystem, das sich für Waren und Dienstleistungen gleichermaßen eignet. Durch den Franchise-Vertrag erhält der Franchisenehmer gegen eine Franchisegebühr die Vertriebsrechte vom Franchisegeber, doch werden noch zahlreiche weitere Vereinbarungen getroffen. Das Franchising kann als ein besonderes System von Vertragshändlerverträgen bezeichnet werden, das auch im Dienstleistungsbereich anzutreffen ist. Franchinsenehmer sind Kaufleute gem. § 1 HGB.

Die **Rahmenvereinbarung des Franchising** ist ein Vertrag über ein vertikales Vertriebssystem, in dem ein Unternehmer (= Franchisegeber), der ein Erzeugnis oder eine Service-Leistung oder beides zusammen unter Verwendung einer gemeinsamen Kennzeichnung entwickelt hat, seinen Franchisenehmern, die ihrerseits selbstständige Unternehmer sind, den Vertrieb eines Produktes oder der Service-Leistung überträgt. Es sind zwei Arten des Franchising zu unterscheiden:

Beispiele

- Das Product Distribution Franchising (Waren-Franchising) ist ein Vertriebssystem, das dem Vertragshändlervertrag entspricht, jedoch eine Bindung des Händlers über den Vertrieb hinaus beinhaltet. Der Franchisenehmer ist insbesondere zur Umsetzung eines vorgegebenen Marketingkonzepts verpflichtet.
- Das Business Format Franchising (Absatzprogramm-Franchising) ist eine Lizenzierung der Marke, des Namens, des Know-how und des gesamten geschäftlichen Systems für den Vertrieb von Waren und Dienstleistungen, beispielsweise Restaurants, Hotels, Fast-Food-Ketten, Computerfachhandel etc. und entwickelte sich in den vergangenen Jahren auch in Europa zu einer bedeutenden Marketing-Funktion.

Die Franchising-Vereinbarung kann in der **Form eines Betriebsvertrags** abgeschlossen werden, wodurch dem Franchisenehmer das Betreiben eines oder mehrerer Ladengeschäfte erlaubt wird, ohne dass er Unterlizenzen vergeben darf. Sofern die Vertragsparteien die **Form eines Bezirksvertrags** wählen, wird dem Franchisenehmer der Alleinvertrieb für ein bestimmtes Gebiet garantiert, und er kann in diesem Gebiet auch Unterlizenzen vergeben.

Beispiel

Ein Franchise-Vertrag wird ordnungsgemäß durch Kündigung beendet. Hat der Franchisenehmer einen Entschädigungsanspruch gegen den Franchisegeber zum Ausgleich für die geworbenen Kunden und Geschäftsbeziehungen, die dem Franchisegeber nach Vertragsbeendigung verbleiben? Ja, der Franchise-Vertrag ist zwar im Handelsgesetzbuch nicht geregelt, doch wird im Fall der Beendigung des Vertrags die Vorschrift des § 89b HGB über den Ausgleichsanspruch des Handelsvertreters analog angewandt, weil die Interessenlage im Franchise-Vertrag derjenigen im Handelsvertreterrecht vergleichbar ist.

Die **rechtliche Behandlung des Franchise-Vertrags** ist nicht ganz einfach, weil es sich um einen atypischen Vertrag mit Elementen aus dem Kauf-, Pacht-, Werk-, Dienst-, Lizenz- und Gesellschaftsvertrag handelt. Vielfach wird in Ermangelung besonderer Vorschriften das Handelsvertreterrecht analog angewandt. Der Ausgleich von Nachteilen bei Beendigung des Franchise-Vertrags erfolgt durch Entschädigung für die Dauer des Wettbewerbsverbots analog § 90a HGB, durch einen Ausgleich für die Werbung neuer Kunden analog § 89b HGB und eventuell durch die handelsrechtlichen Kündigungsfristen, falls keine vertraglichen Sondervereinbarungen vorliegen.

6. Die allgemeinen Regeln für Handelsgeschäfte

Die Rechtsgeschäfte, welche von Kaufleuten abgeschlossen werden, unterliegen den besonderen Bestimmungen des Handelsrechts. Handelsgeschäfte sind alle Geschäfte des Kaufmanns, die zum Betrieb seines Handelsgewerbes gehören, § 343 HGB.

Da sich im Handelsverkehr nicht ohne Weiteres feststellen lässt, ob das Rechtsgeschäft zum Betrieb des Handelsgewerbes eines Kaufmanns gehört, besteht nach § 344 HGB eine **gesetzliche Vermutung**, wonach jedes Geschäft eines Kaufmanns als Handelsgeschäft gilt. Es ist Sache des Kaufmanns, diese Vermutung des Gesetzes im Einzelfall zu widerlegen.

Schuldscheine des Kaufmanns, darunter Verpflichtungsscheine, Wechsel, Lagerscheine, Darlehensbekenntnisse, Bürgschaftserklärungen, Schuldversprechen, Schuldanerkenntnisse, Schecks, Konnossemente, Ladescheine, Transportversicherungspolicen und Namensaktien, gelten als im Betrieb seines Handelsgewerbes gezeichnet. Der Beweis dafür, dass sie auf Privatgeschäften beruhen, muss sich aus der Urkunde selbst ergeben, vgl. § 344 Abs. 2 HGB.

Nur bei offensichtlichen Privatgeschäften, z. B. einem Mietvertrag über die Wohnung des Kaufmanns, gilt die gesetzliche Vermutung für ein Handelsgeschäft nicht. Deshalb sind grundsätzlich alle Rechtsgeschäfte, die ein Kaufmann abschließt, als Handelsgeschäfte anzusehen, für die die Regeln des Handelsgesetzbuches gelten.

Es sind **einseitige und beiderseitige Handelsgeschäfte** danach zu unterscheiden, ob auf einer oder beiden Vertragsseiten Kaufleute beteiligt sind. Grundsätzlich ist das Handelsrecht gleichermaßen für ein- und beiderseitige Handelsgeschäfte anzuwenden. Ausnahmsweise setzen aber einige Vorschriften, darunter z. B. die kaufmännische Untersuchungs- und Rügepflicht gem. § 377 HGB, ausdrücklich ein beiderseitiges Handelsgeschäft voraus.

Handelsgeschäfte sind Rechtsgeschäfte im Sinne des BGB und folgen deshalb hinsichtlich ihres Zustandekommens, ihrer Durchführung und Beendigung, der Gestaltung und der Mängelgewährleistung den Regeln des bürgerlichen Rechts. Allerdings sind zusätzlich folgende **Besonderheiten des Handelsrechts** zu berücksichtigen:

- **Handelsbräuche,** § 346 HGB
- **kaufmännische Sorgfaltspflicht** gem. § 347 HGB

- **Formfreiheit für Bürgschaft, Schuldversprechen und Schuldanerkenntnis,** § 350 HGB
- **Grundsatz der Entgeltlichkeit,** §§ 352 bis 354 HGB
- **Kontokorrent,** § 355 ff. HGB
- **Leistungszeit,** §§ 358, 359 HGB
- **Handelsgut mittlerer Art und Güte,** § 360 HGB
- **Zustandekommen von Handelsgeschäften,** § 362 HGB
- **erweiterter Gutglaubensschutz beim Eigentums- und Pfandrechtserwerb,** §§ 366 ff. HGB
- **kaufmännisches Zurückbehaltungsrecht,** § 369 HGB.

Kaufleute haben in Handelsgeschäften für die **Sorgfalt eines ordentlichen Kaufmanns** einzustehen, § 347 HGB. Danach entsteht eine Sorgfaltspflicht des ordentlichen Kaufmanns als **gesetzliche Nebenleistungspflicht** in allen Rechtsgeschäften des Kaufmanns. Die Sorgfaltspflichten des ordentlichen Kaufmanns umfassen die Verpflichtung zur Wahrheit, zur Vollständigkeit, zur Klarheit, zur Prüfung bei der Übernahme fremder Angaben, zur Berichtigung von unrichtig gewordenen Mitteilungen, zur Priorität des Empfängerinteresses bei Interessenkollisionen, zur Warnung vor drohenden Schäden und gegebenenfalls zur Weitergabe von Informationen.

Eine **Verpflichtung zur sorgfältigen Geschäftsausführung** ergibt sich insbesondere für die Geschäftsbesorgungskaufleute aus den jeweiligen Verträgen, beispielsweise aus dem Handelsvertretervertrag, dem Kommissionsvertrag, dem Kommissionsagentenvertrag, dem Vertragshändlervertrag, dem Franchise-Vertrag und dem Handelsmaklervertrag. Auch in anderen Handelsgeschäften kann sich eine besondere Verpflichtung des Kaufmanns zur sorgfältigen Erteilung von Rat, Auskunft, Aufklärung, zur Abgabe eines wahrheitsgemäßen Zeugnisses und zur Erstellung eines über die wesentlichen Umstände aufklärenden Prospekts ergeben. Die Haftung des Kaufmanns wegen unvollständiger oder unrichtiger Beratung und Aufklärung besteht insbesondere bei **Bankgeschäften**, bei **Anlageempfehlungen und Börsendiensten** und im Bereich der Beratungs- und Gutachtertätigkeit, z. B. für **Unternehmens- oder Werbeberatung**.

Aufgabe 34 > Seite 227

Schadensersatzansprüche wegen Verletzung der kaufmännischen Sorgfaltspflichten ergeben sich aus den allgemeinen vertragsrechtlichen Grundsätzen gem. §§ 280 ff. BGB.

Mit **Ausnahme** der in den §§ 343 ff. HGB aufgeführten Besonderheiten gelten für alle Handelsgeschäfte grundsätzlich die Vorschriften des bürgerlichen Rechts. Ist das Handelsgeschäft ein Kaufvertrag, sind ferner die besonderen Regeln über den Handelskauf zu beachten.

6.1 Handelsbräuche und Handelsklauseln

Unter Kaufleuten ist in Ansehung der Bedeutung und Wirkung von Handlungen und Unterlassungen auf die im Handelsverkehr geltenden Gewohnheiten und Gebräuche Rücksicht zu nehmen, § 346 HGB. Handelsbräuche sind die **kaufmännischen Verkehrssitten**, die für Kaufleute als verbindlich gelten, selbst wenn sie nicht vereinbart oder den Kaufleuten unbekannt sind. Allerdings gelten sie nicht allgemein wie die Handelsgesetze, sondern beschränkt auf einzelne Branchen, Regionen und Börsenplätze (Platz-Usancen). Dennoch ist ihre Geltung im jeweiligen Handelsgeschäft unabhängig von der Kenntnis der Parteien. Wer sich einem Handelsbrauch nicht unterwerfen will, muss ihn ausdrücklich ausschließen.

Die **Bildung von Handelsbräuchen** bedarf eines längeren Zeitraums, der Zustimmung aller Beteiligten und der tatsächlichen Übung. Streitigkeiten über das Bestehen von Handelsbräuchen können durch ein Gutachten der Industrie- und Handelskammer beigelegt werden. Die Kammern erteilen auch Auskünfte und Gutachten über das Bestehen von Handelsbräuchen. **Beispiele für anerkannte Handelsbräuche** sind

- **das kaufmännische Bestätigungsschreiben**
- **Gewohnheiten unter Kaufleuten**, wie die Unzulässigkeit von Nachnahmesendungen ohne Vereinbarung und ohne Benachrichtigung
- **nationale und internationale Handelsklauseln (Incoterms)**.

Im nationalen Handelsverkehr werden zahlreiche gebräuchliche Handelsklauseln vereinbart, deren Auslegung nicht einheitlich ist, sondern sich aus den **kaufmännischen Verkehrssitten gem. § 346 HGB** ergibt. Auch die nationalen Handelsklauseln werden durch Einbeziehung in einen Vertrag für den Kaufmann bindend, unabhängig von der Kenntnis ihrer Bedeutung. Dies gilt selbst für die gebräuchlichen Abkürzungen.

Beispiele

- Im kaufmännischen Geschäftsverkehr ist wird ein Angebot häufig befristet und mit der Klausel versehen ***„Angebot ... fest bis ...“***. Der Erklärende ist bis zum benannten Termin an sein Vertragsangebot gebunden, sodass das Angebot nur innerhalb dieser Frist angenommen werden kann. Die Rechtsbindungswirkung der Willenserklärung (Vertragsangebot) erlischt zum genannten Datum, vgl. § 148 BGB.
- Welche Bedeutung haben die Handelsklauseln ***„Angebot ... freibleibend“***, ***„Angebot ... ohne obligo“*** oder ***„Preise freibleibend“***? Der Erklärende ist an sein Angebot nicht gebunden und entscheidet erst nach Eingang der Annahmeerklärung über den Vertragsabschluss. Dagegen beinhalten die Klauseln *„Preise freibleibend“* oder *„Lieferung freibleibend“* ein bindendes Vertragsangebot, in dem die Höhe des Preises oder der Umfang der Lieferung noch bestimmt werden soll.
- In einem Kaufvertrag über ein gebrauchtes Fahrzeug ist die Klausel zu finden: ***„Kauf ... wie besichtigt ...“***. Die Gewährleistung für solche Sachmängel des Kaufgegenstandes wird ausgeschlossen, die bei der Besichtigung erkennbar waren, vgl. § 442 BGB.

Dagegen können für nicht äußerlich erkennbare Mängel der Kaufsache die kaufrechtlichen Gewährleistungsansprüche geltend gemacht werden.

- Welche rechtliche Bedeutung hat die Klausel ***„Lieferung ... auf Abruf"*** in einem Handelskauf? Der Käufer bestimmt den Fälligkeitszeitpunkt der Leistung, muss die Ware jedoch innerhalb einer angemessenen Frist abrufen (Saison). Der Verkäufer hat jederzeit leistungsbereit zu sein. Um Auseinandersetzungen über die Angemessenheit des Abruftermins zu vermeiden, wird in aller Regel auch der Abrufzeitraum vertraglich festgelegt (Kalenderwoche, Monat oder ein bestimmter Zeitraum).
- Ergeben sich bei Vereinbarung der Handelsklausel ***„Lieferung frachtfrei"*** oder *„Lieferung franko"* Besonderheiten für den Erfüllungsort? Es handelt sich um eine Klausel, die ausschließlich die Kosten betrifft. Der Verkäufer trägt die Transportkosten abweichend von § 448 BGB. Der Erfüllungsort bleibt jedoch unverändert, weil die Kostenregelung die Frage des Gefahrübergangs nicht berührt, vgl. §§ 446, 447 BGB.
- In einem Kaufvertrag ist die Handelsklausel enthalten ***„Selbstbelieferung vorbehalten"***. Im Fall der Vereinbarung eines Selbstbelieferungsvorbehalts wird der Verkäufer von seiner Lieferpflicht frei, wenn er von seinem eigenen Lieferanten nicht beliefert wird. Er muss jedoch dem Käufer die Rechte aus dem Deckungsgeschäft mit dem Lieferanten abtreten. Der Kaufvertrag steht unter der auflösenden Bedingung der Belieferung des Verkäufers, §§ 433, 158 BGB. Sofern dieser keinen Deckungskauf abgeschlossen hat, ist die Selbstbelieferungsklausel unwirksam, weil die Vertragserfüllung von der willkürlichen Entscheidung einer Vertragspartei abhängt. Die Handelsklausel wird daher nur wirksam eingesetzt, wenn Lieferbeziehungen mit Vorlieferanten bereits bestehen.
- Welche Bedeutung hat die Handelsklausel ***„Zahlung netto Kasse"***? Die Kasse-Klausel beinhaltet grundsätzlich die Verpflichtung zur Barzahlung ohne Abzug von Skonto. Es handelt sich um eine Fälligkeitsregelung, wonach bei der Dokumentenvorlage durch den Verkäufer die Zahlungspflicht des Käufers entsteht. In der Form *„Kasse gegen Rechnung und Verladepapiere"* (cash against documents) wird die Barzahlungsverpflichtung unter Ausschluss von Aufrechnungs- und Zurückbehaltungsrechten vereinbArt. Der Käufer ist zur Vorleistung verpflichtet und kann erst nach Kaufpreiszahlung die Ware überprüfen und bei Mängeln eventuelle Gewährleistungsrechte geltend machen.
- In der Wirtschaftspraxis ist auch die Handelsklausel ***„Zwischenverkauf vorbehalten"*** anzutreffen. Das Angebot des Verkäufers steht unter der auflösenden Bedingung des anderweitigen Verkaufs der Ware vor der Annahme des Vertragsangebotes durch den Käufer, vgl. § 158 BGB. Die Rechtsbindungswirkung des Vertragsangebotes erlischt im Fall des Zwischenverkaufs.

Die Handelsklauseln sind keinesfalls vollständig aufgeführt, sondern vermitteln nur einen kleinen Einblick in einige Vertragsformeln, die im Handelsverkehr häufig verwendet werden. Es sind insbesondere auch die **Internationalen Handelsklauseln** (Incoterms = International Commercial Terms) in der Auslegung der Internationalen Handelskammer für das Auslandsgeschäft zu beachten.

6.2 Das kaufmännische Bestätigungsschreiben

Ein Handelsbrauch ist auch die Übung unter Kaufleuten, vorausgegangene mündliche, telefonische oder sonstige Vertragsvereinbarungen mittels Datenträgern anschließend schriftlich zu bestätigen. Die **Lehre vom kaufmännischen Bestätigungsschreiben** findet keine Anwendung, wenn der Vertrag schriftlich abgeschlossen wird, denn ein schriftlicher Vertrag bedarf keiner weiteren Bestätigung.

Da nach mündlichen Verhandlungen ein Bedarf zur Dokumentation des Ergebnisses besteht, kommt dem kaufmännischen Bestätigungsschreiben **Festlegungs- und Beweisfunktion** im Handelsverkehr zu. Der Inhalt eines zuvor nur mündlich abgeschlossenen Vertrags wird darin festgelegt. Falls der Empfänger einem kaufmännischen Bestätigungsschreiben nicht unverzüglich nach Erhalt widerspricht, gilt der Inhalt des Schreibens als Vertragsinhalt und kann in einer Auseinandersetzung als Beweisurkunde vorgelegt werden. Die Voraussetzungen des kaufmännischen Bestätigungsschreibens sind folgende:

- **Kaufleute oder gleichgestellte Personen**
- **mündlicher Vertragsabschluss**
- **zusammenfassende schriftliche Bestätigung**
- **unmittelbare Absendung des Bestätigungsschreibens**
- **Redlichkeit des Absenders**
- **Schweigen des Empfängers**.

Das kaufmännische Bestätigungsschreiben ist ein Brauch unter Kaufleuten, der auch bei einer kaufmannsähnlichen Teilnahme am Geschäftsverkehr anzuwenden ist. Daher können auch Freiberufler, Landwirte oder Kleingewerbetreibende Absender oder Empfänger kaufmännischer Bestätigungsschreiben sein. Für beide Teile muss der Vertrag ein Handelsgeschäft oder ein in die berufliche Sphäre fallendes Geschäft sein.

In einem kaufmännischen Bestätigungsschreiben wird auf vorausgegangene Verhandlungen mit dem **Ergebnis des mündlichen Vertragsabschlusses** Bezug genommen. Es müssen telefonische oder persönliche Gespräche vorausgegangen sein. Ein Schreiben im Verlauf der Verhandlungen kann ein schriftliches Vertragsangebot; eine Bezugnahme auf einen vorausgegangenen Antrag kann eine Vertragsannahme sein. Dagegen enthält das kaufmännische Bestätigungsschreiben die schriftliche **Zusammenfassung des zuvor mündlich vereinbarten Vertragsinhalts**, sodass aus dem Schreiben die Bezugnahme auf die vorangegangene Einigung der Vertragsparteien hervorgeht. Lässt das Schreiben erkennen, dass in einem Punkt noch keine Einigung erzielt wurde, handelt es sich nicht um ein kaufmännisches Bestätigungsschreiben.

Aufgabe 35 > Seite 228

Da beide Parteien an die **Festlegungs- und Beweisfunktion** gebunden sind, können auch Abweichungen von den mündlichen Vereinbarungen Vertragsinhalt werden. Falls der mündliche Vertragsabschluss unwirksam war, gilt er nun mit dem Inhalt des kaufmännischen Bestätigungsschreibens als erfolgt. Im Einzelfall kommt dem Bestätigungsschreiben somit konstitutive Wirkung zu. Es ist aber darauf zu achten, dass die **Wirkungen des kaufmännischen Bestätigungsschreibens** nur dann eintreten, wenn der Empfänger nicht unverzüglich widerspricht.

Beispiel

Der Käufer bestätigt durch ein Schreiben folgende telefonische Vereinbarung: *„Kaufvertrag über ... (Leistungsgegenstand und Umfang) ... zum Preis von ... (Kaufpreis) ... abzüglich 3 % Skonto ... Lieferung am ... (Leistungszeit) ... nach ... (Leistungsort)"*. Der Leistungsumfang ist um 5 Teile höher als nach der Erinnerung des Käufers telefonisch vereinbart wurde. Vorausgesetzt, der Empfänger ist Kaufmann, wird der Inhalt des kaufmännischen Bestätigungsschreibens zum Vertragsinhalt, wenn er nicht unverzüglich widerspricht. Der Käufer wäre daher nach dem Handelsbrauch verpflichtet, die in dem Schreiben aufgeführte Menge an Waren abzunehmen und den Kaufpreis zu zahlen, §§ 433 Abs. 2 BGB, 347 HGB.

Der Kaufmann kann die Rechtsfolge des kaufmännischen Bestätigungsschreibens ausschließen, indem er unverzüglich widerspricht. Der im Handelsgesetzbuch häufig auftretende Begriff **„unverzüglich"** bedeutet **„ohne schuldhaftes Zögern"**, vgl. § 121 BGB. Danach muss der Kaufmann durch die Organisation seines Betriebes dafür sorgen, dass ihm die Schreiben im ordentlichen Geschäftsablauf vorgelegt werden. Im Fall von Geschäftsreisen, Urlaub oder Erkrankungen und in größeren Unternehmen sind für die zügige Erledigung der Geschäfte im Handelsverkehr geeignete Vertreter zu bestellen. Zwar kann die unverzügliche Reaktionszeit im Einzelfall unterschiedlich lang sein; länger als ein bis zwei Tage ist sie üblicherweise nicht. Der Widerspruch ist nicht formgebunden und kann daher auch mündlich erfolgen. Doch ist zu beachten, dass ein verspäteter Widerspruch die Wirkungen des kaufmännischen Bestätigungsschreibens nicht mehr beseitigen kann.

6.3 Schweigen auf einen Geschäftsbesorgungsantrag

Als Besonderheit des Handelsverkehrs gilt das **Schweigen eines Kaufmanns auf einen Antrag zur Geschäftsbesorgung** als Annahme des Vertragsantrags. Durch Antrag und Schweigen kommt ein Geschäftsbesorgungsvertrag mit dem Inhalt des Antrags zustande, falls die Voraussetzungen des § 362 HGB vorliegen. Diese Vorschrift ist auf zwei unterschiedliche Sachverhalte anzuwenden:

Im ersten Fall geht es um die Wirkung des Schweigens eines Geschäftsbesorgungskaufmanns bei bestehender Geschäftsverbindung gem. § 362 Abs. 1 Satz 1 HGB. Der Antrag auf die Geschäftsbesorgung muss sich auf solche Geschäfte beziehen, die in dem Handelsgewerbe üblicherweise vorkommen, z. B. Antrag auf Übernahme einer Beförderung an einen Spediteur, Antrag auf Übernahme einer Kommission an einen Kommissionär, Antrag auf Finanzierungsberatung an eine Finanzierungsgesellschaft etc.

Beispiel

K betreibt ein Wertpapierdepot bei seiner Bank und beauftragt diese per Fax, für ihn bestimmte Aktien zu kaufen. Eine Antwort erhält er nicht. Es handelt sich um einen Anwendungsfall des § 362 Abs. 1 Satz 1 HGB. In einer bestehenden Geschäftsverbindung mit einem Geschäftsbesorgungskaufmann (Bank) macht K ein Angebot auf die übliche Geschäftsbesorgung. Als Rechtsfolge gilt das Schweigen des Geschäftsbesorgungskaufmanns als Annahme des Antrags. Die Bank hätte diese Rechtsfolge nur vermieden, wenn sie dem Angebot unverzüglich widerspricht. Durch ihr Schweigen kommt ein Geschäftsbesorgungsvertrag zu Stande, sodass sie schadensersatzpflichtig wird, wenn sie das Geschäft nicht ausführt.

Im zweiten Fall geht es um die Wirkung des Schweigens eines Kaufmanns nach vorherigem Erbieten einer Geschäftsbesorgung gem. § 362 Abs. 1 Satz 2 HGB. Nach dieser Sachlage wird einem Kaufmann unabhängig vom Gegenstand seines Handelsgewerbes eine Geschäftsbesorgung angeboten. Das Erbieten einer Geschäftsbesorgung ist noch kein Antrag auf einen Vertragsabschluss im Sinne des Bürgerlichen Rechts. Vielmehr muss darin hinreichend konkret zum Ausdruck gebracht werden, dass ein bestimmter Auftrag ausgeführt werden kann. Dies geschieht bereits durch Zusendung einer Werbedrucksache oder ähnliche tatsächliche Angebote einer Dienstleistung. Wenn der Empfänger aufgrund dieses Vorgangs einen Vertragsantrag hinsichtlich der erbotenen Geschäftsbesorgung macht, ist der Kaufmann verpflichtet, darauf unverzüglich zu reagieren.

Beispiel

K erhält die Werbebroschüre einer Speditionsfirma, in der für Speditionsaufträge im Umkreis von 100 km des Firmensitzes besondere Vertragskonditionen offeriert werden. Daraufhin erteilt er der Spedition einen Auftrag. Nach dieser Sachlage sind die Voraussetzungen des § 362 Abs. 1 Satz 2 HGB erfüllt. Es besteht zwar keine Geschäftsverbindung, doch erbietet sich eine Spedition zu einer Geschäftsbesorgung. Aufgrund der Willenserklärung Ks besteht daher eine Verpflichtung der Spedition, unverzüglich zu reagieren. Falls die Spedition schweigt, kommt der Geschäftsbesorgungsvertrag zu Stande; führt sie den Speditionsauftrag nicht aus, wird sie schadensersatzpflichtig.

Das **Schweigen des Kaufmanns**, dem der Antrag auf die erbotene Geschäftsbesorgung zugeht, gilt als **Annahme** des Vertragsangebotes. Damit ist der Geschäftsbesorgungsvertrag durch Angebot und Schweigen zustande gekommen. Der Kaufmann hat die **Möglichkeit des unverzüglichen Widerspruchs**, um der vertraglichen Bindungswirkung mit den daraus entstehenden Leistungspflichten oder den Schadensersatzfolgen bei Nichtausführung der Geschäftsbesorgung zu entgehen.

6.4 Die Kontokorrentabrede

Im kaufmännischen Geschäftsverkehr wird durch die Vereinbarung einer Kontokorrentabrede vermieden, dass jede Forderung einzeln abgerechnet wird. Der Zeit- und Kostenaufwand durch Abrechnung, Überwachung und Durchsetzung vieler einzelner Forderungen und ihre unterschiedliche Behandlung nach Fälligkeit, Verzinsung und Verjährung ist nicht unerheblich. Deshalb werden bei umfangreichen Geschäftsverbindungen durch eine **Kontokorrentabrede** die Forderungen nur buchmäßig erfasst, am Ende eines vereinbarten Zeitabschnittes verrechnet **(= Saldierung)** und durch eine einzige neue Forderung **(= Saldo)** ersetzt. Der häufigste Anwendungsfall ist das Bankkontokorrent (Girovertrag) zwischen einer Bank und ihren Privat- oder Geschäftskunden. Eine Kontokorrentabrede kann in jedem Vertrag vereinbart werden, üblicherweise erfolgt sie in Verträgen zwischen dem Hersteller und den Vertriebs- oder Transportpersonen, z. B. in Handelsvertreterverträgen oder in Speditionsverträgen.

Beispiel

Zwei Handelspartner stellen ihre gegenseitigen Forderungen in ein Kontokorrent, das vierteljährlich abgerechnet wird. Die Verjährung ist gehemmt, solange die Forderungen im Kontokorrent stehen. Nach der Saldoanerkennung ist ein neuer Anspruch aus einem konstitutiven Schuldanerkenntnisvertrag entstanden. Die ursprünglichen Forderungen sind in diesen Anspruch eingegangen. Allerdings bestehen Bürgschaften und andere Sicherheiten fort, vgl. § 355 HGB.

Die **Rechtsfolgen der Kontokorrentabrede** sind danach zu unterscheiden, ob der Zeitraum während der Rechnungsperiode oder nach Abschluss der Rechnungsperiode betrachtet wird. Die Wirkungen des Kontokorrents während der Rechnungsperiode, also im Zeitabschnitt zwischen zwei Rechnungsabschlüssen sind folgende:

- **Der Gläubiger kann über die Forderungen nicht verfügen**, d. h. er kann sie weder einklagen noch abtreten, verpfänden oder aufrechnen, und die Forderungen unterliegen auch nicht der Pfändung durch einen Dritten.
- **Der Verzug des Schuldners ist ausgeschlossen** und die Erfüllungswirkung kann nicht eintreten.
- **Die Verjährung der Forderung ist gehemmt**.

Nach Abschluss der Rechnungsperiode erfolgt eine **Verrechnung und Feststellung des Saldos** durch die kontoführende Vertragspartei und eine Mitteilung des Saldos verbunden mit der Bitte um Anerkennung oder Widerspruch. Die **Saldomitteilung** ist rechtlich als Antrag auf Abschluss eines Schuldanerkenntnisvertrags anzusehen. Dieser Antrag wird durch eine formfreie **Saldoanerkennung** angenommen, für den Kaufmann gem. § 350 HGB und für den Nichtkaufmann gem. § 782 BGB, da die Erklärung aufgrund einer Abrechnung erfolgt.

Durch Saldomitteilung und Saldoanerkennung entsteht ein **Anspruch aus einem konstitutiven Schuldanerkenntnisvertrag**. Die konstitutive Wirkung des Schuldanerkenntnisvertrages liegt darin, dass der Schuldgrund für die Saldoforderung durch den Vertragsabschluss geschaffen wurde, sodass es auf die Anspruchsgrundlagen für die ursprünglichen Forderungen – z. B. aus Kaufverträgen oder Speditionsverträgen – nicht mehr ankommt. Allerdings bestehen die Sicherheiten für die früheren Einzelforderungen fort, wie Bürgschaft, Sicherungszession oder Sicherungsübereignung.

Aufgabe 36 > Seite 228

Das Kontokorrent endet mit der Geschäftsverbindung, durch Konkurs, durch Kündigung oder durch Aufhebungsvereinbarung. Eine Kündigung des Kontokorrents ist jederzeit möglich, auch während der Dauer einer Rechnungsperiode, § 355 Abs. 3 HGB. Der Saldoanspruch aus dem konstitutiven Schuldanerkenntnisvertrag unterliegt der allgemeinen Verjährungsfrist von 3 Jahren.

6.5 Das kaufmännische Zurückbehaltungsrecht

Im Handelsverkehr gibt das kaufmännische Zurückbehaltungsrecht dem Kaufmann ein bedeutendes **Sicherungsrecht** im Rahmen von Geschäftsverbindungen, in denen andere Sicherungsformen, z. B. die Sicherungsübereignung oder die Sicherungszession, als Misstrauen empfunden werden. Das kaufmännische Zurückbehaltungsrecht gem. § 369 HGB ist ein **Leistungsverweigerungsrecht**, das für den Kaufmann neben das Zurückbehaltungsrecht gem. § 273 BGB tritt.

Während das bürgerlich-rechtliche Zurückbehaltungsrecht die Konnexität voraussetzt, indem der fällige Anspruch des Schuldners aus demselben rechtlichen Verhältnis wie die Forderung des Gläubigers stammen muss, ist für das kaufmännische Zurückbehaltungsrecht eine **Konnexität entbehrlich**. Auch die Rechtsfolgen des kaufmännischen Zurückbehaltungsrechts sind vorteilhafter als nach bürgerlichem Recht, denn neben dem Leistungsverweigerungsrecht steht dem Kaufmann auch ein Verwertungsrecht zu. Voraussetzungen des kaufmännischen Zurückbehaltungsrechts gem. § 369 HGB:

- **Kaufleute**
- **fällige Geldforderung aus beiderseitigem Handelsgeschäft**
- **Besitzerlangung an beweglichen Sachen oder Wertpapieren mit Willen des Schuldners aus beiderseitigem Handelsgeschäft**.

Danach entsteht das kaufmännische Zurückbehaltungsrecht nur wegen fälliger **Geldforderungen aus beiderseitigen Handelsgeschäften**. Allerdings ist keine Konnexität erforderlich, d. h. der Gegenstand des Zurückbehaltungsrechts und die Geldforderung können aus verschiedenen Handelsgeschäften stammen.

Aufgabe 37a > Seite 229

Das kaufmännische Zurückbehaltungsrecht kann durch Gesetz oder durch vertragliche Vereinbarung ausgeschlossen sein. Kraft Gesetzes ist das Zurückbehaltungsrecht ausgeschlossen, wenn ein Dritter einen Herausgabeanspruch an der Sache hat, wenn die Zurückbehaltung missbräuchlich wäre oder wenn der Schuldner eine andere Sicherheit stellt, vgl. § 369 Abs. 2 bis 4 HGB.

Aufgabe 37b > Seite 229

Die **Rechtsfolgen des kaufmännischen Zurückbehaltungsrechts** ergeben sich aus § 371 HGB. Neben dem Leistungsverweigerungsrecht (= Einrede) kann der Gläubiger ein Verwertungsrecht geltend machen. Das Zurückbehaltungsrecht gibt dem Kaufmann im Fall der Insolvenz seines Vertragspartners auch ein Absonderungsrecht. Der absonderungsberechtigte Gläubiger erhält im Insolvenzverfahren wegen seiner Geldforderung aus der Verwertung des zurückbehaltenen Gegenstands ein Recht zur abgesonderten Befriedigung, vgl. §§ 165 ff., 170 InsO.

7. Der Handelskauf

Ein Handelskauf ist jeder Kaufvertrag über Waren oder Wertpapiere, sofern eine Vertragspartei die Kaufmannseigenschaft hat. Der Handelskauf ist ein spezieller Vertragstyp, der zu den Handelsgeschäften gehört. Es finden neben den allgemeinen bürgerlich-rechtlichen Vorschriften der §§ 433 ff. BGB über den Kaufvertrag zusätzlich die Bestimmungen in den §§ 373 ff. HGB Anwendung. Die handelsrechtlichen Vorschriften gelten als lex specialis gegenüber dem Bürgerlichen Recht. Darin finden sich ergänzende und abändernde Regelungen für Kaufverträge, an denen Kaufleute beteiligt sind.

7.1 Spezifikationshandelskauf

Ein Spezifikationshandelskauf (= Bestimmungskauf) liegt vor, wenn in einem Kaufvertrag über eine bewegliche Sache dem Käufer die nähere Bestimmung über Form, Maß oder ähnliche Verhältnisse des Kaufgegenstandes vorbehalten wird, § 375 HGB. Die Verpflichtung des Käufers, durch Erklärung gegenüber dem Verkäufer die nähere Bestimmung zu treffen, ist eine Hauptleistungspflicht im Spezifikationshandelskauf. Deshalb regelt das Gesetz die **Rechtsfolgen des Verzugs** des Käufers mit der Spezifikationspflicht in § 375 Abs. 2 HGB:

- **Selbstspezifikation**
- **Schadensersatz wegen Nichterfüllung**
- **Rücktritt vom Vertrag**
- **Recht zur Hinterlegung**
- **Recht zum Selbsthilfeverkauf**
- **Ersatz des Verzögerungsschadens.**

Der **Eintritt des Verzugs** setzt grundsätzlich eine **Mahnung** voraus, vgl. § 286 BGB. Die Mahnung ist entbehrlich, wenn eine Leistungszeit nach dem Kalender bestimmt ist, was beim Spezifikationshandelskauf regelmäßig zutrifft.

Als Rechtsfolge des Verzugs des Käufers mit der Spezifikationspflicht kann der Verkäufer gem. § 375 HGB durch **Selbstspezifikation** die erforderliche Bestimmung selbst vornehmen. Die Selbstspezifikation bindet beide Vertragsparteien. Falls der Käufer die Sache nicht abnimmt, gerät er in Annahmeverzug.

7.2 Fixhandelskauf

In einem Handelskaufvertrag kann eine **Fixklausel** gem. § 376 HGB in dem Sinne vereinbart werden, dass der Bestand des Vertrags vom **Leistungszeitpunkt** abhängen soll. Ein Fixhandelskauf entsteht nicht schon durch ein besonderes Interesse an einer bestimmten Fristeinhaltung für die Leistung oder durch die Vereinbarung eines Liefertermins. Vielmehr muss aus der Vereinbarung hervorgehen, dass die Nichteinhaltung des Termins die Verzugsfolgen ohne Mahnung auslöst. Besondere Erscheinungsformen des Fixhandelskaufs sind beispielsweise Börsen- und Devisentermingeschäfte.

Beispiele

Fixklauseln sind die Vereinbarungen *„fix zum ... (Datum/Kalenderwoche/Monat)", „genau ...", „Nüsse zu Weihnachten", „Hochzeitstorte zur Feier", „Osterhasen zu Ostern"*, die Abholklauseln im Handelskauf, d. h. ein Vermerk von Ort und Zeit der Verladung der Ware durch den Absender. Einige internationale Handelsklauseln, wie FOB (free on board), CFR (cost and freight) und CIF (cost, insurance and freight) werden nach Handelsbrauch als Fixgeschäft angesehen. Dagegen beinhalten die Vereinbarungen *„ohne Nachfrist", „binnen kürzester Frist", „täglich", „sofort", „spätestens bis Ende des Monats (der Kalenderwoche)"* keine Fixklausel. Zweifel wirken gegen die Auslegung als Fixgeschäft. Die bloße Festlegung eines Liefertermins oder starke Preisschwankungen genügen ebenfalls nicht für die Annahme eines Fixklausel.

Der Fixhandelskauf ist ein Sonderfall des Fixgeschäfts gem. § 361 BGB, wobei die Vertragsabwicklung durch die **Rechtsfolgen des § 376 HGB** beschleunigt wird:

- Der Käufer hat ein **Rücktrittsrecht**, ohne dass Verzug des Verkäufers erforderlich wäre.
- Der Erfüllungsanspruch des Käufers bleibt nur bei sofortiger Anzeige erhalten.
- Im Verzugsfall hat der Käufer die Wahl zwischen **Rücktritt oder Schadensersatz wegen Nichterfüllung,** ohne dass es einer Nachfristsetzung bedarf, §§ 323, 281 BGB.

Die Schadensberechnung kann nach Wahl des Käufers konkret oder abstrakt erfolgen. Die **konkrete Schadensberechnung** wird aufgrund eines Deckungskaufs oder -verkaufs vorgenommen. Bei Waren mit Börsen- oder Marktpreis muss das Deckungsgeschäft sofort nach dem Ablauf der bedungenen Leistungszeit oder der Leistungsfrist bewirkt werden. Das Deckungsgeschäft wird in öffentlicher Versteigerung, durch einen Handelsmakler oder durch einen Versteigerer vorgenommen, vgl. § 376 Abs. 3 HGB. Die **abstrakte Schadensberechnung** ergibt sich durch die Differenz zwischen dem Kaufpreis und dem Börsen- oder Marktpreis oder dem voraussichtlichen Deckungsverkaufserlös zur Zeit und am Ort der geschuldeten Leistung, vgl. § 376 Abs. 2 HGB.

7.3 Untersuchungs- und Rügepflicht

Die kaufmännische Untersuchungs- und Rügepflicht ist in der betrieblichen Praxis von erheblicher Bedeutung. Falls der **Kaufvertrag für beide Teile ein Handelsgeschäft**, ist, hat der Käufer die Ware unverzüglich nach der Ablieferung durch den Verkäufer, so weit dies nach ordnungsmäßigem Geschäftsgang tunlich ist, zu untersuchen und, wenn sich ein Mangel zeigt, dem Verkäufer unverzüglich Anzeige zu machen, § 377 Abs. 1 HGB. Voraussetzungen der kaufmännischen Untersuchungs- und Rügepflicht:

- **beiderseitiger Handelskauf oder Lieferungsvertrag**
- **Waren oder Wertpapiere**
- **Ablieferung der Waren durch den Verkäufer**
- **Mangelhaftigkeit der Ware i. S. von § 434 BGB**
- **kein arglistiges Verschweigen des Mangels durch den Verkäufer**
- **kein Ausschluss durch Vereinbarung**.

Die **kaufmännische Untersuchungs- und Rügepflicht** in beiderseitigen Handelskaufverträgen und Lieferungsverträgen betrifft die Überprüfung der gelieferten Waren auf Abweichungen von der vertraglich geschuldeten Leistung hinsichtlich

- **Qualität (Sachmangel)**
- **Quantität (Minderlieferung)**
- **Aliud- oder Falschlieferung (Artabweichung)**.

Es ist der erweiterte **Begriff des Mangels** im Kaufvertragsrecht gem. § 434 BGB heranzuziehen. Die Sache ist mangelfrei, wenn sie bei Gefahrübergang die vereinbarte Beschaffenheit hat. Ein **Qualitätsmangel** liegt somit vor, wenn die gelieferte Ware nicht die vereinbarte Beschaffenheit aufweist. Soweit die Beschaffenheit nicht vereinbart ist, ist die Sache mangelfrei, wenn sie sich für die nach dem Vertrag vorausgesetzte Verwendung eignet oder wenn sie sich für die gewöhnliche Verwendung eignet und eine Beschaffenheit aufweist, die bei Sachen der gleichen Art üblich ist und die der Käufer nach der Art der Sache erwarten kann.

Beispiel

Im Kaufvertrag haben zwei Geschäftspartner die Lieferung von 100 Kartons zu je 6 Flaschen „Großbottwarer Riesling“ eines bestimmten Jahrgangs vereinbArt. Bei Eintreffen der Weinlieferung stellt der Käufer fest, dass der Wein verdorben ist. Es handelt sich um einen Qualitätsmangel der Kaufsache im beiderseitigen Handelskauf, § 434 Abs. 1 Satz 2 Nr. 1 BGB. Der Käufer muss den Mangel unverzüglich rügen und könnte dann die kaufrechtlichen Gewährleistungsansprüche gem. § 437 ff. BGB geltend machen. Versäumt er die Mängelanzeige, hat er die Ware genehmigt, § 377 Abs. 2 BGB. Dann wäre die Nacherfüllung ausgeschlossen und der Käufer zur Zahlung des vollständigen Kaufpreises verpflichtet.

Eine **Minderlieferung** ist dann gegeben, wenn eine geringere als die vertraglich vereinbarte Menge von Waren geliefert wird. Im Kaufvertragsrecht wird nur die Minderlieferung als Mangel angesehen, vgl. § 434 Abs. 3 BGB. Allerdings ist davon auszugehen, dass Kaufleute aufgrund ihrer besonderen Sorgfaltspflicht gem. § 347 HGB auch bei Feststellung einer Mehrlieferungen zur Rüge verpflichtet sind. Denn im kaufmännischen Geschäftsverkehr werden nicht nur Waren für den Handel geliefert, die bei Mehrlieferungen höhere Lagerkosten verursachen können, sondern auch Teile, Vorprodukte und Materialien für die Produktion, sodass jede Quantitätsabweichung der Lieferung von der Bestellung sich auf den Fertigungsprozess auswirken kann.

Beispiel

Im vorgenannten Fall stellt der Käufer bei Eintreffen der Weinlieferung fest, dass nicht 100, sondern nur 99 Kartons Wein eingetroffen sind. Welche Rechtsfolge tritt ein, wenn er versäumt, die Quantitätsabweichung unverzüglich zu rügen? Der Käufer hätte, da ein beiderseitiger Handelskauf vorliegt, die Warenmenge genehmigt, vgl. § 377 Abs. 2 HGB. Er bleibt jedoch zur Zahlung des vollen Kaufpreises verpflichtet.

Eine **Falschlieferung** liegt vor, wenn eine andere als die vertraglich vereinbarte Art der Ware geliefert wird. Die **Aliud-Lieferung (= Artabweichung)** unterliegt grundsätzlich auch der kaufmännischen Untersuchungs- und Rügepflicht. Denn einem Sachmangel steht es gleich, wenn der Verkäufer eine andere Sache liefert, vgl. § 434 Abs. 3 BGB.

Beispiele

- Wie wäre die Rechtslage, wenn der Käufer bei Eintreffen der Weinlieferung feststellt, dass der Jahrgang von der Bestellung abweicht? Es handelt sich um eine Aliud-Lieferung im beiderseitigen Handelskauf, sodass der Käufer zur unverzüglichen Rüge verpflichtet ist. Versäumt der Käufer die Mängelanzeige, hat er die Ware genehmigt.

- Bei Eintreffen der Weinlieferung stellt der Käufer fest, dass es sich um 100 Kartons zu je 6 Flaschen „Württemberger Trollinger" handelt. Die Lieferung von Rotwein statt Weißwein ist eine Artabweichung. Der Käufer ist zur unverzüglichen Untersuchung und Rüge verpflichtet; ein Versäumnis führt zur Genehmigung der Artabweichung.

Die rechtzeitige Mängelanzeige setzt voraus, dass die Ware im Wege einer Eingangsprüfung untersucht wurde. **Inhalt und Umfang der kaufmännischen Untersuchungsobliegenheit** bestimmen sich nach den Umständen des Einzelfalls. Von Bedeutung sind die Art der gelieferten Ware, die Warenmenge, die Branchenüblichkeit, die technischen Möglichkeiten des Käufers und die finanzielle Zumutbarkeit einer entsprechenden Qualitätsüberprüfung. Wird eine größere **Warenmenge** geliefert, sollten Stichproben gemacht werden. Bei einer Lieferung geringfügigen Umfangs genügt eine Überprüfung der äußeren Beschaffenheit auf Verfalldatum, Qualitäts-, Mengen- und Gewichtsangaben und eventuelle Transportschäden beim Versendungskauf.

Aufgabe 38 > Seite 229

Auch die **Branchenüblichkeit** spielt eine Rolle. So ist es z. B. im Textilhandel unüblich, die Stoffballen nachzumessen, weil durch das Auf- und Einrollen per Hand das äußere Erscheinungsbild der maschinell gewickelten Stoffe leidet. Nur bei geringen Liefermengen ist deshalb das Nachmessen erforderlich, andernfalls reicht die Überprüfung der Mengenangaben auf dem Lieferschein aus.

Falls die Mängel bereits durch äußeres Anschauen erkennbar sind, muss der Käufer keine weiteren Untersuchungen vornehmen und ist verpflichtet den Mangel dem Verkäufer sofort anzeigen. Ergeben sich die Mängel erst durch den Gebrauch, durch Belastungsproben oder durch Hinzuziehung von Sachverständigen oder wissenschaftlicher Institute, muss dem Käufer eine **angemessene Untersuchungsfrist** zugebilligt werden. Doch ist der Käufer verpflichtet, im ordnungsgemäßen Ablauf seines Handelsgeschäfts dafür zu sorgen, dass die Untersuchung unverzüglich eingeleitet wird.

Der **Inhalt und Umfang der kaufmännischen Rügepflicht** ist gesetzlich dahingehend bestimmt, dass der Käufer nach Abschluss der Untersuchung dem Verkäufer **unverzüglich Anzeige** zu machen hat, § 377 Abs. 1 HGB. Diese Mängelrüge bedarf keiner besonderen Form, muss aber substantiiert sein, d. h. der Verkäufer muss Art und Umfang der gerügten Mängel erkennen können.

Beispiel

Der Käufer beschwert sich nach Erhalt der Ware telefonisch, indem er in einem Wutanfall äußert, die Sachen seien vollkommen unbrauchbar. Dies wäre keine substantiierte Mängelrüge i. S. des § 377 HGB. Sagt der Käufer dagegen *„das Verfalldatum der Konserven ist überschritten"* oder *„die gelieferten Äpfel sind überwiegend angefault"* oder *„die Textilien weisen Farbabweichungen auf"*, ist er seiner Verpflichtung zur substantiierten

Anzeige nachgekommen. Die Mängelrüge muss hinreichend konkret, braucht aber nicht sachverständig zu sein.

Zur Wahrung seiner Rechte genügt die rechtzeitige **Absendung der Anzeige (= Mängelrüge) durch den Käufer**, § 377 Abs. 4 HGB. Die Gefahr einer verzögerten Zustellung oder des Verlusts der Anzeige hat der Verkäufer zu tragen. Zwar ist eine besondere Form nicht vorgeschrieben, aus Beweisgründen empfiehlt sich aber die Schriftform der Mängelrüge. Die Pflicht zur unverzüglichen Mängelrüge bedeutet für den Käufer, dass er dem Verkäufer einen Mangel ohne schuldhaftes Zögern, also unmittelbar nach der Entdeckung des Mangels, anzeigen muss.

Die **Frist zur unverzüglichen Rüge** beginnt, wenn sich ein Mangel zeigt, vgl. § 377 Abs. 1 HGB. Infolgedessen müssen **offensichtliche Mängel**, die ohne längere Untersuchung bereits nach außen erkennbar sind, sofort nach Erhalt der Ware gerügt werden. Dagegen sind **verborgene Mängel** erst zu rügen, wenn sie entdeckt werden. Das kann durchaus trotz ordnungsgemäßer Untersuchung auch zu einem späteren Zeitpunkt sein. Denn verborgene Mängel sind auch bei ordnungsgemäßer Untersuchung nicht erkennbar. Deshalb kommt es bei verborgenen Mängeln nicht darauf an, ob eine Untersuchung tatsächlich stattgefunden hat, sondern nur darauf, ob bei durchgeführter Untersuchung diese Mängel zutage getreten wären.

Aufgabe 39 > Seite 229

Da die kaufmännische Untersuchungs- und Rügepflicht gesetzlich nicht zwingend geregelt ist, können die Parteien **einzelvertragliche Abweichungen** vereinbaren. Die Untersuchungspflicht kann z. B. im industriellen Einkauf durch den Zulieferer erfolgen, der eine umfangreiche Qualitätskontrolle durchführt. Die Rügeverpflichtung bleibt dagegen bestehen, weil serielle Fehler oder Transportschäden nur durch den Käufer erkannt werden können. Der Verzicht des Käufers auf die Wareneingangskontrolle ist bei einem Hersteller, der zugelieferte Komponenten oder Materialien ohne Prüfung in die Produktion weiterleitet, als Verletzung der Verkehrssicherungspflicht zu sehen und begründet eine Produkthaftungsverantwortung gem. § 823 Abs. 1 BGB.

Die kaufmännische Rügepflicht kann nicht vollständig ausgeschlossen, wohl aber eingeschränkt oder erweitert werden, indem z. B. nur offensichtliche Mängel der sofortigen Anzeige unterliegen, eine schriftliche Mängelanzeige verlangt oder eine vertragliche Rügefrist bestimmt wird. Um branchen- oder unternehmensbezogene Vereinbarungen zu erreichen, wird von der vertraglichen Gestaltungsfreiheit Gebrauch gemacht, wobei der Regelungsgehalt des § 377 HGB erhalten bleiben muss.

Beispiel

„Mängelrügen sind nur wirksam, wenn sie schriftlich erhoben werden. Wird eine Teillieferung beanstandet, beschränkt sich die Wirkung der Mängelrüge nur auf diese Teillieferung. Die Verpflichtung zur Abnahme der weiteren Teillieferungen bleibt hiervon unberührt."

Die **Rechtsfolge der ordnungsgemäßen Untersuchung und Rüge** ist der Erhalt der Mängelgewährleistungsrechte aus dem Kaufvertrag gem. §§ 434 ff. BGB. Dabei knüpft der Gesetzgeber an die unterlassene Untersuchung der Waren noch keine unmittelbaren Folgen. Allerdings ist die Mängelrüge nicht ordnungsgemäß, wenn sie nicht rechtzeitig erfolgt ist, sodass die Genehmigungsfiktion für Qualitäts-, Quantitäts- und Artabweichungen der gelieferten von der bestellten Ware nicht eintreten kann. Im Einzelnen folgt daraus für die Rechte des Käufers auf Vertragserfüllung oder auf Mängelgewährleistung:

Ordnungsgemäße Mängelrüge: Der Käufer behält seine Mängelgewährleistungsrechte gem. § 437 BGB. Er kann zunächst nach seiner Wahl gem. § 439 BGB Mängelbeseitigung oder Lieferung einer mangelfreien Sache verlangen.

Die **gesetzliche Genehmigungsfiktion** gem. § 377 Abs. 2 HGB wirkt sich als Ausschlusstatbestand für die Gewährleistungsansprüche des Käufers aus. Die Ware gilt als genehmigt, wie sie geliefert wurde, d. h. in der von der Bestellung abweichenden Qualität, Art oder Menge. Damit verliert der Käufer die ihm nach den Grundsätzen der Sachmängelhaftung im Kaufvertrag gem. §§ 434 ff. BGB zustehenden Gewährleistungsrechte. Der Anspruch auf Nacherfüllung kann nicht mehr geltend gemacht werden.

Der Käufer bleibt bei fehlender **unverzüglicher Mängelrüge** zur Zahlung des vereinbarten Kaufpreises verpflichtet. Er muss daher für die gelieferten Waren den vollen Kaufpreis zahlen, obwohl sie einen Mangel aufweisen.

Beispiele

Im Kaufvertrag wurde die Lieferung von 100 Kartons zu je 6 Flaschen „Großbottwarer Riesling" eines bestimmten Jahrgangs vereinbart.

- Beim Eintreffen der Weinlieferung stellt der Käufer Verfärbungen fest und öffnet probehalber eine Flasche. Der Wein ist verdorben. Selbst wenn der Wein noch trinkbar wäre und sich damit für die nach dem Vertrag vorausgesetzte Verwendung eignete, weist er nicht die Sachen der gleichen Art übliche Beschaffenheit auf, die der Käufer erwarten kann. Der Begriff des Sachmangels gem. § 434 Abs. 1 Nr. 2 BGB ist erfüllt und die Qualitätsabweichung daher unverzüglich zu rügen.

- Beim Eintreffen der Weinlieferung stellt der Käufer fest, dass der Jahrgang von der Bestellung abweicht. Es handelt sich um eine Artabweichung (Aliud) gem. § 434 Abs. 3 BGB, so dass den kaufmännischen Käufer die unverzügliche Rügepflicht trifft. Versäumt der Käufer die Mängelanzeige, verliert er seine Gewährleistungsansprüche aus dem Kaufvertrag, denn er hat die Ware genehmigt.
- Beim Eintreffen der Weinlieferung stellt der Käufer fest, dass nicht 100, sondern nur 98 Kartons der bestellten Weinsorte geliefert wurden. Der Lieferschein weist die bestellte Warenmenge von 100 Kartons auf. Auch in diesem Fall besteht die kaufmännische Pflicht zur unverzüglichen Rüge; ein Versäumnis kann zur Genehmigung der Warenmenge führen, während der vereinbarte Kaufpreis für 100 Kartons zu zahlen ist.

Die Mehrlieferung ist gesetzlich nicht geregelt. Bei einer **Mehrlieferung** besteht die Rügepflicht aufgrund der allgemeinen kaufmännischen Sorgfaltspflicht gem. § 347 HGB, sodass die Genehmigungsfiktion des § 377 Abs. 2 HGB nicht eintritt. Der Käufer muss jedoch die zuviel gelieferte Warenmenge an den Verkäufer zurückerstatten. Ihn trifft eine Aufbewahrungspflicht, und bei verderblicher Ware muss er für einen Notverkauf sorgen, vgl. § 379 HGB. Die Kosten für Aufbewahrung und Notverkauf hat der Verkäufer zu tragen.

Die Risiken der **nicht rechtzeitigen Mängelrüge** können durch Vertragsgestaltung minimiert werden. In der Wirtschaftspraxis wird die Qualitätssicherung regelmäßig im Betrieb des Zulieferers durchgeführt. Da die Verpflichtung des Käufers zur Mängeluntersuchung auf andere Unternehmen verlagert werden darf, können aufwendige Doppelprüfungen vermieden werden. Allerdings sollten stichprobenartige Wareneingangsprüfungen auch dann erfolgen, wenn der Zulieferer die Qualitätsprüfung übernimmt, weil Transportschäden nur durch eine Sichtkontrolle im Wareneingang erkannt werden können. Zudem entsteht bei Verzicht auf die Eingangsuntersuchung das zusätzliche Risiko der Produkthaftung. Die kaufmännische Verpflichtung zur unverzüglichen Mängelrüge ist nicht abdingbar. Doch kann das vertragliche Risiko eines Verlusts der Mängelgewährleistungsansprüche durch Gestaltung einer Rügeklausel vermieden werden.

Beispiel

Die Vertragsparteien können eine interessengerechte Rügeklausel vereinbaren, durch welche die Rügefrist verlängert wird: *„Die Rüge gilt auch dann als rechtzeitig, wenn sie innerhalb von sechs Monaten erfolgt"*.

Der Käufer entgeht seiner Pflicht zur ordnungsgemäßen Untersuchung und Rüge nicht durch einen Weiterverkauf. Im **Fall eines Streckengeschäfts** liefert der Verkäufer den Kaufgegenstand unmittelbar an den Abnehmer des Käufers. Dennoch hat der Käufer sicherzustellen, dass er seiner kaufmännischen Untersuchungs- und Rügepflicht nachkommen kann, indem er dafür sorgt, dass die ordnungsgemäße Untersuchung der Ware durch den Abnehmer vorgenommen wird und ihm eventuelle Mängel unverzüglich mitgeteilt werden. Insofern bleibt die Verpflichtung zur unverzüglichen Mängelanzeige weiterhin bei dem Käufer, während sich beim Streckengeschäft nur die Rügefrist um die für die Übermittlung der Mängelanzeige des Abnehmers erforderliche Zeit verlängert. Auch in diesem Fall empfiehlt sich die vertragliche Verlängerung der Rügefrist.

7.4 Sukzessivlieferungsvertrag

Zur Durchführung langfristiger Liefer- und Bezugsvereinbarungen kann ein Sukzessivlieferungsvertrag abgeschlossen werden. Es handelt sich um einen Kauf- oder Werklieferungsvertrag, der als Dauerschuldverhältnis ausgestaltet ist, indem die Leistung in zeitlich aufeinanderfolgenden Raten erbracht werden soll. Diese Ratenlieferungsverträge werden in aller Regel über einen längeren bestimmten oder unbestimmten Zeitraum abgeschlossen und durch Kündigung beendet. Nach dem Grundsatz der Vertragsfreiheit kann vereinbart werden, dass die Abnahmemenge sich nach dem jeweiligen Bedarf richtet, z. B. bei Energielieferungsverträgen, oder dass eine bestimmte Abnahmemenge in vorgegebener Zeit (Monat, Quartal, Jahr) abgerufen werden muss.

Beispiele

- In einem Getränkelieferungsvertrag wird eine Bezugsbindung mit dem Inhalt vereinbart, dass der Gastwirt wöchentlich eine feste Mindestmenge bestimmter Getränke abzunehmen hat.
- Im industriellen Einkauf wird mit den Zulieferern die regelmäßige Belieferung mit Komponenten „Just-in-time“ für die Produktion vereinbart.

Der Sukzessivlieferungsvertrag (auch: Ratenlieferungsvertrag oder Ratenbezugsvertrag) enthält eine Rahmenvereinbarung, wonach Teilmengen aus einer Gesamtbestellung in festen Zeiträumen abgerufen werden. Infolgedessen ergeben sich für den Sukzessivlieferungsvertrag folgende Mindestbestandteile:

- **Gesamtbestellung**
- **Teilmengen**
- **feste Abrufzeiträume bzw. -termine**.

Die betriebswirtschaftlichen Vorteile für den Käufer bestehen darin, dass ihm die Rahmenvereinbarung eine flexible Abwicklung trotz langfristiger Bindung infolge des Abrufs nach Bedarf garantiert, dass die Zahlung nach jeweiliger Einzellieferung erfolgt, dass er Mengenrabatt nach dem Gesamtvolumen der bestellten Ware erhält und dass er eine Bezugsbindung des Verkäufers erhält. Die Interessenlage für den Verkäufer besteht in der Möglichkeit der Steuerung der Produktions- und Absatzmengen, der Erleichterung der Produktionsplanung und der Bindung des Käufers.

Die **Abrufklausel** hat die rechtliche Bedeutung, dass der Käufer durch seinen Abruf die Fälligkeit der Leistung bestimmt. Mit dem Abruf (= fälligkeitsbegründende Handlung) wird regelmäßig eine Mahnung (= verzugsbegründende Handlung) verbunden, falls nicht schon im Rahmenvertrag entsprechende Fixklauseln enthalten sind. Der Verkäufer gerät aber nur dann in Verzug, wenn er die Lieferverzögerung auch zu vertreten hat, vgl. § 286 Abs. 4 BGB. Der Hinweis des Schuldners bzw. Verkäufers, das für die Herstellung notwendige Material sei ihm von seinem Vorlieferanten nicht geliefert worden, ist nicht ausreichend, um das Vertretenmüssen und damit die Verzugsfolgen auszuschließen. Auch eventuelle Liquiditätsschwierigkeiten hat der Schuldner zu vertreten.

Beispiele

- Die Fälle der sog. höheren Gewalt wie totale Sperrung des Verkehrsweges oder zeitweise Stillegung des Betriebs infolge von Kriegshandlungen oder Naturkatastrophen schließen die Verzugsfolgen aus.
- Andererseits hat der Schuldner Streikfolgen regelmäßig zu vertreten, daher werden Freizeichnungsklauseln für Leistungshindernisse infolge von Arbeitskämpfen vereinbart (= Streikklausel).

Die **Vereinbarung von Fixklauseln** hinsichtlich der einzelnen Teillieferungen lässt das Rücktrittsrecht gem. § 376 HGB entstehen. Dadurch ergibt sich für den Käufer bzw. Abnehmer der Vorteil, dass er die Teillieferung zurückweisen kann und erst zur Abnahme der nächsten Teillieferung verpflichtet ist. Fixtermine sind für den Käufer insoweit günstiger, als er ohne Verzug und ohne Nachfristsetzung zum Rücktritt gem. § 323 BGB einen Ersatzlieferanten einschalten kann, während der Verkäufer zur Reduzierung der Liefermenge verpflichtet ist. Der Eintritt des Verzugs wird durch die in der Fixklausel enthaltene Fälligkeitsabrede erleichtert, sodass im Falle des Verschuldens neben dem Erfüllungsanspruch der Ersatz des Verzögerungsschadens gem. § 280 BGB geltend gemacht werden kann.

8. Einzelne Handelsgeschäfte

Im Handelsgesetzbuch sind neben den allgemeinen Vorschriften für Handelsgeschäfte und den besonderen Bestimmungen für den Handelskauf auch einzelne Handelsgeschäfte enthalten, die den Vertrieb, den Transport und die Lagerhaltung betreffen. Im internationalen Handel haben sich nach dem Grundsatz der Vertragsfreiheit z. B. durch das Franchising besondere Vertriebssysteme entwickelt. Die Grundformen der Transport- und Lagerverträge sind in handelsrechtlichen Sondervorschriften enthalten.

8.1 Frachtgeschäft

Der Frachtführer übernimmt gewerbsmäßig die Beförderung und Ablieferung von Gütern gem. § 407 HGB und ist Kaufmann gem. § 1 Abs. 1 HGB. Der **Frachtvertrag** ist ein **Werkvertrag**, durch den der Frachtführer die Güterbeförderung für den Absender übernimmt. Die Personenbeförderung sowie die Güterbeförderung zur See und in der Luft sind nicht Gegenstand des Frachtvertrags und in Sondergesetzen geregelt. Für den Frachtvertrag gelten neben den Vorschriften des Handelsgesetzbuchs Vertragsbedingungen für Güterkraftverkehrs- und Logistikunternehmer (VBGL).

Der Frachtführer haftet für den Schaden, der durch Verlust oder Beschädigung des Gutes in der Zeit von der Übernahme der Beförderung bis zur Ablieferung oder durch Überschreitung der Lieferfrist entsteht, es sei denn, dass der Verlust, die Beschädigung oder die Verspätung auf Umständen beruht, die durch die **Sorgfalt eines ordentlichen Frachtführers** nicht abgewendet werden konnten, § 425 ff. HGB. Bei der Haftung des Frachtführers ist insbesondere zu beachten, dass eine **gesetzliche Verschuldensvermutung seiner Haftung** besteht.

Als **Rechte des Frachtführers (= Pflichten des Absenders)** sind zu nennen:

- **Anspruch auf Zahlung der Fracht**, §§ 407 Abs. 2 HGB, 631 ff. BGB
- **Aufwendungsersatz**, §§ 675, 670 BGB
- **Ausstellung von Frachtbrief und Begleitpapieren**, §§ 408 f., 413 HGB
- **Frachtführerpfandrecht,** § 441 HGB, mit Vorrang vor anderen Pfandrechten, § 443 HGB.

Der Frachtführer kann über die Verpflichtung zur Auslieferung des Frachtgutes einen **Ladeschein** ausstellen, §§ 444 ff. HGB, der vor allem in der Binnenschiffahrt Bedeutung hat. Der Ladeschein gehört zu den kaufmännischen Orderpapieren.

8.2 Speditionsgeschäft

Der Spediteur übernimmt gewerbsmäßig, Güterversendungen durch Frachtführer oder durch Verfrachter von Seeschiffen für Rechnung eines anderen (= des Versenders) in eigenem Namen zu besorgen, § 453 Abs. 1 HGB. Der **Speditionsvertrag** ist ein **Geschäftsbesorgungsvertrag** zwischen dem Spediteur und einem Kaufmann, der als Hersteller oder Großhändler den Versand der Waren nicht selbst durchführt, sondern das Speditionsgeschäft, verbunden mit Transportrisiken, Versicherungen und den Zollformalitäten bei Auslandsgeschäften dem Spediteur überlässt. Der Spediteur ist Kaufmann gem. § 1 Abs. 1 HGB. Er handelt **im eigenen Namen** und wird damit selbst Vertragspartner des Frachtführers, mit dem er die Frachtverträge abschließt. Doch handelt er **auf fremde Rechnung**, nämlich auf Rechnung des Versenders, dem das wirtschaftliche Ergebnis des Warentransports zugute kommt.

Gegenstand des Speditionsvertrags ist die **Güterversendung**, nicht die Personenbeförderung. Diese Geschäftsbesorgung beinhaltet den Abschluss des Frachtvertrags mit dem Frachtführer oder mit dem Verfrachter von Seeschiffen und die Übergabe der

Transportgüter. Deshalb ist der **Speditionsvertrag** zwischen dem Versender und dem Spediteur von dem **Frachtvertrag** (= Ausführungsgeschäft) zwischen dem Spediteur und dem Frachtführer zu unterscheiden. Sofern der Versender einen Spediteur einschaltet, wird dieser den Frachtvertrag abschließen, sodass zwischen dem Versender und dem Frachtführer keine Rechtsbeziehungen bestehen. Allerdings ist der Spediteur befugt, die Beförderung des Gutes durch Selbsteintritt auszuführen.

Der Spediteur haftet bei schuldhafter Pflichtverletzung des Speditionsvertrags nach allgemeinen Grundsätzen des bürgerlichen Rechts, z. B. aus positiver Vertragsverletzung. Als **Rechte des Spediteurs (= Pflichten des Versenders)** ergeben sich:

- **Anspruch auf Vergütung** gem. §§ 453 Abs. 2, 354 Abs. 1 HGB, Fälligkeit bei Übergabe des Gutes, § 456 HGB.
- **Anspruch auf Aufwendungsersatz** gem. §§ 675, 670 BGB für Versicherung, Zollgebühren, Lagerkosten usw., es sei denn, die Spedition erfolgt zu festen Kosten
- **Pfandrecht am Speditionsgut** gem. § 464 HGB
- **Selbsteintrittsrecht** gem. § 458 HGB.

Im Speditionsvertrag gelten neben den Vorschriften des HGB die Bestimmungen des Transportrechts, beispielsweise die **Allgemeinen Deutschen Spediteurbedingungen (ADSp)**, das Güterkraftverkehrsgesetz, die Kraftverkehrsordnung und die Eisenbahnverkehrsordnung. Die ADSp binden die Vertragspartner wie Allgemeine Geschäftsbedingungen nur aufgrund einzelvertraglicher Vereinbarung, doch gelten sie **unter Kaufleuten als stillschweigend vereinbart**. Die zahlreichen Sondervorschriften enthalten unter anderem auch **Haftungshöchstgrenzen** und die Pflicht zur unverzüglichen schriftlichen Schadensanzeige. Der Spediteur kann seine Haftung durch den Abschluss einer Speditionsversicherung reduzieren.

8.3 Lagergeschäft

Der Lagerhalter übernimmt gewerbsmäßig die Lagerung und Aufbewahrung von Gütern, § 467 ff. HGB, und ist Kaufmann gem. § 1 Abs. 1 HGB. Zu den Pflichten des Lagerhalters gehören neben der Lagerhaltung und Aufbewahrung des Lagergutes auch die Erteilung eines Lagerscheins, die Versicherungspflicht des Lagergutes, die Pflicht zur Interessenwahrung des Einlagerers und die Herausgabepflicht. Die Haftung des Lagerhalters ergibt sich aus § 475 HGB. Danach haftet der Lagerhalter bei Verlust oder Beschädigung des Lagergutes.

Es bestehen folgende **Rechte des Lagerhalters (= Pflichten des Einlagerers)**:

- **Anspruch auf Vergütung** gem. § 467 Abs. 2 HGB
- **Aufwendungsersatz** gem. § 474 HGB
- **Pfandrecht** gem. § 475b HGB.

Das Handelsrecht geht grundsätzlich von der **Einzellagerung** aus, daneben gibt es die Lagerform der Sammellagerung gem. § 469 HGB nach ausdrücklicher Vereinbarung. In den Fällen der **Sammellagerung** wird das Lagergut mit anderen Sachen von gleicher Art und Güte gemischt, die Eigentümer des Gutes werden zu Miteigentümern nach Bruchteilen. Die **Summenlagerung**, bei der der Lagerhalter das Eigentum am Lagergut erwirbt, ist kein handelsrechtliches Lagergeschäft, sondern eine Verwahrung nach den Regeln des bürgerlichen Rechts. Danach ist der Verwahrer verpflichtet, nach den Vorschriften über den Darlehensvertrag Sachen von gleicher Art, Güte und Menge zurückzugewähren, vgl. § 700 BGB.

Im Rahmen langfristiger Bezugs- und Liefervereinbarungen kann ein **Konsignationslagervertrag** abgeschlossen werden. Danach richtet der Hersteller und Lieferant beim Händler ein Konsignationslager ein. Die darin eingelagerten Waren stehen regelmäßig unter verlängertem und erweitertem Eigentumsvorbehalt. Die Konsignationslagerabrede sollte neben dem Eigentum weitere Absprachen enthalten über die Einlieferung, Entnahme und Bestandsüberwachung der Konsignationsware, Umfang des Lagers (Abfüllpunkt und Maximalbestand), Abfüllzeiten, Abrechnung und Vergütung, Haftung, Schadensersatz und Versicherung.

Eine weitere Möglichkeit der Sicherung eines Warenbestandes im Rahmen einer Dauerbelieferung ist der **Fremdbevorratungsvertrag**. Danach richtet der Hersteller und Lieferant ein Vorratslager für den Abnehmer ein, wobei eine Spezifizierung der lagernden Materialien, des Umfangs, der Auffüllung und Überwachung, der Abruffristen und Lieferzeiten erfolgt. Dieser Vertrag wird häufig als Zusatzvereinbarung zum Sukzessivlieferungsvertrag abgeschlossen.

9. Die kaufmännischen Orderpapiere

Die Übertragung von Sachen und Rechten erfolgt nach den Regeln des bürgerlichen Rechts durch Eigentumsübertragung oder durch Abtretung. Im kaufmännischen Geschäftsverkehr entsteht bei der Eigentumsübertragung durch Einigung und Übergabe ein erheblicher Zeit- und Kostenverlust, bei der Eigentumsübertragung durch Einigung und Abtretung des Herausgabeanspruchs wie auch bei der Abtretung von Rechten die Unsicherheit, ob die abgetretene Forderung besteht, ob sie dem Gläubiger auch zusteht und ob die Forderung den behaupteten Inhalt hat. Abgesehen von der Gefahr der Unwirksamkeit der Übereignungsverträge durch die mehrfache Veräußerung kann der Schuldner Einreden und Einwendungen aus den Schuldnerschutzvorschriften des Abtretungsrechts geltend machen.

Eine **erhöhte Verkehrsfähigkeit von Rechten** wird durch Urkunden erreicht, die das Bestehen des Rechts verbriefen. Die Vorteile der Wertpapiere liegen in folgenden Besonderheiten:

- **Beweisfunktion (= Garantiefunktion):**

  Die Urkunde garantiert für den Bestand des Rechtes.

- **Legitimationsfunktion:**

  Die Urkunde weist den Inhaber als Berechtigten aus.

- **Transportfunktion:**

  Durch die Übertragung der Urkunde wird das darin verbriefte Recht übertragen. **„Das Recht aus dem Papier folgt dem Recht am Papier."**

Die kaufmännischen Orderpapiere bewirken eine **Erleichterung des Güterumlaufs**, denn die Übertragung des im Orderpapier verbrieften Rechts ersetzt die Übertragung des Eigentums an den Waren. Das Recht aus dem Papier, beispielsweise der Herausgabeanspruch auf das Lager- oder Frachtgut, folgt dem Recht am Papier. Damit kann der Berechtigte durch Vorlage des Orderpapiers die Herausgabe der Wirtschaftsgüter verlangen. Der verpflichtete Lagerhalter, Frachtführer oder eine andere Person kann im guten Glauben an die Berechtigung aus dem Orderpapier mit befreiender Wirkung die Waren herausgeben. Durch die rechtswirksame Übertragung des Orderpapiers wird das Eigentum an den Wirtschaftsgütern übertragen, sodass die Wertpapiere im Warenumlauf an die Stelle der Güter treten.

Beispiel

Die Import-GmbH erhält eine Schiffsladung Rum aus Westindien, der bis zum Weiterverkauf und der Veredelung in einem Hamburger Lagerhaus aufbewahrt wird. Der Lagerhalter stellt einen Lagerschein (= Orderpapier) aus. Die Übertragung des Eigentums an dem Lagerschein hat die Wirkung der Eigentumsübertragung an dem Lagergut, sodass die Import-GmbH den Westindien-Rum durch eine Orderklausel auf dem Lagerschein veräußern kann, ebenso wie der Erwerber durch eine weitere Orderklausel auf dem Lagerschein das Recht am Lagergut weiterveräußern kann, vgl. § 475d HGB.

Zu den Orderpapieren gehören neben Wechsel, Namensscheck und Namensaktie auch die kaufmännischen Papiere des § 363 HGB:

- **Anweisungen auf einen Kaufmann über Geld, Wertpapiere oder vertretbare Sachen**
- **Verpflichtungsscheine des Kaufmanns über die Leistung von Geld, Wertpapieren oder anderen vertretbaren Sachen**
- **Konnossemente der Verfrachter im Seehandel**
- **Ladescheine der Frachtführer**
- **Lagerscheine der Lagerhalter**
- **Transportversicherungspolicen**.

Diese kaufmännischen Wertpapiere werden durch eine Orderklausel zu Orderpapieren und daher als **gekorene Orderpapiere** bezeichnet. Im Unterschied dazu sind Wechsel, Scheck und Namensaktie ohne weiteres Orderpapiere (= geborene Orderpapiere). Allerdings kann bei einem Wechsel oder einem Scheck die Übertragbarkeit durch eine negative Orderklausel „nicht an Order" ausgeschlossen werden. Ein Scheck kann auch durch Überbringerklausel auf den Inhaber gestellt werden.

Orderpapiere lauten auf eine namentlich benannte Person oder deren Order. Zur Legitimation muss der Berechtigte außer der Vorlage des Papiers auch die namentliche Bezeichnung auf dem Papier vorweisen. Durch die **Orderklausel** erhält der namentlich Benannte die Möglichkeit, die verbriefte Leistung an einen anderen zu „beordern". Dies geschieht durch **Indossament**, einen unterschriebenen Vermerk auf dem Papier. Das Indossament bewirkt die Übertragung der Rechte aus dem Papier auf den Indossatar, § 364 HGB.

Durch **Einigung**, **Übergabe** und **Indossament** wird das in dem Orderpapier verbriefte Recht auf einen Erwerber übertragen, ähnlich wie beim Eigentumserwerb, nur kommt zu der mündlichen Einigung bei der Übertragung eines verbrieften Rechtes das Indossament hinzu. Deshalb wird das in einem Orderpapier verbriefte Recht nicht nach den Vorschriften der Abtretung, sondern nach den Bestimmungen über den Eigentumsübergang gem. §§ 929 ff. BGB übertragen.

Aufgabe 40 > Seite 230

D. Gesellschaftsrecht

Jede durch Vertrag begründete Personenvereinigung zur Verfolgung eines gemeinsamen Zwecks ist eine Gesellschaft. Der Vielgestaltigkeit der Lebensbedürfnisse entsprechend werden Gesellschaften mit unterschiedlicher Zielsetzung gegründet, sowohl für wirtschaftliche als auch für ideelle Zwecke. Bei einem Wirtschaftsunternehmen ist der Gesellschaftszweck regelmäßig auf den **Betrieb eines Handelsgewerbes** gerichtet, doch gibt es auch Zusammenschlüsse für andere Zwecke, z. B. Kartelle, Werbegemeinschaften, Ladenpassagen oder Unternehmensverbindungen zum Erreichen überregionaler Ziele.

Der Grundsatz der Vertragsfreiheit ist auch für den Abschluss eines Gesellschaftsvertrages anzuwenden, doch besteht ein gesetzlicher Typenzwang, der sog. **Numerus Clausus der Gesellschaftsformen**. Während die Gesellschafter im Außenverhältnis in der Rechtswahl eingeschränkt sind, können sie ihr Innenverhältnis durch Gesellschaftsvertrag gestalten. Im Bereich der Körperschaften ist der Gestaltungsspielraum infolge des gesetzlichen Rahmens geringer als bei den Personengesellschaften.

Der grundlegende Unterschied zwischen Personengesellschaften und Körperschaften besteht darin, dass in einer **Personengesellschaft die Gesellschafter Träger aller gesellschaftlichen Rechte und Pflichten** sind, während die Körperschaft eine **juristische Person** ist, die Rechtsfähigkeit erlangt und unabhängig von ihren Mitgliedern durch ihre Organe im Rechtsverkehr tätig wird. Während in der körperschaftlichen Organisation die Möglichkeit des Mitgliederwechsels besteht, sind die Gesellschafter einer Personengesellschaft nicht beliebig austauschbar und prägen deren Identität und Geschäftsbeziehungen.

In einer Personengesellschaft besorgen die Gesellschafter selbst die Geschäftsführung und Vertretung **(= Selbstorganschaft)**, während für die Körperschaft die Ge-schäftsführung und Vertretung von den Mitgliedern losgelöst und auf besondere Organe (Mitgliederversammlung, Vorstand, Aufsichtsrat) übertragen wird **(= Fremdorganschaft)**.

Aus dem Umstand, dass die Körperschaft eine juristische Person ist, ergeben sich haftungs- und vermögensrechtliche Konsequenzen für ihre Mitglieder. Die juristische Person ist selbst Träger von Rechten und Pflichten und wird deshalb auch selbst **Eigentümerin des Gesellschaftsvermögens**. Den Gesellschaftsgläubigern gegenüber haftet nur die Gesellschaft mit ihrem Gesellschaftsvermögen. Dagegen bildet die Personengesellschaft ein **Gesamthandsvermögen**, über das die Gesellschafter nur gesamthänderisch verfügen können. Es handelt sich dabei um ein Sondervermögen, das den Gesellschaftern zur gesamten Hand zugeordnet ist und haftungsrechtlich vom Privatvermögen der einzelnen Gesellschafter zu trennen ist. Im Unterschied zur juristischen Person haften die Gesellschafter darüber hinaus mit ihrem Privatvermögen und mit Ausnahme der Kommanditisten einer Kommanditgesellschaft unbeschränkt.

1. Personengesellschaften

Als Organisationsform für kleine und mittelständische Unternehmen bietet sich die Form einer Personenhandelsgesellschaft an, die sich vor allem im Handel und im Dienstleistungsgewerbe bewährt hat. Die Gesellschafter der Personenhandelsgesellschaften haben hohe Einfluss- und Kontrollmöglichkeiten hinsichtlich der Geschäftsführung und Vertretung. Die Gestaltung des Innenverhältnisses durch Gesellschaftsvertrag ist weitgehend frei und die Haftung der Gesellschafter im Außenverhältnis kann durch die Bildung einer Kommanditgesellschaft teilweise beschränkt werden.

1.1 Gesellschaft bürgerlichen Rechts (GbR)

Die Grundform der Personengesellschaft ist die Gesellschaft bürgerlichen Rechts. Sie wird durch einen Gesellschaftsvertrag gegründet, in welchem sich die Gesellschafter verpflichten, die Erreichung eines gemeinsamen Zwecks in der durch den Vertrag bestimmten Weise zu fördern, insbesondere die vereinbarten Beiträge zu leisten.

Merkmale der Gesellschaft bürgerlichen Rechts:

- vertraglicher Zusammenschluss
- fehlende Rechtsfähigkeit
- gemeinschaftliche Zweckverfolgung
- beliebiger Gesellschaftszweck
- keine Haftungsbeschränkung der Gesellschafter
- kein Betrieb eines Handelsgewerbes (dann: oHG oder KG).

Die Gesellschaft bürgerlichen Rechts entsteht durch den vertraglichen Zusammenschluss mehrerer Gesellschafter. Der **Gesellschaftsvertrag** ist formlos wirksam und kann daher wie jeder andere Vertrag auch mündlich oder konkludent abgeschlossen werden. Formerfordernisse sind nur ausnahmsweise zu beachten, z. B. wenn Grundstücke eingebracht werden, vgl. § 311b BGB.

In der Wirtschaft eignet sich die Rechtsform der GbR u. a. für Arbeitsgemeinschaften im Baugewerbe, überbetriebliche Zusammenschlüsse wie Kartelle, Konzerne, Werbegemeinschaften und sonstige Interessengemeinschaften, Holding-Gesellschaften als Zusammenschluss mehrerer Unternehmen in einer Verwaltungs- oder Koordinationsgesellschaft, sofern diese nicht die Rechtsform der Personenhandelsgesellschaft vorziehen.

Aufgabe 41 > Seite 230

Die Gesellschaft bürgerlichen Rechts kann zur Verfolgung jedes beliebigen Gesellschaftszwecks gegründet werden, darf aber **kein Handelsgewerbe** i. S. des § 1 HGB betreiben (Istkaufmann). Die Beteiligten müssen sich lediglich vertraglich zur Förderung eines gemeinsamen Zwecks verpflichten. Infolge des Typenzwangs im Gesellschaftsrecht sind die Rechtsformen der offenen Handelsgesellschaft oder Kommanditgesellschaft zwingend vorgeschrieben, wenn der Gesellschaftszweck auf den Betrieb eines Handelsgewerbes gerichtet ist.

Beispiel

In einer Einkaufspassage wird für das Jubiläum des 10-jährigen Bestehens eine gemeinsame Werbeaktion geplant. Unter anderem soll ein neues gemeinsames Logo entworfen, eine Doppelseite der lokalen Zeitung gestaltet und viele Aktionen während einer Jubiläumswoche organisiert werden. Die Einzelhandelsgeschäfte können sich in einer Gesellschaft bürgerlichen Rechts zusammenschließen, um die Werbeaktion zum Jubiläum gemeinsam durchzuführen. Es handelt sich um einen Zweck, der nicht auf den Betrieb eines Handelsgewerbes gerichtet ist.

Rechtsfolgen der Gründung einer Gesellschaft bürgerlichen Rechts:

- **Pflichten der Gesellschafter zur Förderung des Gesellschaftszwecks, § 705 BGB**
- **Prinzip der Gesamtgeschäftsführung und Gesamtvertretung**
- **gesamthänderische Bindung des Gesellschaftsvermögens**
- **gesamtschuldnerische Haftung der Gesellschafter**.

Die **Führung der Geschäfte** im Innenverhältnis steht allen Gesellschaftern gemeinschaftlich zu. Danach bedarf jede Entscheidung über die Angelegenheiten der Gesellschaft der Zustimmung aller Gesellschafter **(= positives Konsensprinzip)**. Im Gesellschaftsvertrag können von der Gesamtgeschäftsführung abweichende Regelungen getroffen werden. Sofern zwar alle Gesellschafter geschäftsführungsbefugt sind, sie jedoch auch einzeln handeln dürfen, steht den anderen ein **Widerspruchsrecht** zu **(= negatives Konsensprinzip)**, § 711 BGB. Sind Gesellschafter von der Geschäftsführung ausgeschlossen, bestehen **Kontrollrechte** (Informations- und Einsichtsrechte) gem. § 716 BGB, die vertraglich erweitert werden können.

Beispiel

Die Geschäftsinhaber aus der Einkaufspassage im vorangegangenen Beispiel treffen sich zur Besprechung der Marketing-Aktivitäten anlässlich ihres Jubiläums. Wie ist die Rechtslage, wenn ein Ladeninhaber nicht damit einverstanden ist, dass ein Clown engagiert wird, der während der Jubiläumswoche in der Einkaufspassage auftritt? Nach dem positiven Konsensprinzip bedarf jede Entscheidung über die Angelegenheiten der Gesellschaft der Zustimmung aller Gesellschafter. Falls ein Geschäftsinhaber dem Engagement eines Clowns widerspricht, muss diese Aktion unterbleiben.

Die **Vertretungsbefugnis** einer GbR im Außenverhältnis ist grundsätzlich mit der Geschäftsführungsbefugnis verbunden, § 714 BGB. Danach sind alle Gesellschafter gemeinschaftlich zur Vertretung der Gesellschaft berechtigt. Daraus folgt, dass wirksame Willenserklärungen für die Gesellschaft nur abgegeben werden können, wenn sämtliche Gesellschafter mitwirken. Schriftliche Verträge sind von allen Gesellschaftern zu unterzeichnen, bei mündlichen Vertragsabschlüssen müssen alle Gesellschafter anwesend sein. In der Praxis werden deshalb häufig von der Gesamtvertretung abweichende Regelungen getroffen, die jedoch mit der Geschäftsführungsbefugnis übereinstimmen müssen, vgl. § 715 BGB.

Beispiel

Die Geschäftsinhaber aus der Einkaufspassage beauftragen den Ladeninhaber L, den Clown für die Jubiläumswoche zu engagieren, obwohl ein Gesellschafter nicht einverstanden ist. Zur Vertretung einer GbR im Außenverhältnis sind alle Gesellschafter gemeinsam berechtigt. Sofern ein Gesellschafter mit dem Vertragsabschluss nicht einverstanden ist, handeln die anderen ohne Vertretungsmacht, sodass die Rechtsfolgen sich aus der Anwendung der §§ 177, 179 BGB ergeben. Der Vertrag ist bis zur Genehmigung aller Gesellschafter schwebend unwirksam. Der Clown kann die am Vertragsabschluss beteiligten Gesellschafter als Vertreter ohne Vertretungsmacht nach seiner Wahl auf Erfüllung oder Schadensersatz in Anspruch nehmen.

Die Gesellschafter haften für die Verbindlichkeiten der Gesellschaft gegenüber den Gesellschaftsgläubigern persönlich und unbeschränkt als Gesamtschuldner, vgl. § 705 BGB. Die **persönliche Haftung der Gesellschafter** bewirkt, dass ein Gesellschaftsgläubiger sich wegen seines Zahlungsanspruchs unmittelbar an jeden Gesellschafter wenden und von diesem die Zahlung der Gesellschaftsverbindlichkeit verlangen kann. Die Gesellschafter haften nicht nur mit ihrem Anteil am Gesellschaftsvermögen, sondern auch mit ihrem Privatvermögen.

Beispiel

Die Geschäftsinhaber aus der Einkaufspassage beauftragen einvernehmlich die Marketing-Agentur Multimedia GmbH mit dem Entwurf eines gemeinsamen Logos. Aus mehreren Vorschlägen wählen sie einen aus und geben eine doppelseitige Anzeige in der Lokalzeitung auf. Als die Zahlung des Werbeauftrags ausbleibt, wendet sich die Multimedia-GmbH an den Geschäftsinhaber K. Es handelt sich um einen Vergütungsanspruch aus einem Werkvertrag gem. § 631 BGB. Als Gesamtschuldner ist jeder Gesellschafter gegenüber einem Gesellschaftsgläubiger zur Zahlung der Gesamtsumme der Gesellschaftsverbindlichkeit verpflichtet. K muss daher den Werklohn in voller Höhe an die Multimedia-GmbH zahlen. Im Innenverhältnis entsteht ein Ausgleichsanspruch des K gegenüber den übrigen Gesellschaftern aus dem Gesamtschuldverhältnis gem. § 426 Abs. 1 BGB.

Die gesetzliche **Gewinn- und Verlustbeteiligung** erfolgt gem. §§ 721, 722 BGB nach gleichen Anteilen, doch können die Gesellschafter erst nach der Auflösung der Gesellschaft Rechnungslegung, Gewinn- und Verlustbeteiligung verlangen. Im Gesellschaftsvertrag werden regelmäßig anderweitige Vereinbarungen getroffen.

Die **Gesellschafterstellung** ist grundsätzlich nicht übertragbar, § 717 BGB. Das Ausscheiden von Gesellschaftern und der Eintritt neuer Gesellschafter kann im Gesellschaftsvertrag geregelt werden. In den Fällen des einvernehmlichen Ausscheidens oder der Ausschließung eines Gesellschafters besteht die Gesellschaft mit den übrigen Gesellschaftern fort. Sofern ein Gesellschafter durch Kündigung, Tod oder Insolvenz ausscheidet, wird die Gesellschaft aufgelöst, falls keine anderweitigen Vereinbarungen im Gesellschaftsvertrag getroffen worden sind.

Scheidet ein Gesellschafter aus der GbR aus, wächst sein Anteil am Gesellschaftsvermögen den übrigen Gesellschaftern zu, § 738 BGB. Nach dem gesetzlichen **Prinzip der Anwachsung** erübrigt sich, alle mit der Mitgliedschaft verbundenen Rechte einzeln zu übertragen, alle bestehenden Forderungen abzutreten und über das Eigentum zu verfügen. Der ausscheidende Gesellschafter wird für den Rechtsverlust entschädigt, indem er **Abfindungsansprüche** erhält. Er kann von den übrigen Gesellschaftern die Herausgabe der Gegenstände verlangen, die er der Gesellschaft zur Nutzung übertragen hat, ferner die Befreiung von den gemeinschaftlichen Schulden und darüber hinaus einen Abfindungsanspruch in Höhe seines Anteils am Auseinandersetzungsguthaben, unterstellt, die Gesellschaft würde im Zeitpunkt seines Ausscheidens aufgelöst.

Eine **Kündigung der Gesellschaft bürgerlichen Rechts** kann jederzeit form- und fristlos von jedem Gesellschafter ausgesprochen werden, § 723 BGB. Bei einem befristeten Gesellschaftsvertrag kann allerdings nur eine außerordentliche Kündigung aus wichtigem Grund zur vorzeitigen Auflösung der Gesellschaft führen.

Die **Auflösung und Liquidation** der GbR erfolgt bei vertraglicher Vereinbarung, Zeitablauf, Kündigung durch einen Gesellschafter oder durch einen Privatgläubiger, §§ 723, 725 BGB, Tod oder Insolvenz eines Gesellschafters, §§ 727, 728 BGB oder Nichterreichen des verfolgten Zwecks. Nach der gesetzlichen Liquidationsregelung werden Gegenstände, die der Gesellschaft zur Nutzung überlassen wurden, zurückgegeben, Schulden der Gesellschaft bezahlt und Einlagen an die Gesellschafter zurückerstattet. Ergibt sich ein Überschuss, wird er im Verhältnis der Gewinnanteile verteilt; für einen Fehlbetrag haben die Gesellschafter im Verhältnis ihrer Verlustbeteiligung aufzukommen.

1.2 Partnerschaftsgesellschaft

In einer Partnerschaft können sich **Angehörige freier Berufe** zusammenschließen. Die Partnerschaftsgesellschaft übt kein Handelsgewerbe aus. Gesellschafter können nur natürliche Personen sein, die eine freiberufliche Tätigkeit ausüben. § 1 Abs. 2 PartGG enthält eine nicht abschließende **Aufzählung der freien Berufe** der Ärzte, Zahnärzte, Tierärzte und anderer Heilberufe, Rechtsanwälte, Steuerberater, Wirtschaftsprüfer, Ingenieure, Architekten, Journalisten, Wissenschaftler und ähnliche selbstständige Tätigkeiten. Die jeweiligen Standesrichtlinien bleiben durch den Zusammenschluss der Freiberufler in einer Partnerschaft unberührt.

Auf die Partnerschaft finden, soweit im Partnerschaftsgesetz keine anderweitigen Regelungen enthalten sind, die Vorschriften über die Gesellschaft bürgerlichen Rechts gem. §§ 705 ff. BGB Anwendung. Infolgedessen ist die Partnerschaft eine **Sonderform der Gesellschaft bürgerlichen Rechts**. Sie beruht auf einem Gesellschaftsvertrag der beteiligten Partner, verfügt über ein gesamthänderisch gebundenes Vermögen, unterliegt dem Grundsatz der Selbstorganschaft und setzt die Beteiligung von mindestens zwei Partnern voraus. Der Unterschied zur GbR besteht nur im Gesellschaftszweck, der auf die gemeinsame freiberufliche Tätigkeit ausgerichtet ist.

Beispiel

Die Selbstorganschaft ist ein wesentliches Merkmal, durch das sich Personengesellschaften von den Körperschaften unterscheiden. Im Gesellschaftsvertrag einer Steuerberatersozietät wird vereinbart, dass die Gesellschaft, wenn sie nicht von beiden Steuerberatern A und B gemeinsam vertreten wird, auch von A oder B jeweils zusammen mit einem Unternehmensberater vertreten werden kann, der einen Teil der gemeinsamen Büroräume gemietet hat. Durch die vereinbarte Vertretungsregelung wird das Prinzip der Selbstorganschaft nicht gewahrt. Der Gesellschaftsvertrag sieht ein Gesamtvertretungsrecht der Gesellschafter A und B vor. Zusätzlich kann die Gesellschaft auch von A oder B jeweils zusammen mit einem Dritten vertreten werden. Zwar ist sichergestellt, dass die Gesellschaft von ihren Gesellschaftern vertreten werden kann, jedoch ist die Vertretungsregelung unwirksam, insoweit sie den Unternehmensberater einbezieht, vgl. §§ 7 Abs. 3 PartGG, 125 Abs. 3 HGB, 134 BGB.

Der **Name der Partnerschaft** muss den Namen mindestens eines Partners und den Zusatz „und Partner“ oder „Partnerschaft“ sowie die Berufsbezeichnungen aller in der Partnerschaft vertretenen Berufe enthalten. Insoweit sind auch interprofessionelle Partnerschaften möglich. Allerdings sind die firmenrechtlichen Grundsätze des Handelsrechts gem. §§ 18 ff. HGB anzuwenden, vgl. § 2 PartGG.

Die Partnerschaft entsteht durch einen Gesellschaftsvertrag der beteiligten natürlichen Personen. Dieser Partnerschaftsvertrag muss gem. § 3 PartGG mindestens folgende Bestandteile enthalten:

- Name und Sitz der Partnerschaft
- Namen, Beruf und Wohnort jedes Partners
- Gegenstand der Partnerschaft.

Die Eintragung erfolgt in das **Partnerschaftsregister** nach den Vorschriften des Handelsrechts, vgl. §§ 4, 5 PartGG. Im Verhältnis zu Dritten wird die Partnerschaftsgesellschaft erst mit ihrer Eintragung in das Partnerschaftsregister wirksam, vgl. § 7 PartGG.

Das Rechtsverhältnis der Partner untereinander bestimmt sich nach dem Partnerschaftsvertrag. Die Partner erbringen ihre beruflichen Leistungen unter Beachtung des für sie geltenden Berufs- und Standesrechts. Einzelne Partner können aber im Partnerschaftsvertrag von der Führung der sonstigen Geschäfte ausgeschlossen werden. Durch den in § 6 PartGG enthaltenen Verweis auf §§ 110 ff. HGB gilt **das Prinzip der Einzelgeschäftsführung mit Widerspruchsrecht der anderen Partner** als gesetzliche Regel wie in der oHG.

Für **Verbindlichkeiten der Partnerschaft** haften den Gläubigern neben dem Vermögen der Gesellschaft auch die Partner als Gesamtschuldner, vgl. §§ 8 PartGG, 129, 130 HGB. Haftungshöchstgrenzen können vereinbart werden, soweit das Haftungsrisiko für Ansprüche aus Schäden wegen fehlerhafter Berufsausübung durch eine Berufshaftpflichtversicherung getragen wird.

Aufgabe 42 > Seite 231

Auf das **Ausscheiden eines Partners** und die **Auflösung der Partnerschaft** sind die handelsrechtlichen Vorschriften der §§ 131 ff. HGB anzuwenden. Dadurch wird bei Veränderungen im Gesellschafterbestand der Fortbestand der Partnerschaft gesichert. Allerdings hat der Tod eines Partners, die Kündigung eines Partners oder eines Privatgläubigers eines Partners nur das Ausscheiden des jeweiligen Partners aus der Partnerschaftsgesellschaft zur Folge. Auch wenn ein Partner die erforderliche Zulassung zu seinem in der Partnerschaft ausgeübten freien Beruf verliert, scheidet er aus der Gesellschaft aus. Die Beteiligung an einer Partnerschaft ist zwar grundsätzlich nicht vererblich, doch kann der Partnerschaftsvertrag eine Regelung vorsehen, wonach Erben, die ebenfalls Freiberufler sind, durch Rechtsnachfolge in die Partnerschaft eintreten oder andernfalls ihren Austritt aus der Partnerschaft erklären. Für die **Liquidation der Partnerschaftsgesellschaft** sind die handelsrechtlichen Vorschriften über die Liquidation der offenen Handelsgesellschaft entsprechend anzuwenden, vgl. § 10 PartGG.

1.3 Offene Handelsgesellschaft (oHG)

Die offene Handelsgesellschaft ist auf den Betrieb eines Handelsgewerbes unter gemeinschaftlicher Firma gerichtet, wobei die Gesellschafter den Gesellschaftsgläubigern gegenüber persönlich, unbeschränkt und gesamtschuldnerisch haften, §§ 105 Abs. 1, 128 HGB. Sie ist eine Sonderform der Personengesellschaft, die wegen des gewerblichen Zwecks als **Personenhandelsgesellschaft** bezeichnet wird. Auf die oHG finden ergänzend die Vorschriften der §§ 705 ff. BGB für die GbR Anwendung, sofern im Handelsgesetzbuch keine Sonderregelungen vorhanden sind. Dies gilt z. B. für das Prinzip der Anwachsung und für den Abfindungsanspruch des ausscheidenden Gesellschafters.

Im Unterschied zur GbR erhält die oHG die **Teilrechtsfähigkeit kraft Gesetzes**, § 124 HGB. Da die oHG aufgrund ihres Gesellschaftszwecks im Wirtschaftsverkehr tätig wird, muss sie den handelsrechtlichen Erfordernissen entsprechend unverzüglich agieren und reagieren können. Diese Voraussetzungen effektiver und flexibler Teilnahme am Handelsverkehr könnte eine Personengesellschaft nicht erfüllen, wenn sie nicht rechtlich selbstständig und abweichend von den Grundsätzen der Gesamtgeschäftsführung und Gesamtvertretung organisiert wäre.

- **Die oHG kann unter ihrer Firma Rechte erwerben und Verbindlichkeiten eingehen.**
- **Die oHG kann insbesondere Eigentum erwerben und wird dadurch grundbuchfähig.**
- **Die oHG kann vor Gericht klagen und verklagt werden.**
- **Über das Vermögen der oHG kann ein Insolvenzverfahren eröffnet werden.**
- **In das Vermögen der oHG kann die Zwangsvollstreckung stattfinden.**
- **Die oHG haftet für ein deliktisches Verhalten ihrer Gesellschafter gem. § 31 BGB (= Organhaftung).**

Die Rechtsform der offenen Handelsgesellschaft eignet sich für kleine und mittelständische Unternehmen, insbesondere auch für Familienbetriebe. Sie ist z. B. im Groß- und Einzelhandel zu finden, in der Fertigungswirtschaft und im Dienstleistungsbereich. Nach der Handelsrechtsreform können auch Kleingewerbetreibende eine oHG gründen, ferner Kannkaufleute gem. § 2 HGB und land- und frostwirtschaftliche Betriebe gem. § 3 HGB.

Merkmale der offenen Handelsgesellschaft:

- **Gesellschaftsvertrag, § 705 BGB**
- **Betrieb eines Handelsgewerbes unter gemeinschaftlicher Firma gem. § 105 Abs. 1 HGB oder Eintragung eines Gewerbebetriebs in das Handelsregister gem. § 105 Abs. 2 HGB**
- **keine Haftungsbeschränkung der Gesellschafter**
- **Anmeldungspflicht zum Handelsregister, § 106 HGB.**

Im Verhältnis der Gesellschafter zueinander (= **Innenverhältnis**) entsteht die offene Handelsgesellschaft mit Abschluss des Gesellschaftsvertrags. Da der Gesellschaftsvertrag formlos wirksam ist, reicht bereits die Aufnahme eines Geschäftspartners in das bestehende Handelsgeschäft eines Einzelkaufmanns oder die Vereinbarung zweier Personen, ein Handelsgeschäft unter gemeinsamer Firma betreiben zu wollen, vgl. § 105 HGB. In diesen Fällen entsteht eine offene Handelsgesellschaft, sofern keine Haftungsbeschränkung vereinbart wurde. Haben die beteiligten Gesellschafter für einen von ihnen die Haftung auf eine bestimmte Vermögenseinlage beschränkt, dann entsteht eine Kommanditgesellschaft, vgl. § 161 HGB.

Im **Verhältnis zu Dritten** entsteht die offene Handelsgesellschaft mit dem Zeitpunkt der Eintragung in das Handelsregister oder durch die Aufnahme eines Handelsgewerbes im Einverständnis aller Gesellschafter gem. § 123 HGB. Das erste Rechtsgeschäft, das im Namen der oHG abgeschlossen wird, bewirkt deren Entstehung im Außenverhältnis. Durch die Aufnahme eines Handelsgewerbes kann die offene Handelsgesellschaft bereits vor ihrer Eintragung im Handelsregister entstehen. Die zeitlich der Gründung und Geschäftsaufnahme nachfolgende Eintragung der Gesellschaft in das Handelsregister hat nur deklaratorische (= rechtsbekundende) Wirkung.

Aufgabe 43 > Seite 231

Nach der Gründung einer offenen Handelsgesellschaft durch Gesellschaftsvertrag sind die Gesellschafter verpflichtet, diese zur Eintragung in das Handelsregister bei dem Gericht anzumelden, in dessen Bezirk sie ihren Sitz hat, § 106 HGB. Die Anmeldung muss folgende Angaben enthalten, wobei die firmenrechtlichen Grundsätze gem. §§ 17 ff. HGB zu beachten sind:

- **Name, Vorname, Geburtsdatum und Wohnort jedes Gesellschafters**
- **die Firma der Gesellschaft, den Ort des Geschäftssitzes und die inländische Geschäftanschrift**
- **die Vertretungsmacht der Gesellschafter**.

Die in § 107 HGB aufgeführten Änderungen, z. B. Änderung der Firma, des Geschäftssitzes, Eintritt neuer Gesellschafter oder Änderung der Vertretungsmacht, sind ebenfalls zur Eintragung in das Handelsregister anzumelden. Die Anmeldungen sind von sämtlichen Gesellschaftern zu bewirken.

Im Innenverhältnis der Gesellschafter untereinander gilt der Grundsatz der Vertragsfreiheit mit der Folge, dass der Gesellschaftsvertrag in seinen Regelungen von den §§ 110 bis 122 HGB abweichen kann, vgl. § 109 HGB. Zu den **Rechtspflichten der Gesellschafter** gehören neben der Wahrnehmung von Geschäftsführungs- und Vertretungsaufgaben auch Beitragspflichten gem. §§ 105 Abs. 2 HGB, 705 BGB, **Treuepflichten** gem. § 242 BGB und ein **Wettbewerbsverbot** gem. § 112 HGB. Rechtsfolgen eines Verstoßes gegen die Pflichten der Gesellschafter sind Schadensersatzansprüche wegen Vertragsverletzung, Unterlassungsansprüche und im Einzelfall auch ein Eintrittsrecht der oHG in Geschäfte, die der Gesellschafter entgegen seiner Leistungstreuepflicht auf eigene Rechnung abschließt.

Im Unterschied zur GbR, welche die Gesamtgeschäftsführung vorsieht, gilt bei der oHG das **Prinzip der Einzelgeschäftsführung**. Gemäß §§ 114, 115 HGB sind alle Gesellschafter einer oHG zur Führung der Geschäfte berechtigt und verpflichtet, und zwar ist jeder allein zu handeln berechtigt. Mit dem Prinzip der Einzelgeschäftsführung ist ein Vetorecht der geschäftsführungsbefugten Gesellschafter verbunden. Falls ein Gesellschafter eine Handlung vorzunehmen beabsichtigt, ein anderer geschäftsführungsbefugter Gesellschafter jedoch widerspricht, muss die Handlung unterbleiben, § 115 Abs. 1 HGB. Demzufolge gilt als gesetzliche Regelung der Geschäftsführungsbefugnis bei der offenen Handelsgesellschaft das **Prinzip der Einzelgeschäftsführung aller mit Widerspruchsrecht der geschäftsführungsbefugten Gesellschafter**. Da die gesetzlichen Vorschriften zum Innenverhältnis der oHG dispositiv sind, können im Gesellschaftsvertrag **abweichende Geschäftsführungsregeln** vereinbart werden:

- Einzelgeschäftsführung aller Gesellschafter ohne Widerspruchsrecht
- Einzelgeschäftsführung mehrerer Gesellschafter mit oder ohne Widerspruchsrecht
- Gesamtgeschäftsführung mehrerer Gesellschafter
- Gesamtgeschäftsführung aller Gesellschafter.

Die gesetzliche Grundform der Einzelgeschäftsführung aller Gesellschafter mit Widerspruchsrecht der anderen Gesellschafter erleichtert die Entscheidungsfähigkeit der oHG, während die Gesamtgeschäftsführung aller Gesellschafter die Gesellschaft unflexibel werden lässt. Es ist daher eine interessengerechte und auf den Einzelfall abgestimmte Gestaltung des Gesellschaftsvertrags zu finden. Gemäß § 115 Abs. 2 HGB besteht ein **Recht zur Notgeschäftsführung** der zur Gesamtgeschäftsführung berechtigten Gesellschafter, die bei Gefahr im Verzug auch einzeln und ohne Zustimmung der übrigen gesamtgeschäftsführungsbefugten Gesellschafter handeln dürfen.

Aufgabe 44 > Seite 231

Der **Umfang der Geschäftsführungsbefugnis** erstreckt sich auf alle Handlungen, die der gewöhnliche Betrieb des Handelsgewerbes der oHG mit sich bringt. Zur Vornahme von Handlungen, die darüber hinausgehen, ist ein Beschluss sämtlicher Gesellschafter erforderlich, § 116 HGB.

Gewöhnliche Geschäfte sind alle Geschäfte, die den Gegenstand des Unternehmens betreffen, im Bereich von Beschaffung, Produktion, Absatz, Marketing, Rechnungs- und Personalwesen; z. B. der An- und Verkauf von Waren, die Einstellung und Kündigung von Mitarbeitern, die Vornahme von Kredit- und Finanzierungsgeschäften und Versicherungsabschlüsse.

Außergewöhnliche Geschäfte überschreiten nach Art, Inhalt, Bedeutung und Risiko den Rahmen des gewöhnlichen Geschäftsbetriebs und bedürfen deshalb eines Beschlusses sämtlicher Gesellschafter, auch der nicht geschäftsführungsbefugten Gesellschafter. Zu den außergewöhnlichen Geschäften gehören z. B. die Einrichtung einer Zweigniederlassung, Baumaßnahmen, die Übertragung des Gesellschaftsvermögens, der Verkauf von Wertpapieren oder die Aufnahme eines stillen Gesellschafters. Die Erteilung der Prokura ist ein gewöhnliches Geschäft, bedarf aber demnach gem. § 116 Abs. 3 HGB der Zustimmung aller geschäftsführungsbefugten Gesellschafter, während der Widerruf der Prokura durch jeden geschäftsführungsbefugten Gesellschafter erfolgen kann.

Beispiel

Die fünf Gesellschafter A, B, C, D und E haben im Gesellschaftsvertrag vereinbart, dass A und B zur Geschäftsführung berechtigt sein sollen. Die oHG betreibt einen Großhandel mit Produkten aus ökologischer Landwirtschaft. Was muss A veranlassen, wenn er (a) eine Zweigniederlassung errichten, (b) einen Prokuristen bestellen will? Aufgrund der Vereinbarung im Gesellschaftsvertrag, dass A und B zur Geschäftsführung berechtigt sein sollen, hat jeder von ihnen Einzelgeschäftsführungsbefugnis mit Widerspruchsrecht des anderen. (a) Falls A eine Zweigniederlassung errichten will, muss er einen gemeinsamen Entschluss aller Gesellschafter herbeiführen, da es sich um ein außergewöhnliches Geschäft handelt. (b) Falls A einen Prokuristen bestellen möchte, braucht er nur die Zustimmung des B. Lediglich über gewöhnliche Geschäfte wie den An- und Verkauf von Produkten aus ökologischer Landwirtschaft darf er allein entscheiden.

Gesellschafterbeschlüsse bedürfen der Zustimmung aller zur Mitwirkung bei der Beschlussfassung berufenen Gesellschafter, wobei die Mehrheit der Stimmen nach Zahl der Gesellschafter entscheidet. Ein Beschluss aller Gesellschafter ist z. B. erforderlich bei Entscheidungen über Änderungen des Gesellschaftsvertrags, außergewöhnliche Geschäfte, Ansprüche bei Verletzung des Wettbewerbsverbots, § 113 Abs. 2 HGB, Entziehung der Geschäftsführungsbefugnis oder der Vertretungsmacht, §§ 117, 127 HGB, Ausschließung eines Gesellschafters, § 140 HGB und der Auflösung der Gesellschaft, § 131 Nr. 2 HGB.

Beispiele

In einer oHG zur Erbringung von IT-Leistungen haben die drei Gesellschafter A, B und C keine besondere Vereinbarung über die Geschäftsführung und Vertretung getroffen. A möchte die Geschäftsverbindung mit einem langjährigen guten Kunden wegen persönlicher Differenzen aufgeben. B und C widersprechen der Kündigung der Geschäftsverbindung. Die Frage betrifft das Innenverhältnis der Gesellschafter untereinander. In einer oHG gilt der Grundsatz der Einzelgeschäftsführungsbefugnis aller Gesellschafter mit Widerspruchsrecht, §§ 114 f. HGB. Auf den Widerspruch von B und C müsste die Kündigung der Geschäftsverbindung unterbleiben. Kündigt A den Vertrag ungeachtet des Widerspruchs seiner Mitgesellschafter, besteht im Innenverhältnis ein Anspruch wegen Verstoßes gegen den Gesellschaftsvertrag.

Im vorangegangenen Fall kauft der Gesellschafter A einen neuen Geschäftswagen. (a) Ist die Zustimmung der Mitgesellschafter erforderlich? (b) Wäre der Kaufvertrag auch ohne das Einverständnis von B und C wirksam? Es ist zwischen dem Innen- und dem Außenverhältnis zu unterscheiden. (a) Betrachtet man allein den Gesellschaftsvertrag, müsste der Vertragsabschluss unterbleiben, wenn B oder C ein Veto einlegen. Schließt A den Vertrag dennoch ab, hätte er den Gesellschaftsvertrag verletzt. (b) Im Außenverhältnis zu dem Verkäufer des Geschäftswagens ist der Kaufvertrag wirksam. Denn in einer oHG gilt der Grundsatz der Einzelvertretung aller Gesellschafter, § 125 HGB.

Im **Außenverhältnis der offenen Handelsgesellschaft** oder der Gesellschafter zu Dritten sieht das HGB Vertretungs- und Haftungsregeln vor. Die Vertretung der offenen Handelsgesellschaft betrifft den Abschluss von Rechtsgeschäften durch einen Gesellschafter im Namen der Gesellschaft mit der Folge, dass die oHG Vertragspartei wird, sofern der handelnde Gesellschafter vertretungsbefugt ist. Das Handelsgesetzbuch geht vom **Prinzip der Einzelvertretung aller Gesellschafter** aus, § 125 HGB. Allerdings können im Gesellschaftsvertrag abweichende Regelungen vereinbart werden, §§ 125 Abs. 2 und 3 HGB:

- **Gesamtvertretung aller oder mehrerer Gesellschafter (= echte Gesamtvertretung)**
- **Gesamtvertretung, indem die vertretungsberechtigten Gesellschafter entweder zusammen oder einzeln mit einem Prokuristen handeln (= unechte Gesamtvertretung).**

Im **Fall der Gesamtvertretung** können die vertretungsberechtigten Gesellschafter nur gemeinsam handeln, z. B. Verträge im Namen der oHG nur gemeinsam abschließen. Der Vertrag kommt zwischen dem Dritten und der oHG zu Stande. Die Gesamtvertretung betrifft nur die Aktiv- nicht die Passivvertretung. Sofern der Dritte den Vertrag kündigt, gilt die Kündigung als wirksam erfolgt, wenn die Kündigungserklärung einem der gesamtvertretungsberechtigten Gesellschafter zugeht.

Der besondere **Fall der unechten Gesamtvertretung** ist nur zusätzlich zu einer bestehenden Einzelvertretung oder neben einer echten Gesamtvertretung zulässig. Denn es heißt im Wortlaut des § 125 Abs. 3 HGB, „*wenn nicht mehrere zusammen handeln*", soll eine Vereinbarung möglich sein, wonach ein gesamtvertretungsbefugter Gesellschafter auch zusammen mit einem Prokuristen vertretungsberechtigt ist.

Aufgabe 45 > Seite 232

Der **Umfang der Vertretungsmacht** erstreckt sich auf alle gerichtlichen und außergerichtlichen Geschäfte und Rechtshandlungen einschließlich der Veräußerung und Belastung von Grundstücken sowie der Erteilung und des Widerrufs der Prokura, § 126 Abs. 1 HGB.

Eine **Beschränkung des Umfangs der Vertretungsmacht** Dritten gegenüber ist unwirksam, § 126 Abs. 2 HGB. Die in der betrieblichen Praxis häufigen gesellschaftsvertraglichen Beschränkungen der Vertretungsmacht auf bestimmte Arten von Geschäften oder auf bestimmte Zeitdauer oder auf Zweigniederlassungen haben **nur im Innenverhältnis** Wirkung. Die Verletzung der vertraglichen Vertretungsvereinbarung löst Schadensersatzansprüche wegen Vertragsverletzung aus. Im Außenverhältnis dagegen sind Beschränkungen der Vertretungsmacht ohne Wirkung, sodass Rechtsgeschäfte auch dann wirksam zu Stande kommen, wenn der Gesellschafter seine Vertretungsmacht überschritten hat. Der Missbrauch der Vertretungsmacht wirkt sich nicht im Außenverhältnis, sondern ausschließlich im Innenverhältnis aus.

Der **Entzug der Vertretungsmacht** erfolgt aus wichtigem Grund auf Antrag der übrigen Gesellschafter durch gerichtliche Entscheidung, so bei grober Pflichtverletzung oder Unfähigkeit zur ordnungsgemäßen Vertretung der Gesellschaft, § 127 HGB.

Für die **Verbindlichkeiten der Gesellschaft haftet die oHG** mit ihrem Gesellschaftsvermögen, da sie rechtlich selbstständig ist, §§ 124, 105 Abs. 2 HGB, 718 BGB. Daneben haften auch die **Gesellschafter der oHG persönlich, unbeschränkt und gesamtschuldnerisch** für die Verbindlichkeiten der Gesellschaft, §§ 105 Abs. 1, 128 HGB.

- Die **persönliche (= unmittelbare) Haftung** bedeutet, dass der Gesellschaftsgläubiger unmittelbar den Gesellschafter auf Zahlung in Anspruch nehmen kann.
- Die **unbeschränkte Haftung** bedeutet, dass der Gesellschafter mit seinem ganzen Vermögen, einschließlich seines Privatvermögens, zur Zahlung für die Gesellschaftsverbindlichkeiten herangezogen werden kann.
- Die **gesamtschuldnerische Haftung** bedeutet, dass der Gesellschafter die Forderung des Gesellschaftsgläubigers in voller Höhe zahlen muss und im Innenverhältnis einen anteiligen Ausgleichsanspruch gegen die übrigen Gesellschafter aus dem Gesamtschuldverhältnis entsteht, § 426 BGB. Infolge der Zahlung einer Gesellschaftsschuld entsteht auch ein Anspruch des Gesellschafters auf Aufwendungsersatz gegen die oHG gem. § 110 HGB.

Infolgedessen kann der Gesellschaftsgläubiger seine Forderung aus einem Vertrag mit der oHG nach seiner Wahl entweder von der oHG oder von jedem der Gesellschafter unmittelbar und in voller Höhe verlangen. Sofern ein Gesellschafter diese Zahlung leistet, kann er entweder den vollen Betrag von der oHG als Aufwendungsersatz verlangen, § 110 HGB, oder einen Ausgleich von den übrigen Gesellschaftern aus dem Gesamtschuldverhältnis fordern, § 426 BGB. Nach dem gesamtschuldnerischen Ausgleich sind die Gesellschafter einander zu gleichen Teilen verpflichtet, soweit nicht ein anderes vereinbart ist. Falls im Gesellschaftsvertrag eine Haftungsregelung enthalten ist, richtet sich die Höhe des Ausgleichsanspruchs im Innenverhältnis nach der vertraglichen Vereinbarung.

Beispiel

Die ABC-oHG hat, vertreten durch A, mit V einen Kaufvertrag abgeschlossen, aus dem ein Anspruch des V auf Kaufpreiszahlung in Höhe von 900 € entstanden ist. V kann Zahlung in Höhe von 900 € von der oHG verlangen, §§ 433 Abs. 2 BGB, 124 HGB. Er könnte aber auch die Zahlung des vollen Kaufpreises von A verlangen, §§ 433 Abs. 2 BGB, 105, 128 HGB. Nach Zahlung der 900 € an V kann A von B und C je 300 € verlangen. Wurde im Gesellschaftsvertrag ein Haftungsausschluss zu Gunsten des C vereinbart, könnte A von B 450 € verlangen, § 426 BGB.

Die **Haftung eines in eine oHG eintretenden Gesellschafters** erstreckt sich auch auf Altverbindlichkeiten der Gesellschaft. Wer in eine bestehende Gesellschaft eintritt, haftet gleich den anderen Gesellschaftern für die vor seinem Eintritt begründeten Verbindlichkeiten der Gesellschaft, ohne Unterschied, ob die Firma eine Änderung erleidet oder nicht, § 130 Abs. 1 HGB.

Die **Haftung des aus einer oHG ausscheidenden Gesellschafters** wirkt noch bis zur Eintragung seines Ausscheidens in das Handelsregister und der Bekanntmachung nach dem Rechtsschein des Handelsregisters gem. §§ 15, 143 Abs. 2 HGB. Die Haftung ist auf fünf Jahre begrenzt, sofern nicht kürzere Verjährungsfristen eingreifen, § 159 HGB.

Beispiel

C scheidet aus der von A, B und C gegründeten oHG aus. Er verlangt eine Anlage zurück, die er bei Eintritt in die Gesellschaft dieser zur Nutzung überlassen hat. Der ausscheidende Gesellschafter kann die Gegenstände, welche er der Gesellschaft zur Nutzung überlassen hat, nach Kündigung der Nutzungsvereinbarung – Leihe, Miete, Leasing etc. – herausverlangen. Die Anlage ist nicht Bestandteil des Gesamthandsvermögens geworden.

Die Auflösung und Liquidation (= Abwicklung) der offenen Handelsgesellschaft erfolgt bei Vorliegen eines der in § 131 HGB genannten Gründe, z. B. durch Zeitablauf, Gesellschafterbeschluss, Eröffnung des Insolvenzverfahrens über das Vermögen der oHG oder durch gerichtliche Entscheidung. Die Auflösung der oHG ist gem. § 143 Abs. 1 HGB zur Eintragung in das Handelsregister anzumelden.

1.4 Kommanditgesellschaft (KG)

Die Kommanditgesellschaft ist eine Personenhandelsgesellschaft, deren Gesellschaftszweck wie bei der offenen Handelsgesellschaft auf den Betrieb eines Handelsgewerbes unter gemeinschaftlicher Firma gerichtet ist. Doch unterscheidet sich die KG von der oHG durch die Haftungsverhältnisse ihrer Gesellschafter. Bei einem oder einigen Gesellschaftern der Kommanditgesellschaft ist die Haftung gegenüber den Gesellschaftsgläubigern auf den Betrag einer bestimmten Vermögenseinlage beschränkt ist (Kommanditisten), während bei dem anderen Teil der Gesellschafter eine Beschränkung der Haftung nicht stattfindet (persönlich haftende Gesellschafter oder Komplementäre). Infolgedessen ist die KG eine Sonderform der oHG, vgl. § 161 Abs. 2 HGB.

Merkmale der Kommanditgesellschaft:

- **Gesellschaftsvertrag, § 705 BGB**
- **Betrieb eines Handelsgewerbes unter gemeinschaftlicher Firma, § 161 Abs. 1 HGB**
- **Haftungsverhältnisse der Gesellschafter:**

  Komplementäre haften unbeschränkt, die Kommanditisten beschränkt. Alle Gesellschafter haften persönlich und gesamtschuldnerisch.
- **Anmeldungspflicht zum Handelsregister, § 162 HGB.**

Die **Komplementäre einer KG** haften unbeschränkt, persönlich und gesamtschuldnerisch, genau wie die Gesellschafter der oHG. Dagegen haften die Kommanditisten beschränkt auf eine bestimmte Vermögenseinlage.

Die **Kommanditistenstellung** ermöglicht eine Beteiligung an einer Personenhandelsgesellschaft mit einem beschränkten Haftungsrisiko. Gleichzeitig sind aber auch die Mitwirkungsrechte eingeschränkt, weil die Kommanditisten von der Geschäftsführung und Vertretung der KG ausgeschlossen sind. Die Gesellschaftsform der Kommanditgesellschaft tritt häufig bei mittelständischen Unternehmen und bei Familienbetrieben in Erscheinung. Die haftungsrechtlichen Vorteile der KG liegen in der Kalkulierbarkeit des Haftungsrisikos für die Kommanditisten.

Die Kommanditgesellschaft entsteht durch den **Abschluss eines Gesellschaftsvertrages**. Dieser unterliegt der Vertragsfreiheit, indem die Gesellschafter ihre Rechtsverhältnisse ihrer jeweiligen Interessenlage entsprechend gestalten können. Im **Innenverhältnis** der Gesellschafter untereinander kann von den gesetzlichen Vorschriften abgewichen werden, beispielsweise kann dem Kommanditisten entgegen § 164 HGB die Geschäftsführungsbefugnis erteilt werden. Im **Außenverhältnis** sind die Vorschriften des Handelsgesetzbuches zwingend, sodass ein Kommanditist die KG nicht wirksam vertreten kann, es sei denn, ihm wird Prokura erteilt.

Die Kommanditgesellschaft ist zur **Eintragung in das Handelsregister** anzumelden, § 162 HGB. Bei der Registeranmeldung sind die entsprechenden Angaben wie bei der oHG zu machen, und zusätzlich ist die

- **Bezeichnung der Kommanditisten**
- **und der Betrag der Hafteinlage eines jeden Kommanditisten als ziffernmäßig ausgewiesene Geldsumme**

anzugeben. In der Bekanntmachung ist nur die Zahl der Kommanditisten enthalten, nicht dagegen weitere Angaben. Der Kommanditist wird aber regelmäßig ein besonderes Interesse daran haben, seine Haftungsbeschränkung zu veröffentlichen. Die Vorschriften des § 15 HGB sind nicht anzuwenden, vgl. § 162 Abs. 2 HGB.

Die Vorschriften für die Kommanditgesellschaft betreffen im Wesentlichen die Rechtsstellung des Kommanditisten und verweisen im Übrigen auf die Vorschriften für die offene Handelsgesellschaft, vgl. § 161 Abs. 2 HGB, diese wiederum auf die Vorschriften über die Gesellschaft bürgerlichen Rechts, vgl. § 105 Abs. 2 HGB.

Die **Rechtsstellung des Kommanditisten** ist gekennzeichnet durch:

- **Haftungsbeschränkung, §§ 171 ff. HGB**
- **fehlende Geschäftsführungs- und Vertretungsbefugnis, §§ 164, 170 HGB**
- **Widerspruchsrecht bei außergewöhnlichen Geschäften, § 164 HGB**
- **kein Wettbewerbsverbot, § 165 HGB**
- **Kontrollrechte gem. § 166 HGB**
- **Anspruch auf Gewinn- und Verlustverteilung, §§ 167 ff. HGB.**

Die Kommanditisten sind nach der gesetzlichen Ausgestaltung dieser Gesellschaftsform auf eine **kapitalistische Beteiligung** beschränkt. Nach den durch Gesellschaftsvertrag abdingbaren Vorschriften des Handelsgesetzbuches sind die Kommanditisten grundsätzlich von der Geschäftsführung und Vertretung der KG ausgeschlossen und haben kein Widerspruchsrecht, § 164 HGB. Ein **Widerspruchsrecht des Kommanditisten** entsteht nur bei ungewöhnlichen Geschäften, denn falls Entscheidungen getroffen werden, die über den gewöhnlichen Betrieb des Handelsgewerbes hinausgehen, wird ihre Kapitalbeteiligung berührt.

Beispiel

In einer Kommanditgesellschaft ist X Komplementär und K als Kommanditist mit einer Kommanditeinlage von 30.000 € beteiligt. Welche der folgenden Entscheidungen darf X allein treffen? (a) Errichtung einer Zweigniederlassung, (b) Erteilung und der Widerruf einer Prokura, (c) Baumaßnahmen auf dem Geschäftsgrundstück. Der Kommanditist hat ein Widerspruchsrecht bei ungewöhnlichen Geschäften, welche seine Kapitalbeteiligung berühren, vgl. §§ 164 Satz 2, 116 Abs. 3 HGB. (a) Er kann daher der Errichtung einer Zweigniederlassung widersprechen. (b) Die Erteilung und der Widerruf einer Prokura gehören nicht zu den ungewöhnlichen Geschäften, sodass der Komplementär diese Maßnahmen allein durchführen darf. (c) Dagegen gehören Bauvorhaben nicht mehr zum gewöhnlichen Geschäftsbetrieb; daher wäre der Widerspruch eines Kommanditisten zu beachten.

Im **Außenverhältnis** gilt die zwingende Regelung des § 170 HGB, wonach der Kommanditist nicht zur Vertretung der KG berechtigt ist. Diese Vorschrift betrifft jedoch nur die **Vertretung der KG** und hindert die Gesellschafter nicht, durch Gesellschaftsvertrag zu vereinbaren, dass dem Kommanditisten wie ein Angestellter für einzelne Handlungen oder für bestimmte betriebliche Abteilungen **rechtsgeschäftliche Vollmacht** erteilt wird. Eine zulässige Regelung ist deshalb auch die **Erteilung der Prokura oder der Handlungsvollmacht** an einen Kommanditisten, der im Handelsgeschäft mitarbeitet.

Bei der gesellschaftsvertraglichen Gestaltung der Vertretungsregelung ist das **Verbot der Fremdorganschaft** für Personengesellschaften zu beachten. Sofern eine unechte Gesamtvertretung vereinbart wird, darf der gesamtvertretungsberechtigte Gesellschafter, wenn er nicht mit dem anderen vertretungsberechtigten Gesellschafter gemeinsam handelt, die Gesellschaft nur zusammen mit einem Prokuristen vertreten. Diese Regelung ist sowohl für die oHG als auch für die KG zulässig, vgl. §§ 161 Abs. 2, 125 Abs. 3 HGB. Dagegen wäre eine Vertretungsregelung unzulässig, wonach ein Gesellschafter die Gesellschaft nur gemeinsam mit einem Prokuristen vertreten darf. Diese Grundsätze müssen auch dann Berücksichtigung finden, wenn einem Kommanditisten Prokura erteilt wird.

Aufgabe 46 > Seite 232

Die **Haftung der Gesellschafter der KG im Außenverhältnis** gegenüber den Gläubigern der Gesellschaft entspricht mit Ausnahme des Kommanditisten der Regelung der oHG. Für die **Verbindlichkeiten der Gesellschaft** haftet die KG mit ihrem Gesellschaftsvermögen, da sie rechtlich selbstständig ist, §§ 161 Abs. 2, 124 HGB, daneben haften auch die Gesellschafter persönlich.

Die **Komplementäre** haften wie die Gesellschafter der offenen Handelsgesellschaft gem. §§ 161 Abs. 2, 128 HGB **persönlich, unbeschränkt und gesamtschuldnerisch.**

Die **Kommanditisten** haften ebenfalls persönlich und gesamtschuldnerisch, jedoch nicht unbeschränkt, sondern **bis zur Höhe ihrer Hafteinlagen gem. §§ 171 ff. HGB**. Um den Umfang der Kommanditisten-Haftung zu bestimmen, ist grundsätzlich zwischen der Hafteinlage und der Pflichteinlage zu unterscheiden. Die Haftung des Kommanditisten im Außenverhältnis bestimmt sich nach dem Betrag der im Handelsregister eingetragenen **Hafteinlage**. Dagegen ergibt sich die **Pflichteinlage** des Kommanditisten aus dem Gesellschaftsvertrag, der die Einlagen der Gesellschafter im Innenverhältnis festlegt. Die Beitragspflicht ist ein Sozialanspruch der Gesellschaft gegenüber den Gesellschaftern. Der Kommanditist ist wie jeder andere Gesellschafter verpflichtet, seine Einlage in der Weise zu erbringen, wie im Gesellschaftsvertrag vereinbart, z. B. durch die Leistung von Geldbeträgen, die Übernahme von Gesellschaftsverbindlichkeiten, die Einbringung von Sachen oder Rechten, Übernahme von Dienstleistungen oder Nichtauszahlung von Gewinnen.

Pflicht- und Hafteinlage müssen nicht übereinstimmen. Falls der Kommanditist seine **Pflichteinlage nach dem Gesellschaftsvertrag** nicht durch die Einzahlung eines der Hafteinlage entsprechenden Geldbetrages erbringt, kann sie durchaus summenmäßig von der **Hafteinlage nach dem Handelsregister** abweichen. Aus Gründen des Gläubigerschutzes ist der Kommanditist aber von der Haftung für Gesellschaftsverbindlichkeiten nur insoweit ausgeschlossen, als er die Einlage bereits geleistet hat, vgl. § 171 Abs. 1 HGB.

Aufgabe 47 > Seite 233

Wird die **Pflichteinlage** nicht in der Form von Bareinzahlungen geleistet, sondern nach gesellschaftsvertraglicher Vereinbarung in Form von Sachen, Rechten, Dienstleistungen oder in anderer Weise, muss sie bewertet werden. Denn nur durch eine Bewertung kann festgestellt werden, ob ein Haftungsausschluss des Kommanditisten eingetreten ist. Im Fall der Überbewertung gilt die Einlage als nicht erbracht, vgl. § 171 Abs. 1 HGB.

Beispiel

Im Gesellschaftsvertrag wird vereinbart, dass der Kommanditist seine Pflichteinlage erbringt, indem er der KG einen Lieferwagen übereignet. Im Handelsregister wird als Hafteinlage der Betrag von 30.000 € eingetragen. Ein Gesellschaftsgläubiger nimmt den Kommanditisten auf Zahlung einer Kaufpreisforderung über 10.000 € in Anspruch. Zur Begründung wendet er ein, der Lkw sei zu hoch bewertet worden und in Wirklichkeit 20.000 € wert gewesen. Der Kommanditist kann sich gegenüber einem

Gesellschaftsgläubiger auf seinen Haftungsausschluss nur dann erfolgreich berufen, wenn er die Hafteinlage geleistet hat. Im Fall der Überbewertung gilt die Einlage als nicht erbracht, vgl. § 171 Abs. 1 HGB Stellt sich heraus, dass der Lieferwagen im Zeitpunkt der Übereignung nur einen Wert von 20.000 € hatte, haftet der Kommanditist persönlich gegenüber den Gesellschaftsgläubigern bis zur Höhe von 10.000 €.

Im Grundsatz entfällt die Haftung des Kommanditisten nur insoweit, als er seine Einlage bereits geleistet hat, § 171 HGB. Falls die **Einlage eines Kommanditisten zurückbezahlt** wird, gilt sie den Gläubigern gegenüber als nicht geleistet mit der Folge, dass der Kommanditist wieder bis zur Höhe seiner Hafteinlage haftet, § 172 Abs. 4 HGB. Auch wenn der Kapitalanteil des Kommanditisten durch **Gewinnentnahme** unter den Betrag der Hafteinlage gebracht wird, haftet der Kommanditist, weil die Minderung der Kommanditeinlage wirtschaftlich der Einlagenrückgewähr gleichsteht. Die **Erhöhung oder Herabsetzung der Kommanditeinlage** ist den Gläubigern gegenüber erst mit der Eintragung in das Handelsregister oder bei handelsüblicher Bekanntmachung wirksam, §§ 174, 175 HGB.

Beispiel

In einem oHG-Gesellschaftsvertrag wird eine Nachfolgeklausel dergestalt vereinbart, dass im Fall der rechtsgeschäftlichen Veräußerung eines Gesellschaftsanteils der Erwerber als Kommanditist in die Gesellschaft eintritt. Dadurch soll erreicht werden, dass die Gesellschafter die Geschäftsführungs- und Vertretungsrechte behalten und das Gesellschaftsvermögen erhalten bleibt. Im Fall der rechtsgeschäftlichen Veräußerung eines Gesellschaftsanteils wird die oHG in eine KG umgewandelt. Der eintretende Kommanditist ist von der Haftung für Gesellschaftsverbindlichkeiten befreit, wenn er seinen Geschäftsanteil stehen lässt, vgl. § 171 HGB.

Es gelten für den **Eintritt und das Ausscheiden von Gesellschaftern** einer KG die Regeln der oHG, §§ 161 Abs. 2, 130, 128 HGB. Auch der eintretende Kommanditist haftet für die vor seinem Eintritt entstandenen Verbindlichkeiten der KG, § 173 HGB. Aus einer Kommanditgesellschaft können alle Kommanditisten austreten oder ausgeschlossen werden, ohne dass nach dem Grundsatz der Firmenbeständigkeit eine Änderung der Firma erforderlich wäre, § 24 Abs. 1 HGB.

Die **Auflösung der Kommanditgesellschaft** erfolgt aus den gleichen Gründen wie die Auflösung der oHG, §§ 162 Abs. 2, 131 HGB. Beim Tod eines Kommanditisten wird die KG mangels abweichender vertraglicher Regelungen mit den Erben fortgesetzt, § 177 HGB. Auch auf die **Liquidation der Kommanditgesellschaft** sind die für die offene Handelsgesellschaft geltenden Vorschriften anzuwenden, §§ 162 Abs. 2, 145 ff. HGB.

1.5 Stille Gesellschaft

Die stille Gesellschaft ist eine nicht rechtsfähige Personengesellschaft, gehört aber nicht zu den Handelsgesellschaften, sondern ist eine **Beteiligungsform am Handelsgewerbe eines Kaufmanns** mit Kontrollrechten, Gewinn- und Verlustbeteiligung, die ausschließlich als Innengesellschaft betrieben wird.

Wer sich als stiller Gesellschafter an dem Handelsgewerbe, das ein anderer betreibt, mit einer **Vermögenseinlage** beteiligt, hat die Einlage so zu leisten, dass sie in das Vermögen des Inhabers des Handelsgeschäfts übergeht, § 230 HGB. Danach ist die stille Gesellschaft eine zweigliedrige Gesellschaft, die durch Vertrag zwischen dem Inhaber eines Handelsgeschäfts und dem stillen Gesellschafter entsteht. Die besonderen **Merkmale der stillen Gesellschaft** sind:

- **Gesellschaftsvertrag**
- **Beteiligung am Handelsgewerbe eines Kaufmanns**
- **fehlende Rechtsfähigkeit**
- **Kontrollrechte des stillen Gesellschafters**
- **Gewinnbeteiligung**
- **Verlustbeteiligung, begrenzt auf die Einlage**.

Stiller Gesellschafter kann jede natürliche und jede juristische Person sein. Dagegen wird bei dem tätigen Gesellschafter vorausgesetzt, dass er ein Handelsgewerbe betreibt, folglich muss er die **Kaufmannseigenschaft** besitzen. In der Praxis ist die Rechtsform der stillen Gesellschaft typischerweise mit einem Einzelkaufmann, einer oHG, einer KG oder einer GmbH anzutreffen.

Beispiel

Als Form der Kapitalbeteiligung ist die stille Gesellschaft von ähnlichen Rechtsverhältnissen abzugrenzen. Im Unterschied zu einem Darlehensvertrag gem. § 488 BGB erhält der stille Gesellschafter Kontrollrechte und ist am Gewinn und Verlust beteiligt. Anders als bei der GbR wird als Gesellschaftszweck der stillen Gesellschaft die Beteiligung am Handelsgewerbe eines Kaufmanns in der Weise vereinbart, dass die Verlustbeteiligung auf die Einlage begrenzt ist, § 232 Abs. 2 HGB, während die Mitgliedschaftsrechte auf die Kontrollrechte des § 233 HGB beschränkt werden. Von einer oHG oder KG unterscheidet sich die stille Gesellschaft dadurch, dass kein Handelsgewerbe unter gemeinschaftlicher Firma betrieben wird und keine Eintragung in das Handelsregister erfolgt.

Der **Gesellschaftsvertrag einer stillen Gesellschaft** ist formfrei wirksam, doch können sich im Einzelfall gesetzliche Formerfordernisse ergeben. Sofern die Einlage als Schenkung erfolgen soll, ist die notarielle Beurkundung gem. § 518 BGB erforderlich, oder falls Minderjährige als stille Gesellschafter beteiligt werden, ergibt sich die Notwendigkeit vormundschaftsgerichtlicher Genehmigung. Die **Rechte und Pflichten der stillen Gesellschafter** bestimmen sich wie folgt:

- **keine Vertretungsmacht**
- **keine Haftung für Gesellschaftsverbindlichkeiten**
- **Geschäftsführung nur bei Vereinbarung**
- **Kontrollrechte**
- **Gewinn- und Verlustbeteiligung**.

Der stille Gesellschafter hat **keine Vertretungsbefugnis**, da die Gesellschaft nicht im Außenverhältnis tätig wird. Allerdings ist die Erteilung einer rechtsgeschäftlichen Vollmacht, insbesondere Prokura oder Handlungsvollmacht, möglich und auch üblich, wenn der stille Gesellschafter im Handelsgeschäft des Kaufmanns mitarbeitet.

Eine **Geschäftsführungsbefugnis** des stillen Gesellschafters ist nicht vorgesehen, kann jedoch im Einzelfall vertraglich vereinbart werden. Dagegen stehen dem stillen Gesellschafter **gesetzliche Kontrollrechte** zu, vgl. § 233 HGB. Diese gesetzlichen Überwachungsrechte des stillen Gesellschafters entsprechen denen des Kommanditisten. Sie können durch Gesellschaftsvertrag erweitert oder eingeschränkt werden.

Der stille Gesellschafter **haftet nicht für die Verbindlichkeiten des Kaufmanns**. Gemäß § 230 Abs. 2 HGB wird der Inhaber des Handelsgeschäfts aus den im Betrieb geschlossenen Geschäften allein berechtigt und verpflichtet. Der stille Gesellschafter ist lediglich zur **Leistung seiner Einlage** verpflichtet. Dies ist eine Sozialverpflichtung des stillen Gesellschafters gegenüber dem Kaufmann, die bei Zahlungsunfähigkeit des Unternehmens von den Gesellschaftsgläubigern gepfändet werden kann.

Die **Rechtsstellung des stillen Gesellschafters** ist grundsätzlich nicht übertragbar, § 717 BGB, sodass ein Wechsel im Gesellschafterbestand nicht eintreten kann. Sofern der Kaufmann weitere Beteiligungen vergeben will, muss er jeweils einzelne Gesellschaftsverträge in der Form der stillen Gesellschaft abschließen.

Die **Auflösung der stillen Gesellschaft** erfolgt durch Aufhebungsvertrag oder Kündigung. Auf die Kündigung der stillen Gesellschaft finden die Vorschriften über die Kündigung der oHG Anwendung, § 234 HGB. Danach kann die stille Gesellschaft aus den in § 131 HGB genannten Gründen mit einer Frist von 6 Monaten zum Abschluss des Geschäftsjahres ordentlich gekündigt werden. Die ordentliche Kündigung kann durch Gesellschaftsvertrag ausgeschlossen werden, wogegen die Möglichkeit einer außerordentlichen Kündigung aus wichtigem Grund bei der stillen Gesellschaft wie bei allen Dauerschuldverhältnissen bestehen bleibt. Nach ihrer Auflösung erfolgt die Liquidation der stillen Gesellschaft unter Fortdauer der Beteiligung des stillen Gesellschafters, §§ 234, 235 HGB. Die zur Zeit der Auflösung schwebenden Geschäfte werden von dem Inhaber des Handelsgeschäfts abgewickelt. Der stille Gesellschafter nimmt teil an dem Gewinn und Verlust, der sich aus diesen Geschäften ergibt.

2. Körperschaften

Die Wahl einer körperschaftlichen Struktur bietet sich für eine Gesellschaft an, deren Bestand und Funktionieren von den Mitgliedern unabhängig sein soll. Wesensmerkmale der Körperschaft sind ihre Rechtsfähigkeit als juristische Person, der Mitgliederwechsel und die Möglichkeit der Fremdorganschaft. Die Rechtsfähigkeit hat zur Folge, dass die Gesellschaft Trägerin ihres Vermögens wird und insoweit gegenüber den Gesellschaftsgläubigern haftet, während die Gesellschafter von der Haftung ausgeschlossen sind. Aus Gründen des Gläubigerschutzes gelten strenge gesetzliche Vorschriften zur Kapitalaufbringung und -erhaltung, während der Grundsatz der Vertragsfreiheit durch die gesetzliche Festlegung des gesellschaftsvertraglichen Mindestinhalts eingeschränkt wird.

2.1 Verein

Die Grundform der Körperschaft ist der Verein. Da für wirtschaftliche Zwecke die GmbH und die AG als spezielle Rechtsformen zur Verfügung stehen, wird am Beispiel des Vereins nur die körperschaftliche Struktur dargestellt. Der Verein erlangt Rechtsfähigkeit durch die **Eintragung in das Vereinsregister** und wird damit zu einer juristischen Person. Der seltenere Wirtschaftsverein, beispielsweise eine Taxi-Zentrale, eine Schauspielbühne oder ein Kulturverein, erlangt Rechtsfähigkeit durch **staatliche Konzession**, §§ 21, 22 BGB. Die Gründung eines Vereins geschieht zur Verfolgung eines beliebigen ideellen, also nichtwirtschaftlichen Zwecks, der unabhängig von den Gründungsmitgliedern von nachfolgenden wechselnden Vereinsmitgliedern getragen wird. Die **Struktur ist körperschaftlich**, d. h. der Verein handelt im Rechtsverkehr durch Organe. Notwendige **Vereinsorgane** sind

- **der Vorstand**
- **die Mitgliederversammlung**.

Der **Vorstand** ist das vertretungsberechtigte Organ des Vereins, das im Rechtsverkehr für den Verein auftritt, § 26 BGB. Die **Mitgliederversammlung** trifft die Entscheidungen über die Angelegenheiten des Vereins durch Mehrheitsbeschluss, § 32 BGB. Der Name, die Ziele des Vereins und die einzelnen Rechte und Pflichten der Organe sind in der **Vereinssatzung** niedergelegt.

Das **Vereinsvermögen** ist ein dem Verein zugeordnetes Sondervermögen. Der Verein haftet den Gläubigern gegenüber als juristische Person mit seinem Vermögen, während die Mitglieder nicht haften, abgesehen von den Ausnahmefällen der Durchgriffshaftung auf die Mitglieder wegen vorsätzlicher Gläubigerschädigung.

Die **Organhaftung** betrifft die Haftung des Vereins für ein Verschulden seiner Organe. Der Verein ist für den Schaden verantwortlich, den der Vorstand, ein Mitglied des Vorstands oder ein anderer verfassungsmäßig berufener Vertreter durch eine in Ausführung der ihm zustehenden Verrichtung begangene, zum Schadensersatz verpflichtende Handlung einem Dritten zufügt, § 31 BGB. Als zum Schadensersatz verpflichtende

Handlung ist jede Schadensherbeiführung durch Vertragsverletzungen oder außervertragliche Verletzungshandlungen anzusehen. Im Einzelfall besteht auch eine Haftung der Vorstandsmitglieder gem. § 31a BGB.

2.2 Gesellschaft mit beschränkter Haftung (GmbH)

Die GmbH ist eine juristische Person, die zu jedem gesetzlich zulässigen Zweck durch eine oder mehrere Personen errichtet werden kann und für deren Verbindlichkeiten den Gläubigern gegenüber nur das Gesellschaftsvermögen haftet, vgl. §§ 1, 13 GmbHG. Die **GmbH gilt als Handelsgesellschaft im Sinne des Handelsgesetzbuchs**, obwohl sie jeden beliebigen Unternehmenszweck verfolgen kann, und ist daher Formkaufmann gem. §§ 13 Abs. 3 GmbHG, 6 HGB.

Die GmbH wird durch **einen notariellen Gesellschaftsvertrag** gegründet, dessen Mindestgehalt gesetzlich vorgeschrieben ist, §§ 3 ff. GmbHG:

- **Firma und Sitz der Gesellschaft**
- **Gegenstand des Unternehmens**
- **Betrag des Stammkapitals (mindestens 25.000 €)**
- **Zahl und Nennbeträge der Geschäftsanteile (Euro)**.

Die **Firma der GmbH** muss die Bezeichnung „Gesellschaft mit beschränkter Haftung" enthalten, § 4 GmbHG. Danach kann eine GmbH als Firmenbezeichnung wahlweise eine Personen- oder Sachfirma wählen, wobei der Haftungszusatz zwingend erforderlich ist.

Das **Stammkapital** ist die **Summe aller Geschäftsanteile** und nur im Gründungsstadium mit dem Gesellschaftsvermögen identisch, welches sich nach Lage der Geschäfte verändert. Der **Erhaltung des Stammkapitals** dienen zahlreiche Gläubigerschutzvorschriften im GmbHG:

- **Ausfallhaftung der Mitgesellschafter**, § 24 GmbHG
- **Nachschusspflichten**, § 26 GmbHG
- **Verbot der Einlagenrückgewähr**, § 30 GmbHG
- **Erstattung verbotener Rückzahlungen**, § 31 GmbHG
- **eingeschränkter Erwerb eigener Anteile**, § 33 GmbHG.

Die **Stammeinlage** kann für die einzelnen Gesellschafter verschieden hoch sein, muss auf einen bestimmten Geldbetrag lauten und ihr Gesamtbetrag muss mit dem Stammkapital übereinstimmen, § 5 GmbHG. Die Höhe der Stammeinlage bestimmt der **Geschäftsanteil des Gesellschafters**, § 14 GmbHG, dieser wiederum das Stimmrecht, die Gewinnverteilung und einen etwaigen Liquidationserlös.

Im Zeitpunkt der Anmeldung der GmbH zum Handelsregister muss eine **Mindesteinzahlung von 25 % auf jede Stammeinlage** erfolgt sein, mindestens aber 25.000 €, vgl. § 7 GmbHG. In den Fällen der **Sachgründung** können die Gesellschafter Sachwerte in Form von Sachen, Rechten oder Forderungen einbringen, deren Geldwert im Gesellschaftsvertrag festgesetzt werden muss. Entspricht der Wert der Sacheinlage nicht der Bewertung im Gesellschaftsvertrag, haften die Gesellschafter für die Differenz, vgl. § 9 GmbHG. Die **Kapitalaufbringung im Gründungsstadium** wird durch die strengen Haftungsregeln des GmbHG gesichert:

- **Differenzhaftung bei Minderwertigkeit der Sacheinlage**, § 9 GmbHG
- **Differenzhaftung für Vorbelastungen in Analogie zu** § 9 GmbHG
- **Schadensersatzpflicht bei Falschangaben**, § 9 a Abs. 1 GmbHG
- **Schadensersatzpflicht bei Einlageschädigungen**, § 9 a Abs. 2 GmbHG.

Erst mit ihrer **Eintragung in das Handelregister** entsteht die GmbH als juristische Person. Vor der Eintragung in das Handelsregister besteht die GmbH als solche nicht. Ist vor der Eintragung im Namen der Gesellschaft gehandelt worden, so haften die Handelnden persönlich und solidarisch, § 11 GmbHG.

Für die **Haftung der Beteiligten im Gründungsstadium** einer GmbH sind deshalb die Phasen ihrer Entstehung als juristische Person zu unterscheiden:

- **Errichtung der GmbH durch notariellen Gesellschaftsvertrag**
- **Entstehung der GmbH durch Eintragung in das Handelsregister**.

Vor Abschluss des notariellen GmbH-Vertrags besteht eine **Vorgründungsgesellschaft**. Es gelten die allgemeinen Regeln der Gesellschaft bürgerlichen Rechts oder, falls ein Handelsgewerbe betrieben wird, die Vorschriften über die offene Handelsgesellschaft. Die Vorgründungsgesellschaft endet mit der Errichtung der GmbH durch den Abschluss eines notariellen Gesellschaftsvertrages.

Nach Abschluss des notariellen GmbH-Vertrags bis zur Eintragung in das Handelsregister besteht eine **Vor-GmbH**, da die Firma, das Stammkapital, die Stammeinlagen und die Organe bereits die Organisationsform der GmbH erkennen lassen. In Analogie zu § 24 GmbHG haften die Gesellschafter der Vor-GmbH beschränkt auf die Höhe ihrer Einlage. Ihre Haftung erlischt mit der Eintragung der GmbH in das Handelsregister. In diesem Stadium der Gründung einer GmbH haften die Handelnden gem. § 11 Abs. 2 GmbHG. Mit der Entstehung der GmbH als juristische Person wird auch die Haftungsbeschränkung wirksam, vgl. § 13 GmbHG.

Aufgabe 48 > Seite 233

Der Organe einer GmbH müssen nicht notwendig aus Gesellschaftern gebildet werden, denn bei Körperschaften ist eine **Fremdorganschaft** zulässig, § 6 Abs. 3 GmbHG. Zu den Organen der GmbH gehören:

- **Geschäftsführer**
- **Gesellschafterversammlung**
- **Aufsichtsrat**.

Der **Geschäftsführer** ist das vertretungsberechtigte Organ der GmbH, §§ 35 ff. GmbHG. Ähnlich wie die Prokura ist die **Vertretungsmacht der Geschäftsführer einer GmbH** im Außenverhältnis unbeschränkbar, kann aber im Innenverhältnis durch Vereinbarung beschränkt werden. Bei Verletzung der Vertretungsmacht durch die Geschäftsführer ergeben sich Schadensersatzansprüche gem. § 43 Abs. 2 GmbHG und die Ernennung zum Geschäftsführer kann widerrufen werden, § 38 GmbHG.

Die **Gesellschafterversammlung** ist das oberste Gesellschaftsorgan, in welchem die Willensbildung der GmbH durch formlosen Beschluss mit einfacher Kapitalmehrheit erfolgt, § 48 GmbHG. Satzungsänderungen bedürfen der notariellen Form und einer Mehrheit von ¾ der abgegebenen Stimmen, § 53 GmbHG. Zu den **Aufgaben der Gesellschafterversammlung** gehören gem. § 46 GmbHG:

- **Feststellung des Jahresabschlusses und Gewinnverteilung**
- **Entscheidungen zur Rechnungslegung**
- **Einforderung von Einzahlungen auf die Stammeinlage**
- **Rückzahlung von Nachschüssen**
- **Teilung, Zusammenlegung oder Einziehung von Geschäftsanteilen**
- **Bestellung und Abberufung von Geschäftsführern sowie deren Entlastung**
- **Maßregeln zur Prüfung und Überwachung der Geschäftsführung**
- **Bestellung von Prokuristen und Handlungsbevollmächtigten**
- **Geltendmachung von Ersatzansprüchen, welche der Gesellschaft gegen Geschäftsführer oder Gesellschafter zustehen**
- **Vertretung der Gesellschaft in Prozessen, welche sie gegen die Geschäftsführer zu führen hat.**

Der **Aufsichtsrat** ist ein fakultatives Organ der GmbH und erst bei Unternehmen mit mehr als 500 Arbeitnehmern gesetzlich vorgeschrieben, § 52 GmbHG. Nach den Vorschriften des Betriebsverfassungsgesetzes stellen die Arbeitnehmer ⅓ der Mitglieder des Aufsichtsrates und nach den Mitbestimmungsgesetzen folgt in Betrieben ab 2.000 Arbeitnehmer eine paritätische Mitbestimmung.

Die **Rechtsstellung der Gesellschafter** richtet sich nach dem Gesellschaftsvertrag und nach §§ 45 ff. GmbHG. Ihr Geschäftsanteil, verkörpert im Mitgliedschaftsrecht, ist grundsätzlich frei übertragbar, sowohl durch Vertrag als auch durch Vererbung, und kann unter besonderen Voraussetzungen eingezogen werden, § 34 GmbHG. Darüber hinaus kann ein Gesellschafter aus wichtigem Grund aus der GmbH ausgeschlossen werden. Die Gesellschafter haben folgende Rechte und Pflichten:

- **Pflicht der Kapitalaufbringung**, insbesondere Einlagepflicht, § 5 GmbHG
- **Pflicht zur Kapitalerhaltung**, insbesondere Rückgewährverbot von Einlagen und kapitalersetzenden Darlehen
- **Nachschusspflichten**, sofern durch die Satzung vorgesehen, § 26 GmbHG
- **Mitverwaltungsrechte**, §§ 45 ff. GmbHG, insbesondere Stimmrecht in der Gesellschafterversammlung
- **Vermögensrechte**, insbesondere Dividendenansprüche, § 29 Abs. 1 GmbHG
- **Auskunfts- und Einsichtsrecht**, § 51a GmbHG
- **Minderheitsrechte**, § 50 GmbHG
- Sonderrechte aus dem Gesellschaftsvertrag
- grundsätzlich **keine Haftung für Gesellschaftsverbindlichkeiten** mit Ausnahme der Durchgriffshaftung.

Die **Satzungsänderung** bedarf eines notariell beurkundeten Beschlusses der Gesellschafterversammlung mit ¾ Mehrheit der abgegebenen Stimmen und einer Eintragung im Handelsregister. Zu den wichtigsten Satzungsänderungen gehören die Kapitalerhöhung und -herabsetzung.

Eine **effektive Kapitalerhöhung** erfolgt mit Übernahme weiterer Stammeinlagen von den bisherigen Gesellschaftern oder durch den Beitritt neuer Gesellschafter, § 55 GmbHG. Nach dem Kapitalerhöhungsgesetz kann eine **nominelle Kapitalerhöhung** aus Gesellschaftsmitteln durch Umwandlung von Rücklagen in Stammkapital erfolgen. Auch eine **ordentliche Kapitalherabsetzung** ist gem. § 58 GmbHG durch Herabsetzung des Stammkapitals zulässig.

Auflösungsgründe der GmbH sind gem. § 60 GmbHG:

- **Ablauf der im Gesellschaftsvertrag bestimmten Zeit**
- **Beschluss der Gesellschafter mit einer Mehrheit von ¾ der abgegebenen Stimmen**
- **gerichtliches Urteil**
- **Eröffnung des Insolvenzverfahrens**
- **Verfügung des Registergerichts**
- **Löschung wegen Vermögenslosigkeit**.

2.3 Aktiengesellschaft (AG)

Die Aktiengesellschaft ist eine juristische Person, die ihre **Rechtsfähigkeit** durch die Eintragung in das Handelsregister erlangt. Infolgedessen haftet für die Verbindlichkeiten der AG nur das Gesellschaftsvermögen, § 1 AktG.

Die **AG gilt als Handelsgesellschaft im Sinne des Handelsgesetzbuches**, auch wenn der Gegenstand des Unternehmens nicht im Betrieb eines Handelsgewerbes besteht, § 3 AktG. Sie ist daher **Formkaufmann gem. § 6 HGB** mit der Folge, dass das Handelsrecht Anwendung findet.

Als Kapitalgesellschaft hat die AG **ein in Aktien zerlegtes Grundkapital**, § 1 Abs. 2 AktG. Die Summe der Aktien ist daher mit dem Grundkapital identisch. Das **Gesellschaftsvermögen** entspricht nur bei der Gründung dem Grundkapital und ändert sich mit der späteren Gewinnentwicklung. Das **Grundkapital ist eine feste Rechnungsgröße**, dessen Höhe grundsätzlich nur durch Satzungsänderung im Wege der Kapitalerhöhung gem. §§ 182 ff. AktG oder der Kapitalherabsetzung gem. §§ 222 ff. AktG geändert werden kann, abgesehen von dem Ausnahmefall des genehmigten Kapitals durch Ausgabe neuer Aktien gegen Einlagen bis zu 5 Jahren nach der Eintragung der Gesellschaft. Der Mindestnennbetrag des Grundkapitals ist 50.000 €, vgl. § 7 AktG. Die Aktien dürfen nicht für einen geringeren Betrag als den Nennbetrag ausgegeben werden (Unterpari-Emission), dagegen ist die Ausgabe für einen höheren Betrag (Überpari-Emission) zulässig, § 9 AktG.

Der **Gläubigerschutz** durch die Regelungen der Kapitalaufbringung und -erhaltung ist im AktG stark ausgeprägt. Die Aktionäre unterliegen folgenden Verpflichtungen:

- **beschränkte Zahlungsmodalität,** § 54 Abs. 3 AktG
- **kein Erlass der Einzahlungspflicht,** § 66 AktG
- **Ausschluss (Kaduzierungsverfahren) bei nicht rechtzeitiger Einzahlung,** § 64 AktG
- **Verbot der Einlagenrückgewähr,** § 57 AktG
- **eingeschränkter Erwerb eigener Aktien,** § 71 AktG
- **Bilanzvorschriften,** §§ 152, 158 AktG.

Die **Aktie ist ein Bruchteil des Grundkapitals (Nennwertaktie)**. Sie verbrieft das Mitgliedschaftsrecht (Mitverwaltungsrecht, Dividendenanspruch) in Form von Stammaktien und Vorzugsaktien, §§ 11, 12 AktG. Aktien sind vor allem **Wertpapiere**, die entweder als Nennbetragsaktien oder als Stückaktien begründet werden, §§ 8 ff. AktG. Dadurch wird den Aktiengesellschaften in den Mitgliedstaaten der Europäischen Union die Umstellung der Währung erleichtert. Aktien können auf den Inhaber (Inhaberaktien) oder auf den Namen (Namensaktien) lauten, vgl. § 10 AktG. Für Inhaber- und Namensaktien gilt der wertpapierrechtliche Grundsatz: **„Das Recht aus dem Papier folgt dem Recht am Papier."**

Inhaberaktien lauten auf den Inhaber, § 10 Abs. 1 AktG. Sie weisen den jeweiligen Inhaber als berechtigt aus, das in dem Papier verbriefte Recht geltend zu machen. Dabei genügt die Vorlage des Papiers zur Geltendmachung des Rechts. Die Übertragung eines Inhaberpapiers erfolgt nach den Vorschriften der Eigentumsübertragung von beweglichen Sachen, §§ 929 ff. BGB. Nach den Grundsätzen des Wertpapierrechts ist auch ein gutgläubiger Erwerb möglich. Neben den Inhaberaktien gelten auch Schecks mit Überbringerklausel, Inhaberschuldverschreibungen, Briefmarken, Eintritts- und Fahrkarten als Inhaberpapiere.

Namensaktien sind Orderpapiere, die eine namentlich bezeichnete Person als berechtigt ausweisen, das im Papier verbriefte Recht geltend zu machen. Die Übertragung von Orderpapieren erfolgt durch **Einigung, Übergabe und Indossament**. Ein Indossament ist der Vermerk des Berechtigten, durch den er erklärt, dass die Leistung an einen anderen erfolgen soll (Orderklausel). Für die Geltendmachung des in dem Papier verbrieften Rechts reicht die Vorlage des Papiers und eine ununterbrochene Reihe von Indossamenten aus, die den Letztgenannten als Berechtigten ausweisen. Die **Namensaktie ist ein geborenes Orderpapier**, ebenso wie der Wechsel und der Scheck ohne Überbringerklausel, während gekorene Orderpapiere nur dann als Orderpapiere gelten, wenn sie die Orderklausel enthalten, z. B. die kaufmännischen Orderpapiere.

Die AG ist nach ihrer Struktur eine Gesellschaftsform für Großunternehmen. Sie hat vor allem **Kapitalansammlungsfunktion**, während das Risiko ihrer Mitglieder auf den Verlust der jeweiligen Kapitalbeteiligung beschränkt bleibt und besondere kaufmännische Fähigkeiten nicht erforderlich sind. Die häufigste Erscheinungsform der AG ist deshalb die **Publikumsgesellschaft**, an der eine Vielzahl von Aktionären mit geringem Kapitaleinsatz beteiligt ist. Nach der unterschiedlichen Aktienstreuung ergeben sich majorisierte Aktiengesellschaften, deren Aktien sich im Besitz eines oder mehrerer Großaktionäre befinden und gelegentlich auch Familiengesellschaften, deren Aktien im Familienbesitz gehalten werden.

Die AG handelt im Rechts- und Wirtschaftsverkehr durch ihre Organe, die gesetzlich zwingend vorgeschrieben sind:

- **Vorstand**
- **Aufsichtsrat**
- **Hauptversammlung**.

Der **Vorstand**, dessen Mitglieder in der Satzung festgelegt sind, hat die Aufgaben der **Geschäftsführung und Vertretung der AG**, §§ 77, 78 AktG. Die Vertretungsbefugnis des Vorstands im Außenverhältnis ist unbeschränkt, § 82 AktG und kann nur im Innenverhältnis beschränkt werden. Die **Aufgaben und Pflichten des Vorstands** sind:

- Berichterstattung an den Aufsichtsrat, § 90 AktG
- Sorgfaltspflicht, § 93 Abs. 1 AktG
- Schadensersatzpflicht, § 93 Abs. 2 und 3 AktG
- Pflichten bei Verlusten, Überschuldung oder Zahlungsunfähigkeit, § 92 AktG.

Der **Aufsichtsrat ist das Kontrollorgan der AG**, er hat die Geschäftsführung zu überwachen. Die Zahl der Aufsichtsratsmitglieder richtet sich nach der Höhe des Grundkapitals, § 95 AktG, seine Zusammensetzung nach Aktien- und Mitbestimmungsrecht.

Aufgaben und Pflichten des Aufsichtsrats sind die Bestellung und Abberufung des Vorstands, § 84 AktG, die Überwachung der Geschäftsführung, § 111 AktG, verbunden mit Informations-, Einsichts- und Prüfungsrechten, die Prüfung und Feststellung des Jahresabschlusses, §§ 170, 171, 172 AktG und eine Sorgfaltspflicht, §§ 116, 93 AktG.

Die **Hauptversammlung** ist das Organ der Aktiengesellschaft, das den Aktionären zur Ausübung ihrer Mitgliedschaftsrechte zur Verfügung steht, §§ 118 ff. AktG. Aufgaben der Hauptversammlung sind u. a. die Bestellung der Mitglieder des Aufsichtsrats, Verwendung des Bilanzgewinns, Entlastung der Mitglieder des Vorstands und des Aufsichtsrats, Bestellung des Abschlussprüfers, Satzungsänderungen, Maßnahmen der Kapitalbeschaffung und der Kapitalherabsetzung.

Jedem Aktionär ist auf Verlangen in der Hauptversammlung vom Vorstand **Auskunft über Angelegenheiten der Gesellschaft** zu geben, soweit sie zur sachgemäßen Beurteilung des Gegenstands der Tagesordnung erforderlich ist. Die Auskunftspflicht erstreckt sich auch auf die rechtlichen und geschäftlichen Beziehungen der Gesellschaft zu einem verbundenen Unternehmen, § 131 AktG. Das Stimmrecht in der Hauptversammlung wird nach Aktiennennbeträgen ausgeübt, § 34 AktG. Die Rechnungslegung erfolgt gem. §§ 150 ff. AktG, 264 ff. HGB.

3. Kommanditgesellschaft auf Aktien (KG a. A.)

Die Kommanditgesellschaft auf Aktien ist eine Gesellschaft mit eigener Rechtspersönlichkeit, bei der mindestens ein Gesellschafter den Gesellschaftsgläubigern unbeschränkt haftet (persönlich haftender Gesellschafter = Komplementär) und die übrigen an dem in Aktien zerlegten Grundkapital beteiligt sind, ohne persönlich für die Verbindlichkeiten der Gesellschaft zu haften (Kommanditaktionäre), vgl. §§ 278 ff. AktG. Danach stellt die KG a. A. eine **Grundtypenvermischung** dar, die wegen ihrer Struktur eine juristische Person ist und somit Inhaberin ihres Gesellschaftsvermögens wird.

Die KG a. A. hat zwei Arten von Gesellschaftern, nämlich **persönlich haftende Gesellschafter (= Komplementäre)**, für die das Recht der Kommanditgesellschaft anzuwenden ist, ferner **Aktionäre**, die mit Aktien am Grundkapital beteiligt sind. Die **persönlich haftenden Gesellschafter** sind Geschäftsführer und Vertreter der KG a. A., sodass auf sie sinngemäß die für den Vorstand der AG geltenden Vorschriften anzuwenden sind, vgl. § 283 AktG. Die **Aktionäre** sind in der **Hauptversammlung** vertreten, während die persönlich haftenden Gesellschafter dort nur ein Stimmrecht für ihre Aktien haben, vgl. § 285 AktG.

Die **Beschlüsse der Hauptversammlung** bedürfen der Zustimmung der persönlich haftenden Gesellschafter, soweit sie Angelegenheiten betreffen, für die bei einer Kommanditgesellschaft das Einverständnis der persönlich haftenden Gesellschafter und der Kommanditisten erforderlich ist, § 285 Abs. 2 AktG. Dabei handelt es sich um ungewöhnliche Geschäfte, wie Baumaßnahmen, Errichtung von Zweigniederlassungen und ähnliche Entscheidungen. Die **Firma der KG a. A.** muss die Bezeichnung „Kommanditgesellschaft auf Aktien" enthalten, § 279 AktG.

4. GmbH & Co. KG

Die GmbH & Co. KG ist eine zulässige Form der Grundtypenvermischung, die gesetzlich nicht geregelt ist. Es handelt sich um eine Kommanditgesellschaft, an der eine GmbH als Komplementärin beteiligt ist.

Die Kommanditgesellschaft ist eine Personenhandelsgesellschaft mit einem oder mehreren persönlich haftenden Gesellschaftern (= Komplementäre). Wird die Komplementärstellung von einer GmbH eingenommen, entsteht die haftungsrechtliche Besonderheit, dass in der Rechtsform der Personenhandelsgesellschaft keine natürliche Person, sondern die GmbH als juristische Person die unbeschränkte Haftung übernimmt. Auch die Möglichkeit der Fremdorganschaft ist damit gegeben, denn die GmbH kann ihre Geschäftsführung und Vertretung an Nichtgesellschafter übertragen. Neben steuerlichen Gesichtspunkten hat diese Typenvermischung von Personengesellschaft und Körperschaft vor allem gesellschaftsrechtliche Vorteile:

- **Haftungsbeschränkung durch die GmbH als Komplementärin**
- **Fremdorganschaft**
- **Kapitalbeschaffung durch den Zugang zum Finanz- und Kapitalmarkt**
- **Beherrschung ohne Kapitalmehrheit**
- **Lösung des Nachfolgeproblems, da die GmbH nicht sterben kann**
- **freie Gestaltung des Innenverhältnisses**
- **Entnahmerecht ohne Gewinnerwirtschaftung**
- **Vermeidung der Mitbestimmung der Arbeitnehmer im Aufsichtsrat**
- **Sachfirma**.

Die **Entstehung einer GmbH & Co. KG** durch Neugründung vollzieht sich in zwei Stufen. Zunächst wird eine GmbH errichtet, die nach ihrer Entstehung durch Eintragung in das Handelsregister mit einem oder mehreren Kommanditisten einen Gesellschaftsvertrag zur Gründung einer Kommanditgesellschaft abschließt. Eine GmbH & Co. KG kann auch durch den Eintritt einer bereits bestehenden GmbH in eine bestehende Kommanditgesellschaft unter Ausscheiden des bisherigen Komplementärs gegründet werden. Häufiger ist aber die erstgenannte Gründungsmodalität, wonach die GmbH den einzigen Gesellschaftszweck verfolgt, Komplementärin der KG zu sein.

Die **Firmen** müssen den jeweiligen firmenrechtlichen Vorschriften entsprechen, § 4 GmbHG und §§ 17 ff. HGB. Die GmbH & Co. KG muss den Haftungszusatz enthalten, § 19 Abs. 2 HGB.

Rechte und Pflichten der Gesellschafter einer GmbH & Co. KG bestimmen sich nach dem Recht der Kommanditgesellschaft. Auch für die GmbH in ihrer Eigenschaft als Komplementärin der KG im Verhältnis zur Kommanditgesellschaft gelten die Vorschriften über die KG, während für die GmbH im Übrigen das GmbH-Gesetz anzuwenden ist.

Beispiel

H gründet eine Einpersonen-GmbH und mit dieser zusammen eine GmbH & Co. KG. H übernimmt die Kommanditistenstellung mit einer Einlage von 30.000 €, die GmbH wird Komplementärin. Wie sehen die Haftungsverhältnisse in der neu entstandenen GmbH & Co. KG aus? Die GmbH ist Komplementärin und haftet für Verbindlichkeiten der Gesellschaft unbeschränkt gem. §§ 161, 105 HGB. Dagegen haftet H als Kommanditist nur bis zur Höhe seiner in das Handelsregister eingetragenen Kommanditeinlage, soweit er diese noch nicht erbracht hat, §§ 171 ff. HGB.

Inhaberin des Handelsgeschäfts und Eigentümerin des Gesellschaftsvermögens ist die Kommanditgesellschaft. Die **Vertretung der KG** kann organschaftlich durch die GmbH vorgenommen werden oder auch rechtsgeschäftlich geregelt sein. Ein Prokurist der GmbH kann für die GmbH handeln und damit auch für die KG. Sogar Kommanditisten können entgegen § 170 HGB Prokura oder Vollmacht für die KG erhalten. Das Problem des Selbstkontrahierens gem. § 181 BGB wird durch gesellschaftsvertragliche Regelungen gelöst.

5. Insolvenzverfahren

Die Ziele des Insolvenzverfahrens bestehen darin, die Gläubiger gemeinschaftlich zu befriedigen, indem das Vermögen des Schuldners verwertet und der Erlös verteilt oder in einem Insolvenzplan geregelt wird. Hierdurch soll insbesondere dem redlichen Schuldner Gelegenheit gegeben werden, sich von seinen restlichen Verbindlichkeiten zu befreien, vgl. § 1 InsO.

Ein **Insolvenzverfahren** kann eröffnet werden

- über das Vermögen jeder natürlichen und juristischen Person
- über das Vermögen einer Gesellschaft ohne Rechtspersönlichkeit (offene Handelsgesellschaft, Kommanditgesellschaft, Gesellschaft des bürgerlichen Rechts, Europäische wirtschaftliche Interessenvereinigung)
- über einen Nachlass, über das Gesamtgut einer fortgesetzten Gütergemeinschaft oder über das Gesamtgut einer Gütergemeinschaft, das von den Ehegatten gemeinschaftlich verwaltet wird.

Als **Insolvenzgericht** ist das Amtsgericht für den gesamten Landgerichtsbezirk ausschließlich zuständig. Die örtliche Zuständigkeit orientiert sich an dem Gerichtsstand des Schuldners, vgl. §§ 2, 3 InsO. Für das Insolvenzverfahren gelten die Vorschriften der Zivilprozessordnung. Das Insolvenzgericht hat von Amts wegen alle Umstände zu ermitteln, die für das Insolvenzverfahren von Bedeutung sind. Die Anhörung des Schuldners kann unterbleiben, wenn er sich im Ausland aufhält oder eine übermäßige Verzögerung des Verfahrens einträte. Die Entscheidungen des Gerichts können ohne mündliche Verhandlungen ergehen. Zustellungen erfolgen von Amts wegen durch Aufgabe zur Post und bei unbekanntem Aufenthaltsort des Empfängers auch an den Vertreter. Das Insolvenzgericht kann auch eine öffentliche Bekanntmachung veranlassen.

Das Insolvenzverfahren wird auf **Antrag eines Gläubigers oder des Schuldners** eröffnet. Bei Gesellschaften liegt das Antragsrecht auch bei den Mitgliedern der Vertretungsorgane oder bei persönlich haftenden Gesellschaftern oder im Liquiditätsfall bei den Abwicklern. Die Eröffnung des Insolvenzverfahrens setzt voraus, dass einer der nachfolgend aufgeführten **Eröffnungsgründe** gegeben ist, vgl. §§ 16 ff. InsO.

- Die **Zahlungsunfähigkeit** liegt vor, wenn der Schuldner nicht in der Lage ist, seine fälligen Zahlungspflichten zu erfüllen, insbesondere, wenn er seine Zahlungen eingestellt hat.
- Die **drohende Zahlungsfähigkeit** ist als Eröffnungsgrund nur gegeben, wenn der Schuldner selbst den Eröffnungsantrag stellt, weil er voraussichtlich nicht in der Lage sein wird, die bestehenden Zahlungspflichten im Zeitpunkt der Fälligkeit zu erfüllen.
- Die **Überschuldung** besteht als Eröffnungsgrund nur bei juristischen Personen, wenn das Vermögen des Schuldners die bestehenden Verbindlichkeiten nicht mehr deckt.

Das Insolvenzgericht wird alle **Sicherungsmaßnahmen** treffen, die erforderlich erscheinen, um eine den Gläubigern nachteilige Veränderung in der Vermögenslage des Schuldners zu verhindern. Danach wird das Gericht insbesondere einen vorläufigen **Insolvenzverwalter** bestellen und dem Schuldner ein **Verfügungsverbot** auferlegen. Es kann auch anordnen, dass Verfügungen nur mit Zustimmung des vorläufigen Insolvenzverwalters wirksam sind. Das Gericht wird ferner Maßnahmen der Zwangsvollstreckung gegen den Schuldner untersagen oder einstweilen einstellen, soweit nicht unbewegliche Gegenstände betroffen sind. Sofern diese Maßnahmen nicht ausreichen, kann das Gericht auch die zwangsweise Vorführung des Schuldners zur Anhörung und seine Haft anordnen. Die Anordnung der Haft betrifft bei juristischen Personen die organschaftlichen Vertreter, vgl. § 21 InsO.

Die Bestellung eines vorläufigen Insolvenzverwalters und die Anordnung eines allgemeinen Verfügungsverbotes an den Schuldner hat insbesondere zur Folge, dass die **Verwaltungs- und Verfügungsbefugnis des Schuldners** auf den vorläufigen Insolvenzverwalter übergeht. Der Schuldner wird in ein Schuldnerverzeichnis eingetragen. Der vorläufige Insolvenzverwalter hat folgende Rechtspflichten:

- **Sicherung und Erhaltung des Vermögens des Schuldners**
- **Fortführung eines Unternehmens, das vom Schuldner betrieben wird, bis zur Eröffnung des Insolvenzverfahrens**
- **Prüfung, ob das Vermögen des Schuldners die Kosten des Verfahrens decken wird.**

Das Insolvenzgericht weist den Antrag auf Eröffnung des Insolvenzverfahrens ab, wenn das Vermögen des Schuldners voraussichtlich nicht ausreichen wird, um die Kosten des Verfahrens zu decken. Andernfalls eröffnet das Insolvenzgericht das Verfahren und ernennt einen Insolvenzverwalter. Im Eröffnungsbeschluss sind auch die Gläubiger aufzufordern, ihre **Forderungen** innerhalb einer bestimmten Frist anzumelden und dem Insolvenzverwalter mitzuteilen, welche **Sicherungsrechte** sie an beweglichen Sachen oder Rechten des Schuldners in Anspruch nehmen. Der Eröffnungsbeschluss wird öffentlich bekannt gegeben und im Han-dels-, Genossenschafts- oder Vereinsregister, ggf. auch im Grundbuch oder Schiffsregister eingetragen.

Aufgabe 49 > Seite 233

Das Insolvenzverfahren erfasst gem. § 35 Abs. 1 InsO das gesamte Vermögen, das dem Schuldner zurzeit der Eröffnung des Verfahrens gehört, und das er während des Verfahrens erlangt (= **Insolvenzmasse**). Gegenstände, die nicht der Zwangsvollstreckung unterliegen, gehören nicht zur Insolvenzmasse. Diese Insolvenzmasse dient zur Befriedigung der persönlichen Gläubiger, die einen zur Zeit der Eröffnung des Insolvenzverfahrens begründeten Vermögensanspruch gegen den Schuldner haben (= **Insolvenzgläubiger**), § 38 InsO. Wer auf Grund eines dinglichen oder persönlichen Rechts geltend machen kann, dass ein Gegenstand nicht zur Insolvenzmasse gehört, ist kein Insolvenzgläubiger und muss seinen Anspruch aus den allgemeinen Gesetzen geltend machen. Gläubiger, denen ein Recht auf Befriedigung aus Gegenständen zusteht, die der Zwangsvollstreckung in das unbewegliche Vermögen unterliegen (unbewegliche Gegenstände), sind zur abgesonderten Befriedigung berechtigt. Aus der Insolvenzmasse sind die Kosten des Insolvenzverfahrens und die sonstigen Masseverbindlichkeiten vorweg zu berichtigen, §§ 47 ff. InsO.

Beispiele

- Die Schuldner-GmbH hat ein Grundstück erworben und zur Sicherung des Kaufpreises zu Gunsten der kreditgebenden Bank eine Hypothek in das Grundbuch eintragen lassen. Welche Rechte hat die Bank im Insolvenzverfahren? Der Bank steht nach der Verwertung des Grundstücks ein Recht zur abgesonderten Befriedigung an dem Erlös aus der Grundstücksveräußerung zu, vgl. § 49 InsO.
- Eine Bank hat zur Sicherung eines Darlehens ein Pfandrecht an einer Produktionsmaschine im Unternehmen des Schuldners bestellt. Im Fall der Insolvenz des Schuldners hat der kreditgebende Gläubiger auch dann ein Recht zur abgesonderten Befriedigung, wenn er den Kredit durch Bestellung eines Pfandrechtes z. B. an einer Produktionsmaschine des Schuldner abgesichert hat, § 50 InsO.

Durch die Eröffnung des Insolvenzverfahrens geht das Recht des Schuldners, das zur Insolvenzmasse gehörende Vermögen zu verwalten und darüber zu verfügen, auf den Insolvenzverwalter über. Verfügungen, die der Schuldner nach Eröffnung des Insolvenzverfahrens trifft, sind unwirksam. Sofern an den Schuldner Leistungen erbracht werden, kann die befreiende Wirkung nicht eintreten, §§ 80 ff. InsO.

Die Bestellung und Haftung des Insolvenzverwalters und die Organe der Gläubiger – Gläubigerausschuss, Gläubigerversammlung – sind ebenfalls in der Insolvenzordnung geregelt. Der Insolvenzverwalter tritt in anhängige Rechtsstreitigkeiten des Schuldners ein und übernimmt verschiedene Rechtsbefugnisse des Schuldners. Er kann u. a. bestehende Verträge erfüllen bzw. Erfüllung anstelle des Schuldners verlangen und andere vertragliche Rechte geltend machen, §§ 103 ff. InsO. Auch hat der Insolvenzverwalter anstelle des Schuldners **arbeitsrechtliche Befugnisse** gegenüber dem Betriebsrat in Hinblick auf Betriebsvereinbarungen, den Interessenausgleich bei Betriebsänderungen und den Sozialplan, vgl. §§ 120 ff. InsO. Es besteht auch die Möglichkeit der **Insolvenzanfechtung** durch den Insolvenzverwalter betreffend Rechtshandlungen, die vor der Eröffnung des Insolvenzverfahrens vorgenommen worden sind und die Insolvenzgläubiger benachteiligen, §§ 129 ff. InsO.

Besondere Aufgaben hat der Insolvenzverwalter im Bereich der **Verwaltung und Verwertung der Insolvenzmasse** gem. §§ 148 ff. InsO. Er nimmt das gesamte zur Insolvenzmasse gehörende Vermögen des Schuldners in Besitz und hat es zu verwalten. Es ist ein **Verzeichnis der Massegegenstände, ein Gläubigerverzeichnis und eine Vermögensübersicht** aufzustellen und bei dem Insolvenzgericht zu hinterlegen. Im Berichtstermin hat der Insolvenzverwalter über die wirtschaftliche Lage des Schuldners und ihre Ursachen zu berichten. Dem Gläubiger, dem Gläubigerausschuss und dem Betriebsrat sowie dem Sprecherausschuss der leitenden Angestellten ist im Berichtstermin Gelegenheit zu geben, zu dem Bericht des Verwalters Stellung zu nehmen. Die Gläubigerversammlung beschließt darüber, ob das Unternehmen des Schuldners stillgelegt oder vorläufig fortgeführt werden soll. Sie kann auch dem Insolvenzverwalter aufgeben, einen Insolvenzplan aufzustellen. Nach dem Berichtstermin hat der Insolvenzverwalter unverzüglich das zur Insolvenzmasse gehörende Vermögen zu verwerten, wobei er in besonderen Fällen die Zustimmung der Gläubigerversammlung einholen muss. Einem speziellen Verfahren unterliegt die Verwertung von Gegenständen mit Absonderungsrechten, §§ 165 ff. InsO.

Nach der Feststellung der Forderungen im Prüfungstermin kann mit der **Befriedigung der Insolvenzgläubiger** in dem gesetzlich vorgesehenen Verfahren begonnen werden, vgl. §§ 174 ff. InsO. Die Befriedigung der absonderungsberechtigten Gläubiger und der Insolvenzgläubiger, die Verwertung der Insolvenzmasse und deren Verteilung an die Beteiligten sowie die Haftung des Schuldners nach der Beendigung des Insolvenzverfahrens können aber auch in einem **Insolvenzplan abweichend von den Vorschriften der Insolvenzordnung** vorgenommen werden. Dieser Insolvenzplan kann dem Insolvenzgericht von dem Schuldner und dem Insolvenzverwalter vorgelegt werden, vgl. §§ 217 ff. InsO. In dem Insolvenzplan kann insbesondere die Fortführung des Unternehmens und die Rechte der Insolvenzgläubiger sowie eine Aussetzung von Verwertung und Verteilung geregelt werden. In einem **Erörterungs- und Abstimmungstermin des Insolvenzgerichts** können die Gläubiger über den Insolvenzplan beschließen. Nach der Annahme des Insolvenzplans durch die Gläubiger und der Zustimmung des Schuldners bedarf der Plan der Bestätigung durch das Insolvenzgericht. Mit der Rechtskraft der Bestätigung des Insolvenzplans treten die im gestaltenden Teil festgelegten Wirkungen für und gegen alle Beteiligten ein, vgl. §§ 254 ff. InsO.

Die Insolvenzordnung sieht in den §§ 270 ff. InsO für kleinere Insolvenzfälle die **Möglichkeit der Eigenverwaltung** vor. Danach ist der Schuldner berechtigt, unter der Aufsicht eines Sachwalters die Insolvenzmasse zu verwalten und über sie zu verfügen, wenn das Insolvenzgericht in dem Beschluss über die Eröffnung des Insolvenzverfahrens die Eigenverwaltung anordnet. Hierzu bedarf es eines Antrags des Schuldners, dem die Gläubiger zugestimmt haben. Außerdem muss zu erwarten sein, dass die Anordnung weder zu einer Verzögerung des Verfahrens noch zu sonstigen Nachteilen für die Gläubiger führen wird.

Eine Besonderheit des Insolvenzrechts ist auch die **Restschuldbefreiung** gem. §§ 286 ff. InsO, wenn der Schuldner eine natürliche Person ist. Auf Antrag des Schuldners und unter der Voraussetzung seiner Redlichkeit entscheidet das Gericht nach Anhörung der Insolvenzgläubiger. Der Schuldner muss für die Dauer von sieben Jahren seine Arbeitskraft nutzen und den pfändbaren Teil seines Einkommens auf einen Treuhänder übertragen. Nach Fristablauf wird die Restschuldbefreiung erteilt.

Verbraucherinsolvenzverfahren und sonstige Kleinverfahren unterliegen Sonderregelungen. Personen, die keine oder nur eine geringfügige selbstständige wirtschaftliche Tätigkeit ausüben, können im Insolvenzfall mit dem Eröffnungsantrag einen **Schuldenbereinigungsplan** vorlegen. Nehmen die Gläubiger diesen an, hat der Schuldenbereinigungsplan die Wirkung eines Prozessvergleichs. Lehnen sie ihn ab, wird ein vereinfachtes Insolvenzverfahren eröffnet, vgl. §§ 304 ff. InsO.

Aufgabe 50 > Seite 234

Aufgabe 1:

Eine Kundin betritt das Ladengeschäft und verlangt den in einer Anzeigenwerbung mit einem Preis von 1.900 € ausgezeichneten Personal-Computer. Es stellt sich heraus, dass versehentlich eine fehlerhafte Preisauszeichnung erfolgt ist und der richtige Preis 2.900 € beträgt. Ist ein Kaufvertrag zu Stande gekommen? Falls ja, welchen Preis muss die Kundin zahlen?

Lösung s. Seite 235

Aufgabe 2:

Ein Angestellter bestellt wiederholt über einen Zeitraum von mehreren Monaten unter Angabe der Anschrift seines Arbeitgebers Software für seinen privaten Bedarf. Er nutzt damit die Vorteile des günstigen Einkaufs für eigene Zwecke und zahlt die eingehenden Bestellungen aus eigener Tasche. Diese Vorgänge hätten durch Überprüfung der Abrechnungen auffallen können.

(a) Falls er eine Rechnung nicht bezahlt, könnte der Verkäufer sich an den Arbeitgeber wenden und Zahlung des Kaufpreises verlangen?

(b) Wie wäre die Rechtslage, wenn die privaten Software-Bestellungen des Angestellten unter Verwendung des Namens seines Arbeitgebers von diesem erkannt und toleriert wurden?

Lösung s. Seite 235

Aufgabe 3:

In einem Kaufvertrag schuldet der Käufer dem Verkäufer die Zahlung des Kaufpreises, vgl. § 433 Abs. 2 BGB. Auf Geschäftsbriefen hat der Verkäufer seine Bankverbindungen angegeben.

(a) Wie ist die Rechtslage, wenn der Käufer die geschuldete Kaufpreisforderung im Wege einer Banküberweisung auf dem Geschäftskonto des Verkäufers gutbringt?

(b) Der Schuldner (Käufer) begleicht eine Kaufpreisforderung mit einem Scheck. Handelt es sich um eine Leistung an Erfüllungs Statt oder um eine Leistung erfüllungshalber?

(c) Der Schuldner einer Kaufpreisforderung tritt eine bestehende Zahlungsforderung aus einem Werkvertrag, die ihm gegen einen Dritten zusteht, an den Gläubiger ab. Ist die Erfüllungswirkung der Kaufpreisforderung eingetreten?

Lösung s. Seite 235

Aufgabe 4:

Der Händler Hempel hat einen Anspruch gegen einen Abnehmer auf Kaufpreiszahlung in Höhe von 5.000 € und eine Zahlungspflicht gegenüber einem Lieferanten über 3.000 €.

(a) Könnte Hempel seiner Zahlungspflicht nachkommen, indem er seinem Lieferanten erfüllungshalber die Kaufpreisforderung gegen den Abnehmer bis zum Betrag von 3.000 € abtritt? Wie wäre die Rechtslage, wenn die Kaufpreisforderung noch nicht fällig ist?

(b) Hempel möchte seine Zahlungspflicht gegenüber dem Lieferanten durch die Abtretung einer Forderung erfüllen. Er tritt dem Lieferanten eine Kaufpreisforderung aus einem Vertrag ab, den er noch am gleichen Tag mit seinem Abnehmer abschließen will. Ist die Abtretung wirksam?

Lösung s. Seite 236

Aufgabe 5:

A und B gründen eine offene Handelsgesellschaft. Die oHG erlangt Rechtsfähigkeit kraft Gesetzes, darf daher einen Kaufvertrag abschließen und wird Schuldnerin der Kaufpreisforderung, vgl. § 124 HGB. Falls die oHG danach verpflichtet ist, einen Kaufpreis in Höhe von 2.000 € zu zahlen, haften A und B als Gesellschafter der oHG gesamtschuldnerisch für die bestehende Kaufpreisforderung, vgl. § 128 HGB.

(a) Von wem kann der Verkäufer die Zahlung des Kaufpreises verlangen?

(b) Angenommen, A und B haben im Gesellschaftsvertrag vereinbart, dass der Verlustanteil von A 25 % beträgt. Der Verkäufer fordert von A die Zahlung des Kaufpreises. Muss A den Kaufpreis in voller Höhe zahlen?

Lösung s. Seite 236

Aufgabe 6:

Ein Heizölhändler verpflichtet sich zur Lieferung von 50.000 l Heizöl, wird aber infolge einer Krise in der Golfregion selbst nicht beliefert.

(a) Wie ist die Rechtslage? Bleibt die Lieferpflicht des Heizölhändlers bestehen?

(b) Welche Vertragsklauseln würden Sie empfehlen, um die Risiken eines Ausfalls des Lieferanten oder der Zerstörung der Lager aufzufangen?

Lösung s. Seite 236

Aufgabe 7:

Gegenstand eines Werklieferungsvertrages ist eine Maschine, die beim Transport vom Herstellerunternehmen zum Betrieb des Bestellers infolge eines Verkehrsunfalls, den ein Dritter schuldhaft verursacht, zerstört wird.

(a) Wie ist die Rechtslage? Macht es einen Unterschied, ob es sich bei der Maschine um eine Spezialanfertigung oder um ein Serienprodukt handelt?

(b) Angenommen, Gegenstand eines Leasingvertrages ist eine Maschine, die jedoch nach Ingebrauchnahme im Betrieb des Leasingnehmers infolge unsachgemäßer Behandlung zerstört wird. Ist der Leasingnehmer zur Zahlung weiterer Leasingraten verpflichtet?

(c) Ein Produktionsbetrieb von Glaswaren verkauft an einen Kunden einen Posten speziell gefertigter Einwegflaschen. Wegen Ausfalls der Produktionsanlage können die Flaschen nicht hergestellt werden. Die Geschäftsleitung entschließt sich im Hinblick auf die hohen Reparaturkosten und die Investitionskosten für eine neue Fertigungsanlage, diesen Betriebsteil stillzulegen. Welche Rechte hat der Kunde?

Lösung s. Seite 237

Aufgabe 8:

Der Einkäufer des Industriebetriebes Ingolf GmbH bestellt 10.000 Verpackungseinheiten bei der Lieferantin Langer GmbH, die vereinbarungsgemäß am 15.05. eintreffen sollen. Wie ist die Rechtslage? Könnte die Ingolf GmbH einen Ersatzlieferanten einschalten? Was wäre, wenn der Einkauf bei einem Ersatzlieferanten nur zu höheren Preisen möglich wäre? Welche Vertragsgestaltung wird dieser Situation gerecht?

Lösung s. Seite 237

Aufgabe 9:

Erläutern Sie, was unter folgenden Begriffen zu verstehen ist:

- Rechtsgeschäft
- Rechtsfähigkeit
- Geschäftsfähigkeit
- Willenserklärung
- Widerruf
- Fernabsatzvertrag
- Anfechtung
- Nichtigkeit
- Schriftform
- elektronische Form
- Textform
- Sittenwidrigkeit
- Vertretung
- Vollmacht
- Selbstkontrahieren
- Anspruch
- Verjährung
- unerlaubte Handlung
- Leistungsverweigerungsrecht
- Ausschlussfrist
- Angebot (Antrag)
- Annahme
- Vertrag
- Schuldverhältnis
- Erfüllung
- Aufhebungsvertrag
- Schuldanerkenntnis
- Rücktritt
- Kündigung
- Aufrechnung
- Abtretung
- Gesamtschuld
- Legalzession
- Leistung
- Leistungsort
- Holschuld
- Bringschuld
- Schickschuld
- Leistungszeit
- Fälligkeit
- Gattungsschuld
- Stückschuld
- Pflichtverletzung
- Annahmeverzug
- Gläubigerverzug
- Schuldnerverzug
- Zahlungsverzug
- ungerechtfertigte Bereicherung
- Einrede
- Deliktsrecht
- Hersteller
- Produzentenhaftung
- Produkthaftung
- Eigentum
- Besitz
- Verfügungsgeschäft
- Verpflichtungsgeschäft
- Herausgabeanspruch
- Unterlassungsanspruch
- Schadensersatz
- Schmerzensgeld

Lösung s. **MiniLex Seite 253 ff.**

Aufgabe 10:

Im „Kleingedruckten" eines Kaufvertrages über eine Heizungsanlage heißt es unter der Überschrift „Lieferumfang": *„Der Käufer ist verpflichtet, die Heizungsanlage von dem Verkäufer warten zu lassen. Die Wartung erfolgt einmal jährlich auf Abruf gegen Zahlung der üblichen Gebühren. Diese Wartungsvereinbarung verlängert sich jeweils um ein Jahr, wenn sie nicht bis drei Monate vor Jahresende gekündigt wird"*. Ist diese Klausel rechtswirksam?

Lösung s. Seite 238

Aufgabe 11:

In einem Kaufvertrag wird unter der Rubrik: „Leistungsort" vereinbart: *„Die Lieferung erfolgt frei Haus"*. Auf dem Transportwege wird die Ware beschädigt.

(a) Kann der Verkäufer dennoch den vollen Kaufpreis verlangen oder wäre der Käufer zur Geltendmachung eines Nacherfüllungsanspruchs berechtigt?

(b) Angenommen, die Parteien haben vereinbart, dass der Verkäufer die Ware an den Käufer übersenden wird. Wie ist die Rechtslage, wenn ein Transportschaden auftritt? Kann der Käufer den Kaufpreis mindern?

Lösung s. Seite 238

Aufgabe 12:

In einem Kaufvertrag über eine Maschine wird vereinbart: *„3 Jahre Haltbarkeitsgarantie."* Welche Rechte hat der Käufer, wenn die gelieferte Sache mangelhaft ist? Wie verhält es sich mit der Verjährungsfrist von 2 Jahren für den Nacherfüllungsanspruch, wenn der Sachmangel 30 Monate nach der Lieferung der Maschine auftritt?

Lösung s. Seite 238

Aufgabe 13:

(a) In den Allgemeinen Geschäftsbedingungen eines Einzelhändlers sind die Klauseln *„Gewährleistung gemäß Herstellergarantie"* oder *„Ein Garantieanspruch wird nur nach Vorlage der Garantiekarte anerkannt"* enthalten. Sind die Klauseln wirksam?

(b) Wie ist die Klausel *„Der Verkäufer verpflichtet sich zur unentgeltlichen Beseitigung der technischen Mängel, die innerhalb von 2 Jahren auftreten"* in Kaufverträgen über neue Sachen rechtlich zu bewerten? Könnte eine zusätzliche Formulierung dazu führen, dass diese Klausel einer Inhaltskontrolle standhält?

Lösung s. Seite 238

Aufgabe 14:

(a) Krüger erwirbt einen Pkw. Bei Abschluss des Kaufvertrags mit dem Händler wird vereinbart, dass der Kaufpreis ratenweise durch ein Darlehen bei der Pkw-Kreditbank getilgt werden soll. Der Händler schließt mit Krüger nicht nur einen Kaufvertrag ab, sondern legt ihm auch den Darlehensvertrag vor. Bei Abschluss des Darlehensvertrags wird er als Vermittlungs- oder Abschlussvertreter für die Pkw-Kreditbank tätig. Das Darlehen wird von der Bank unmittelbar an den Händler ausgezahlt. Wer ist Partei des Darlehensvertrages und wer schließt den Kaufvertrag ab? Welche Rechtswirkung hat die Auszahlung der Darlehensvaluta?

(b) Im vorgenannten Fall erhält Krüger den Pkw und zahlt zur Tilgung des Darlehens die vereinbarten Raten an die Pkw-Kreditbank. Wie ist die Rechtslage, falls der Pkw Mängel aufweist? An wen könnte sich Krüger wegen seiner Mängelgewährleistungsansprüche wenden? Wäre er berechtigt, die Zahlung der Darlehensraten einzustellen?

Lösung s. Seite 239

Aufgabe 15:

Im Wege des Finanzierungs-Leasing erwirbt der Kunde einen Pkw. In seinem Leasingvertrag ist eine Klausel enthalten, wonach der Leasinggeber die mietrechtlichen Gewährleistungsansprüche bei gleichzeitiger Abtretung der ihm gegen den Pkw-Hersteller zustehenden kaufrechtlichen Gewährleistungsansprüche ausschließt. Wem gegenüber kann der Leasingnehmer Gewährleistung geltend machen, wenn der Pkw Mängel aufweist? Spielt es eine Rolle, ob der Kunde den Leasingvertrag als Privatperson oder als Geschäftsperson abgeschlossen hat?

Lösung s. Seite 239

Aufgabe 16:

In einem Kaufvertrag zwischen zwei Baustoffhändlern über eine größere Menge Baumaterial wird vereinbart, dass die Materialien auf Euro-Paletten geliefert werden. Der Käufer hat innerhalb von 2 Wochen nach Lieferung Euro-Paletten in entsprechender Zahl zur Abholung bereitzustellen. Welche Vertragstypen sind bei Rechtsfragen relevant? Wie wäre die Rechtslage, wenn der Käufer die Paletten bereitstellt und den Verkäufer diesbezüglich informiert, die Paletten aber bei einem Einbruch zerstört werden?

Lösung s. Seite 240

Aufgabe 17:

V und K schließen einen Kaufvertrag über einen Lkw. Als das Fahrzeug geliefert wird, findet K folgende Formulierung in den Lieferbedingungen des V: *„Die Kaufsache bleibt bis zur vollständigen Kaufpreiszahlung im Eigentum des Verkäufers“*. Sofern K den Kaufpreis zahlt, geht das Eigentum auf ihn über. Welche Rechtsfolgen treten ein, wenn die Kaufpreiszahlung unterbleibt?

Lösung s. Seite 240

Aufgabe 18:

Ein Hersteller von Markenprodukten vertreibt seine Markenprodukte in einem Franchising-Vertriebssystem. In der Vereinbarung mit den Franchisenehmern ist ein verlängerter Eigentumsvorbehalt enthalten. Wie ist die Rechtslage bei Insolvenz des Franchisenehmers? Kommt es darauf an, ob die Kunden ihre Zahlungsverpflichtungen gegenüber dem Franchisenehmer bereits erfüllt haben?

Lösung s. Seite 240

Aufgabe 19:

(a) Zeisig hat eine Forderung aus einem Werkvertrag gegen Schwarze. Da Zeisig in Zahlungsschwierigkeiten ist, tritt er die Werklohnforderung an seine Bank ab. Die von Zeisig an die Bank abgetretene Forderung war durch eine Bürgschaft abgesichert. Als die Bank von Zeisig aus abgetretenem Recht die Zahlung verlangt, stellt sich dessen Zahlungsunfähigkeit heraus. Kann die Bank nun aus der Bürgschaft vorgehen?

(b) Ein Bürge hat für eine kreditierte Kaufpreisschuld die Bürgschaft übernommen. Der Käufer wird zahlungsunfähig und der Kaufgegenstand ist mangelhaft. Wer kann die Gewährleistungsansprüche aus dem Kaufvertrag geltend machen? Kann der Bürge, wenn er aus seiner Bürgschaft in Anspruch genommen wird, mit dem Hinweis auf die Mängel der Kaufsache die Zahlung verweigern?

(c) Der Kaufmann K bestellt bei dem Lieferanten L eine Warenlieferung erheblichen Umfangs. L verlangt für die Kaufpreisforderung über 60.000 € eine Sicherheit. K bittet den Kaufmann B um die Übernahme einer Bürgschaft. B verbürgt sich mündlich gegenüber L, indem er versichert, für die Kaufpreisschuld des K in Höhe von 60.000 € einstehen zu wollen. Als L Zahlung über 60.000 € von B verlangt, wendet dieser ein, die Bürgschaft sei formnichtig und außerdem müsse L erst den Kaufmann K verklagen.

Lösung s. Seite 240

Aufgabe 20:

Der Erwerb eines Computerprogramms beinhaltet die Übertragung in körperlicher Form (z. B. auf CD) oder in unkörperlicher Form (z. B. über das Internet). Handelt es sich bei dem Erwerbsvorgang um einen Kaufvertrag oder um einen Lizenzvertrag? Wäre eine Kopie zulässig? Welche Rechte erhält der Erwerber der Programmkopie?

Lösung s. Seite 241

Aufgabe 21:

Der Betreiber eines Schulungszentrums erwirbt rechtmäßig durch Lizenzvertrag ein Computerprogramm, das er auf mehreren DV-Geräten einsetzen will.

(a) Wären besondere Lizenzvereinbarungen erforderlich? Macht es einen Unterschied, ob das Computerprogramm für die Installation auf mehreren Rechnern kopiert oder im Intranet zum Zugriff von allen Schulungsrechnern aus zur Verfügung gestellt wird?

(b) In dem lokalen Netz Ihres Unternehmens kommt ein Computerprogramm zur Anwendung, für das eine Netzwerklizenz vorhanden ist. Es stellt sich nach einiger Zeit heraus, dass es sich um eine Raubkopie handelt, die der Computerhändler unberechtigt hergestellt hat, bevor er Ihnen die Programmlizenz erteilte. Welche Rechte hat Ihr Unternehmen?

Lösung s. Seite 241

Aufgabe 22:

Erläutern Sie, was unter folgenden Begriffen zu verstehen ist:

- Privatautonomie
- Verbraucher
- Unternehmer
- Haustürgeschäft
- Fernabsatzvertrag
- elektronischer Geschäftsverkehr
- Kaufvertrag
- Gewährleistung
- Mängelgewährleistung
- Rechtsmängel
- Sachmängel
- Minderung
- Nacherfüllung
- Gefahrübergang
- Versendungskauf
- Garantie
- Haftungsfreizeichnung
- Finanzierungshilfen
- Teilzahlungsgeschäft
- Leasing
- Factoring
- Darlehen
- Sachdarlehen
- Sicherungsrecht
- Eigentumsvorbehalt
- Bürgschaft
- Akzessorietät
- Werkvertrag
- Abnahme
- Pfandrecht
- Mietvertrag
- Pachtvertrag
- Mängelanzeige (Mängelrüge)
- Geschäftsbesorgung
- Aufwendungsersatz
- Lizenzvertrag

Lösung s. MiniLex Seite 253 ff.

Aufgabe 23:

In aller Regel erfordern Einzelhandelsgeschäfte eine kaufmännische Einrichtung. Wie beurteilen Sie

(a) einen Kosmetiksalon mit einem Umsatz von jährlich unter 100.000 €,

(b) einen Kantinenbetrieb mit 500.000 € Jahresumsatz oder

(c) ein Internet-Café mit 180.000 € Umsatz und bar zahlenden Kunden?

Lösung s. Seite 242

Aufgabe 24:

(a) Karlo König lässt seine Werbeagentur unter der Firma „Karlo König, Druck und Graphik“ in das Handelsregister eintragen. Er erhält eine größere Lieferung Papier, bemerkt die Abweichung von seiner Bestellung jedoch erst nach 3 Wochen. Könnte er die Zahlung des Kaufpreises mit der Begründung verweigern, die kaufmännische Untersuchungs- und Rügepflicht gelte für ihn nicht, weil er kein Handelsgewerbe betreibe?

(b) Karlo König hat eine Tätigkeit bei einer Unternehmensberatung aufgenommen und bearbeitet Werbeaufträge im eigenen Namen nur noch nebenberuflich und in geringem Umfang. Seine Firma hat er inzwischen im Handelsregister löschen lassen. Er bestellt unter Verwendung seines alten Geschäftspapiers ein Handy. Liegt ein Handelsgeschäft vor?

Lösung s. Seite 242

Aufgabe 25:

(a) Der Inhaber eines einzelkaufmännischen Handelsgewerbes entschließt sich zur Umwandlung seines Unternehmens in eine oHG. Bisher lautete die Firma „Carlo Carstensen Computershop e. K.“. Welche firmenrechtlichen Änderungen muss Carlo Carstensen zur Eintragung in das Handelsregister anmelden?

(b) Carlo Carstensen wandelt sein einzelkaufmännisches Unternehmen in eine GmbH & Co. KG um. Bisher lautete die Firma „Carlo Carstensen Computershop e. K.“. Welche firmenrechtlichen Änderungen muss Carlo Carstensen zur Eintragung in das Handelsregister anmelden?

(c) Angenommen, Carlo Carstensen hätte sein Unternehmen zusammen mit Darius Dante und Bruno Bramme in der Rechtsform einer oHG betrieben und der Betrieb ist unter der Firma „Dante oHG“ im Handelsregister eingetragen. Welche firmenrechtlichen Änderungen muss Carlo Carstensen zur Eintragung in das Handelsregister anmelden, wenn Dante aus der oHG ausscheidet?

Lösung s. Seite 242

Aufgabe 26:

(a) Seit 1995 war eine Online-Agentur als Einzelkaufmann mit der Firma „W. E. Krupp Kommunikation“ im Handelsregister eingetragen und hatte die Domain „krupp.de“ registriert. Das weltbekannte Stahlverarbeitungsunternehmen hat die Freigabe der Domain erfolgreich durchgesetzt. Welche kennzeichenrechtliche Argumentation konnte zum Erfolg führen?

(b) Eine Werbeagentur hatte etwa 200 Namen und Begriffe als Internet Domain Adressen mit der Endung „.de“ registrieren lassen. Die deutsche Tochtergesellschaft der japanischen Seiko Epson Corporation begehrte die Freigabe der Domain „epson.de“ unter Hinweis auf ein bestehendes Markenrecht.

Lösung s. Seite 243

Aufgabe 27:

(a) Bruno Bosse veräußert sein Handelsgeschäft „Bosse Media e.Kfm." unter Einwilligung in die Firmenfortführung an Erichsen. Im Veräußerungsvertrag wird vereinbart, dass Erichsen für die Altverbindlichkeiten nicht haftet und auch die bestehenden Forderungen nicht auf ihn übergehen. Noch vor der Unternehmensveräußerung ist eine Kaufpreisforderung gegen den Abnehmer Asmussen aus einer Lieferung von Musik-CDs entstanden. Welche Rechtsfolgen hat die Kaufpreiszahlung des Asmussen an Erichsen?

(b) Im vorangegangenen Fall zahlt Asmussen den Kaufpreis an Bosse, weil er von der Unternehmensveräußerung keine Kenntnis hat. Wie ist die Rechtslage?

(c) Angenommen, Asmussen zahlt den Kaufpreis an Erichsen; er hätte allerdings aus einem Rundschreiben Bosses an die Geschäftspartner erkennen können, dass das Unternehmen veräußert und eine Haftungsvereinbarung getroffen wurde, wonach Erichsen weder für Altverbindlichkeiten haftet noch die bestehenden Forderungen übernimmt. Wie ist die Rechtslage?

(d) Angenommen, Asmussen hatte keine Kenntnis von der Unternehmensveräußerung und zahlt den Kaufpreis an Bosse. Allerdings sind der Inhaberwechsel und die Haftungsvereinbarung inzwischen in das Handelsregister eingetragen und bekannt gemacht worden. Wie ist die Rechtslage?

Lösung s. Seite 243

Aufgabe 28:

(a) Kuno Kuhn betreibt einen Baustoffhandel unter der Firma „Kuhn, Baustoffhandlung e. K.". Von seinem Lieferanten Laumann bezieht er 50 Säcke Zement. Aus dem Kaufvertrag entsteht eine Kaufpreisforderung des L gegen K., also eine Verbindlichkeit im Handelsgeschäft des Kuhn. Nun entschließt sich Kuhn, Petersen als Geschäftspartner in sein Unternehmen aufzunehmen. Laumann verlangt Zahlung von Petersen. Zu Recht?

(b) Kuhn hat 8.000 Dachpfannen an seinen Abnehmer Altmann verkauft. Aus dem Kaufvertrag entsteht ein Anspruch auf Kaufpreiszahlung Kuhns gegen Altmann. Wer kann die Forderung geltend machen, nachdem Kuhn seinen Geschäftspartner Petersen aufgenommen hat?

Lösung s. Seite 244

Aufgabe 29:

Heinze, Inhaber eines Handelsgeschäfts, erteilt seinem Angestellten Plume Prokura, die auch in das Handelsregister eingetragen wird. Nach zwei Jahren entsteht ein Streit, der zum Widerruf der Prokura und zur Beendigung des Arbeitsverhältnisses führt. Plume nimmt bei der Hausbank Heinzes ein Darlehen in dessen Namen auf und unternimmt eine Reise in die Karibik. Muss Heinze das Darlehen zurückzahlen? Könnte sich die Bank auch an Plume wenden?

Lösung s. Seite 244

Aufgabe 30:

Krause betreibt einen Computerfachhandel. Er ist häufig auf Messen im Ausland unterwegs und hat daher keine Kenntnis von der Bekanntmachung einer Handelsregistereintragung, wonach der Gesellschafter Ganter aus der Oldissen oHG ausgeschieden ist. Am Tag seiner Rückkehr sind 5 Tage nach der Bekanntmachung des Ausscheidens im Handelsregister verstrichen. Heinze veräußert in einem Telefongespräch mit Ganter 500 Handys an die Oldissen oHG. Als die Lieferung bei der Oldissen oHG eintrifft, wird die Annahme verweigert. Wie ist die Rechtslage?

Lösung s. Seite 244

Aufgabe 31:

Sasse ist Geschäftsführer der Samba GmbH. Er erteilt Petersen und Paulsen Gesamtprokura, versehentlich wird jedoch Einzelprokura im Handelsregister eingetragen und bekannt gemacht. Paulsen erteilt einer Werbeagentur den Auftrag für ein Web-Design zur Einrichtung einer Homepage im Internet. Ist die Sasse GmbH aus dem Vertrag wirksam zur Zahlung verpflichtet?

Lösung s. Seite 245

Aufgabe 32:

König, Inhaber der König KG, hat Harm Harmsen Prokura erteilt. Im Handelsregister wurde die Prokura versehentlich für Paul Paulsen eingetragen, obwohl der Antrag der König KG auf Harm Harmsen lautete. Kann Paul Paulsen im Namen der König KG ein Darlehen aufnehmen? Könnte Harm Harmsen dies tun? Wer ist Prokurist? Wer muss ggf. die Kredite tilgen?

Lösung s. Seite 245

Aufgabe 33:

In Bodo Blumes Baustoffhandlung wird dringend ein neues Transportfahrzeug benötigt. Eines Tages ergibt sich ein günstiges Angebot und der Handlungsvertreter Hauke erwirbt einen Lkw zu 65 % des Listenpreises. Als Blume davon erfährt, will er den Kaufvertrag stornieren, weil er sich einen anderen Fahrzeugtyp vorstellt. Kann der Lkw-Verkäufer Zahlung von Bodo Blume verlangen?

Lösung s. Seite 245

Aufgabe 34:

(a) Der Kaufmann Kühne besucht eine Vernissage; dabei ergibt sich ein Gespräch über das geplante Bauvorhaben des Geschäftsfreundes Schmitt. Der Bauunternehmer Uhlig zweifelt an der Liquidität des Bauherrn Schmitt. Kühne, Uhlig und Schmitt stehen mit Champagnergläsern in der Hand vor den Bildern der Ausstellung und diskutieren das Volumen des Bauvorhabens. Als Uhlig immer noch zögert, erklärt Kühne, er kenne das Unternehmen Schmitts genau und könne für die Zahlungsfähigkeit Schmitts einstehen. Nach Baubeginn stellt sich heraus, dass Schmitt die erste Abschlagzahlung nicht erbringen kann. Uhlig nimmt Kühne aus einer Bürgschaft in Anspruch. Kühne wendet ein, die Bürgschaftserklärung sei formnichtig und Uhlig müsse zunächst einmal Schmitt verklagen. Zu Recht?

(b) Das Bauvorhaben des Kaufmanns Schmitt macht nur langsame Fortschritte. Daher kann er eine größere Menge Baumaterialien nicht wie vereinbart abnehmen und bittet den Lieferanten um eine Zwischenlagerung für die Zeit von 3 Wochen. Als die Lieferung eintrifft, stellt Schmitt fest, dass die Zwischenlagerung extra berechnet wurde. Muss er die Lagerkosten zahlen?

(c) Im Bauvorhaben des Kaufmanns Schmitt werden in vereinbarten Bauabschnitten Abschlagzahlungen fällig. Als Schmitt mit einer Abschlagzahlung in Verzug gerät, verlangt der Bauunternehmer Uhlig zusätzlich 5 % Fälligkeitszinsen.

(d) Der Bauunternehmer Uhlig stellt schon wieder eine fällige Abschlagzahlung für das Bauvorhaben des Schmitt in Rechnung. Als dieser nicht zahlt, weigert sich Uhlig, ein Transportfahrzeug herauszugeben, das Schmitt ihm im Wege des Leasing überlassen hatte. Uhlig hat vor, das Fahrzeug auf Rechnung Schmitts zu veräußern. Wäre er dazu berechtigt?

Lösung s. Seite 246

Aufgabe 35:

In der betrieblichen Praxis erfolgt bei dauerhafter Geschäftsverbindung häufig eine telefonische Bestellung und die anschließende Lieferung der Waren.

(a) Wie ist die Rechtslage, wenn die gelieferten Waren von der „Bestellung" abweichen?

(b) Wie ist die Rechtslage, wenn nach einer telefonischen Vereinbarung über eine Bestellung von Waren eine Auftragsbestätigung per Fax eingeht, die von der Bestellung abweicht?

Lösung s. Seite 246

Aufgabe 36:

Karl Krause betreibt ein Handelsunternehmen und hat mit dem größten Lieferanten eine Kontokorrentabrede mit monatlicher Abrechnung vereinbart. Er erhält die Saldomitteilung für den Monat Juli und findet darin einen Rechenfehler.

(a) Was muss Krause veranlassen?

(b) Wie wäre die Rechtslage, wenn Karl Krause den Rechenfehler in der Saldomitteilung erst nach der Saldoanerkennung feststellt?

Lösung s. Seite 247

Aufgabe 37:

(a) Der Kaufmann K bringt sein Firmenfahrzeug zur Reparatur in die Werkstatt der Schnell GmbH. Nach Beendigung der Reparatur macht sie die Herausgabe des Fahrzeugs davon abhängig, dass eine noch offene Rechnung aus einem vorhergehenden Reparaturauftrag bezahlt wird. Zu Recht?

(b) Angenommen, im vorangegangenen Fall stünde das reparierte Firmenfahrzeug nicht im Eigentum des K, sondern wäre unter Eigentumsvorbehalt eines Vertragshändlers an K veräußert worden und der Kaufpreis wäre noch nicht gezahlt. Könnte die Schnell GmbH ein Zurückbehaltungsrecht wegen einer alten Werklohnforderung geltend machen?

Lösung s. Seite 247

Aufgabe 38:

In einem Handelskauf sind 500 Kartons zu je 12 Konservendosen einer bestimmten Gemüsesorte bestellt worden. Die kaufmännische Untersuchungspflicht erfordert die Überprüfung der Übereinstimmung von Bestellung und Lieferung, eine Sichtkontrolle auf äußere Beschaffenheit zur Feststellung eventueller Transportschäden und das Prüfen der Haltbarkeitsfristen. Wäre es zumutbar, eine Dose zu öffnen, um die Qualität zu untersuchen? Macht es einen Unterschied, ob statt der 500 Kartons nur von einem kleinen Händler nur ein Karton bestellt wurde?

Lösung s. Seite 247

Aufgabe 39:

(a) Der Käufer hat 100 Kartons mit je 12 Dosen Rindfleisch erhalten und diese ordnungsgemäß untersucht, indem er drei Stichproben gemacht hat, die einwandfrei waren. Erst nach dem Weiterverkauf, als mehrere Wochen verstrichen sind, stellt sich heraus, dass ein Teil der Ware verdorben war. Kann er Nacherfüllung des Kaufvertrages verlangen?

(b) Gegenstand eines beiderseitigen Handelskaufvertrags ist ein Computerprogramm für die Lohn- und Gehaltsabrechnung. Der Käufer lässt die Software in seinem Betrieb installieren, doch zeigen die Probeläufe nicht die erwarteten Ergebnisse. Erst nach zwei Monaten stellt sich unter Hinzuziehung eines Sachverständigen heraus, dass die Fehler in der Lohn- und Gehaltsabrechnung nicht auf die Unkenntnis der Mitarbeiter, sondern auf einen Programmierfehler zurückzuführen sind. Wäre eine Mängelrüge zu diesem Zeitpunkt noch rechtzeitig?

Lösung s. Seite 248

Aufgabe 40:

Erläutern Sie, was unter folgenden Begriffen zu verstehen ist:

- Handelsgesetzbuch
- Handelsgewerbe
- Kaufmann
- Istkaufmann
- Kannkaufmann
- Scheinkaufmann
- Schweigen als Willenserklärung
- Haftung
- Schuldbeitritt
- Haftungsbeschränkung
- Handelskauf
- Fixhandelskauf
- Untersuchungs- und Rügepflicht
- Handelsvertreter
- Handelsmakler
- Kommissionär
- Kommisionsagent
- Vertragshändler
- Franchising
- Handelsgeschäft
- Handelsbrauch
- Handelsklausel
- Incoterms
- Bestätigungsschreiben, kaufmännisches
- Formkaufmann
- Firma
- Kontokorrent
- Zurückbehaltungsrecht, kaufmännisches
- Handelsregister
- Rechtsschein
- Prokura
- Handlungsvollmacht
- Sukzessivlieferungsvertrag
- Speditionsgeschäft
- Lagergeschäft
- Frachtgeschäft
- Wertpapier
- Orderpapiere

Lösung s. MiniLex Seite 253 ff.

Aufgabe 41:

Meier und Müller wohnen in Bielefeld und arbeiten in Dortmund. Sie schließen sich zu einer Fahrgemeinschaft zusammen, um gemeinsam zur Arbeit zu fahren und dabei Zeit und Steuern zu sparen. Zu diesem Zweck erwerben sie einen Pkw und vereinbaren einen verbindlichen Fahrdienst im wöchentlichen Wechsel.

(a) Wer ist Eigentümer des Pkw?

(b) Angenommen, Meier und Müller haben den Pkw im Wege des Ratenzahlungskaufs erworben und zahlen die Kaufpreisraten nicht. Welche Rechte hat der Verkäufer?

(c) Angenommen, Meier ist hoch verschuldet und kann einen Kredit nicht bedienen. Was müsste der Darlehensgeber veranlassen, um wegen seiner titulierten Zahlungsforderung den Pkw zu pfänden?

Lösung s. Seite 248

Aufgabe 42:

In der Partnerschaftsgesellschaft der Steuerberater A und B wird bei einem Designer neues Geschäftspapier bestellt.

(a) Wer ist Partei des Werkvertrages?

(b) Wie ist die Rechtslage, wenn A und B sich nicht über die Einstellung einer Büromanagerin einigen können?

(c) Welche Vereinbarungen können die Steuerberater treffen, wenn sie zwar die Partnerschaftsgesellschaft auflösen, aber ihre Bürogemeinschaft fortführen wollen?

Lösung s. Seite 248

Aufgabe 43:

(a) Sander betreibt ein Einzelhandelsgeschäft für Büroartikel unter der Firma Sander e.Kfm. Er beschließt, seinen Schwager Kunze in das Geschäfts aufzunehmen. Welche Rechtsfolgen ergeben sich insbesondere für die Haftung? An wen könnte sich der Gläubiger Ganter mit einem Kaufpreiszahlungsanspruch wenden, welcher vor Aufnahme Kunzes in das Geschäft entstanden ist?

(b) Sander und Kunze wollen zunächst das Ladengeschäft vergrößern und Geschäftsräume in einer neu eröffneten Ladenpassage anmieten. Wer ist Vertragspartei des Mietvertrages wenn Sander den Mietvertrag für das Geschäft allein abschließt? Spielt es eine Rolle, ob Kunze mit der Anmietung einverstanden ist?

(c) Kunze erwirbt für das neue Geschäft eine Designer-Inneneinrichtung, die leider nicht dem Geschmack seines Geschäftspartners entspricht. Von wem kann der Verkäufer die Abnahme und Zahlung der Ladeneinrichtung verlangen?

Lösung s. Seite 249

Aufgabe 44:

(a) Die fünf Gesellschafter A, B, C, D und E gründen eine oHG. Im Gesellschaftsvertrag vereinbaren sie, dass A und B gemeinsam zur Geschäftsführung berechtigt sein sollen. Wie ist die Rechtslage, wenn (aa) A Waren einkauft, ohne B zu fragen, (bb) B einen Vertrag abschließt, dem A widerspricht, (cc) A im Einvernehmen mit D und E Waren einkaufen, (dd) D allein einen Vertrag abschließt?

(b) Angenommen, A, B, C, D und E haben in ihrem Gesellschaftsvertrag vereinbart, dass A und B zur Geschäftsführung berechtigt sein sollen. Welchen Umfang hat die Geschäftsführungsbefugnis der Gesellschafter A und B?

(c) A, B, C, D und E vereinbaren im Gesellschaftsvertrag, dass A und B Einzelgeschäftsführungsbefugnis erhalten. A wünscht eine Erweiterung des Sortiments. Wie ist die Rechtslage, wenn (aa) B widerspricht oder (bb) E widerspricht?

Lösung s. Seite 249

Aufgabe 45:

(a) Die fünf Gesellschafter A, B, C, D und E gründen eine oHG und vereinbaren im Gesellschaftsvertrag, dass A und B gemeinsam zur Vertretung der oHG berechtigt, wogegen C, D und E von der Vertretung ausgeschlossen sein sollen. Wie ist die Rechtslage, wenn (aa) A allein einen Vertrag abschließt oder (bb) A im Einvernehmen mit C, D und E einen Vertrag mit einem Dritten abschließt?

(b) A, B, C, D und E haben in ihrem Gesellschaftsvertrag neben der Gesamtvertretung von A und B folgende Vereinbarung getroffen: *„Sofern A und B nicht gemeinsam handeln, dürfen sie die oHG nur in Gemeinschaft mit dem Prokuristen P vertreten."* Wie ist die Rechtslage, wenn A und P im Namen der Gesellschaft ein Darlehen aufnehmen?

(c) A, B, C, D und E vereinbaren im Gesellschaftsvertrag, dass A und B in der Weise zur Vertretung der oHG berechtigt sein sollen, dass A auch allein, B jedoch nur gemeinsam mit dem Prokuristen P handeln darf. Ist die Vertretungsregelung wirksam? Wie ist die Rechtslage, wenn der B oder der Prokurist jeweils allein einen Vertrag im Namen der oHG abschließen?

(d) Angenommen, A, B, C, D und E vereinbaren im Gesellschaftsvertrag, A und B sollten in der Weise zur Vertretung der oHG berechtigt sein, dass jeder von ihnen nur gemeinsam mit dem Prokuristen P handeln darf. (aa) Liegt eine zulässige Vertretungsregelung vor? (bb) Wie wäre die Rechtslage, wenn A allein einen Vertrag namens der oHG abschließt?

Lösung s. Seite 250

Aufgabe 46:

(a) Die Gesellschafter A, B und C gründen die ABC-KG mit K als Kommanditisten. Im Gesellschaftsvertrag wird vereinbart, dass A und B zur Vertretung der ABC-KG berechtigt sein sollen. (aa) Wäre ein Kaufvertrag wirksam, den A zwecks Erwerbs einer neuen Telefonanlage abschließt? (bb) Wie wäre die Rechtslage, wenn K bei Vertragsabschluss im Auftrag des A gehandelt hätte, weil dieser im Urlaub war?

(b) Die Gesellschafter der ABC-KG mit K als Kommanditisten vereinbaren, dass A und B gesamtvertretungsberechtigt sein sollen und erteilen K Prokura. Liegt eine zulässige Vertretungsregelung vor?

Lösung s. Seite 251

Aufgabe 47:

Im Gesellschaftsvertrag einer KG wird vereinbart, dass der Kommanditist seine Pflichteinlage von 50.000 € in der Weise zu erbringen hat, dass er 25.000 € bar einzahlt und für 1 Jahr der KG die Nutzung von Geschäftsräumen in einem ihm gehörenden Haus überlässt. Im Handelsregister wird als Hafteinlage des Kommanditisten der Betrag von 50.000 € eingetragen. In welcher Höhe haftet der Kommanditist (a) vor der Bareinzahlung und vor der Geschäftsraumnutzung, (b) nach der Bareinzahlung und vor der Geschäftsraumnutzung, (c) nach der Bareinzahlung und nach Ablauf eines Jahres, (d) nach der Bareinzahlung und nach Ablauf eines halben Jahres?

Lösung s. Seite 251

Aufgabe 48:

(a) Nachdem der Gesellschaftsvertrag einer GmbH notariell beurkundet wurde, aber noch vor der Eintragung der GmbH in das Handelsregister, kauft der Geschäftsführer im Namen der GmbH einen Geschäftswagen im Wert von 70.000 €. Von wem kann der Verkäufer Zahlung verlangen? Was ändert sich durch die Eintragung der GmbH in das Handelsregister?

(b) Larson und Hansen schließen am 01.07. einen Gesellschaftsvertrag zur Gründung der Larson GmbH und ernennen Grünschnabel zum Geschäftsführer. Von dem Stammkapital in Höhe von 60.000 € zahlen sie je 15.000 € ein. Am 15.07. bestellt Grünschnabel mit Zustimmung der Gesellschafter Hansen und Larson bei der Firma Fixstadt AG eine EDV-Anlage einschließlich Software zum Preis von insgesamt 55.000 €. Die Lieferung der EDV-Anlage erfolgt am 30.08. des Jahres. Aus verschiedenen Gründen verzögert sich die Eintragung der Larson GmbH ins Handelsregister. Von wem kann die Firma Fixstadt AG Zahlung des Kaufpreises in Höhe von 55.000 € verlangen?

Lösung s. Seite 251

Aufgabe 49:

Angenommen, ein Zulieferer hat dem Besteller Waren unter Eigentumsvorbehalt geliefert. Noch bevor der Kaufpreis gezahlt wird, gerät der Besteller in Zahlungsschwierigkeiten. Das Insolvenzverfahren wird eröffnet.

(a) Welche rechtlichen Möglichkeiten hat der Zulieferer nach der Insolvenzordnung im Fall der Insolvenz des Bestellers?

(b) Kommt es darauf an, ob ein einfacher oder ein verlängerter Eigentumsvorbehalt vereinbart wurde?

(c) Spielt es eine Rolle, ob die Waren sich noch im Lager des Bestellers befinden?

Lösung s. Seite 252

Aufgabe 50:

Erläutern Sie, was unter folgenden Begriffen zu verstehen ist:

- Gesellschaft bürgerlichen Rechts
- Personenhandelsgesellschaft
- offene Handelsgesellschaft
- Geschäftsführung
- Auflösung (einer Gesellschaft)
- Verein
- Aktiengesellschaft
- Kommanditgesellschaft auf Aktien
- Insolvenzverfahren
- Partnerschaftsgesellschaft
- Handelsgesellschaft
- Kommanditgesellschaft
- Organhaftung
- Körperschaft
- Gesellschaft mit beschränkter Haftung
- Aktien
- GmbH & Co. KG

Lösung s. MiniLex Seite 253 ff.

Lösung zu 1:

Es ist noch kein Vertrag zu Stande gekommen und die Kundin ist keine Zahlungsverpflichtung eingegangen. Denn die Äußerung in der Werbung ist keine Willenserklärung, sondern nur eine vertragsvorbereitende Handlung, sog. invitatio ad offerendum. Die Kundin möchte den PC für 1.900 € erwerben, weil sie diesen Preis in der Werbung gesehen hat. In der Erklärung der Kundin liegt ein wirksamer Antrag zum Abschluss eines Kaufvertrages, der den Kaufgegenstand und den Kaufpreis als wesentliche Mindestbestandteile enthält. Solange seitens des Verkäufers keine diesbezügliche Annahme erfolgt, besteht auch kein wirksamer Kaufvertrag, vgl. §§ 433, 145 ff. BGB.

Lösung zu 2:

(a) Ja, denn in diesem Fall liegen die Voraussetzungen der Anscheinsvollmacht vor. Zwar wurde die Vollmacht nicht ausdrücklich erteilt, doch entsteht sie kraft Rechtsscheins. Die Bestellungen des Angestellten im Namen des Arbeitgebers wären bei Überprüfung der Abrechnungen aufgefallen. Der zurechenbare Rechtsschein einer Vollmacht erfordert das Auftreten des Vertreters für einen gewissen Zeitraum und die Möglichkeit des Vertretenen, dies zu erkennen. Infolge der Anscheinsvollmacht treten die Rechtswirkungen der Vertretung ein: Der Arbeitgeber wird Vertragspartner des Software-Händlers und ist deshalb zur Zahlung des Kaufpreises verpflichtet, §§ 433 Abs. 2, 242 BGB.

(b) In diesem Fall liegen die Voraussetzungen der Duldungsvollmacht vor. Obwohl keine ausdrückliche Vollmacht erteilt wurde, hatte der Arbeitgeber davon Kenntnis, dass der Angestellte in seinem Namen Bestellungen vornimmt, mithin Kaufverträge abschließt. Auch in diesem Fall ist der Arbeitgeber gem. §§ 433 Abs. 2, 242 BGB zur Zahlung des Kaufpreises verpflichtet.

Lösung zu 3:

(a) Im bargeldlosen Zahlungsverkehr erhält der Gläubiger (Verkäufer) nicht den geschuldeten Geldbetrag (Kaufpreis), sondern durch Gutschrift auf seinem Girokonto eine Forderung gegen die Bank. Es handelt sich um eine Leistung an Erfüllungs Statt; die Kaufpreisforderung erlischt. Der Gläubiger hat durch die Angabe der Bankverbindung auf seinem Geschäftspapier sein Einverständnis gem. § 364 BGB erteilt.

(b) Der Käufer erbringt durch die Übergabe des Schecks nur eine Leistung erfüllungshalber. Die Kaufpreisforderung besteht fort. Der Gläubiger (Verkäufer) wird nun versuchen, sich aus diesem Scheck zu befriedigen. Falls ihm dies gelingt, erlischt die Kaufpreisforderung durch Erfüllung. Sofern der Scheck aber mangels Deckung nicht eingelöst wird, kann der Gläubiger die Kaufpreisforderung geltend machen.

(c) Nein, die Kaufpreisforderung wurde nicht erfüllt, denn die Abtretung ist nur eine Leistung erfüllungshalber. Der Gläubiger wird versuchen, die abgetretene Forderung einzuziehen. Falls ihm dies nicht gelingt, kann er wegen Fehlschlagens des Erfüllungsversuchs die fortbestehende Kaufpreisforderung gegen den Schuldner betreiben.

Lösung zu 4:

(a) Die Abtretung der Kaufpreisforderung wäre eine Leistung erfüllungshalber. Da die Forderung entstanden und damit ausreichend bestimmt ist, bewirkt die Abtretungserklärung den Übergang der Kaufpreisforderung auf den Lieferanten Hempels als neuen Gläubiger, § 398 BGB. Hempel kann daher seiner Zahlungspflicht nachkommen, indem er seinem Lieferanten die Kaufpreisforderung gegen den Abnehmer bis zum Betrag von 3.000 € abtritt. Ist die Kaufpreisforderung noch nicht fällig, handelt es sich um eine Vorausabtretung. Dem Erfordernis der Bestimmtheit der Forderung wird genügt, da der Rechtsgrund mit dem Kaufvertrag bereits besteht. Die Fälligkeit der Forderung ist für eine wirksame Abtretung nicht vorauszusetzen.

(b) Es liegt keine wirksame Abtretung vor, weil die von H behauptete Forderung noch nicht besteht. Eine wesentliche Voraussetzung für eine wirksame Abtretung ist die Bestimmtheit oder Bestimmbarkeit der Forderung. Im Einzelfall wäre daher auch eine Vorausabtretung wirksam, wenn das Rechtsverhältnis, auf dem die Forderung beruht, bereits begründet wurde, z. B. in den Fällen der Gehaltsabtretung. Sofern ein Arbeitsvertrag besteht, die Gehaltsforderung jedoch noch nicht fällig geworden ist, wäre eine Abtretung wirksam. Vorliegend ist noch nicht einmal der Vertrag zustande gekommen, der den Rechtsgrund für eine Forderung bildet.

Lösung zu 5:

(a) Der Verkäufer hat als Gläubiger der Kaufpreisforderung einen Anspruch in Höhe von 2.000 € gegen die oHG, vgl. §§ 433 Abs. 2 BGB, 124 HGB. Sollte die oHG zahlungsunfähig sein, könnte er die Zahlung des Kaufpreises auch von den Gesellschaftern der oHG verlangen. A und B haften für die Kaufpreisforderung als Gesamtschuldner, und zwar jeder in Höhe von 2.000 €, vgl. § 128 HGB. Der Verkäufer kann sich wahlweise an A oder an B wenden und den vollen Kaufpreis fordern. Sofern A die geforderten 2.000 € zahlt, entsteht ein Ausgleichsanspruch gegen B in Höhe von 1.000 € gem. § 426 Abs. 1 BGB.

(b) Die gesellschaftsvertragliche Regelung betrifft ausschließlich das Innenverhältnis zwischen A und B. Der Verkäufer kann daher wie im vorangegangenen Fall die Zahlung des Kaufpreises über 2.000 € von der oHG verlangen. Sollte er sich wegen Zahlungsunfähigkeit der Gesellschaft an A wenden, wäre A als Gesamtschuldner verpflichtet, den vollen Kaufpreis von 2.000 € zu zahlen. Im Innenverhältnis entsteht ein Ausgleichsanspruch des A gegen B in Höhe von 1.500 €, da eine anderweitige Regelung als der gesetzlich vorgegebene Ausgleich zu gleichen Teilen besteht, § 426 Abs. 1 BGB.

Lösung zu 6:

(a) Die Leistungspflicht ist nicht ausgeschlossen, weil Gegenstand des Kaufvertrages eine Gattungsschuld ist, vgl. § 275 BGB. Denn die Gattung „Heizöl" ist noch vorhanden und kann von dem Händler aus anderen Ländern durchaus beschafft werden. Sofern der Heizölhändler den Liefertermin überschreitet, richten sich die Rechtsfolgen nach den Regeln des Verzugs. Im Fall eines Schadens kann der Gläubiger einen

Schadensersatzanspruch wegen Pflichtverletzung durch die Lieferverzögerung geltend machen, §§ 280, 286 BGB.

(b) Es gibt verschiedene Möglichkeiten der Vertragsgestaltung, um das Risiko der fehlenden Selbstbelieferung im Fall eines Gattungskaufs für den Verkäufer zu minimieren. (aa) Im Kaufvertrag kann ein Selbstbelieferungsvorbehalt vereinbart werden. Der Verkäufer wird von seiner Lieferpflicht frei, wenn er von seinem Vorlieferanten nicht beliefert wird. (bb) Im Kaufvertrag kann auch eine beschränkte Gattungsschuld vereinbart werden. Die Lieferpflicht des Verkäufers bezieht sich dann auf Heizöl aus einem bestimmten Heizöltanklager. Er wird von seiner Lieferpflicht frei, wenn die Tanks explodieren oder auf andere Weise untergehen. (cc) Im Kaufvertrag kann auch eine sog. „Höhere-Gewalt-Klausel" vereinbart werden. Darin beschreiben die Vertragsparteien die Situationen, die sie als höhere Gewalt ansehen (Feuer, Wasser, Sturm etc.) und die Rechtsfolgen, die sich bei Eintreten dieser Situation ergeben, z. B. Ausschluss der Leistungspflicht.

Lösung zu 7:

(a) Die Verpflichtung zur Lieferung der Maschine entfällt gem. § 275 BGB, wenn es sich um eine Spezialanfertigung handelt. In diesem Fall der Unmöglichkeit entfällt auch der Gegenanspruch auf Zahlung der vereinbarten Vergütung, weil keiner der Vertragspartner den Untergang des Leistungsgegenstandes zu vertreten hätte, § 326 BGB. Sofern es sich bei der Lieferpflicht aber um eine Gattungsschuld handelte, weil die Maschine aus einer seriellen Fertigung stammt, bleiben die Leistungspflichten bestehen.

(b) Der mietrechtliche Anspruch des Leasinggebers auf Zahlung der Leasingraten bleibt für die Laufzeit des Vertrages bestehen, vgl. § 535 BGB. In diesem Fall müsste der Leasingvertrag gekündigt werden, um die Zahlungspflicht zu beenden, § 314 BGB.

(c) Der Kunde kann gem. § 280 BGB Schadensersatz wegen Pflichtverletzung verlangen und gem. § 323 BGB von dem Vertrag zurücktreten. Denn der Produktionsbetrieb als Schuldner in dem Kaufvertrag über die Lieferung der speziell für den Bedarf des Kunden produzierten Einwegflaschen hat seine Nichtleistung zu vertreten. Die Fristsetzung ist gem. § 323 Abs. 2 Nr. 3 BGB entbehrlich, nachdem der Schuldner die Produktion der Einwegflaschen eingestellt hat.

Lösung zu 8:

Wenn die Lieferung nicht erfolgt, gerät die Langer GmbH unter den Voraussetzungen des § 286 BGB – Fälligkeit, Mahnung, Verschulden – in Verzug. Der Anspruch auf Ersatz des Verzögerungsschadens gem. § 280 BGB tritt neben den Erfüllungsanspruch. Falls die Ingolf GmbH durch Rücktritt von ihrer Abnahmepflicht frei werden will, um einen Ersatzlieferanten einzuschalten, müsste sie zunächst eine angemessene Frist zur Leistung setzen, vgl. § 323 BGB. Dies kann auch telefonisch erfolgen, doch kann die zeitliche Verzögerung, mit der das Rücktrittsrecht entsteht, durch Vertragsgestaltung erfolgreich vermieden werden. Es könnte bereits im Vertrag eine Frist festgelegt oder eine Fixschuld gem. § 376 HGB vereinbart werden.

Lösung zu 9:

Lösung s. MiniLex Seite 253 ff.

Lösung zu 10:

Die Klausel ist unwirksam, denn es handelt sich um eine Überraschungsklausel im Sinne von § 305c Abs. 1 BGB. Die Klausel gehört zu den Allgemeinen Geschäftsbedingungen, die dem Kaufvertrag zu Grunde liegen, vgl. § 305 Abs. 1 BGB. Innerhalb der formularmäßigen Klauseln erwartet der durchschnittliche Verbraucher unter der Überschrift „Lieferumfang" eine Beschreibung der Kaufsache und ihrer Bestandteile sowie der zusätzlichen Leistungen des Verkäufers, zu denen z. B. der Transport, die Verpackung der Ware, das Aufstellen größerer Gegenstände etc. gehören kann. Keineswegs muss der Verbraucher damit rechnen, unter dieser Überschrift einen Wartungsvertrag abzuschließen. Dieser ist ein Dauerschuldverhältnis, das einen anderen Charakter hat als der vereinbarte Kaufvertrag.

Lösung zu 11:

(a) Da es sich nicht um eine Schickschuld, sondern vereinbarungsgemäß um eine Bringschuld handelt, geht die Gefahr erst bei Übergabe der Ware am Wohn- oder Geschäftssitz des Käufers auf diesen über, § 446 BGB. Im Fall mangelhafter Lieferung kann der Käufer daher Nacherfüllung verlangen, § 439 BGB.

(b) In diesem Fall haben die Vertragsparteien eine Schickschuld vereinbart. Der Gefahrübergang findet gem. § 447 BGB mit der Übergabe an die Transportperson statt. Daher ist der Käufer verpflichtet, den vollen Kaufpreis zu zahlen, obwohl er beschädigte Ware erhält. Ein Nacherfüllungsrechtrecht besteht nicht.

Lösung zu 12:

Im Kaufvertrag wurde eine Haltbarkeitsgarantie gem. § 443 BGB vereinbart. Die Rechte des Käufers aus der vertraglichen Garantieabrede treten neben die gesetzlichen Gewährleistungsansprüche. Der Anspruch auf Nacherfüllung gem. § 439 BGB ist gem. § 438 Abs. 1 Nr. 3 BGB in 2 Jahren nach der Ablieferung der Kaufsache verjährt. Dagegen bestehen die Garantieansprüche für die vereinbarte Dauer, sodass der Käufer seine Rechte aus der Haltbarkeitsgarantie auch nach 30 Monaten noch geltend machen kann, da die vertraglich übernommene Garantie erst nach 3 Jahren abläuft.

Lösung zu 13:

(a) Die Klauseln sind unwirksam. Nach § 309 Nr. 8 b) aa) BGB darf ein Händler seine Gewährleistung gegenüber Kunden nicht mit dem Hinweis auf die Herstellergarantie ausschließen. Aus der Sicht eines rechtsunkundigen Durchschnittsverbrauchers wird in der Klausel „*Gewährleistung gemäß Herstellergarantie*" die Gewährleistung des Verkäufers aus dem Kaufvertragsrecht zu Gunsten der Herstellergarantie ausgeschlossen. Die Klausel „*Ein Garantieanspruch wird nur nach Vorlage der Garantiekarte anerkannt*" kann nur in der Weise verstanden werden, dass ohne Vorlage der Garantiekarte keine Gewährleistungsansprüche bestehen. Auch diese Klausel ist unwirksam.

(b) Aus der Sicht eines rechtsunkundigen Durchschnittsverbrauchers wird nicht erkennbar, dass ihm bei Fehlschlagen der Nacherfüllung die gesetzlichen Gewährleistungsansprüche auf Minderung des Kaufpreises oder Rücktritt vom Vertrag zustehen, vgl. 309 Nr. 8 b) bb) BGB.

Daher wäre die Klausel mit dem Zusatz wirksam: „*Sofern die Nacherfüllung nicht möglich oder fehlgeschlagen ist, kann der Käufer Nachlieferung, Herabsetzung des Kaufpreises oder Rückgängigmachung des Vertrages verlangen*".

Lösung zu 14:

(a) Im finanzierten Kauf wird der Kaufvertrag zwischen Krüger und dem Händler abgeschlossen. Der Darlehensvertrag kommt zwischen dem Kunden Krüger und der Pkw-Kreditbank zustande, unabhängig davon, ob der Händler als Vermittlungs- oder Abschlussvertreter tätig wird. Die Auszahlung der Darlehensvaluta ist eine Realhandlung mit doppelter Erfüllungswirkung. Krüger hat den Kaufvertrag erfüllt, indem der Kaufpreis geleistet wurde. Gleichzeitig hat die Bank den Darlehensvertrag erfüllt. Eine Leistung der Bank an den Händler liegt dagegen nicht vor, weil kein Schuldverhältnis besteht, das eine Forderung des Händlers gegen die Bank begründen würde.

(b) Im finanzierten Kauf kann der Verbraucher die Rückzahlung des Kredits verweigern, soweit Einwendungen aus dem verbundenen Kaufvertrag ihn gegenüber dem Verkäufer zur Verweigerung seiner Leistung berechtigen würden. Dies gilt nicht, wenn der finanzierte Kaufpreis unter 200 € liegt oder die Einwendungen auf nachträglichen Vertragsänderungen beruhen, vgl. § 359 BGB. Krüger könnte daher seine Gewährleistungsansprüche aus dem Kaufvertrag gegenüber dem Händler geltend machen. Sofern er den Kaufpreis mindert oder vom Kaufvertrag zurücktritt, steht ihm gegenüber der Bank ein Leistungsverweigerungsrecht zu. Dies gilt erst nach Fehlschlagen der Nacherfüllung.

Lösung zu 15:

Der Kunde kann sich aus abgetretenem Recht an den Hersteller wenden, §§ 434 ff., 398 ff. BGB. Sofern es sich um ein verbundenes Geschäft handelt, kann er seine Zahlungen gegenüber dem Leasinggeber einstellen, §§ 506, 359 BGB. Andernfalls gilt die Trennungstheorie, wonach Kaufvertrag und Leasingvertrag als zwei unabhängig voneinander abgeschlossene Verträge angesehen werden. Sofern der Kunde den Leasingvertrag als Geschäftsperson abgeschlossen hat, finden die Verbraucherschutzbestimmungen für verbundene Verträge gem. §§ 358, 359 BGB keine Anwendung. Dann müsste der Kunde zunächst vom Kaufvertrag zurücktreten und könnte unter Umständen nach dem Grundsatz der Störung der Geschäftsgrundlage im Leasingvertrag die Leasingzahlungen einstellen.

Lösung zu 16:

Es wurde ein Kaufvertrag über die Lieferung von Baumaterial abgeschlossen, gleichzeitig ein Sachdarlehensvertrag im Sinne des § 607 BGB im Hinblick auf die Paletten. Denn es handelt sich bei Euro-Paletten um Normteile (= vertretbare Sachen), die in entsprechender Zahl zur Abholung bereitzustellen waren. Nachdem dies vertragsgemäß geschehen ist, befand sich der Verkäufer mit der Abholung der Paletten in Annahmeverzug, vgl. §§ 293 ff. BGB. Die Gefahr ist auf ihn übergegangen, sodass er die Unmöglichkeit der Rückerstattungspflicht des Darlehens zu vertreten hat. Der Käufer (Darlehensnehmer) ist nicht verpflichtet, andere Paletten bereitzustellen. Denn der Rückerstattungsanspruch ist gem. § 275 BGB ausgeschlossen. Der Verkäufer (Darlehensnehmer) hat einen Schadensersatzanspruch gem. § 280 BGB, sofern der Käufer nicht nachweisen kann, dass er die Paletten ordnungsgemäß gelagert und vor Zerstörung gesichert hat.

Lösung zu 17:

Falls K in Zahlungsschwierigkeiten gerät, kann V den Lkw gem. § 985 BGB herausverlangen, muss aber das Rücktrittsrecht wegen nicht erbrachter Leistung gem. § 323 BGB durch Verzug und Fristsetzung begründen. Wurde der Lkw bereits von einem anderen Gläubiger des K gepfändet, kann V sein Eigentum im Wege der Drittwiderspruchsklage gem. § 441 ZPO zurückerhalten. Im Insolvenzfall des K fällt der Lkw nicht in die Insolvenzmasse; V kann Aussonderung der in seinem Eigentum befindlichen Sache verlangen, §§ 47 ff. InsO.

Lösung zu 18:

Der verlängerte Eigentumsvorbehalt sichert den Zahlungsanspruch des Herstellers für den Fall des Eigentumsverlusts bei der Weiterveräußerung seiner Ware durch Franchisenehmer. Zwar ist das Eigentum als Folge der Weiterveräußerung gem. § 929 BGB auf den Erwerber übergegangen, doch erhält er infolge der Vorausabtretung einen Anspruch gegen die Kunden aus abgetretenem Recht bis zur Höhe seiner Kaufpreisforderungen gegen den Franchisenehmer. Im Insolvenzfall des Franchisenehmers kann der Hersteller die Abtretung anzeigen und von den Kunden Zahlung verlangen, §§ 433, 398 ff. BGB. Sofern diese ihre Kaufpreiszahlungen vor der Abtretungsanzeige an den Händler erbracht haben, ist die Erfüllungswirkung bereits eingetreten, § 407 BGB. Der Hersteller müsste seine Forderungen bei dem Insolvenzverwalter anmelden.

Lösung zu 19:

(a) Ja, die Bank kann den Bürgen in Anspruch nehmen. Denn mit der Abtretung einer Forderung gehen auch die akzessorischen Sicherungsrechte auf den neuen Gläubiger über, vgl. § 401 BGB. Die Bürgschaft ist ein streng akzessorisches Sicherungsrecht gem. §§ 765 ff. BGB und sichert die Forderung auch nach der Abtretung an einen neuen Gläubiger.

(b) Die Gewährleistungsrechte im Kaufvertrag (Hauptschuldverhältnis) stehen nur dem Käufer (Hauptschuldner) zu, vgl. § 437 BGB. Daran ändert auch die Bürgschaft nichts. Allerdings kann der Bürge, selbst wenn der Käufer die Gewährleistungsrechte nicht ausübt, die Einrede des nicht erfüllten Vertrages gem. § 320 BGB dem Gläubiger (Verkäufer) entgegenhalten und die Zahlung aus der Bürgschaft verweigern. Denn ihm stehen nicht nur eigene Einreden aus dem Bürgschaftsvertrag zu, sondern auch die Einwendungen und Einreden aus dem Kaufvertrag, vgl. § 770 BGB.

(c) Die Einwendung der Formnichtigkeit ist unbeachtlich, weil ein Kaufmann sich auch mündlich wirksam verbürgen kann. Auch die Einrede der Vorausklage ist für Kaufleute ausgeschlossen, §§ 349, 350 HGB. Im Ergebnis muss B den Betrag über 60.000 € an den Lieferanten L zahlen und kann K in Regress nehmen.

Lösung zu 20:

Es handelt sich um einen Lizenzvertrag, weil nicht die Sache (CD etc.), sondern die erstrebte Nutzung des Computerprogramms im Vordergrund steht. Im Hinblick auf das erworbene Programm wird regelmäßig nur eine einfache Gebrauchslizenz vereinbart, so dass jede zusätzliche Vervielfältigung eine unzulässige Kopie darstellt. Die Schutzrechtsverletzung wird mit zivil- und strafrechtlichen Folgen belegt. Der Erwerber einer Raubkopie erhält kein Nutzungsrecht, sodass der Gegenstand des Lizenzvertrags mit einem Rechtsmangel behaftet ist. Die Gewährleistung erfolgt analog §§ 435, 437 BGB.

Lösung zu 21:

(a) Wenn keine besonderen Vereinbarungen getroffen werden, erhält der Lizenznehmer ein einfaches Nutzungsrecht an dem Computerprogramm. Nach dem Zweckbindungsgrundsatz ist jede Zweckänderung untersagt, auch die Vervielfältigung des Programms bedarf der Einwilligung des Rechteinhabers. Der Betreiber des Schulungszentrums müsste sich im Lizenzvertrag die Mehrfachnutzung gestatten lassen, um das Computerprogramm kopieren und an mehreren Rechnern einsetzen zu dürfen. Falls er die Software in einem lokalen Netz einsetzen wollte, müsste er sich eine Netzwerklizenz beschaffen.

(b) Der Lizenzvertrag ist von dem Bestand des Schutzrechts abhängig, dessen Nutzung dem Lizenznehmer eingeräumt wird. Wenn der Computerhändler eine Raubkopie des Computerprogramms hergestellt hat, kann er das Recht zur Nutzung nicht lizenzieren. Es liegt ein Rechtsmangel vor; die Ansprüche des Lizenznehmers ergeben sich in Analogie zur Rechtsmängelgewährleistung im Kaufvertragsrecht. Der Lizenznehmer hat einen Anspruch auf Einräumung der vereinbarten Rechtsposition, d. h. er kann eine autorisierte Netzwerklizenz des auf dem Markt befindlichen Programms verlangen. Wenn dies nicht möglich ist, kann er aus wichtigem Grund den Lizenzvertrag kündigen.

Lösung zu 22:

Lösung s. MiniLex Seite 253 ff.

Lösung zu 23:

Das Merkmal der nach Art und Umfang erforderlichen kaufmännischen Einrichtung schließt sowohl qualitative als auch quantitative Kriterien ein. Der Umsatz ist zwar ein Indiz für einen Gewerbebetrieb, aber kein starres Abgrenzungsmerkmal. Es ist das gesamte Erscheinungsbild des Gewerbebetriebes zu betrachten.

(a) Ein Kosmetiksalon mit geringem Umsatz bedarf keiner kaufmännischen Einrichtung. Es handelt sich nicht um einen Istkaufmann.

(b) Der Kantinenbetrieb mit höherem Umsatz wird ebenfalls nicht als Istkaufmann angesehen, weil nur wenige Geschäftsbeziehungen bestehen.

(c) Das Gleiche gilt für das Internet-Café mit bar zahlender Kundschaft.

Lösung zu 24:

(a) Jeder Vertrag, den Karlo König unter seiner Firma abschließt, gilt als Handelsgeschäft mit der Folge, dass die Vorschriften des HGB über Handelsgeschäfte anzuwenden sind. Karlo König kann z. B. im Fall der versäumten Rüge einer Falschlieferung nicht einwenden, die kaufmännische Untersuchungs- und Rügepflicht gelte für ihn nicht, weil er kein Handelsgewerbe betreibe. Er ist verpflichtet, den Kaufpreis zu zahlen, weil er die Falschlieferung als vertragsgemäß genehmigt hat, vgl. § 433 Abs. 2 BGB, § 377 Abs. 2 HGB.

(b) Ja. Karlo König hat zwar seine Firma im Handelsregister löschen lassen, verwendet jedoch das alte Geschäftspapier für seine Bestellung. Da er unter seiner alten Firma ein Kaufvertragsangebot abgibt, erweckt er den zurechenbaren Rechtsschein für das Bestehen der Kaufmannseigenschaft. Der Rechtsschein wird in diesem Fall nicht durch das Handelsregister erzeugt, sondern durch die Verwendung des Geschäftsbriefes mit Firma, § 242 BGB i. V. mit § 5 HGB analog. Die unmittelbare Anwendung des § 5 HGB scheidet aus, weil diese Vorschrift darauf abstellt, dass der Rechtsschein der Kaufmannseigenschaft durch die Eintragung im Handelsregister hervorgerufen wird.

Lösung zu 25:

(a) Dem Grundsatz der Firmenbeständigkeit entsprechend ist Carlo Carstensen nicht verpflichtet, die Firma zu ändern. Zwar gibt die Firma bei Gründung einer oHG nicht mehr die wahren Haftungsverhältnisse wider, doch liegt keine Täuschungsgefahr des Handelsverkehrs vor, weil die Haftungsverhältnisse die Gläubiger begünstigen. Neben Carlo Carstensen haftet nach der Gründung der oHG eine weitere natürliche Person für die Verbindlichkeiten aus dem Handelsbetrieb. Alle Gesellschafter einer oHG haften persönlich und unbeschränkt für Geschäftsverbindlichkeiten, vgl. §§ 105, 124 HGB.

(b) In diesem Fall tritt der Grundsatz der Firmenfortführung hinter dem Grundsatz der Firmenwahrheit zurück. Denn nach der Umwandlung eines einzelkaufmännischen Unternehmens in eine GmbH & Co. KG haftet keine natürliche Person für Geschäftsverbindlichkeiten. Diese Änderung der Haftung muss nach außen für den

Handelsverkehr erkennbar werden, um eine Täuschungsgefahr auszuschließen. Der Zusatz „GmbH & Co. KG“ ist zwingend als Kennzeichnung der Haftungsbeschränkung in die Firma aufzunehmen, vgl. § 19 Abs. 2 HGB. Carlo Carstensen ist deshalb verpflichtet, den Haftungszusatz als firmenrechtliche Änderung zur Eintragung in das Handelsregister anzumelden.

(c) Nach dem Grundsatz der Firmenfortführung könnte die bisherige Firma fortgeführt werden, sofern Darius Dante mit der firmenrechtlichen Verwendung seines Namens einverstanden wäre, vgl. § 24 Abs. 2 HGB. In diesem Fall tritt der Grundsatz der Firmenwahrheit zurück, weil keine Täuschungsgefahr des Handelsverkehrs besteht, vgl. § 18 Abs. 2 HGB. Denn auch nach dem Ausscheiden Dantes wird das Unternehmen in der Rechtsform der oHG fortgeführt.

Lösung zu 26:

(a) Der Anspruch war mit dem Namensrecht gem. § 12 BGB begründet worden, da der Internet Domain auch Namensfunktion zukommt. Nach dieser Vorschrift kann der Namensberechtigte von dem, der seine Interessen an der ungestörten Namensführung verletzt, Beseitigung der Beeinträchtigung und Unterlassung der Namensführung verlangen. Nach dem Recht der Gleichnamigkeit kommt es nicht auf die Priorität der Registrierung an; vielmehr muss ein Interessenausgleich gefunden werden, der beiden Namensträgern ein kennzeichnungskräftiges Auftreten im Internet ermöglicht. Das Firmenschlagwort „Krupp“ genießt eine überragende Verkehrsgeltung und steht für eine ganze Epoche deutscher Industriegeschichte. Daher war die Domain freizugeben.

(b) Dem Anspruch auf Freigabe der Internet Domain wurde gem. §§ 4, 14 MarkenG stattgegeben. Die Entscheidung ist juristisch umstritten, weil die spekulative Domain-Registrierung noch keine markenrechtliche Nutzung darstellt. Der Freigabeanspruch kann auch mit einem Verstoß gegen Grundsätze des lauteren Wettbewerbs begründet werden. Denn die Registrierung von Domain Namen mit dem Ziel der Behinderung des Wettbewerbs und Freigabe gegen Zahlung angebotener Geldsummen begründet den Tatbestand unlauteren Handelns im geschäftlichen Verkehr und damit einen Unterlassungsanspruch gem. §§ 8, 3, 4 Nr. 10 UWG.

Lösung zu 27:

(a) Die Kaufpreisforderung wurde durch einen Kaufvertrag zwischen Bosse (Verkäufer) und Asmussen (Käufer) begründet, § 433 Abs. 2 BGB. Zahlt Asmussen den Kaufpreis an den Erwerber Erichsen, dann leistet er ohne Rücksicht auf die Kenntnis von der Haftungsvereinbarung im Unternehmensveräußerungsvertrag mit befreiender Wirkung, vgl. § 25 Abs. 1 Satz 2 HGB.

(b) Zahlt der Schuldner an den Veräußerer ohne Kenntnis von der Unternehmensveräußerung und ohne dass die Eintragung der Haftungsvereinbarung in das Handelsregister erfolgt ist, dann leistet er ebenfalls mit befreiender Wirkung, vgl. § 407 BGB.

(c) Zahlt Asmussen an den Erwerber Erichsen, obwohl ihm die Haftungsvereinbarung bekannt ist, kann die befreiende Wirkung der Leistung nicht eintreten, vgl. § 362 BGB. Der Schuldner bleibt zur Zahlung an den Veräußerer Bosse verpflichtet. Infolge der Leistung ohne Rechtsgrund hat Asmussen einen Rückzahlungsanspruch gegen Erichsen gem. § 812 BGB.

(d) Zahlt der Schuldner an den Veräußerer ohne Kenntnis von der Unternehmensveräußerung, obwohl die Eintragung und Bekanntmachung zum Handelsregister erfolgt ist, kann die befreiende Wirkung seiner Leistung nicht eintreten. Asmussen bleibt weiterhin zur Zahlung an den Gläubiger verpflichtet. Er kann jedoch die Leistung ohne Rechtsgrund von Bosse zurückverlangen, § 812 BGB.

Lösung zu 28:

(a) Durch die Aufnahme Petersens in die Baustoffhandlung Kuhns ist eine oHG entstanden, vgl. §§ 105, 124 HGB. Als Rechtsfolge des § 28 HGB haftet zunächst die oHG für die bestehenden Verbindlichkeiten unabhängig von einer Änderung der Firma. Deshalb kann Laumann seine Kaufpreisforderung nicht nur gegen Kuhn, sondern auch gegen die oHG geltend machen. In einer oHG haften alle Gesellschafter persönlich, unbeschränkt und gesamtschuldnerisch für die Verbindlichkeiten der Gesellschaft, vgl. §§ 105, 128 HGB, sodass auch der eintretende Gesellschafter Petersen persönlich für die Altverbindlichkeiten haftet. Er ist daher gem. §§ 433 Abs. 2 BGB, 28 HGB zur Zahlung verpflichtet.

(b) Infolge der Gründung einer oHG ist die Kaufpreisforderung gem. § 28 HGB auf die Gesellschaft übergegangen. Deshalb ist die oHG Gläubigerin der Forderung gegen Altmann; sie hat gem. § 124 HGB Teilrechtsfähigkeit und könnte ihre Forderung erfolgreich gegen Altmann einklagen.

Lösung zu 29:

Heinze wäre zur Rückzahlung des Darlehens gem. § 488 Abs. 1 Satz 2 BGB verpflichtet, wenn er Partei des Darlehensvertrages geworden ist. Dann müsste er bei Vertragsabschluss von Plume wirksam vertreten worden sein. Die Prokura erlischt durch Widerruf, sodass Plume keine Vertretungsmacht hatte. Allerdings ist der Widerruf der Prokura eine eintragungspflichtige Tatsache gem. § 53 Abs. 3 HGB, die nicht ins Handelsregister eingetragen wurde. Gemäß § 15 Abs. 1 HGB kann Heinze der Bank den Widerruf der Prokura nicht entgegenhalten und ist daher aus dem Darlehensvertrag zur Rückzahlung verpflichtet. Der Bank steht allerdings ein Wahlrecht zu; sie kann wegen der fehlenden Registereintragung und -bekanntmachung Heinze in Anspruch nehmen oder sich auf die materielle Rechtslage berufen und Ihren Anspruch gegen Plume richten, der als Vertreter ohne Vertretungsmacht gem. §§ 177, 179 BGB verpflichtet ist.

Lösung zu 30:

Krause hätte einen Anspruch gegen die Oldissen oHG auf Abnahme und Zahlung der 500 Handys, wenn ein wirksamer Kaufvertrag mit der oHG zustande gekommen wäre, § 433 Abs. 2 BGB. Bei Vertragsabschluss ist Ganter für die oHG aufgetreten; er hatte jedoch keine Vertretungsmacht, weil er als Gesellschafter bereits ausgeschieden ist, vgl.

§§ 164 ff. BGB, 125 HGB. Dennoch gilt die Vertretungsmacht nach dem Rechtsschein des Handelsregisters als fortbestehend, weil das Ausscheiden eines Gesellschafters aus der oHG eine eintragungspflichtige Tatsache ist, §§ 143 Abs. 2, 15 Abs. 2 HGB. Heinze müsste das Ausscheiden Ganters aus der Oldissen oHG gegen sich gelten lassen, wenn 15 Tage seit der Bekanntmachung abgelaufen sind. Da nur 5 Tage verstrichen sind, kann er den Einwand unverschuldeter Unkenntnis von der Eintragung geltend machen. Sollte dieser Einwand erfolgreich sein, wäre sein Kaufpreiszahlungsanspruch gegen die Oldissen oHG begründet.

Lösung zu 31:

Eine Zahlungspflicht ergäbe sich gem. § 631 BGB, sofern zwischen der Werbeagentur und der Sasse GmbH ein Werkvertrag zustande gekommen ist. Dann müsste Paulsen die GmbH bei Vertragsabschluss wirksam vertreten haben. Zwar ist ihm von Sasse nur Gesamtprokura erteilt worden, sodass er die GmbH nur gemeinsam mit Petersen wirksam hätte vertreten dürfen. Doch geht die Rechtsscheinwirkung des Handelsregisters auch von unrichtig eingetragenen und bekannt gemachten Tatsachen aus, vgl. § 15 Abs. 3 HGB. Bei der Prokura handelt es sich um eine eintragungspflichtige Tatsache gem. § 53 Abs. 1 HGB. Somit kann sich die Werbeagentur auf die unrichtige Tatsache der Einzelprokura Paulsens im Handelsverkehr berufen und von der Sasse GmbH Zahlung des Werklohns verlangen.

Lösung zu 32:

Harm Harmsen ist durch Erteilung der Prokura berechtigt, im Namen der König KG ein Darlehen aufzunehmen, §§ 48, 49 HGB, 164 ff. BGB. Paul Paulsen ist keine Prokura erteilt worden und er ist daher nicht Prokurist. Doch gilt im Außenverhältnis die positive Publizität des Handelsregisters gem. § 15 Abs. 2 HGB. Paulsen kann daher ebenfalls für die König KG einen Darlehensvertrag abschließen. In beiden Fällen ist die König KG zur Rückzahlung der Kredite verpflichtet. Allerdings kann die König KG gem. § 280 BGB wegen Pflichtverletzung von Paulsen Schadensersatz verlangen.

Lösung zu 33:

Der Zahlungsanspruch ergibt sich aus § 433 Abs. 2 BGB, wenn ein wirksamer Kaufvertrag zwischen dem Lkw-Verkäufer und Blume besteht. Bei Kaufvertragsabschluss ist Hauke für Blume aufgetreten; der Umfang seiner Vertretungsmacht ergibt sich aus § 54 HGB. Der Erwerb eines Lkw ist ein branchenunübliches Rechtsgeschäft in einer Baustoffgroßhandlung, selbst wenn dieser für den Betrieb der Baustoffhandlung dringend benötigt wird. Denn es handelt sich um ein Investitionsgut und nicht um Tagesgeschäfte, wie den Kauf oder die Veräußerung von Baumaterialien. Der Kaufvertrag ist schwebend unwirksam, §§ 177, 179 BGB. Da Blume nicht genehmigt, ist Hauke zum Schadensersatz verpflichtet.

Lösung zu 34:

(a) Gibt ein Kaufmann eine mündliche Bürgschaftserklärung ab, ist diese gem. § 350 BGB wirksam. Das Schriftformerfordernis der Bürgschaft gem. § 766 Abs. 1 BGB schützt nur den nichtkaufmännischen Bürgen. Ferner steht dem kaufmännischen Bürgen die Einrede der Vorausklage gem. § 771 BGB nicht zu, denn als Kaufmann hat sich Schmitt selbstschuldnerisch verbürgt, vgl. § 349 BGB. Uhlig wird mit Erfolg den Kaufmann Schmitt aus der Bürgschaft in Anspruch nehmen.

(b) Bei der Übernahme von Geschäftsbesorgungen und Dienstleistungen durch Kaufleute gilt eine Vergütung als stillschweigend vereinbart, und es entsteht ein gesetzlicher Provisionsanspruch, z. B. für die Kapitalbeschaffung, Vermittlung von Flugpassagen und als Folge einer Aufbewahrungsvereinbarung oder der Inzahlungnahme eines Gebrauchtwagens beim Erwerb eines Neufahrzeugs. Auch ohne besondere Vereinbarung ist Schmitt deshalb verpflichtet, die Lagerprovision zu zahlen, vgl. § 354 HGB.

(c) Kaufleute sind berechtigt, Fälligkeitszinsen für ihre Forderungen aus beiderseitigen Handelsgeschäften zu fordern. Fälligkeitszinsen sind nicht mit Verzugszinsen zu verwechseln, da allein die Fälligkeit eines Zahlungsanspruchs vorausgesetzt wird. Der gesetzliche Zinssatz beträgt 5 %, vgl. §§ 352, 353 HGB. Entstehen höhere Zinsverluste, können diese Kosten nach den Verzugsregeln des Bürgerlichen Rechts als Schaden geltend gemacht werden, vgl. §§ 280, 286 BGB.

(d) Der Kaufmann hat wegen Geldforderungen aus Handelsgeschäften ein Zurückbehaltungs- und Verwertungsrecht an beweglichen Sachen und Wertpapieren des Schuldners, vgl. § 369 HGB. Uhlig ist kraft des Zurückbehaltungsrechts befugt, sich aus dem zurückbehaltenen Gegenstand für seine Forderung zu befriedigen, vgl. § 371 HGB. Anders als im bürgerlichen Recht, setzt das kaufmännische Zurückbehaltungsrecht keine Konnexität voraus, vgl. § 273 BGB. Es ist deshalb unbeachtlich, dass Uhlig das Fahrzeug, an dem er das Zurückbehaltungsrecht geltend macht, aus einem anderen Rechtsverhältnis (Leasingvertrag) erlangt hat als die Forderung (Werkvertrag).

Lösung zu 35:

(a) Es handelt sich bei der Bestellung um die Willenserklärung einer Vertragspartei. Im Verlauf eines Telefongesprächs wird aber in aller Regel eine Einigung erzielt, denn es reicht bereits das Signal des Einverständnisses oder der Lieferbereitschaft für eine mündliches oder konkludente Annahmeerklärung des Verkäufers aus. Damit ist der Kaufvertrag wirksam zustande gekommen. Abweichungen der Lieferung von der Bestellung müssen im Wege der Mängelgewährleistung geltend gemacht werden, §§ 434 ff. BGB. Unter Kaufleuten ist eine unverzügliche Mängelrüge erforderlich, vgl. § 377 Abs. 2 HGB.

(b) Sofern es sich bei der Bestellung und der Auftragsbestätigung um Willenserklärungen handelt, ist eine Abweichung in der Auftragsbestätigung als Ablehnung, verbunden mit einem neuen Angebot anzusehen, § 150 BGB. Lag aber bereits im Zusammenhang mit der telefonischen Bestellung eine mündliche Einigung vor, hat die „Auftragsbestätigung" die rechtliche Bedeutung eines kaufmännischen Bestätigungsschreibens. Denn es wird unmittelbar nach Vertragsabschluss abgesandt und enthält eine Zusammenfassung des Inhalts eines zuvor mündlich abgeschlossenen Vertrags; es bezieht sich daher auf die Einigung. Abweichungen der Auftragsbestätigung von der Bestellung sind unverzüglich zu rügen; andernfalls gilt der Inhalt der Auftragsbestätigung als Vertragsinhalt.

Lösung zu 36:

(a) Fehler bei der Verrechnung können vor der Saldoanerkennung uneingeschränkt geltend gemacht werden. Es handelt sich bei der Saldomitteilung um einen Antrag und bei der Saldoanerkennung um eine Annahmeerklärung. Durch Antrag und Annahme ist ein konstitutives Schuldanerkenntnis der Saldoforderung erfolgt, vgl. §§ 350 HGB, 782 BGB. Karl Krause müsste daher unverzüglich widersprechen und um eine neue Saldomitteilung für den Monat Juli ersuchen.

(b) Nach der Saldoanerkennung gibt es bei Buchungs- und Rechenfehlern nur noch die Möglichkeiten der Anfechtung des Vertrags. Ein Irrtum über die Vollständigkeit und Richtigkeit des Saldos berechtigt allerdings nicht zur Anfechtung, sondern lediglich ein Irrtum über Umstände, die zu Buchungs- und Rechenfehlern geführt haben.

Lösung zu 37:

(a) Die Reparaturwerkstatt Schnell GmbH macht ein Leistungsverweigerungsrecht gem. § 369 HGB wegen einer Geldforderung aus einem beiderseitigen Handelsgeschäft geltend. Ihre Kaufmannseigenschaft der Schnell GmbH ist gem. § 6 HGB (Formkaufmann) begründet. Bei der Forderung handelt es sich um einen Anspruch aus einem vorhergehenden Reparaturvertrag gem. § 631 BGB. Die Besitzerlangung an dem Firmenfahrzeug erfolgte durch einen neuen Werkvertrag, jedoch ist Konnexität nicht erforderlich, sodass das kaufmännische Zurückbehaltungsrecht an dem Fahrzeug besteht.

(b) Die Werkstatt Schnell GmbH hat zwar ein kaufmännisches Zurückbehaltungsrecht wegen des Zahlungsanspruchs gegen K, nicht jedoch gegenüber dem Vertragshändler. Sofern K seine fälligen Kaufpreisraten aus dem Kaufvertrag über das Fahrzeug nicht zahlt und der Vertragshändler von seinem Eigentumsvorbehalt Gebrauch macht, ist die Schnell GmbH zur Herausgabe des Fahrzeugs an den Vertragshändler (Eigentümer des Lkw) verpflichtet, § 985 BGB.

Lösung zu 38:

Die kaufmännische Untersuchungspflicht umfasst die Untersuchung der Ware, soweit dies nach ordnungsgemäßem Geschäftsgang tunlich ist und stellt deshalb auch auf die Leistungsfähigkeit des Käufers und den Umfang der bestellten Ware ab. Stichproben durch Öffnen einer oder mehrerer Dosen aus verschiedenen Kartons gehören in der Regel zum Umfang der Untersuchungspflicht, wären jedoch bei der geringen Bestellung von einem Karton entbehrlich. Da sich die Rügefrist nach dem Zeitraum der Untersuchung richtet, wäre die Rüge bei einer Lieferung von 500 Kartons nur unverzüglich, wenn sie innerhalb weniger Tage erfolgt, bei einer Lieferung von einem Karton durchaus noch zu späterer Zeit, wenn die Qualitätsabweichung sich erst bei einer Kundenbeschwerde zeigt.

Lösung zu 39:

(a) Der Käufer genügt seiner Pflicht zur unverzüglichen Mängelrüge, weil der Mangel trotz ordnungsgemäßer Untersuchung nicht erkannt wurde. In diesem Fall war es ausreichend, dass er dem Verkäufer die Qualitätsabweichung mitteilt, nachdem er selbst durch seine Kunden davon erfahren hat. Er hat die Ware nicht gem. § 377 Abs. 2 HGB genehmigt und behält daher seine Gewährleistungsrechte, §§ 439, 437 ff. BGB.

(b) Die Verpflichtung zur unverzüglichen Rüge entsteht bei versteckten Mängeln erst im Zeitpunkt der Entdeckung des Mangels. Die Rügefrist richtet sich stets nach dem Zeitraum, der für eine ordnungsgemäße Untersuchung erforderlich ist und erstreckt sich auch nur auf die Mängel, die bei ordnungsgemäßer Prüfung erkennbar wären. Auf die tatsächlich erfolgte Untersuchung kommt es nicht an.

Lösung zu 40:

Lösung s. MiniLex Seite 253 ff.

Lösung zu 41:

Meier und Müller haben sich zu einer Gesellschaft bürgerlichen Rechts zusammengeschlossen, indem sie sich vertraglich zur Förderung eines gemeinsamen Zwecks verpflichtet haben, vgl. § 705 BGB.

(a) Die GbR ist nicht rechtsfähig und kann daher nicht Eigentümerin des Pkw werden. Sie bildet ein Gesamthandseigentum, über das die Gesellschafter nur gemeinsam verfügen können. Der Pkw ist somit Bestandteil des Gesamthandseigentums der Gesellschafter Meier und Müller.

(b) Der Verkäufer könnte sich über die Forderung aus dem Kaufvertrag einen Titel beschaffen und den Pkw pfänden. Da die GbR nicht rechtsfähig ist, muss er die Gesellschafter Müller und Meier gemeinsam im Klagewege in Anspruch nehmen.

(c) Der Darlehensgeber kann das Gesamthandsvermögen der GbR nicht pfänden, weil er Privatgläubiger eines Gesellschafters ist. Er müsste die Gesellschaft kündigen und könnte wegen seiner Forderung in den Anteil Meiers am Gesamthandsvermögen vollstrecken, vgl. § 725 BGB.

Lösung zu 42:

(a) Die Partnerschaftsgesellschaft wird im Unterschied zur GbR durch Eintragung in das Partnerschaftsregister rechtsfähig, vgl. §§ 7 Abs. 2 PartGG, 124 HGB. Daher kann sie Partei des Werkvertrags werden.

(b) Das Innenverhältnis der Gesellschafter zueinander bestimmt sich nach dem Partnerschaftsvertrag. Soweit darin keine Regelungen über die Geschäftsführung getroffen wurden, gilt das Prinzip der Einzelgeschäftsführung wie in der oHG, vgl. §§ 6 Abs. 3 PartGG, 114 bis 116 Abs. 2 HGB. Da es sich bei der Einstellung einer Büromanagerin nicht um ein gewöhnliches Geschäft handelt, ist ein Beschluss aller Gesellschafter erforderlich.

(c) Die Gesellschafter können ihre Partnerschaft einvernehmlich auflösen und bleiben aufgrund der Bürogemeinschaft in der Rechtsform einer GbR verbunden.

Lösung zu 43:

(a) Durch die Aufnahme Kunzes als Partner in das Einzelhandelsgeschäft entsteht eine oHG, weil keine Haftungsbeschränkung vereinbart wird. Die Haftungsfolgen für den Eintritt eines Gesellschafters in das Geschäft eines Einzelkaufmanns regelt § 28 HGB. Danach haftet die oHG auch für Altverbindlichkeiten, die in dem Büroartikelgeschäft Sanders entstanden sind. Sander und Kunze haften als Gesellschafter der oHG gem. §§ 105, 128 HGB persönlich, unbeschränkt und gesamtschuldnerisch. Ganter könnte sich mit seinem Anspruch auf Kaufpreiszahlung wahlweise an die oHG wenden, §§ 433 Abs. 2 BGB, 28 HGB, aber auch an Sander oder an Kunze als Gesellschafter der oHG.

(b) Obwohl die oHG noch nicht in das Handelsregister eingetragen ist, bewirkt die Aufnahme des Handelsgeschäft bereits ihre Entstehung im Außenverhältnis. Die oHG kann aufgrund ihrer Teilrechtsfähigkeit Partei des Mietvertrages, werden, vgl. §§ 535 BGG, 123 Abs. 2, 124 HGB. Dies gilt jedoch nur, wenn die Aufnahme des Handelsgeschäfts durch das erste gemeinsame Rechtsgeschäft einvernehmlich erfolgt. Sollte Kunze mit der Anmietung nicht einverstanden sein, handelte Sander ohne Vertretungsmacht, sodass die Rechtsfolgen der §§ 177, 179 BGB eingreifen. Sander wäre nach Wahl des Vermieters zur Erfüllung oder zum Schadensersatz verpflichtet, wenn Kunze den Mietvertrag nicht genehmigt.

(c) Da die Gesellschaft noch nicht in das Handelsregister eingetragen ist, richtet sich ihre Entstehung nach § 124 Abs. 2 HGB. Wäre der Kaufvertrag das erste Handelsgeschäft, könnte die oHG nicht entstehen und Kunze handelte ohne Vertretungsmacht, sodass sich die Rechtsfolgen nach §§ 177, 179 BGB richteten. Nachdem Sander und Kunze aber bereits einen Mietvertrag über Geschäftsräume abgeschlossen haben, ist die oHG schon entstanden. Die Gesellschafter der oHG haben Einzelvertretungsbefugnis, sodass der Kaufvertrag im Außenverhältnis wirksam zwischen der oHG und dem Verkäufer zu Stande kommt. Der Kaufpreiszahlungsanspruch richtet sich gegen die oHG, vgl. §§ 433 Abs. 2 BGB, 124, 125 HGB.

Lösung zu 44:

(a) Es liegt eine Gesamtgeschäftsführungsbefugnis vor, wonach A und B sich beraten müssen, ausgenommen bei Gefahr im Verzug. (aa) A hat seine Geschäftsführungsbefugnis überschritten und damit den Gesellschaftsvertrag verletzt. (bb) Das gleiche gilt, wenn B ohne Einverständnis mit A einen Vertrag abschließt, (cc) wenn A im Einvernehmen mit D und E Waren einkauft und (dd) D allein einen Vertrag abschließt. Die Gesellschafter haben ihre Befugnisse im Innenverhältnis überschritten. Die Rechtsfolgen ergeben sich wegen Verletzung der Leistungstreuepflichten aus dem Gesellschaftsvertrag aus §§ 280 ff. BGB.

(b) Mangels weiterer Ausgestaltung der Geschäftsführungsbefugnis greift das gesetzliche Prinzip der Einzelgeschäftsführung ein, mit der Folge, dass A und B einzeln handeln können, wobei der andere Gesellschafter ein Widerspruchsrecht hat. Eine Gesamtgeschäftsführungsbefugnis hätte einer ausdrücklichen Vereinbarung bedurft.

(c) Aus der Vereinbarung der Einzelgeschäftsführungsbefugnis ergibt sich die gesetzliche Folge, dass jeder Gesellschafter allein entscheidungsbefugt ist, alle anderen in die Geschäftsführung einbezogenen Gesellschafter jedoch ein Widerspruchsrecht haben. Die nicht geschäftsführungsbefugten Gesellschafter haben dagegen kein Widerspruchsrecht. (aa) Falls B der Erweiterung des Sortiments widerspricht, muss diese Maßnahme unterbleiben. (bb) Sollte E widersprechen, ist sein Widerspruch unbeachtlich, da er als nicht geschäftsführungsbefugter Gesellschafter kein Widerspruchsrecht hat.

Lösung zu 45:

(a) Im Gesellschaftsvertrag wurde eine echte Gesamtvertretung von A und B vereinbart. Die Gesellschaft ist daher nur wirksam vertreten, wenn A und B gemeinsam handeln. (aa) Schließt A allein einen Vertrag ab, gelten die §§ 177, 179 BGB mit der Folge, dass der Vertrag schwebend unwirksam ist und von B genehmigt werden könnte. (bb) Das gleiche gilt, wenn A im Einvernehmen mit C, D und E handelt, weil er den Vertrag als Vertreter ohne Vertretungsmacht abschließt.

(b) Im Gesellschaftsvertrag wurde eine unechte Gesamtvertretung vereinbart. Die Vertretungsregelung ist gem. § 106 Abs. 2 Nr. 4 HGB, die Erteilung der Prokura gem. § 53 Abs. 1 HGB zur Eintragung in das Handelsregister anzumelden. Vertretungsberechtigt sind danach entweder A und B gemeinsam oder A und P oder B und P. Sofern A und P im Namen der Gesellschaft ein Darlehen aufnehmen, haben sie diese bei Vertragsabschluss wirksam vertreten. Der Darlehensvertrag wäre wirksam und die oHG zur Rückzahlung des Darlehens verpflichtet.

(c) Die vereinbarte Vertretungsregelung stellt eine zulässige Form der unechten Gesamtvertretung dar, vgl. § 125 Abs. 3 HGB. Da B nicht allein vertretungsberechtigt ist, wäre ein von ihm namens der oHG abgeschlossener Vertrag schwebend unwirksam, vgl. §§ 177, 179 BGB. Der Prokurist ist aufgrund seiner Prokura vertretungsberechtigt und könnte daher auch allein handeln, vgl. §§ 49 ff HGB.

(d) (aa) Diese Vertretungsregelung wäre unzulässig, §§ 125 Abs. 3 HGB, 134 BGB. Denn die Vereinbarung, dass die Gesellschafter A und B nur gemeinsam mit dem Prokuristen P handeln dürfen, verstößt gegen den Grundsatz der Selbstorganschaft. Die oHG wäre nicht mehr von den Gesellschaftern vertreten, sondern könnte nur unter Mitwirkung des Prokuristen als Nichtgesellschafter handeln. (bb) A wäre allein vertretungsberechtigt. Denn die im Gesellschaftsvertrag getroffene Vertretungsregelung ist insoweit wirksam, als C, D und E von der Vertretung ausgeschossen sind. Die Unwirksamkeit der unechten Gesamtvertretung von A und B führt dazu, dass die gesetzliche Regelung eingreift und daher beide Gesellschafter Einzelvertretungsbefugnis haben, vgl. §§ 134, 139, 140 BGB.

Lösung zu 46:

(a) (aa) Nach dem gesetzlichen Prinzip der Einzelvertretung können A und B die ABC-KG jeweils allein vertreten, §§ 161 Abs. 2, 125 Abs. 1 HGB, während K von der Vertretung ausgeschlossen ist, § 170 HGB. Der von A allein abgeschlossene Vertrag wäre daher wirksam, sodass die KG zur Abnahme und Zahlung der Telefonanlage verpflichtet ist, §§ 433 Abs. 2 BGB, 161 Abs. 2, 124 HGB.

(bb) Als vertretungsberechtigter Gesellschafter wäre A auch zur Erteilung einer Untervollmacht berechtigt. Er könnte daher auch den Kommanditisten K bevollmächtigen, den Vertrag über den Erwerb der Telefonanlage abzuschließen.

(b) Ja, es handelt sich um eine zulässige Vertretungsregelung in der Form der Gesamtvertretung gem. §§ 161 Abs. 2, 125 Abs. 2 HGB.

Lösung zu 47:

Der Kommanditist ist von der Haftung für Gesellschaftsverbindlichkeiten nur insoweit ausgeschlossen, als er die Einlage bereits geleistet hat, vgl. § 171 Abs. 1 HGB. Seine Hafteinlage beträgt ausweislich der Eintragung in das Handelsregister 50.000 €.

(a) Vor der Bareinzahlung und vor der Geschäftsraumnutzung haftet der Kommanditist in Höhe von 50.000 €.

(b) Nach der Bareinzahlung und vor der Geschäftsraumnutzung haftet der Kommanditist bis zur Höhe von 25.000 €.

(c) Nach der Bareinzahlung und nach Ablauf eines Jahres ist die Haftung des Kommanditisten ausgeschlossen.

(d) Nach der Bareinzahlung und nach Ablauf eines halben Jahres würde der Kommanditist rechnerisch noch in Höhe von 12.500 € haften, doch kommt es in diesem Fall auf eine Bewertung der Miethöhe an.

Lösung zu 48:

(a) Da die GmbH zwar errichtet, aber noch nicht entstanden ist, besteht der Zahlungsanspruch gegen die Vor-GmbH. Nach der Eintragung der GmbH in das Handelsregister übernimmt diese die Verbindlichkeiten der Vor-GmbH, sodass der Verkäufer seinen Zahlungsanspruch auch gegen die GmbH durchsetzen könnte. Falls die GmbH zahlungsunfähig wäre, könnte sich der Verkäufer auch an den Geschäftsführer wenden. Dieser muss nach den Grundsätzen der Handlungshaftung gem. § 11 Abs. 2 GmbHG für den Kaufpreiszahlungsanspruch einstehen.

(b) Die Firma Fixstadt AG kann Zahlung des Kaufpreises § 433 Abs. 2 BGB nicht von der Larson GmbH verlangen, weil die Gesellschaft mit beschränkter Haftung vor ihrer Eintragung in das Handelsregister nicht besteht, § 11 GmbHG. Da ein Gesellschaftsvertrag bereits abgeschlossen wurde, ist die GmbH errichtet und eine Vor-GmbH entstanden. Grünschnabel hat zumindest konkludent im Namen der Vor-GmbH gehandelt, § 164 Abs. 2 BGB. Fraglich ist seine Vollmacht, denn das vorgenommene Geschäft bedeutet eine Vorbelastung der in Gründung befindlichen Gesellschaft. In aller Regel ergeben sich die Rechtsfolgen analog § 9 GmbHG aus den Grundsätzen der Differenzhaftung. Da Grünschnabel bei Vertragsabschluss mit Zustimmung beider Gesellschafter der Vor-GmbH handelte, wurde seine Vertretungsmacht im Hinblick auf den Abschluss des Kaufvertrages erweitert. Die Vor-GmbH ist zur Zahlung des Kaufpreises verpflichtet.

Lösung zu 49:

(a) Aufgrund des Eigentumsvorbehaltes hat der Zulieferer ein Aussonderungsrecht im Insolvenzfall, sofern die Waren noch im Betrieb des Bestellers lagern.

(b) Ein Herausgabeanspruch bezüglich des Erlöses aus dem Weiterverkauf der Waren bzw. ein Abtretungsanspruch bezüglich entstandener Kaufpreisforderungen des Schuldners besteht nur, falls ein verlängerter Eigentumsvorbehalt vereinbart wurde.

(c) Ja, es ist von besonderer Bedeutung, ob die Waren sich noch im Lager des Bestellers befinden. Denn bei Vereinbarung eines einfachen Eigentumsvorbehaltes ist der Verkäufer nur unter diesen Umständen durch das Aussonderungsrecht an den Waren im Insolvenzfall des Bestellers gesichert, vgl. § 47 f .InsO.

Lösung zu 50:

Lösung s. MiniLex Seite 253 ff.

Das MiniLex enthält die wichtigsten Begriffe, die in diesem Buch behandelt werden. Weitere Begriffe finden sich in: *Olfert/Rahn/Zschenderlein*, Lexikon der Betriebswirtschaftslehre, Kiehl.

Abnahme
Im → Werkvertrag ist die Verpflichtung zur Abnahme des Werkes eine Hauptleistungspflicht. Mit der Abnahme wird der Anspruch auf Zahlung der Vergütung fällig, vgl. §§ 640, 641 BGB. Dagegen ist die Abnahmepflicht im → Kaufvertrag regelmäßig als Nebenleistungspflicht anzusehen.

Abtretung
Im Wege der Abtretung (Zession) wird eine Forderung durch Vertrag von dem alten Gläubiger (Zedent) auf den neuen Gläubiger (Zessionar) übertragen. Es handelt sich um einen vertraglichen Forderungsübergang, §§ 398 ff. BGB. Voraussetzungen der Abtretung:

- Abtretungsvertrag zwischen dem alten und dem neuen Gläubiger
- Bestimmtheit oder Bestimmbarkeit der Forderung
- Abtretbarkeit der Forderung
- der Zedent muss Inhaber der Forderung sein.

Die Rechtsfolge der Abtretung besteht darin, dass der Zessionar an die Stelle des Zedenten tritt. Der Schuldner kann dem neuen Gläubiger jedoch die Einwendungen (→ Verjährung) entgegensetzen, die zur Zeit der Abtretung der Forderung gegen den bisherigen Gläubiger begründet waren. Nach der Abtretungsanzeige kann der Schuldner mit befreiender Wirkung nur noch an den Zessionar leisten, vgl. § 407 BGB.

Aktien
Die Aktiengesellschaft hat ein in Aktien zerlegtes Grundkapital, vgl. § 1 Abs. 2 AktG. Die Aktien sind Wertpapiere, welche als Nennbetragsaktien oder als Stückaktien begründet werden können. Nennbetragsaktien müssen auf mindestens 1 € lauten. Stückaktien lauten auf keinen Nennbetrag; sie sind am Grundkapital einer Gesellschaft in gleichem Umfang beteiligt.

Aktien können auf den Inhaber oder auf Namen lauten, vgl. § 10 Abs. 1 AktG. Inhaberaktien lauten auf den Inhaber und werden durch Übereignung gem. §§ 929 ff. BGB übertragen. Die weniger gebräuchlichen Namensaktien weisen eine namentlich bezeichnete Person als Berechtigten aus. Nach den Grundsätzen des Wertpapierrechts handelt es sich um Orderpapiere, die durch Übereignung des indossierten Papiers übertragen werden.

Aktien dienen der Kapitalbeschaffung und der Kapitalanlage. Sie verbriefen einen Gesellschaftsanteil und begründen Mitgliedschaftsrechte, u. a. Stimmrechte in der Hauptversammlung sowie Rechte auf Anteile am Gewinn und am Liquidationserlös.

Aktiengesellschaft
Es handelt sich um eine Gesellschaft mit eigener Rechtspersönlichkeit, die ein in Aktien zerlegtes Grundkapital hat. Die körperschaftliche Struktur besteht aus dem Vorstand als vertretungsberechtigtes Organ, der Hauptversammlung und dem Aufsichtsrat. Für die Verbindlichkeiten der Gesellschaft haftet den Gläubigern nur das Gesellschaftsvermögen.

Akzessorietät
Im Bürgerlichen Recht bedeutet die Akzessorietät eine Abhängigkeit. Die

→ Bürgschaft ist z. B. ein akzessorisches Sicherungsrecht, das in der Entstehung und Übertragung vom Vorhandensein einer Hauptschuld abhängig ist. Gleiches gilt für die Hypothek und das Pfandrecht. Erlischt die Forderung durch Tilgung des Kredits, erlischt auch die Bürgschaft oder das Pfandrecht; die Hypothek verwandelt sich in eine Eigentümergrundschuld.

Allgemeine Geschäftsbedingungen
Im Geschäftsverkehr werden Allgemeine Geschäftsbedingungen für eine Vielzahl gleichartiger Verträge als vorformulierte Vertragsbedingungen verwendet. Die Formularbedingungen haben den Vorteil, dass sie den Vertragsabschluss beschleunigen und die Vertragsdurchführung standardisieren. Es ist unerheblich, ob die Allgemeinen Geschäftsbedingungen einen äußerlich gesonderten Bestandteil des Vertrags bilden. Dagegen liegen Allgemeine Geschäftsbedingungen nicht vor, wenn die Vertragsbedingungen im Einzelnen ausgehandelt werden.

Allgemeine Geschäftsbedingungen sind z. B. Verkaufs- und Lieferbedingungen, Einkaufsbedingungen, Qualitätssicherungsvereinbarungen etc. Besondere Vorschriften für den Verbraucherschutz sind in den §§ 305 ff. BGB enthalten. Jedoch gelten nicht alle Regelungen für den kaufmännischen Geschäftsverkehr, vgl. § 310 BGB.

Angebot (Antrag)
Als Angebot (auch: Antrag) wird die auf den Vertragsabschluss gerichtete → Willenserklärung angesehen. Sie kann von jeder der beiden Vertragsparteien ausgehen und muss die wesentlichen Bestandteile des Vertrages beinhalten. So ist z. B. der Mindestinhalt bei einem → Kaufvertrag die Übereignung einer Kaufsache gegen Zahlung eines Kaufpreises, bei einem → Werkvertrag die Herstellung eines Werkes gegen Vergütung, bei einem → Mietvertrag die entgeltliche Gebrauchsüberlassung einer Sache. Das Angebot muss neben den charakteristischen Merkmalen des Vertragstyps auch alle diejenigen Bestandteile umfassen, die in den Vertrag einbezogen werden sollen. Bei gegenseitigen Verträgen wird das Angebot mit dem Zugang bei dem Erklärungsempfänger wirksam.

Anfechtung
Die Rechtsfolge einer mangelhaften Willenserklärung kann ihre Anfechtbarkeit oder ihre → Nichtigkeit sein. Eine anfechtbare → Willenserklärung ist zunächst wirksam und wird erst nach erfolgter Anfechtung nichtig. Neben einer Anfechtungserklärung ist ein Anfechtungsgrund erforderlich. Anfechtungsgründe sind:

- Irrtum gem. § 119 BGB
- falsche Übermittlung gem. § 120 BGB
- arglistige Täuschung gem. § 123 BGB.

Die Anfechtung hat Rückwirkung, d. h. das angefochtene Rechtsgeschäft ist als von Anfang an (ex tunc) als nichtig anzusehen, vgl. § 142 BGB. Ausnahmen sind Arbeits- und Gesellschaftsverträge, die nach Arbeitsaufnahme bzw. Geschäftsbeginn nur mit Wirkung für die Zukunft angefochten werden können (ex nunc).

Annahmeverzug
Der Annahmeverzug (auch: Gläubigerverzug) ist gegeben, wenn der Gläubiger die ihm angebotene Leistung nicht annimmt, vgl. §§ 293 ff. BGB. Voraussetzung des Annahmeverzugs ist grundsätzlich ein tatsächliches Angebot der geschuldeten Leistung; ausnahmsweise reicht ein wörtliches Angebot aus und im Fall einer nach dem Kalender bestimmten Mitwirkungshandlung des Gläubigers ist das Angebot auch überflüssig. Sofern z. B. im Kaufvertrag der Käufer verpflichtet wäre, dem Ver-

käufer innerhalb einer bestimmten Frist den Ort der Lieferung mitzuteilen, gerät er mit Fristablauf in Annahmeverzug.

Im → Handelskauf ist § 373 HGB anzuwenden, der die Rechtsfolgen des Annahmeverzugs erweitert. Danach kann der Käufer jede Ware auf Gefahr und Kosten des Käufers hinterlegen und nach vorheriger Androhung öffentlich versteigern lassen oder freihändig verkaufen. Der Selbsthilfeverkauf erfolgt für Rechnung des Käufers.

Anspruch
Nach § 194 BGB ist ein Anspruch das Recht, von einem anderen ein Tun oder ein Unterlassen zu verlangen. Jeder Anspruch unterliegt der → Verjährung.

Anspruchsgrundlagen sind z. B. der Anspruch auf Übereignung des Kaufgegenstandes gem. § 433 Abs. 1 BGB, der Anspruch auf Kaufpreiszahlung gem. § 433 Abs. 2 BGB, der Anspruch auf Herstellung eines Werkes gem. § 631 Abs. 1, 1. Hs. BGB, der Anspruch auf Entrichtung der vereinbarten Vergütung gem. § 631 Abs. 1, 2. Hs. BGB, der Anspruch auf Überlassung der Mietsache gem. § 535 S. 1 BGB, der Anspruch auf Entrichtung des vereinbarten Mietzinses gem. § 535 S. 2 BGB, der Anspruch auf Erbringung der Dienstleistung gem. § 611 Abs. 1, 1. Hs. BGB, der Anspruch auf Gewährung der vereinbarten Vergütung gem. § 611 Abs. 1, 2. Hs. BGB etc. Neben vertraglichen Erfüllungsansprüchen gibt es → Schadensersatzansprüche, → Unterlassungsansprüche → Rücktrittsansprüche, → Herausgabeansprüche, → Gewährleistungsansprüche etc.

Aufhebungsvertrag
Die Parteien können jederzeit ihren Vertrag einvernehmlich aufheben. Voraussetzung sind zwei übereinstimmende auf die Vertragsbeendigung gerichtete → Willenserklärungen. Der Aufhebungsvertrag ist weder formbedürftig noch an Fristen gebunden und Ausdruck der Vertragsfreiheit.

Auflösung (einer Gesellschaft)
Die Auflösungstatbestände für Gesellschaften orientieren sich an der Gesellschaftsform. Eine → Gesellschaft bürgerlichen Rechts wird z. B. nach vertraglicher Vereinbarung, Zeitablauf, Kündigung, Tod oder Insolvenz eines Gesellschafters oder bei Erreichen des verfolgten Zwecks aufgelöst und liquidiert. Die Auflösung und Liquidation einer → oHG oder einer → KG erfolgt durch Zeitablauf, Gesellschafterbeschluss, Eröffnung des Insolvenzverfahrens über das Vermögen der Gesellschaft oder durch gerichtliche Entscheidung.

Aufrechnung
Durch Aufrechnungserklärung wird bewirkt, dass zwei Forderungen erlöschen, soweit sie sich decken. Voraussetzung ist allerdings die Aufrechnungslage: Die geschuldeten Leistungen müssen gleichartig, fällig und aufrechenbar sein, vgl. §§ 387 ff. BGB. So ist z. B. die Aufrechung gegen eine Forderung aus unerlaubter Handlung oder gegen unpfändbare Forderungen ausgeschlossen. Die Aufrechnung hat Rückwirkung, d. h. das Erlöschen der Forderungen wirkt auf den Zeitpunkt des Bestehens der Aufrechnungslage zurück.

Aufwendungsersatz
Ein Anspruch auf Aufwendungsersatz entsteht kraft Gesetzes in einem Auftrag oder → Geschäftsbesorgungsvertrag gem. § 670 BGB, ebenfalls im Speditions- und im Lagervertrag. Ersetzt werden nur die Aufwendungen, die der Beauftragte zum Zweck der Ausführung des Auftrags für erforderlich halten darf.

Ausgleichsquittung
Es handelt sich um eine Erklärung, die ein Vertragspartner bei Beendigung eines

Schuldverhältnisses abgibt. Darin wird bestätigt, dass aus dem abgeschlossenen Vertrag keinerlei Ansprüche mehr geltend gemacht werden. Die Rechtsnatur der Ausgleichsquittung entspricht einem Erlassvertrag, sofern Ansprüche bestanden haben. Doch ist darauf zu achten, dass nur solche Verpflichtungen erlöschen, über die der Erklärende auch verfügen kann. So ist z. B. bei Beendigung eines Arbeitsverhältnisses ein Verzicht auf tariflich begründete Ansprüche bei bestehender Tarifbindung nicht wirksam, vgl. § 4 Abs. 4 TVG.

Ausschlussfrist

Im Unterschied zur → Verjährungsfrist gehen bestehende Rechte, Ansprüche oder Forderungen nach Ablauf einer Ausschlussfrist endgültig und unwiderruflich unter. Es gibt gesetzliche und vertragliche Ausschlussfristen. Beispiele für gesetzliche Ausschlussfristen sind die Anfechtung einer Willenserklärung wegen arglistiger Täuschung, die nur binnen Jahresfrist erfolgen kann, § 124 BGB, oder das Erlöschen des Anspruchs aus § 1 ProdHaftG (Produkthaftungsgesetz) 10 Jahre nachdem der Hersteller das Produkt in den Verkehr gebracht hat, § 13 ProdHaftG.

Bedingung

Ein Rechtsgeschäft kann unter einer Bedingung abgeschlossen werden. Als Bedingungen werden nur Umstände anerkannt, die vom Willen der Vertragsparteien unabhängig sind und deren Eintritt nicht gegen den Grundsatz von Treu und Glauben verhindert wird. Dabei ist die aufschiebende von der auflösenden Bedingung zu unterscheiden.

Wird ein Rechtsgeschäft unter einer aufschiebenden Bedingung vorgenommen, tritt die von der Bedingung abhängig gemachte Wirkung mit dem Eintritt der Bedingung ein, vgl. § 158 Abs. 1 BGB. Ein Beispiel ist der Eigentumsvorbehalt, bei dem die Übereignung des Kaufgegenstandes von der aufschiebenden Bedingung vollständiger Kaufpreiszahlung abhängt.

Wird ein Rechtsgeschäft unter einer auflösenden Bedingung abgeschlossen, endet mit dem Eintritt der Bedingung die Wirkung des Rechtsgeschäfts. Der Konditionenkauf ist ein Beispiel für einen Kaufvertrag, der unter der auflösenden Bedingung der Weiterveräußerung durch den Käufer abgeschlossenen wird, vgl. § 158 Abs. 2 BGB.

Befristung

Eine Befristung ist gegeben, wenn für die Wirkung eines Rechtsgeschäfts ein Anfangs- oder Endtermin bestimmt worden ist, vgl. § 163 BGB. Die Berechnung von Fristen und Terminen erfolgt nach den §§ 186 ff. BGB.

- Fristanfang: Ist für den Anfang einer Frist ein Ereignis maßgeblich, z. B. der Zugang einer Kündigungserklärung, wird bei der Fristberechnung dieser Tag nicht mitgerechnet. Ist der Beginn eines Tages maßgeblich, wird dieser Tag allerdings mitgerechnet.
- Fristende: Eine Frist endet mit dem Ablauf des letzten Tages, der letzten Woche, des letzten Monats oder des letzten Jahres.

Ist an einem bestimmten Tag oder innerhalb einer bestimmten Frist eine Willenerklärung abzugeben oder eine Leistung zu bewirken und fällt der Tag oder das Fristende auf einen Feiertag oder einen Sonnabend, ist der nächste Werktag maßgeblich. Soll eine Warenlieferung innerhalb von 3 Monaten nach Vertragsabschluss erfolgen und fällt das Fristende auf einen Sonntag, ist die am darauf folgenden Montag eintreffende Lieferung noch fristgerecht.

Bereicherung
Im Bürgerlichen Recht wird unter dem Begriff der ungerechtfertigten Bereicherung eine Leistung verstanden, die ohne rechtlichen Grund erfolgt, vgl. §§ 812 ff. BGB. Der Rechtsgrund (causa) besteht in einer gesetzlichen oder vertraglichen Verpflichtung. Wird ein Kaufvertrag angefochten oder ist er aus anderen Gründen nichtig, entfällt der Rechtsgrund für die bereits erbrachten Leistungen. Diese werden nach den Vorschriften über die ungerechtfertigte Bereicherung zurückerstattet.

Eine Bereicherung tritt nicht nur durch eine Leistung ein, sondern kann auch infolge eines unberechtigten Eingriffs in eine fremde Rechtssphäre gegeben sein. Falls jemand ohne Lizenz Kopien eines geschützten Werkes herstellt und vertreibt, liegt eine Urheberrechtsverletzung vor. Die entgangenen Lizenzgewinne werden nach den Grundsätzen der ungerechtfertigten Bereicherung ausgeglichen.

Auch durch Verfügung eines Nichtberechtigten kann eine Bereicherung eintreten und ein Herausgabeanspruch begründet sein, vgl. § 816 BGB. Es handelt sich meist um Verfügungen über fremdes Eigentum, das nach den Vorschriften des Bürgerlichen Rechts gutgläubig erworben werden kann.

Besitz
Der Besitz einer Sache wird durch die Erlangung der tatsächlichen Sachherrschaft erworben, vgl. § 854 BGB. Es ist zwischen dem berechtigten und dem unberechtigten Besitz zu unterscheiden. Der berechtigte Besitzer kann gegenüber einem Herausgabeanspruch des Eigentümers sein Besitzrecht an der Sache erfolgreich geltend machen. Dagegen ist der unberechtigte Besitzer zur Herausgabe verpflichtet, §§ 985, 986 BGB.

In einem Besitzkonstitut oder Besitzmittlungsverhältnis (Miete, Leihe, Pacht etc.) gilt der Vermieter, Verleiher, Verpächter etc. als mittelbarer Besitzer, während der Mieter etc. den unmittelbaren Besitz an der Sache hat, vgl. § 868 BGB.

Der Besitzer kann sich gegen verbotene Eigenmacht durch Selbsthilfe erwehren, und er hat Ansprüche in Fällen der Besitzentziehung oder der Besitzstörung. Der Besitz ist vererblich.

Bestätigungsschreiben, kaufmännisches
Im Fall eines mündlichen Vertragsabschlusses hat sich unter Kaufleuten der → Handelsbrauch des kaufmännischen Bestätigungsschreibens herausgebildet, § 346 HGB. Unmittelbar nach Beendigung der Verhandlungen fasst eine Vertragspartei die mündliche Einigung in einem Schreiben zusammen. Schweigt der Empfänger, gilt der Inhalt des kaufmännischen Bestätigungsschreibens als Vertragsinhalt. Voraussetzungen:

- mündlicher Vertragsabschluss unter Kaufleuten
- schriftliche Zusammenfassung der Einigung
- unmittelbare Absendung
- Redlichkeit des Absenders
- Schweigen des Empfängers.

Das kaufmännische Bestätigungsschreiben hat Festlegungs- und Beweisfunktion. Darin wird dokumentiert, dass ein Vertrags abgeschlossen wurde und welchen Inhalt die Einigung hat.

Bringschuld
Im Vertragsrecht ist die Verpflichtung zur → Leistung als → Holschuld normiert. Haben die Vertragsparteien einen Ort für die Leistung nicht bestimmt und ergibt sich

auch aus den Umständen des Schuldverhältnisses kein → Leistungsort, hat die Leistung an dem Wohn- oder Geschäftssitz des Schuldners zu erfolgen, vgl. § 269 BGB.

Da diese Vorschrift dispositiv ist, können die Parteien davon abweichend eine Bringschuld vereinbaren. Diese muss jedoch im Vertrag ausdrücklich mit genauer Festlegung des Leistungsortes vereinbart werden, z. B. durch die → Handelsklausel *„Die Ware wird **frei Haus** (frei Rampe, frei Fabrik etc.) in (genaue Ortsangabe) geliefert"*. Auch die → Incoterms enthalten in den Ankunftsklauseln die Vereinbarung einer Bringschuld abweichend von § 269 BGB (DAF, DES, DEQ, DDE, DDP).

Bürgschaft
Durch das Bürgschaftsversprechen verpflichtet sich der Bürge gegenüber dem Gläubiger eines Dritten, für die Erfüllung der Verbindlichkeit eines Dritten einzustehen, vgl. § 765 BGB. Voraussetzungen der Bürgschaft:

- Vertrag zwischen Gläubiger und Hauptschuldner, durch den eine Forderung begründet wird (Hauptschuld)
- Bürgschaftsvertrag zwischen Gläubiger und Bürgen zur Sicherung der Hauptschuld
- Vertrag zwischen Bürgen und Hauptschuldner, in dem der Bürge sich zur Übernahme der Bürgschaft verpflichtet.

Die Bürgschaft ist ein Vertrag zwischen dem Gläubiger und dem Bürgen zur Sicherung der Hauptschuld. Das Bürgschaftsversprechen bedarf grundsätzlich der Schriftform gem. § 766 BGB; wird es von einem Kaufmann abgegeben, ist es auch mündlich wirksam, § 350 HGB. Die Bürgschaft ist als → akzessorisches Sicherungsrecht vom Bestand der Hauptschuld abhängig. Im Fall einer Legalzession oder bei → Abtretung der Forderung bleibt die Bürgschaft unverändert erhalten.

Darlehen
Durch einen Darlehensvertrag (auch: Kreditvertrag) verpflichtet sich der Darlehensgeber, dem Darlehensnehmer einen Geldbetrag in der vereinbarten Höhe zur Verfügung zu stellen. Der Darlehensnehmer ist verpflichtet, dem Darlehensgeber einen geschuldeten Zins zu zahlen und bei Fälligkeit das zur Verfügung gestellte Darlehen zurück zu erstatten, §§ 488 ff. BGB. Verbraucherdarlehensverträge unterliegen besonderen Verbraucherschutzregeln gem. §§ 491 ff. BGB. Der Vertrag bedarf der Schriftform, der Verbraucher hat ein Widerrufsrecht und ist im Fall eines Widerrufs an ein mit dem Darlehensvertrag verbundenes Geschäft nicht gebunden.

Vom Darlehensvertrag wird das → Sachdarlehen gem. §§ 607 ff. HGB unterschieden.

Deliktsrecht
Das Recht der unerlaubten Handlung gem. §§ 823 ff. BGB wird auch als Deliktsrecht bezeichnet. In den Fällen der rechtswidrigen und schuldhaften Rechtsgutverletzung (Leben, Gesundheit, Freiheit, Eigentum oder ein sonstiges Recht) oder der Schutzgesetzverletzung ist ein Schadensersatz- oder Unterlassungsanspruch des Verletzten gegeben. Aus § 823 Abs. 1 BGB wird auch der Grundsatz der → Produzentenhaftung wegen Verletzung einer Verkehrssicherheitspflicht hergeleitet.

Sondertatbestände unerlaubter Handlung sind u. a. die Kreditgefährdung und die sittenwidrige vorsätzliche Schädigung, §§ 824, 826 BGB.

Das Deliktsrecht enthält ferner Haftungstatbestände, z. B. des Unternehmers für Verrichtungsgehilfen gem. § 831 BGB, des

Aufsichtspflichtigen gem. § 832 BGB, des Tierhalters gem. § 833 BGB, des Grundstücks- und Gebäudebesitzers gem. §§ 836, 837 BGB. Mehrere verantwortliche Schädiger haften als → Gesamtschuldner.

eBusiness, eCommerce
→ elektronischer Geschäftsverkehr

Eigentum
Das Eigentum ist die rechtliche Zuordnung einer Sache zu einer Person. Es handelt sich um ein absolutes Recht, das gegen schuldhafte Eingriffe gem. § 823 Abs. 1 BGB geschützt ist.

Die Übertragung des Eigentums erfolgt nach abstrakten sachenrechtlichen Regeln; bei unbeweglichen Sachen gem. §§ 925 ff. BGB und bei beweglichen Sachen gem. §§ 929 ff. BGB. Die Übereignung einer beweglichen Sache geschieht unter folgenden Voraussetzungen:

- Einigung und Übergabe gem. § 929 BGB
- Einigung und Vereinbarung eines Besitzkonstituts (Miete, Pacht, Leihe etc.) gem. § 930 BGB, falls der Veräußerer das Besitzrecht weiterhin ausübt
- Einigung und Abtretung des Herausgabeanspruchs gem. § 931 BGB, falls ein Dritter sich im Besitz der Sache befindet (Mieter, Pächter, Entleiher).

Durch eine nach § 929 BGB erfolgte Veräußerung wird der Erwerber auch dann Eigentümer, wenn die Sache nicht dem Veräußerer gehört, es sei denn, dass er nicht in gutem Glauben ist, vgl. § 932 BGB. Der gutgläubige Erwerb des Eigentums ist nach handelsrechtlichen Regeln erleichtert, denn gem. § 366 HGB reicht der gute Glaube an die Verfügungsbefugnis des Veräußerers (Kaufmann) aus.

Der Eigentümer kann von dem unberechtigten → Besitzer die Herausgabe verlangen. Der berechtigte Besitzer kann dem Eigentümer jedoch sein Recht zum Besitz entgegenhalten, vgl. §§ 985, 986 BGB.

Eigentumsvorbehalt
Im Teilzahlungskauf kann zur Sicherung der Kaufpreisforderung ein Eigentumsvorbehalt vereinbart werden. Die Vereinbarung eines einfachen Eigentumsvorbehalts hat den Inhalt, dass das Eigentum an der veräußerten Sache soll erst bei vollständiger Zahlung des Kaufpreises übergehen. Dann steht die Übereignung unter der aufschiebenden → Bedingung der vollständigen Kaufpreiszahlung, vgl. § 449 BGB.

Es kann auch ein erweiterter Eigentumsvorbehalt vereinbart werden, wonach das Eigentum an der Kaufsache erst übergeht, wenn der Käufer allen Zahlungspflichten aus bestehenden Verträgen nachgekommen ist.

Bei Verträgen über Handelsware, die zur Weiterveräußerung bestimmt ist, sollte ein verlängerter Eigentumsvorbehalt vereinbart werden, der sich auch auf den erzielten Veräußerungserlös erstreckt. Es könnte auch ein weitergeleiteter Eigentumsvorbehalt erforderlich sein, der den Käufer verpflichtet, die Ware seinerseits nur unter Eigentumsvorbehalt weiterzuveräußern.

Einrede
Als Einrede wird ein → Leistungsverweigerungsrecht bezeichnet, das nicht von Amts wegen berücksichtigt wird, sondern vom Schuldner in seinem eigenen Interesse geltend gemacht werden muss. Beispiele sind die Einreden

- der → Verjährung gem. § 222 BGB
- der Zurückbehaltung gem. §§ 273 BGB, 369 HGB

- des nichterfüllten Vertrages gem. § 320 BGB und
- die Einrede der Vorausklage durch den Bürgen gem. § 771 BGB.

Elektronische Form
Da die → Schriftform eine eigenhändige Unterschrift des Erklärenden erfordert, ergeben sich Hindernisse für den elektronischen Geschäftsverkehr. Die Schriftform kann durch die elektronische Form ersetzt werden, § 126a BGB. In diesem Fall muss der Aussteller der Erklärung dieser seinen Namen hinzufügen und das elektronische Dokument mit einer qualifizierten elektronischen Signatur versehen.

Elektronischer Geschäftsverkehr
Der Rechtsrahmen für den elektronischen Geschäftsverkehr ist in Sondergesetzen zum Recht der Online-Dienste enthalten (Telemediengesetz u. a.). Im Bürgerlichen Recht sind aus Gründen des Verbraucherschutzes Widerrufsrechte und zahlreiche Informationspflichten geregelt, §§ 312b ff. BGB. Dabei wird der elektronische Geschäftsverkehr im Internet gem. § 312e u. f BGB von → Fernabsatzverträgen unterschieden, die auch den Vertragsabschluss per Briefpost oder per Telefon einschließen.

Erfüllung
Als Erfüllung wird das Bewirken der geschuldeten Leistung an den Gläubiger angesehen. Durch Erfüllung erlischt das Schuldverhältnis, vgl. § 362 BGB. Diese Rechtsfolge kann nur eintreten, wenn die Leistung zur rechten Zeit, am rechten Ort, in der rechten Art und Weise und an den richtigen Gläubiger erbracht wird.

Das Schuldverhältnis erlischt auch dann, wenn der Gläubiger eine andere als die geschuldete Leistung an Erfüllungs Statt annimmt, vgl. § 364 Abs. 1 BGB. Durch Banküberweisung der Kaufpreiszahlung erhält der Verkäufer eine Forderung gegen die Bank; dennoch ist die Schuld getilgt. Übergibt der Käufer dem Verkäufer einen Scheck, handelt es sich um eine Leistung erfüllungshalber; die Verpflichtung zur Kaufpreiszahlung bleibt bestehen und wird erst dann getilgt, wenn der Scheck von der bezogenen Bank eingelöst wird, vgl. § 364 Abs. 2 BGB.

Factoring
Es handelt sich um einen Kauf von Forderungen, die der Factor sich gegen Zahlung des vereinbarten Kaufpreises von dem Anschlusskunden abtreten lässt. Der wirtschaftliche Zweck besteht in der Schaffung von Liquidität. Der Kaufpreis berechnet sich nach der Höhe der abgetretenen Forderung abzüglich Verwaltungsgebühren für Debitorenbuchhaltung, Mahnwesen, Rechtsverfolgung etc.

Als echtes Factoring wird ein Forderungskauf angesehen, in dem der Factor das Delkredere-Risiko übernimmt. Er trägt die Gefahr der Uneinbringlichkeit der Forderung.

Als unechtes Factoring bezeichnet man die Vereinbarung, welche eine Rückabtretung und Rückbelastung im Fall der Uneinbringlichkeit der Forderung vorsieht.

Fälligkeit
Die Leistungszeit wird auch als Fälligkeit bezeichnet. Das Schuldrecht enthält eine dispositive Rechtsnorm zur Fälligkeit in § 271 BGB. Die Leistung ist sofort zu bewirken, wenn keine andere Vereinbarung getroffen wurde oder sich aus den Umständen entnehmen lässt.

Hiervon abweichende Sondervorschriften zur Fälligkeit:

- Arbeitsvergütung nach Erbringung der Dienstleistung gem. § 614 BGB
- Werklohn bei Abnahme des Werkes, § 641 BGB

- Mietzins am Anfang der Mietzeit, § 556b BGB
- Darlehenszinsen am Jahresende, § 488 BGB.

Fernabsatzvertrag
Es handelt sich um Verträge, die unter ausschließlicher Verwendung von Fernkommunikationsmitteln abgeschlossen werden (z. B. Brief, Katalog, Telefon, Telefax, E-Mail, Rundfunk, Tele- und Mediendienste). Aus Gründen des Verbraucherschutzes besteht ein 14-tägiges → Widerrufs- und → Rückgaberecht gem. §§ 312d, 355 BGB. Zudem ist der Unternehmer im Fernabsatz zur Unterrichtung des Verbrauchers über Vertragsinhalte und zur Bereitstellung zahlreicher Informationen verpflichtet, Informationen bereitzuhalten, § 312c BGB. Falls der Fernabsatzvertrag im Internet abgeschlossen wird, sind weitere Verbraucherschutzbestimmungen für den elektronischen Geschäftsverkehr einzuhalten, → eBusiness.

Finanzierungsgeschäft
Zu den Finanzierungsgeschäften gehören der → Teilzahlungskauf, der finanzierte Kauf, der → Finanzierungsleasingvertrag und der → Darlehensvertrag. Die Kreditierung einer Zahlungspflicht (z. B. einer geschuldeten Kaufpreiszahlung gem. § 433 Abs. 2 BGB) kann durch vertragliche Vereinbarung (Stundung, Ratenzahlungsabrede, Umwandlung in ein Darlehen) erfolgen. Für Finanzierungsgeschäfte mit Verbrauchern gelten besondere Schutzvorschriften, z. B. für Finanzierungshilfen gem. §§ 506 ff. BGB und Verbraucherdarlehen gem. §§ 491 ff. BGB.

Finanzierungshilfen
Aus Gründen des Verbraucherschutzes unterliegen Finanzierungshilfen – z. B. entgeltliche Zahlungsaufschübe – besonderen Regelungen gem. §§ 506 ff. BGB. Ebenso wie → Finanzierungsleasingverträge und → Teilzahlungsgeschäfte zwischen einem Unternehmer und einem Verbraucher bedarf die Finanzierungshilfe der Schriftform. Ferner hat der Verbraucher ein Widerrufsrecht.

Finanzierungsleasing
Im Finanzierungsleasing erwirbt der Leasinggeber das Leasinggut von dem Hersteller und überlässt dem Leasingnehmer den Besitz und Gebrauch der Sache. Sofern bei Ablauf der Leasingzeit die Sache verbraucht und durch die erbrachten Leasingzahlungen auch finanziert ist, ähnelt die Vertragsgestaltung dem → Kaufvertrag. Insofern unterscheidet sich das Finanzie-rungsleasing vom Operating-Leasing, vgl. → Leasingvertrag. Auf Finanzierungsleasingverträge zwischen einem Unternehmer und einem Verbraucher finden besondere Verbraucherschutzvorschriften Anwendung, § 506 Abs. 2 BGB. Der Vertrag bedarf der Schriftform, der Verbraucher hat ein Widerrufsrecht und ist im Fall eines Widerrufs an einen mit dem Finanzierungsleasing verbundenen Darlehensvertrag nicht gebunden.

Firma
Die Firma ist der Name des Kaufmanns, unter der er im Handel seine Geschäfte betreibt und seine Unterschrift abgibt, vgl. §§ 17 ff. HGB. Die Bildung der Firma unterliegt den folgenden Grundsätzen:

- Firmenwahrheit
- Firmenbeständigkeit
- Firmeneinheit
- Firmenunterscheidbarkeit
- Firmenöffentlichkeit.

Es besteht eine Eintragungspflicht im Handelsregister. Im Fall eines Inhaberwechsels haftet der Erwerber bei Firmenfortführung für die im Unternehmen entstandenen Altverbindlichkeiten, vgl. § 25 HGB.

Der unbefugte Gebrauch der Firma kann untersagt werden, §§ 12 BGB, 37 HGB. Unternehmenskennzeichen genießen bei missbräuchlicher Nutzung auch markenrechtlichen, wettbewerbsrechtlichen und zivilrechtlichen Schutz, §§ 15 MarkenG, 3 UWG und 823 Abs. 1 BGB.

Fixhandelskauf
Die Vereinbarung einer Fixklausel im → Handelskauf bewirkt die Entstehung eines verschuldensunabhängigen Rücktrittsrechts bei Erreichen des Fixtermins (Zeit oder Fristablauf). Der Erfüllungsanspruch geht unter, es sei denn, das Erfüllungsinteresse wird unverzüglich angezeigt. Im Verzugsfall hat der Gläubiger ein Wahlrecht zwischen Rücktritt oder Schadensersatz wegen Nichterfüllung, vgl. § 376 HGB.

Formerfordernisse
Im bürgerlichen Recht sind die → Schriftform gem. § 125 BGB, die → elektronische Form gem. § 126a BGB, die → Textform gem. § 126b BGB, die notarielle Beurkundung gem. § 128 BGB und die öffentliche Beglaubigung gem. § 129 BGB zu unterscheiden.

Die Nichtbeachtung der gesetzlich oder vertraglich vorgesehenen Schriftform führt in aller Regel zur Nichtigkeit der Willenserklärung. Da die schriftliche Form eine eigenhändige Unterschrift erfordert, kann sie im elektronischen Geschäftsverkehr durch die elektronische Form ersetzt werden. Für die Textform reicht es aus, dass die Erklärung den Aussteller ausweist und zur dauerhaften Wiedergabe in Schriftzeichen geeignet ist.

Formkaufmann
Die Kaufmannseigenschaft entsteht für den Formkaufmann durch die Wahl der Rechtsform einer Handelsgesellschaft kraft Gesetzes, vgl. § 6 HGB. So sind z. B. die AG gem. § 3 AktG und die GmbH gem. § 13 Abs. 3 HGB unbeschadet ihres Geschäftszwecks als Handelsgesellschaften und damit als Formkaufleute anzusehen.

Formmangel
Die Nichtbeachtung der gesetzlich oder vertraglich vorgesehenen → Schriftform führt in aller Regel zur → Nichtigkeit der Willenserklärung, §§ 125, 127 BGB. Im Einzelfall sind die Rechtsfolgen von Formmängeln abweichend geregelt, z. B. werden formnichtige Verbraucherdarlehensverträge oder Finanzierungshilfen wirksam, wenn der Darlehensnehmer bzw. Verbraucher das Darlehen empfängt oder die Finanzierungshilfe in Anspruch nimmt, § 494 Abs. 2 BGB.

Frachtgeschäft
Durch den Frachtvertrag wird der Frachtführer verpflichtet, das Frachtgut zum Bestimmungsort zu befördern und dort an dem Empfänger abzuliefern, vgl. §§ 407 ff. HGB. Es handelt sich um eine Sonderform des Werkvertrags. Der Ladeschein ist ein kaufmännisches → Orderpapier, in dem das Recht auf Herausgabe des Frachtgutes verbrieft wird, vgl. § 444 HGB. Daher ist der Frachtführer verpflichtet, das Frachtgut an den durch den Ladeschein legitimierten Empfänger abzuliefern und dessen Weisungen zu folgen, vgl. § 446 HGB.

Franchising
Es handelt sich um ein vertikales Vertriebssystem, dass sich für Waren und Dienstleistungen in gleicher Weise eignet. Durch einen Franchisevertrag erhält der Franchisenehmer gegen Zahlung einer Franchisegebühr die Vertriebsrechte und profitiert von dem Organisationssystem des Franchisegebers. Er partizipiert von dem eingeführten Marketingkonzept des Franchisegebers, erhält finanzielle Unterstützung, Marken- und Firmenlizenzen, Beratung, Einweisung und Schulung, un-

terliegt aber auch der Kontrolle für die Einhaltung organisatorischer Richtlinien.

Fristen
Für die Geltendmachung von Rechten werden gesetzliche oder vertragliche Fristen vorgegeben, z. B. Verjährungsfristen oder Ausschlussfristen. Im Fall der → Verjährung eines Anspruchs hat der Schuldner ein Leistungsverweigerungsrecht, § 214 BGB. Dagegen geht der Anspruch mit dem Ablauf einer → Ausschlussfrist endgültig und unwiderbringlich unter. Die Fristberechnung erfolgt nach den Vorschriften der §§ 186 ff. BGB.

Garantie
Es handelt sich um das Versprechen einer vertraglichen Leistungspflicht, die das Einstehen für einen möglicherweise entstehenden Schaden oder für Mängel eines Produkts beinhaltet. Im → Kaufvertrag wird zwischen der Händler- und der Herstellergarantie unterschieden. Sofern es sich um die Übernahme zusätzlicher Verpflichtungen neben der gesetzlichen Gewährleistung handelt, können Garantieleistungen frei vereinbart werden, z. B. als Beschaffenheits- oder Haltbarkeitsgarantie gem. § 443 BGB.

Die Garantieerklärung im Verbrauchsgüterkauf muss besonderen Anforderungen gem. § 477 BGB genügen. In Kaufverträgen mit Verbrauchern unterliegen formularmäßige Garantieregelungen der Inhaltskontrolle gem. §§ 305 ff. BGB.

Gattungsschuld
Wer eine nur der Gattung nach bestimmte Sache schuldet, hat eine Sache von mittlerer Art und Güte zu leisten, vgl. § 243 Abs. 1 BGB. Es handelt sich um vertretbare Sachen gem. § 91 BGB, die industriell, serienmäßig oder in größeren Mengen produziert werden. Solange die Leistung aus der Gattung möglich ist, bleibt die Leistungspflicht bestehen, vgl. § 279 BGB.

Die Gattungsschuld wird erst durch Konkretisierung zu einer Leistungspflicht aus einem bestimmten Schuldverhältnis zu einer → Stückschuld. Die Konkretisierung tritt erst ein, wenn der Schuldner seinen vertraglichen Verpflichtungen genügt hat, d. h. die Verpflichtung muss zur → Fälligkeit am → Leistungsort eintreffen.

Gefahrübergang
Die Gefahr eines zufälligen Untergangs (Leistungsgefahr) trägt der Schuldner bis zur ordnungsgemäßen Erfüllung seiner Leistungspflicht. Ein Gefahrübergang wird bei einer → Gatttungsschuld im Fall des Annahmeverzugs des Gläubigers bewirkt, § 300 Abs. 2 BGB.

Im → Kaufvertrag geht die Gefahr erst mit der Übergabe des verkauften Gegenstandes auf den Käufer über, § 446 BGB. Im → Versendungskauf geht die Gefahr bereits mit der Übergabe an den Transporteur auf den Käufer über, vgl. § 447 BGB, ausgenommen im → Verbrauchsgüterkauf.

Gesamtschuld
Es handelt sich um eine Gesamtschuld, wenn mehrere Schuldner eine Leistung voller Höhe zu bewirken verpflichtet sind, während der Gläubiger die Leistung nur einmal fordern kann, vgl. § 421 BGB.

Die Gesamtschuld entsteht durch Gesetz, z. B. für die Gesellschafter einer GbR, einer oHG oder einer KG oder durch Vertrag bei entsprechender Vereinbarung. Sofern ein Gesamtschuldner die volle Leistung an den Gläubiger bewirkt, entstehen anteilige Ausgleichsansprüche gegen die übrigen Schuldner, vgl. § 426 Abs. 1 BGB. Die Forderung des Gläubigers geht auf ihn über, vgl. § 426 Abs. 2 BGB.

Geschäftsbesorgung
Auf einen Dienstvertrag oder einen Werkvertrag, der eine entgeltliche Geschäftsbesorgung zum Gegenstand hat, finden die Vorschriften des Auftrags Anwendung, §§ 675 ff. BGB. Es handelt sich um Bank-, Finanzierungs-, Kommissions- oder Speditionsverträge, aber auch um Geschäftsführerverträge, Vertragshändlerverträge, Werbeagenturverträge und ähnliche Vereinbarungen.

Geschäftsfähigkeit
Die Fähigkeit, Willenserklärungen abzugeben, Verträge abzuschließen und damit auch Verbindlichkeiten einzugehen, beginnt mit dem Eintritt der Volljährigkeit bei Vollendung des 18. Lebensjahres, § 2 BGB. Bis zur Vollendung des 7. Lebensjahres ist der Mensch geschäftsunfähig, danach in seiner Geschäftsfähigkeit beschränkt, vgl. §§ 104 ff. BGB. Ein Minderjähriger, der das 7. Lebensjahr vollendet hat, bedarf zu einer Willenserklärung, durch die er nicht lediglich einen rechtlichen Vorteil erlangt, der Einwilligung seines gesetzlichen Vertreters. Ein Vertrag, den der Minderjährige abschließt, ist bis zur Genehmigung des gesetzlichen Vertreters schwebend unwirksam, vgl. § 108 BGB.

Geschäftsführung
Im Recht der Personengesellschaften (GbR, oHG, KG) sind alle vollhaftenden Gesellschafter zur Führung der Geschäfte im Innenverhältnis berechtigt und verpflichtet. Der Gesellschaftsvertrag kann abweichend von den gesetzlichen Vorschriften regeln, welche Befugnisse die Gesellschafter haben. In der GmbH obliegt dem Geschäftsführer sowohl die Geschäftsführung als auch die Vertretung, in der Aktiengesellschaft der Vorstand das geschäftsführungs- und vertretungsberechtigte Organ.

Gesellschaft
Im Gesellschaftsrecht gilt der Numerus Clausus der Gesellschaftsformen. Grundform der Personengesellschaft ist die → Gesellschaft bürgerlichen Rechts (GbR), Sonderformen sind die → oHG, die → KG, die → PartG und die stille Gesellschaft. Im Körperschaftsrecht ist der Verein die Grundform, während Sonderformen die → GmbH, die → AG und die → Genossenschaft sind. Als Mischformen sind die → GmbH & Co KG und die → KG auf Aktien anerkannt.

Gesellschaft bürgerlichen Rechts
Die GbR ist die Grundform der Personengesellschaft. Sie entsteht durch Gesellschaftsvertrag, durch den sich die Gesellschafter zur Förderung eines gemeinsamen Zwecks verpflichten, vgl. § 705 BGB.

Geschäftsführung und Vertretung erfolgt durch alle Gesellschafter gemeinsam, soweit im Gesellschaftsvertrag keine andere Regelung getroffen wird. Es wird ein Gesamthandsvermögen gebildet. Die Gesellschaft löst sich bei Zweckerreichung auf, durch den Tod eines Gesellschafters oder durch Eröffnung des Insolvenzverfahrens. Die Gesellschafter haften unbeschränkt für Gesellschaftsverbindlichkeiten.

Gesellschaft mit beschränkter Haftung
Es handelt sich um eine Körperschaft, die als juristische Person erst mit der Eintragung in das Handelsregister entsteht, vgl. § 13 GmbHG. Die GmbH kann zu jedem gesetzlich zulässigen Zweck gegründet werden; sie gilt in jedem Fall als Handelsgesellschaft.

Für die Verbindlichkeiten der Gesellschaft haftet den Gläubigern derselben nur das Gesellschaftsvermögen. Organe sind der Geschäftsführer, der die GmbH gerichtlich und außergerichtlich vertritt (§ 35

GmbHG) und die Gesellschafterversammlung (§ 48 GmbHG).

Gewährleistung
Falls der Vertragsgegenstand einen Sach- oder Rechtsmangel aufweist, ergeben sich Gewährleistungsrechte nach den Vorschriften für den jeweiligen Vertrag. Die kaufrechtliche Sach- und Rechtsmängelgewährleistung ist in den §§ 433 ff. BGB geregelt. Im Miet- und Pachtvertragsrecht ergibt sich die Gewährleistung aus den §§ 535 ff. BGB und im Werkvertragsrecht aus den §§ 631 ff. BGB.

Sofern keine spezialgesetzlichen Bestimmungen für die → Mängelgewährleistung bestehen, sind die Vorschriften zur vertraglichen Pflichtverletzung anzuwenden, §§ 280 ff. BGB.

Gläubigerverzug
Der Gläubiger kommt in Verzug, wenn er die ihm angebotene Leistung nicht annimmt (→ Annahmeverzug), vgl. §§ 293 ff. BGB.

GmbH & Co.KG
Es handelt sich um eine gesellschaftsrechtlich anerkannte Mischform. In der → Kommanditgesellschaft nimmt eine → GmbH die Rechtsposition der Komplementärin ein, während eine oder mehrere natürliche Personen Kommanditisten sind. Dadurch wird erreicht, dass in der KG keine natürliche Person voll haftet.

Haftung
Darunter wird das Einstehen für eine Verbindlichkeit oder für einen Schaden verstanden. Haftungsgrundlagen sind z. B. die Haftung des Erwerbers eines Unternehmens für Altverbindlichkeiten gem. §§ 25, 28 HGB, die deliktische Haftung für selbst verursachte Schäden gem. §§ 823 ff. BGB oder für den von einem Verrichtungsgehilfen verursachten Schaden gem. § 831 BGB, die Produkthaftung des Produzenten gem. § 1 ProdHaftG, die Haftung der Online-Dienste für eigene und fremde Informationen im Internet gem. §§ 7 bis 10 TMG, die Haftung der Gesellschafter für Verbindlichkeiten der Gesellschaft, z. B. die persönliche Haftung der Gesellschafter einer oHG gem. § 128 HGB oder die Haftung des Kommanditisten einer KG gem. §§ 171 ff. HGB und die Organhaftung innerhalb einer Körperschaft gem. § 31 BGB.

Haftungsausschluss, Haftungsfreizeichnung
Es bestehen gesetzliche und vertragliche Haftungsausschlusstatbestände. So ist z. B. die Haftung des Kommanditisten ausgeschlossen, soweit er seine Kommanditeinlage geleistet hat, vgl. § 171 HGB. Der Unternehmer haftet nicht für deliktisches Handeln seiner Verrichtungsgehilfen, wenn er den Exkulpationsnachweis gem. § 831 Abs. 1 Satz 2 führen kann. Durch die Eintragung einer GmbH in das Handelsregister tritt auch die Haftungsbeschränkung ein, während vor der Eintragung eine persönliche Haftung der Handelnden gegeben ist, vgl. §§ 11, 13 GmbHG. Ein Haftungsausschluss bei Unternehmenserwerb kann durch Eintragung in das Handelsregister erreicht werden, vgl. §§ 25 Abs. 2, 28 Abs. 2 HGB.

Der vertragliche Haftungsausschluss (Schadensersatz und Mängelgewährleistung) darf sich nicht auf schuldhaftes Handeln beziehen und ist nur wirksam, wenn der Vertragspartner nicht unangemessen benachteiligt wird, vgl. z. B. §§ 134, 138, 307 ff. BGB.

Haftungsbeschränkung
Beschränkungen der → Haftung können durch Gesetz oder Vertrag begründet werden.

Haftungsfreizeichnung
→ Haftungsausschluss.

Handelsbrauch
Unter → Kaufleuten ist in Ansehung der Bedeutung und Wirkung von Handlungen und Unterlassungen auf die im Handelsverkehr geltenden Gewohnheiten und Gebräuche Rücksicht zu nehmen, vgl. § 346 HGB. Beispiele für Handelsbräuche sind die Lehre vom kaufmännischen → Be-stätigungsschreiben oder nationale und internationale → Handelsklauseln und → Incoterms.

Handelsgesellschaft
Personenhandelsgesellschaften sind auf den Betrieb eines kaufmännischen Handelsgewerbes ausgerichtet (oHG, KG), während Kapitalgesellschaften unabhängig von ihrem Zweck als Handelsgesellschaft kraft Gesetzes anzusehen sind, vgl. §§ 13 Abs. 3 GmbHG, 3 Abs. 1 AktG. Die Rechtsfolge besteht in der Anwendung der Vorschriften des Handelsgesetzbuches.

Handelsgeschäft
Das Handelsgesetzbuch enthält Spezialvorschriften für Handelsgeschäfte, vgl. §§ 343 ff. HGB. Dazu gehören alle Geschäfte eines Kaufmanns, die zum Betriebe seines → Handelsgewerbes gehören. Das HGB regelt eine durch den Kaufmann widerlegbare Vermutung, wonach alle von ihm vorgenommenen Geschäfte als Handelsgeschäfte gelten. Rechtsfolge ist die Anwendung der Regelungen des Handelsgesetzbuches.

Handelsgesetzbuch
Es handelt sich um das Sonderprivatrecht für Kaufleute. Darin werden die Vorschriften des Bürgerlichen Gesetzbuches modifiziert (→ Handelsgeschäfte und → Handelskauf) und ergänzt (→ Kaufmann, → Firma, → Handelsregister, → Handelsbräuche, → Handelsvertreter, → Kommissionär, Spediteur, Lagerhalter, Frachtführer, → Orderpapiere etc.).

Handelsgewerbe
Jeder Gewerbebetrieb gilt als Handelsgewerbe, es sei denn, dass das Unternehmen nach Art und Umfang einen in kaufmännischer Weise eingerichteten Geschäftsbetrieb nicht erfordert. Ein Gewerbe ist eine erlaubte, dauerhafte und auf Gewinnerzielung ausgerichtete Tätigkeit.

Handelskauf
Während der Kaufvertrag in den §§ 433 ff. BGB geregelt ist, enthält das Handelsgesetzbuch einige Sondervorschriften für Kaufverträge, die von einem Kaufmann abgeschlossen werden, vgl. §§ 373 ff. BGB. Hierzu gehören neben der kaufmännischen → Untersuchungs- und Rügepflicht gem. § 377 HGB Spezialregelungen für den → Annahmeverzug gem. §§ 373 f. HGB, den → Spezifikationshandelskauf gem. § 375 HGB und den → Fixhandelskauf gem. § 376 HGB.

Handelsklausel
Handelsklauseln gehören zu den → Handelsbräuchen gem. § 346 HGB; daher ist die Kenntnis ihrer Anwendung und Interpretation unter Kaufleuten vorauszusetzen. Sie wirken auch dann gegen den Kaufmann, wenn dieser ihre Bedeutung nicht kennt. Zu den nationalen Handelsklauseln gehören z. B. die Fix- und Spezifikationsklausel, Formulierungen wie „*Selbstbelieferung vorbehalten*“, Lieferung „*auf Abruf*“ oder „*Kasse gegen Dokumente*“. Die internationalen Handelsklauseln (International Commercial Terms) werden in anerkannten Auslegungsregeln von der Internationalen Handelskammer veröffentlicht.

Handelsmakler
Der Handelsmakler ist gewerbsmäßig mit der Vermittlung von Verträgen über Anschaffung und Weiterveräußerung von Waren oder Wertpapieren, über Versicherungen, Güterbeförderungen, Schiffsmiete oder sonstige Gegenstände des Han-

delsverkehrs für andere Personen betraut, vgl. §§ 93 ff. HGB. Im Fall schuldhafter Pflichtverletzung haftet er beiden Parteien für den entstehenden Schaden. Auch sein Anspruch auf Maklerlohn richtet sich gegen beide Parteien.

Handelsregister
Das Handelsrecht sieht für Kaufleute die Verpflichtung vor, bestimmte Tatsachen in Bezug auf das Handelsunternehmen in ein öffentliches Register einzutragen. Zu den eintragungspflichtigen Tatsachen gehören u. a. die Firma, die Erteilung und das Erlöschen der Prokura, die oHG und die KG mit ihren Gesellschaftern, die Haftungsbeschränkung für den Kommanditisten (Kommanditanteil), Eintreten und Ausscheiden von Gesellschaftern sowie Tatsachen im Hinblick auf die GmbH und die AG nach spezialgesetzlichen Vorschriften (GmbHG und AktG). Die Publizität des Handelsregisters betrifft nur die eintragungspflichtigen Tatsachen, vgl. § 15 HGB.

Handelsvertreter
Handelsvertreter ist, wer als selbstständiger Gewerbetreibender ständig damit betraut ist, für einen anderen Unternehmer Geschäfte zu vermitteln oder in dessen Namen abzuschließen, vgl. §§ 84 ff. HGB. Für seine Vermittlungs- oder Abschlusstätigkeit erhält der Handelsvertreter Provisionsansprüche und bei Beendigung des Handelsvertretervertrages auch einen Ausgleichsanspruch.

Handlungsvollmacht
Jede Vollmacht, die von einem Kaufmann erteilt wird, gilt als Handlungsvollmacht, sofern keine → Prokura vorliegt, vgl. §§ 54 f. HGB. Die Handlungsvollmacht erstreckt sich auf branchentypische und gewöhnliche Geschäfte. Sie umfasst keine Immobiliengeschäfte, Wechselverbindlichkeiten, Darlehen oder Prozessführungsbefugnisse.

Haustürgeschäft
Einem Verbraucher steht ein Widerrufsrecht gem. §§ 312, 355 BGB zu, wenn Verträge aufgrund mündlicher Verhandlungen am Arbeitsplatz oder in der Privatwohnung geschlossen wurden. Als Haustürgeschäft gelten auch Verträge, die anlässlich einer Freizeitveranstaltung oder durch ein überraschendes Ansprechen in Verkehrsmitteln oder im Bereich öffentlich zugänglicher Verkehrsflächen zu Stande kommen.

Herausgabeanspruch
Zu den wichtigsten Herausgabeansprüchen gehören die Ansprüche auf Herausgabe einer ungerechtfertigten Bereicherung gem. §§ 812 ff. BGB und der Anspruch des Eigentümers an einer Sache gegen den Besitzer, sofern dieser kein Recht zum Besitz hat, vgl. §§ 985 BGB.

Hersteller
Der Begriff des Herstellers ist für die Produzenten- und Produkthaftung von Bedeutung. Danach hat der Endprodukthersteller, der Teilprodukthersteller und der Quasihersteller (der das Produkt mit seiner Firma oder Marke versehen hat) für Gefahren und Schäden einzustehen, die durch den Gebrauch des Produkts auftreten.

Holschuld
Der gesetzliche Leistungsort ist der Wohn- oder Geschäftssitz des Schuldners, vgl. § 269 BGB. Der Gläubiger hat den Leistungsgegenstand abzuholen (Holschuld). Durch Vertrag kann eine → Schickschuld oder eine → Bringschuld vereinbart werden. Unter den → Incoterms entspricht die Klausel „EXW" der Holschuld.

Incoterms
Die **In**ternational **Co**mmercial **Terms** sind internationale Handelsklauseln, deren Bedeutung und Auslegung unter Kaufleuten als bekannt vorausgesetzt wird. Die inter-

nationale Handelskammer veröffentlicht die allgemein anerkannte Interpretation der Handelsklauseln. Dazu gehören die Abholklausel (EXW), F-Klauseln (FCA, FAS, FOB), C-Klauseln (CFR, CIF, CPT, CIP) und Ankunftsklauseln (DAF, DES, DEQ, DDU, DDP).

Insolvenzverfahren
Im Fall der Zahlungsunfähigkeit von Kaufleuten und Unternehmen, aber auch von Privatleuten, regelt die Insolvenzordnung die Rechtsfolgen, insbesondere das Insolvenzverfahren und die Pflichten des Insolvenzverwalters. Die Verbraucherinsolvenz enthält die Möglichkeit einer Restschuldbefreiung. Die Sicherung und Erhaltung des Vermögens des Schuldners und die Fortführung des Unternehmens stehen im Vordergrund.

Internet
Die wirtschaftliche Präsenz im Internet und dessen Nutzung für Zwecke der Werbung und Verkaufsförderung (→ eCommerce) haben neue Rechtsfragen aufgeworfen. Dazu gehören Aspekte des Internet Domain Rechts ebenso wie werberechtliche, urheberrechtliche, datenschutzrechtliche und vertragsrechtliche Fragen. Das Recht der Online-Dienste ist in §§ 312b ff. BGB und Spezialgesetzen (Telemediengesetz, Rundfunkstaatsvertrag) geregelt.

Istkaufmann
Kaufmann im Sinne des Handelsgesetzbuches ist, wer ein → Handelsgewerbe betreibt. Nach der Legaldefinition des Istkaufmanns gem. § 1 Abs. 1 HGB gilt als Gewerbe jede erlaubte, dauerhafte und auf Gewinnerzielung ausgerichtete Tätigkeit. Handelsgewerbe ist jeder Gewerbebetrieb, der einen nach Art und Umfang in kaufmännischer Weise eingerichteten Geschäftsbetrieb erfordert.

Kannkaufmann
Als Kannkaufmann gilt ein gewerbliches Unternehmen, das die Kaufmannseigenschaft nicht nach § 1 HGB durch Ausübung eines Handelsgewerbes erwirbt, sondern durch die Eintragung in das Handelsregister, vgl. § 2 HGB. Der Unternehmer ist berechtigt, aber nicht verpflichtet, die Eintragung in das Handelsregister vorzunehmen. Auch der Kaufmann kraft Eintragung ist daher ein Kannkaufmann, vgl. § 5 HGB. Infolge der Publizitätswirkung des Handelsregisters kann in dem Fall, dass die Firma im Handelsregister eingetragen ist, nicht mehr geltend gemacht werden, dass das Unternehmen kein Handelsgewerbe sei. Die handelsrechtlichen Vorschriften gelten auch für ein land- und forstwirtschaftliches Unternehmen, das im Handelsregister eingetragen wird, § 3 Abs. 2 HGB.

Kaufmann
Die Feststellung der Kaufmannseigenschaft ist Voraussetzung für die Anwendung der Vorschriften des Handelsgesetzbuches. Die Kaufmannseigenschaft entsteht durch Gesetz gem. § 1 HGB für den → Istkaufmann und den → Formkaufmann gem. § 6 HGB oder durch Eintragung für den → Kannkaufmann gem. §§ 2 ff. HGB.

Kaufvertrag
Der Kaufvertrag ist auf die Übereignung einer Sache gegen Zahlung des Kaufpreises gerichtet, § 433 BGB. Es gelten spezielle Vorschriften über die Rechts- und Sachmängelgewährleistung. Zu den Sonderformen des Kaufvertrags gehören der → Verbrauchsgüterkauf, der → Teilzahlungskauf und der finanzierte Kauf. Die kaufrechtlichen Vorschriften finden je nach Vertragsgestaltung auch Anwendung auf → Finanzierungsleasingverträge, Lieferungsverträge über vertretbare Sachen und → Lizenzverträge.

Körperschaft
Die körperschaftliche Struktur wird für Gesellschaften gewählt, die in ihrem Bestand

und Funktionieren unabhängig von den Mitgliedern sein soll. Charakteristische Merkmale einer Körperschaft sind ihre Rechtsfähigkeit als juristische Person, der Mitgliederwechsel und die Fremdorganschaft. Grundform der Körperschaft ist der eingetragene → Verein gem. §§ 21 ff BGB, Sonderformen sind z. B. die → GmbH und die → AG.

Kommanditgesellschaft
Es handelt sich um eine Personenhandelsgesellschaft, deren Zweck auf den Betrieb eines Handelsgewerbes gerichtet ist. Im Unterschied zur → oHG ist bei einem oder einigen Gesellschaftern die Haftung auf eine bestimmte Vermögenseinlage beschränkt (Kommanditisten), während andere Gesellschafter unbeschränkt haften (Komplementäre), vgl. §§ 161 ff. HGB. Der Kommanditanteil ist in das Handelsregister einzutragen. Sofern eine GmbH die Kommanditistenstellung einnimmt, handelt es sich um eine → GmbH & Co KG.

Kommanditgesellschaft auf Aktien
Die Mischform der KG a. A. weist eine körperschaftliche Struktur auf. Für die Komplementäre (persönlich haftende Gesellschafter) gilt das Recht der KG, während für die Aktionäre, die mit Aktien am Grundkapital beteiligt sind, das Aktienrecht anzuwenden ist. Geschäftsführung und Vertretung werden durch die Komplementäre wahrgenommen, während die Aktionäre in der Hauptversammlung vertreten sind.

Kommissionär
Kommissionär ist, wer es gewerbsmäßig übernimmt, Waren oder Wertpapiere für Rechnung eines anderen (des Kommittenten) im eigenen Namen zu kaufen oder zu verkaufen, vgl. §§ 383 ff. HGB. Der Kommissionär ist verpflichtet, das übernommene Geschäft (Ausführungsgeschäft) mit der Sorgfalt eines ordentlichen Kaufmanns durchzuführen. Er hat hierbei das Interesse des Kommittenten wahrzunehmen und dessen Weisungen zu befolgen.

Kommissionsagent
Der Kommissionsagent ist als selbstständiger Gewerbetreibender von einem Unternehmer dauerhaft damit betraut, für dessen Rechnung aber im eigenen Namen Waren oder Wertpapiere zu verkaufen. Seine Tätigkeit entspricht einem → Kommissionär im Verkauf, der in das Vertriebssystem eines Unternehmen eingegliedert ist.

Kontokorrent
Im kaufmännischen Geschäftsverkehr führt eine Kontokorrentabrede (laufende Rechnung) dazu, dass die Forderungen zunächst nur buchmäßig erfasst und erst nach einem vereinbarten Zeitabschnitt verrechnet werden. Die Saldierung lässt eine neue Forderung (Saldoforderung) entstehen, § 355 BGB. Der Girovertrag ist ein Beispiel für eine Kontokorrentvereinbarung.

Konzern
Ein Konzern entsteht durch die Zusammenfassung eines herrschenden und mehrerer abhängiger Unternehmen unter einheitlicher Leitung des herrschenden Unternehmens, vgl. § 18 AktG. Auch die Zusammenfassung mehrerer rechtlich selbstständiger Unternehmen unter einheitlicher Leitung wird als Konzern angesehen, selbst wenn kein Abhängigkeitsverhältnis vorhanden ist.

Körperschaft
Die körperschaftliche Struktur wird für Gesellschaften gewählt, die in ihrem Bestand und Funktionieren unabhängig von den Mitgliedern sein soll. Charakteristische Merkmale einer Körperschaft sind ihre Rechtsfähigkeit als juristische Person, der Mitgliederwechsel und die

Fremdorganschaft. Grundform der Körperschaft ist der eingetragene → Verein gem. §§ 21 ff. BGB, Sonderformen sind z. B. die → GmbH und die → AG.

Kündigung
Dauerschuldverhältnisse (Miet-, Pacht-, Dienstvertrag) können durch die Kündigung einer Vertragspartei mit Wirkung für die Zukunft beendet werden. Die ordentliche Kündigung erfolgt auf der Grundlage eines gesetzlichen oder vertraglichen Kündigungsrechtes und beendet den Vertrag mit Ablauf einer Kündigungsfrist. Die außerordentliche Kündigung bedarf eines wichtigen Grundes und wird in aller Regel fristlos ausgesprochen, vgl. §§ 314, 626 BGB. Die Vereinbarung einer Befristung schließt das Recht zur ordentlichen Kündigung aus.

Lagergeschäft
Durch den Lagervertrag wird der Lagerhalter verpflichtet, das Gut zu lagern und aufzubewahren, vgl. §§ 467 ff. HGB. Der Lagerschein ist ein kaufmännisches → Orderpapier, das die Verpflichtung des Lagerhalters zur Auslieferung des Gutes verbrieft.

Leasing
Es werden zwei Arten des Leasing unterschieden. Das Hersteller-Leasing ist eine langfristige Gebrauchsüberlassung an einem Wirtschaftsgut, das zwischen dem Hersteller und einem Leasingnehmer vereinbart wird und mit dem → Mietvertrag vergleichbar ist. Im Finanzierungs-Leasing erwirbt der Leasinggeber das Leasinggut von dem Hersteller und überlässt dem Leasingnehmer den Besitz und Gebrauch der Sache. Sofern bei Ablauf der Leasingzeit die Sache verbraucht und durch die erbrachten Leasingzahlungen auch finanziert ist, ähnelt die Vertragsgestaltung dem → Kaufvertrag.

Leistung
Nach der Legaldefinition dieses Begriffs ist der Gläubiger kraft eines Schuldverhältnisses berechtigt, vom Schuldner eine Leistung zu fordern. Die Leistung kann auch in einem Unterlassen bestehen, vgl. § 241 BGB. Dieser Leistungsbegriff liegt dem Recht der → Pflichtverletzungen in Schuldverhältnissen zu Grunde.

Leistungsort
Der gesetzliche Leistungsort ist der Wohn- oder Geschäftssitz des Gläubigers, vgl. § 269 BGB. Da das Vertragsrecht weitgehend dispositiv ist, kann anstelle der gesetzlich geregelten → Holschuld auch eine → Schickschuld oder → Bringschuld vereinbart werden.

Leistungsverweigerungsrecht
Es handelt sich um Gegenrechte, die von Amts wegen berücksichtigt werden (Unmöglichkeit der Leistung gem. § 275 BGB) oder als → Einrede vom Schuldner in seinem eigenen Interesse geltend gemacht werden müssen, wonach der Schuldner die Leistung verweigern kann. Beispiele sind das → Zurückbehaltungsrecht, die Einreden des nichterfüllten Vertrags oder der → Verjährung und bei einer Ausfallbürgschaft die → Einrede der Vorausklage.

Leistungszeit
→ Fälligkeit.

Legalzession
Als Legalzession wird ein gesetzlicher Forderungsübergang bezeichnet, der z. B. eintritt, wenn ein Gesamtschuldner die Verbindlichkeit tilgt, vgl. § 426 Abs. 2 BGB oder der Bürge den Gläubiger befriedigt, vgl. § 774 BGB. Im Fall der Legalzession geht die Forderung des Gläubigers kraft Gesetzes auf den Gesamtschuldner bzw. den Bürgen über, sodass es keiner Abtretung bedarf.

Lieferungsvertrag
Im Unterschied zum Werkvertrag schuldet der Unternehmer nicht nur die Herstellung, sondern auch die Übereignung einer beweglichen Sache, vgl. § 651 BGB. Auf einen solchen Vertrag finden die Vorschriften des → Kaufrechts Anwendung. Ist der Lieferungsvertrag für beide Teile ein Handelsgeschäft, gilt die → kaufmännische Untersuchungs- und Rügepflicht gem. § 377 HGB.

Lizenzvertrag
Durch Lizenzvertrag gestattet der Lizenzgeber dem Lizenznehmer die Mitnutzung an einem Recht. Es kann sich um ein gewerbliches Schutzrecht (Patent, Muster, Marke) oder um ein Urheberrecht handeln.

Bei Vereinbarung einer einfachen Lizenz erhält der Lizenznehmer die Befugnis zur Nutzung des Rechts in dem vereinbarten Umfang. Er kann z. B. ein urheberrechtlich geschütztes Computerprogramm nur auf einem Rechner nutzen (Einplatzlizenz), im gesamten Betrieb (Mehrplatzlizenz), im Netz (Netzwerklizenz) oder im Konzern (Konzernlizenz). Jede Abweichung von der vereinbarten Nutzungsart ist eine Lizenzverletzung.

Die ausschließliche Lizenz, welche auch den Lizenzgeber an der Nutzung des Rechts hindert, bedarf einer ausdrücklichen Vereinbarung, z. B. ausschließliche Herstellungslizenz für ein Patenterzeugnis in einem bestimmten Gebiet und für eine gewisse Dauer.

Mängelanzeige, Mängelrüge
Sofern der Vertragsgegenstand Mängel aufweist, dient die substantiierte Mängelanzeige der Vorbereitung und dem Erhalt der → Mängelgewährleistungsansprüche. Im beiderseitigen Handelskauf ist die kaufmännische → Untersuchungs- und Rügepflicht gem. § 377 HGB zu beachten, weil die verspätete oder unterlassene Rüge zur Genehmigung der Ware führt und damit zur Änderung des Vertrages bzw. zum Ausschluss der Gewährleistung.

Verbraucher sind durch § 309 Nr. 8 b) ee) BGB geschützt, wonach Allgemeine Geschäftsbedingungen über Lieferungen neuer Sachen keine Ausschlussfristen für die Rüge offensichtlicher Mängel enthalten dürfen, die kürzer sind als die gesetzlichen Gewährleistungsfristen, das sind regelmäßig zwei Jahre, vgl. z. B. § 438 Abs. 1 Nr. 3 BGB.

Mängelgewährleistung
Das Recht der Mängelgewährleistung folgt der jeweiligen Vertragsart, vgl. → Gewährleistung. In aller Regel erhalten der Käufer im Kaufvertrag oder der Besteller im Werkvertrag folgende Mängelgewährleistungsrechte:

- Nacherfüllung (wahlweise Mängelbeseitigung oder Lieferung einer mangelfreien Sache)
- Selbstbeseitigung des Mangels und Aufwendungssatz im Werkvertrag
- Rücktritt vom Vertrag
- Minderung des Kaufpreises oder des Werklohnes
- Schadensersatz oder Aufwendungsersatz
- Neulieferung im Kaufvertrag (Gattungssache).

Die Mängelgewährleistungsrechte können durch → Garantievereinbarung gestaltet werden, wobei in Verträgen mit Verbrauchern die §§ 305 ff. BGB zu beachten sind.

Minderung
Es handelt sich um ein → Mängelgewährleistungsrecht nach den Spezialregeln der jeweils einschlägigen Vertragsart. Im

Kaufvertrag erfolgt die Minderung gem. §§ 437, 441 BGB, im Mietvertrag gem. § 536 und im Werkvertrag gem. § 638 BGB. Sofern keine Minderungsregeln vorhanden sind, kann der Vertragspartner im Fall einer Schlechtleistung u. U. mit einem Schadensersatzanspruch wegen → Pflichtverletzung aufrechnen.

Mietvertrag
Durch den Mietvertrag wird der Vermieter verpflichtet, dem Mieter den Gebrauch der vermieteten Sache während der Mietzeit zu gewähren. Der Mieter ist verpflichtet, dem Vermieter die vereinbarte Miete zu zahlen, vgl. § 535 BGB. Der Vermieter hat die Mietsache während der gesamten Mietdauer in einem zu dem vertragsgemäßen Gebrauch geeigneten Zustand zu erhalten.

Da das Bürgerliche Recht einen starken Mieterschutz enthält, erfolgt die entgeltliche Gebrauchsüberlassung von Wirtschaftsgütern regelmäßig im Wege des → Leasingvertrages.

Nachbesserung
→ Nacherfüllung

Nacherfüllung
Es handelt sich um ein → Mängelgewährleistungsrecht in Kauf- und Werkverträgen. Der Käufer kann nach seiner Wahl die Beseitigung des Mangels (Nachbesserung) oder die Lieferung einer mangelfreien Sache (Neulieferung) verlangen, § 439 BGB. Im Werkvertrag kann der Unter-nehmer nach seiner Wahl den Mangel selbst beseitigen (Selbstbeseitigung) oder ein neues Werk herstellen (Neuherstellung), § 635 BGB. Die zum Zweck der Nacherfüllung erforderlichen Kosten sind vom Verkäufer oder vom Werkunternehmer zu tragen.

Die Geltendmachung des Nacherfüllungsrechts erfolgt durch Fristsetzung. Nach erfolglosem Fristablauf kann der Käufer vom Kaufvertrag zurücktreten oder den Kaufpreis mindern. Entsprechende Rechte hat der Besteller im Werkvertrag.

Nichtigkeit
Eine mangelhafte Willenserklärung kann nichtig oder anfechtbar sein. Bei Nichtigkeit gilt die Willenserklärung als nicht vorhanden. Diese Rechtsfolge ergibt sich z. B. bei einer von einem Geschäftsunfähigen abgegebenen Willenserklärung gem. § 105 BGB, Schein- oder Scherzerklärungen gem. §§ 117, 118 BGB oder rechtswidrigen oder sittenwidrigen Rechtsgeschäften gem. §§ 134, 138 BGB. Auch die Rechtsfolge einer → Anfechtung ist die Nichtigkeit des Rechtsgeschäfts, § 142 BGB.

offene Handelsgesellschaft (oHG)
Eine Gesellschaft, deren Zweck auf den Betrieb eines Handelsgewerbes unter gemeinschaftlicher Firma gerichtet ist, ist eine oHG, wenn bei keinem der Gesellschafter die Haftung gegenüber den Gesellschaftsgläubigern beschränkt ist. Alle Gesellschafter haften persönlich, gesamtschuldnerisch und unbeschränkt für Gesellschaftsverbindlichkeiten, §§ 105, 128 HGB.

Die Wirksamkeit der oHG im Außenverhältnis entsteht durch Eintragung in das → Handelsregister oder durch einvernehmliche Aufnahme der Geschäfte, § 123 HGB.

Orderpapiere
Nach den Grundsätzen des Wertpapierrechts werden Orderpapiere durch eine sog. Orderklausel charakterisiert. Sie lauten auf eine namentlich benannte Person oder deren Order. Die Übertragung erfolgt durch Einigung, Indossament und Übergabe des Papiers. Das bekannteste Orderpapier ist der Wechsel, ferner Namensscheck und Namensaktie.

Eine Sonderstellung nehmen die kaufmännischen Orderpapiere gem. § 363 HGB ein; dazu gehören Anweisungen auf einen Kaufmann, Verpflichtungsscheine des Kaufmanns, Konnossemente, Ladescheine, Lagerscheine und Transportversicherungspolicen. Durch Indossament und Übergabe der Urkunde wird das darin verbriefte Recht übertragen, sodass der Güterumlauf erleichtert wird, vgl. § 364 HGB.

Organhaftung
Die Haftung einer Körperschaft für schuldhaftes Handeln ihrer Organe ist für den Verein in § 31 BGB geregelt. Der Verein ist für den Schaden verantwortlich, den der Vorstand, ein Mitglied des Vorstandes oder ein anderer verfassungsmäßig berufener Vertreter durch eine in Ausführung der ihm zustehenden Verrichtungen begangene, zum Schadensersatz verpflichtende Handlung einem Dritten zufügt. Diese Vorschrift über die Organhaftung findet analoge Anwendung auf sämtliche juristischen Personen des privaten und öffentlichen Rechts und auf die Personenhandelsgesellschaften und ist daher für den Geschäftsführer der GmbH ebenso einschlägig wie für den Vorstand und Aufsichtsrat der AG und die vertretungsberechtigten Gesellschafter der oHG oder der KG.

Pachtvertrag
Im Unterschied zum → Mietvertrag umfasst der Pachtvertrag nicht nur den entgeltlichen Gebrauch einer Sache, sondern auch die Früchteziehung, vgl. §§ 581 ff. BGB. Sofern die Sache einen Ertrag abwirft oder sich durch die Nutzung der Sache Gewinne erzielen lassen (Unternehmen, Grundstücke), handelt es sich um einen Pachtvertrag. Auf diesen Vertrag finden die mietrechtlichen Vorschriften Anwendung, wobei die Spezialregelungen für die Landpacht vorrangig sind, vgl. §§ 585 ff. BGB.

Partnerschaftsgesellschaft
Es handelt sich um eine Gesellschaftsform, die für Freiberufler geeignet ist. Rechtsgrundlage ist das Partnerschaftsgesetz (PartGG).

Personengesellschaft
Grundform der Personengesellschaft ist die → Gesellschaft bürgerlichen Rechts (GbR), Spezialformen sind die Personenhandelsgesellschaften (→ oHG und → KG). Träger von Rechten und Pflichten sind die Gesellschafter, die auch Geschäftsführungs- und Vertretungsrechte wahrnehmen. Bei einem Gesellschafterwechsel oder Austreten eines Gesellschafters ändert sich die Identität und die Gesellschaft muss liquidiert werden, sofern keine vertragliche Nachfolgeregelung getroffen wurde.

Personenhandelsgesellschaft
Im Unterschied zur Personengesellschaft ist bei einer Personenhandelsgesellschaft der Zweck auf den Betrieb eines Handelsgewerbes ausgerichtet. Hierzu gehören insbesondere die → oHG und die → KG.

Pfandrecht
Pfandrechte entstehen durch Gesetz oder Vertrag. Zu den gesetzlichen Pfandrechten gehören insbesondere

- Unternehmerpfandrecht gem. § 647 BGB
- Vermieterpfandrecht gem. §§ 562 ff. BGB
- Pfandrecht des Gastwirts gem. § 704 BGB
- Pfandrecht des Kommissionärs gem. § 397 HGB
- Pfandrecht des Spediteurs gem. § 464 HGB
- Pfandrecht des Lagerhalters gem. § 475b HGB

- Pfandrecht des Frachtführers gem. § 441 HGB.

Pfandrechte an Sachen, Rechten und Forderungen können durch Rechtsgeschäft begründet werden. Bei Vereinbarung eines verlängerten oder erweiterten → Eigentumsvorbehaltes entsteht ein Pfandrecht an der Sache.

Pflichtverletzung im Schuldverhältnis
Die Pflichtverletzung ist der zentrale Begriff der Leistungsstörung in Schuldverhältnissen, §§ 280 ff. BGB. Voraussetzungen für einen Schadensersatzanspruch wegen Pflichtverletzung sind:

- Schuldverhältnis gem. 311 BGB
- Pflichtverletzung gem. 242 BGB
- Verschulden gem. §§ 276, 278 BGB.

Wird der Schadensersatzanspruch statt der Leistung wegen nicht oder nicht wie geschuldeter Leistung geltend gemacht, muss der Gläubiger dem Schuldner eine angemessene Frist zur Leistung oder Nacherfüllung bestimmen, § 281 BGB. Die Fristsetzung ist nur ausnahmsweise entbehrlich oder kann durch eine Abmahnung ersetzt werden. Weitere Rechtsfolgen einer Pflichtverletzung sind das Kündigungsrecht gem. § 314 BGB oder das Rücktrittsrecht gem. § 323 BGB.

Privatautonomie
Der Grundsatz der Privatautonomie (auch: Vertragsfreiheit) enthält eine weitgehende Abschluss- und Gestaltungsfreiheit im Vertragsrecht, § 311 BGB. Die Regelungen des Bürgerlichen Rechts sind überwiegend dispositiv, d. h. die Vertragsparteien können die ihren Interessen entsprechende Vertragsgestaltung wählen und sogar neue Vertragsformen bilden. Sie entscheiden darüber, ob, mit wem und mit welchem Inhalt sie Verträge abschließen und gestalten. Da Verträge bis auf wenige Ausnahmen formfrei sind, können sie auch mündlich oder konkludent zu Stande kommen. Die Grenze bildet der Kontrahierungszwang (z. B. in der Energieversorgung oder bei öffentlichen Beförderungsunternehmen) und das zwingende Gesetzesrecht sowie die Verkehrssitten, vgl. §§ 134, 138 BGB.

Produkthaftung
Es handelt sich um eine verschuldensunabhängige Haftung für Gefahren und Schäden, die sich infolge des Inverkehrbringens fehlerhafter Produkte ergeben. Rechtsgrundlage ist das Produkthaftungsgesetz.

Als Hersteller haften der End- oder Teilprodukthersteller oder der Quasihersteller, der das Produkt mit seiner Firma oder Marke kennzeichnet. Falls sich ein Hersteller nicht ermitteln lässt, haftet jeder Importeur des Produkts in den Europäischen Wirtschaftsraum und ist auch ein solcher nicht festzustellen, jeder Lieferant, es sei denn, er kann den Vorlieferanten oder den Hersteller benennen. Mehrere Ersatzpflichtige haften als → Gesamtschuldner.

Produzentenhaftung
Die Haftung des Produzenten für Gefahren und Schäden, die sich aus dem Gebrauch des Produkts ergeben, folgt aus dem → Deliktsrecht. Es handelt sich um die rechtswidrige und schuldhafte Verletzung einer Verkehrssicherungspflicht gem. § 823 Abs. 1 BGB.

Danach ergibt sich eine Haftung für Konstruktionsfehler, Materialfehler, Fabrikationsfehler und Informationsfehler (unrichtige oder unvollständige Angaben in der Bedienungs- oder Gebrauchsanleitung). Dem Produzenten obliegen auch Produktbeobachtungspflichten nach dem Inverkehrbringen des Produkts zur Ermittlung von Gefahren für die Verbraucher bei dem Gebrauch oder der Anwendung.

Prokura
Es handelt sich um eine Spezialform der handelsrechtlichen → Vollmacht gem. §§ 48 ff. HGB. Die Prokura kann nur vom Inhaber des Handelsgeschäfts oder seinem gesetzlichen Vertreter und nur mittels ausdrücklicher Erklärung erteilt werden. Eine in anderer Form erteilte Vollmacht eines Kaufmanns gilt als → Handlungsvollmacht gem. §§ 54 f. HGB.

Die Prokura ist in das Handelsregister einzutragen und ermächtigt zu allen Arten von gerichtlichen und außergerichtlichen Geschäften und Rechtshandlungen. Eine Beschränkung des Umfangs der Prokura ist Dritten gegenüber unwirksam.

Rechtsfähigkeit
Es handelt sich um die Fähigkeit, Träger von Rechten und Pflichten zu sein und damit im Rechtsverkehr handlungsfähig zu werden. Die Rechtsfähigkeit des Menschen beginnt mit der Vollendung seiner Geburt, vgl. § 1 BGB. Bei natürlichen Personen ist auch die → Geschäftsfähigkeit mit Vollendung des 18. Lebensjahres für die Eingehung schuldrechtlicher Verpflichtungen von Bedeutung. Die juristischen Personen (GmbH, AG) erlangen Rechtsfähigkeit mit Eintragung in das Handelsregister. Personenhandelsgesellschaften erhalten kraft Gesetzes eine beschränkte Rechtsfähigkeit, vgl. § 124 HGB.

Rechtsgeschäft
Es sind einseitige und zweiseitige Rechtsgeschäfte zu unterscheiden. Ein Rechtsgeschäft besteht aus mindestens einer Willenserklärung (Testament, Bürgschaftserklärung, Schenkungsversprechen, Kündigungs- und Rücktrittserklärung, Anfechtungserklärung, Aufrechnungserklärung etc.). Zweiseitige Verträge begründen gegenseitige Leistungspflichten (Kaufvertrag, Werkvertrag, Mietvertrag etc.).

Rechtsmängel
Weist eine Willenserklärung Rechtsmängel auf, führt dies zu ihrer → Nichtigkeit oder → Anfechtbarkeit. Ist dagegen eine vertraglich geschuldete Sache mit einem Rechtsmangel behaftet, sind in Kauf-, Miet- und Werkverträgen die Vorschriften über die → Rechtsmängelgewährleistung anzuwenden. Eine Kaufsache ist frei von Rechtsmängeln, wenn Dritte in Bezug auf die Sache keine oder nur die vertraglich übernommenen Rechte gegen den Käufer geltend machen können, § 435 BGB. Eine entsprechende Definition des Sachmangels besteht im Werkvertrag gem. § 633 Abs. 3 BGB. Als Rechtsmangel der Mietsache gilt z. B. der Gebrauchsentzug durch einen Dritten, § 536 Abs. 3 BGB.

Rechtsmängelgewährleistung
Ansprüche wegen Rechtsmängeln sind in Kauf-, Miet- und Werkverträgen gegeben. Es handelt sich um → Gewährleistungsansprüche, die gleicher-maßen auch wegen Sachmängeln geltend gemacht werden können, z. B. Nacherfüllung, Rücktritt bzw. Kündigung, Minderung und Schadensersatz.

Rechtsschein
Die Haftung für einen zurechenbaren Rechtsschein wird aus § 242 BGB hergeleitet. Ein Beispiel ist die Anscheinsvollmacht, wonach der Vertretene aus Willenserklärungen verpflichtet wird, die jemand ohne ausdrückliche Vollmacht in seinem Namen abgibt, wenn er den Anschein für das Vorhandensein einer Vollmacht gegeben hat. Auch die Ladenvollmacht gem. § 56 HGB ist eine Rechtsscheinvollmacht. Der Scheinkaufmann, der sich verhält, als wäre er Kaufmann, muss die Anwendung handelsrechtlicher Vorschriften gegen sich gelten lassen. Ein

bekannter Anwendungsfall ist der Rechtsschein des → Handelsregisters gem. § 15 HGB. Von eingetragenen Tatsachen geht der Rechtsschein für ihr Bestehen aus; ebenso gelten nicht eingetragene aber eintragungspflichtige Tatsachen im Handelsverkehr als nicht vorhanden.

Rücktritt
Die Ausübung eines Rücktrittsrechts bewirkt die Entstehung eines Rückgewährschuldverhältnisses, vgl. §§ 346 ff. BGB. Das Rücktrittsrecht entsteht durch Gesetz gem. § 326 BGB wegen nicht oder nicht vertragsgemäß erbrachter Leistung, im Fixgeschäft gem. § 376 HGB oder durch Vertrag.

Sachdarlehen
Durch den Sachdarlehensvertrag verpflichtet sich der Darlehensgeber, dem Darlehensnehmer eine vereinbarte vertretbare Sachen zu überlassen, §§ 607 ff. BGB. Der Darlehensnehmer ist zur Zahlung eines Darlehensentgelts und bei Fälligkeit zur Rückerstattung von Sachen in gleicher Art, Güte und Menge verpflichtet. Vertretbare Sachen i. S. des § 91 BGB sind z. B. genormte Produkte oder Verpackungen.

Sachmängel
Die Haftung des Verkäufers für Sachmängel oder des Werkunternehmers für Mängel des Werkes ergibt sich aus dem → Gewährleistungsrecht, vgl. §§ 434 ff., 631 ff. BGB. Als Sachmangel im Kaufvertrag gelten Abweichungen von der vertraglich vereinbarten Beschaffenheit der Sache. Auch die fehlende Eignung für die vertraglich vorausgesetzte oder gewöhnliche Verwendung ist ein Sachmangel. Ferner ist ein Sachmangel gegeben, wenn die vereinbarte Montage unsachgemäß durchgeführt wurde oder die Montageanleitung fehlerhaft ist. Einem Sachmangel im Kaufvertrag steht es gleich, wenn der Verkäufer eine andere Sache oder eine zu geringe Menge liefert.

Schadensersatz
Ansprüche auf Schadensersatz sind als Rechtsfolge verschiedener Sachverhalte gesetzlich vorgesehen, z. B. wegen Pflichtverletzungen im Schuldverhältnis gem. §§ 280 ff. BGB und im Deliktsrecht gem. §§ 823 ff. BGB. Für die Berechnung des Schadensumfangs gelten die §§ 249 ff. BGB, wonach die Naturalrestitution Vorrang vor dem Geldersatz hat. Das Mitverschulden des Geschädigten ist zu berücksichtigen, § 254 BGB.

Scheinkaufmann
Ein Gewerbetreibender unterliegt der Anwendung handelsrechtlicher Vorschriften, wenn er den zumutbaren → Rechtsschein für das Bestehen der Kaufmannseigenschaft setzt. Dies kann durch Eintragung in das Handelsregister geschehen, vgl. § 5 HGB, oder durch das Auftreten im Rechtsverkehr in kaufmännischer Weise, z. B. durch das Versenden eines kaufmännischen Bestätigungsschreibens oder durch Verwendung von Geschäftsbriefen nach firmenrechtlichen Grundsätzen, vgl. § 37a HGB.

Schickschuld
Der gesetzliche Leistungsort ist der Wohn- oder Geschäftssitz des Schuldners, vgl. § 269 BGB. Von dort hat der Gläubiger den Leistungsgegenstand abzuholen, vgl. → Holschuld. Bei Vereinbarung einer Schickschuld wird zwar nicht der Leistungsort geändert, doch übernimmt der Schuldner die Verpflichtung, den Leistungsgegenstand an einen Transporteur zu übergeben. Erst dadurch geht die Leistungsgefahr auf den Gläubiger über.

Ein Sonderfall der Schickschuld ist der Versendungskauf gem. § 447 BGB.

Die → Incoterms enthalten in den F-Klauseln die Vereinbarung eines Versendungskaufs (FCA, FAS, FOB).

Schmerzensgeld
Ein Anspruch auf Schmerzensgeld ist als Rechtsfolge nur im → Deliktsrecht vorgesehen. Im Fall der Verletzung des Körpers oder der Gesundheit sowie im Fall einer Freiheitsentziehung kann der Verletzte auch den immateriellen Schaden ersetzt verlangen, vgl. § 847 BGB.

Schriftform
Die Verletzung eines gesetzlichen oder vertraglichen Schriftformerfordernisses hat die → Nichtigkeit des Rechtsgeschäfts zur Folge, vgl. §§ 125 ff. BGB. Die Schriftform wird durch eine eigenhändige Unterschrift auf der schriftlichen Urkunde gewahrt. Eine Erklärung mittels E-Mail oder durch eingescannte Unterschrift erfüllt das Schriftformerfordernis daher nicht.

Die gesetzliche Schriftform ist z. B. für die → Bürgschaftserklärung, das Schuldversprechen und das Schuldanerkenntnis eines Nichtkaufmanns vorgesehen, §§ 766, 780, 781 BGB, 350 HGB, die Kündigung eines → Mietvertrages oder eines Dienstvertrages, §§ 564a, 623 BGB, das Schenkungsversprechen, § 518 BGB, das Verbraucherdarlehen gem. § 492 BGB und Finanzierungshilfen zwischen einem Unternehmer und einem Verbraucher gem. §§ 506 ff. BGB vorgesehen. Die Schriftform ist von der → elektronischen Form und der → Textform zu unterscheiden, vgl. → Formerfordernisse.

Schuldanerkenntnis
Durch Schuldanerkenntnis wird das Bestehen eines Schuldverhältnisses anerkannt, vgl. § 780 BGB. Ein konstitutives Schuldanerkenntnis liegt z. B. in der Anerkennung der Saldoforderung bei einem → Kontokorrent.

Schuldbeitritt
Im Unterschied zur → Schuldübernahme kann durch Vertrag zwischen dem Gläubiger und einem Dritten dieser neben dem bisherigen Schuldner in das Schuldverhältnis eintreten. Beispiel für einen gesetzlichen Schuldbeitritt ist der Eintritt des Erwerbers eines Unternehmens in die bestehenden Verbindlichkeiten bei Fortführung des Handelsgeschäfts unter bisheriger Firma gem. § 25 HGB.

Schuldnerverzug
Der Schuldner kann mit jeder → Leistungspflicht in Verzug geraten. Voraussetzungen des Schuldnerverzugs sind gem. § 286 BGB:

- Fälligkeit der Leistung
- Mahnung (kann ausnahmsweise entbehrlich sein, § 286 Abs. 2 BGB)
- Vertretenmüssen, d. h. die Leistungsverzögerung fällt in die Risikosphäre des Schuldners, § 286 Abs. 4 BGB.

Sonderregeln bestehen für den → Zahlungsverzug gem. § 286 Abs. 3 BGB. Im Verzugsfall entsteht ein Anspruch auf Schadensersatz wegen Pflichtverletzung gem. § 280 BGB, der neben den Erfüllungsanspruch tritt. Weitere Verzugsfolgen sind die Haftungserleichterung gem. § 287 BGB und der Anspruch auf Verzinsung einer Geldschuld gem. § 288 BGB.

Schuldübernahme
Eine Schuld kann von einem Dritten durch Vertrag mit dem Gläubiger in der Weise übernommen werden, dass der Dritte an die Stelle des bisherigen Schuldners tritt, vgl. §§ 414 ff. BGB. Rechtsfolge ist der Wechsel des Gläubigers ohne Veränderung der Forderung. Wird die Schuldübernahme mit dem Schuldner vereinbart, hängt die Wirksamkeit von der Genehmigung des Gläubigers ab, § 415 BGB.

Schuldverhältnis
Nach der Legaldefinition in § 241 BGB ist der Gläubiger kraft eines Schuldverhält-

nisses berechtigt, von dem Schuldner eine Leistung zu fordern. Die Leistung kann auch in einem Unterlassen bestehen. Zu unterscheiden sind vertragliche Schuldverhältnisse (Kaufvertrag, Werkvertrag, Mietvertrag etc.) und gesetzliche Schuldverhältnisse (Geschäftsführung ohne Auftrag, ungerechtfertigte Bereicherung und unerlaubte Handlung).

Schweigen als Willenserklärung
Im Rechtsverkehr kommt dem bloßen Schweigen grundsätzlich keine Bedeutung zu. Nur im Ausnahmefall kann das Schweigen einen Erklärungswert haben, z. B. wenn eine Verkehrssitte besteht, wonach ein Vertrag ohne Annahmeerklärung zu Stande kommt, vgl. § 151 BGB. Ein Beispiel ist der Garantievertrag mit dem Hersteller, der durch die Entgegennahme der einem Gerät beigelegten Garantieurkunde durch den Kunden zu Stande kommt.

Im kaufmännischen Rechtsverkehr können Geschäftsbesorgungsverträge gem. § 362 HGB durch das Schweigen eines Kaufmanns geschlossen werden.

Selbstkontrahieren
Ein Vertreter kann im Namen des Vertretenen mit sich im eigenen Namen oder als Vertreter eines Dritten ein Rechtsgeschäft nicht vornehmen, sog. Insichgeschäft, vgl. § 181 BGB. Durch Vertragsgestaltung kann das Verbot des Selbstkontrahierens abbedungen werden, was in Gesellschaftsverträgen häufig geschieht.

Sicherungssrecht
Es ist zwischen sachenrechtlichen (dinglichen) und schuldrechtlichen Sicherungsrechten zu unterscheiden. Zu den dinglichen Sicherungsrechten gehören z. B. die Hypothek, die Grundschuld und das Pfandrecht, aber auch der Eigentumsvorbehalt und das Sicherungseigentum. Zu den schuldrechtlichen Sicherungsrechten werden z. B. die Sicherungszession und die Bürgschaft gerechnet.

Sittenwidrigkeit
Der Schuldner ist verpflichtet, die → Leistung so zu bewirken, wie Treu und Glauben mit Rücksicht auf die Verkehrssitte es erfordern, vgl. § 242 BGB. Diese Generalklausel ermöglicht eine Anpassung an die Änderung der allgemeinen Verkehrsanschauung und erfordert eine objektive Auslegung der Leistungspflicht.

Ein Rechtsgeschäft, das gegen die guten Sitten verstößt, ist nichtig, vgl. § 138 BGB. Die Sittenwidrigkeit ist durch ein Missverhältnis zwischen Leistung und Gegenleistung sowie durch Ausnutzung der Zwangslage, der Unerfahrenheit etc. des anderen gekennzeichnet.

Die vorsätzliche sittenwidrige Schädigung begründet einen Schadensersatzanspruch, vgl. § 826 BGB.

Speditionsgeschäft
Durch den Speditionsvertrag wird der Spediteur verpflichtet, die Versendung des Gutes zu besorgen, vgl. §§ 453 ff. HGB. Der Spediteur hat wegen aller durch den Speditionsvertrag begründeten Forderungen ein gesetzliches Pfandrecht an dem Gut gem. § 464 HGB. Es handelt sich um eine Sonderform des → Geschäftsbesorgungsvertrags.

Stückschuld
Im Unterschied zur → Gattungsschuld handelt es sich bei der Stückschuld und eine individuelle Leistungspflicht des Schuldners aus einem bestimmten Vertrag. Die Stückschuld kann bereits bei Vertragsabschluss als solche erkennbar sein, wenn es sich um ein Einzelstück (Antiquität, gebrauchte Sachen etc.) handelt. Sie kann aber auch durch Konkretisierung einer nur der Gattung nach geschulde-

ten Sache (serielle Fertigung) entstehen, wenn der Schuldner das zur Erfüllung seinerseits erforderliche getan hat.

- Holschuld: Der Schuldner muss den Leistungsgegenstand aussondern und bereitstellen. Die Konkretisierung erfolgt durch Kennzeichnung als Leistung aus einem bestimmten Vertrag, z. B. das Aufbringen der Kunden- oder Bestellnummer oder des Namens.
- Schickschuld: Der Schuldner übergibt den Leistungsgegenstand an einen Transporteur.
- Bringschuld: Der Schuldner bietet die Leistung am Erfüllungsort zur vereinbarten Zeit an.

Sukzessivlieferungsvertrag
Es handelt sich um Dauerlieferverträge, auf die die Regeln des → Kaufvertragsrechts anzuwenden sind. In einem Sukzessivliefervertrag gehören neben der Leistungsbeschreibung des Vertragsgegenstandes insbesondere die Gesamtbestellmenge, die Teilmengen und die Abrufzeiträume zu den typischen Vereinbarungen. Sukzessivlieferungsverträge sind z. B. Energieliefervereinbarungen, Bierlieferverträge und im industriellen Einkauf die Just-in-time-Beschaffung.

Teilzahlungsgeschäft
Es handelt sich um eine → Finanzierungshilfe. Entgegen der gesetzlichen Fälligkeitsbestimmung gem. § 271 BGB wird die Gegenleistung im Kaufvertrag oder in anderen Verträgen in einzelnen Raten entrichtet. Teilzahlungsgeschäfte zwischen einem Unternehmer und einem Verbraucher unterliegen besonderen Verbraucherschutzregeln gem. § 507 BGB. Der Vertrag bedarf der Schriftform, der Verbraucher hat ein Widerrufsrecht und ist im Fall eines Widerrufs an ein mit dem Teilzahlungsgeschäft verbundenen Darlehensvertrag nicht gebunden.

Termin
Für die in Gesetzen und Verträgen enthaltenen Frist- und Terminbestimmungen gelten die Auslegungsvorschriften er §§ 187 ff. BGB. Ist für den Anfang einer Frist ein Ereignis maßgebend (Kündigung), wird bei der Fristberechnung dieser Tag nicht mitgerechnet. Ist dagegen der Beginn eines Tages maßgebend, wird dieser Tag mitgerechnet.

Eine nach Tagen bestimmte Frist endet mit dem Ablauf des letzten Tages der Frist. Dies gilt auch für Fristen, die nach Wochen, Monaten und Jahren (Vierteljahr, halbes Jahr) bestimmt sind. Falls als Lieferzeit die 31. Kalenderwoche vereinbart wird, befindet sich der Schuldner am 1. Tag der 32. Kalenderwoche in → Verzug.

Textform
Um den elektronischen Geschäftsverkehr zu erleichtern und gleichzeitig den Anforderungen des Verbraucherschutzes zu genügen, wurde die Textform eingeführt, § 126b BGB. Im Unterschied zur → Schriftform gem. § 125 BGB ist keine eigenhändige Unterschrift erforderlich. Anders als bei der → elektronischen Form gem. § 126a BGB bedarf die Erklärung keiner qualifizierten elektronischen Signatur. Für die Textform reicht es aus, dass die Erklärung den Aussteller ausweist und zur dauerhaften Wiedergabe in Schriftzeichen geeignet ist.

Die Textform ist z. B. für die Ausübung des Widerrufsrechts durch Verbraucher gem. § 355 BGB vorgesehen, ebenso für die Belehrung über das Widerrufsrecht in Fernabsatzverträgen und im elektronischen Geschäftsverkehr.

UN-Kaufrecht (auch: CISG)
In → Kaufverträgen mit grenzüberschreitenden Warenlieferungen sind die Regeln des UN-Kaufrechts anzuwenden, falls sie

nicht ausdrücklich ausgeschlossen wurden. Deutschland ist seit 1991 Vertragsstaat dieses internationalen Abkommens (Convention of International Sales of Goods = CISG).

Unerlaubte Handlung
→ Deliktsrecht

Ungerechtfertigte Bereicherung
Das Bereicherungsrecht dient dem Ausgleich ungerechtfertigter Vermögensverschiebungen, vgl. §§ 812 ff. BGB. Wer durch die Leistung eines anderen oder in sonstiger Weise etwas ohne rechtlichen Grund erlangt, ist ihm zur Herausgabe verpflichtet. Die Leistungskondiktion ist von der Eingriffskondiktion zu unterscheiden.

Eine ungerechtfertigte Bereicherung durch die Leistung eines anderen erfolgt in aller Regel aufgrund der Nichtigkeit oder Anfechtung eines Vertrages, sofern die vertragliche Leistungspflicht ganz oder teilweise bereits erbracht wurde. Die Bereicherung durch einen Eingriff ist z. B. bei Verletzung gewerblicher Schutzrechte (Patent, Muster, Marke), bei Urheberrechts-, Eigentums-, oder Besitzverletzungen gegeben, sofern entweder in fremde Rechte eingegriffen oder eigene Aufwendungen erspart wurden.

Zu den Sondertatbeständen ungerechtfertigter Bereicherung gehört die Verfügung des Nichtberechtigten gem. § 816 BGB und der Verstoß gegen Gesetz oder gute Sitten gem. § 817 BGB. Der Umfang des Bereicherungsanspruchs erstreckt sich auch auf die gezogenen Nutzungen sowie auf das Surrogat und kann sich auch auf den Wertersatz beschränken. Die häufigste Einwendung ist der Wegfall der Bereicherung gem. § 818 Abs. 3 BGB.

Unmöglichkeit
Es handelt sich um eine Leistungsstörung für den Fall, dass die vertraglich geschuldete Leistung nicht erbracht werden kann, weder von dem Schuldner noch von einem anderen. Der Anspruch auf Leistung ist ausgeschlossen, und der Schuldner erhält ein Leistungsverweigerungsrecht gem. § 275 Abs. 2 BGB. Im Einzelfall kann der Gläubiger Schadensersatz statt der Leistung gem. § 283 BGB verlangen.

Unterlassungsanspruch
Ein Anspruch auf Unterlassung ist z. B. im Fall einer Eigentumsverletzung gem. §§ 823, 1004 BGB gegeben, ferner infolge unlauteren Wettbewerbs gem. § 8 UWG oder aus den zahlreichen Spezialregelungen des gewerblichen Rechtsschutzes (Patentverletzung, Gebrauchsmusterverletzung, Markenverletzung) oder bei einer Verletzung des Urheberrechts.

Unternehmer
Als Unternehmer gilt eine natürliche oder juristische Person oder eine Personengesellschaft, die bei Abschluss eines Rechtsgeschäfts in Ausübung ihrer gewerblichen oder selbstständigen beruflichen Tätigkeit handelt, vgl. § 14 BGB. Der Unternehmerbegriff im Sinne des Bürgerlichen Rechts ist daher umfassender als der Begriff des → Kaufmanns im Handelsrecht.

Untersuchungs- und Rügepflicht, kaufmännische
Die kaufmännische Untersuchungs- und Rügepflicht ist eine Obliegenheit des Käufers im gegenseitigen Handelskauf, § 377 HGB. Der Kaufmann ist verpflichtet, eingehende Waren unverzüglich zu untersuchen und etwaige Mängel unverzüglich zu rügen. Diese Pflicht betrifft Mängel im Sinne des § 434 BGB, d. h.

- Qualitätsabweichungen
- Minderlieferungen
- Artabweichungen (Aliud- oder Falschlieferungen).

Unterlässt der Kaufmann die unverzügliche Rüge, gilt die Ware (Warenmenge, Warenart) als genehmigt und der Kaufvertrag einvernehmlich geändert. → Mängelgewährleistungsansprüche sind ausgeschlossen; der Kaufpreis kann nicht gemindert werden.

Urheberrecht
Die Rechtsbeziehung des Urhebers zu seinem Werk (Sprachwerk, Musikwerk, Filmwerk etc.) ist durch das Urheberrechtsgesetz geschützt, vgl. § 1 UrhG. Der Urheber hat Verwertungsrechte an seinem Werk; er kann die Vervielfältigung, die Verbreitung, die Ausstellung des Werkes in körperlicher Form ebenso untersagen wie die Verwertung in unkörperlicher Form durch öffentliche Wiedergabe (Vortrag, Aufführung, Vorführung und Sendung etc.), §§ 15 ff. UrhG.

Die Mitnutzung an dem Urheberrecht kann durch → Lizenzvertrag gestattet werden. Dies gilt auch für die Bearbeitung und Umarbeitung des Werkes (Übersetzung). Die Digitalisierung und die Nutzung urheberrechtlich geschützter Werke im Internet sind lizenzbedürftige Nutzungsarten.

Verbraucher
Als Verbraucher gilt jede natürliche Person, die ein Rechtsgeschäfts zu einem Zweck abschließt, der weder ihrer gewerblichen noch selbstständigen beruflichen Tätigkeit zugerechnet werden kann, vgl. § 13 BGB.

Verbraucherdarlehen
Es handelt sich um entgeltliche Darlehensverträge zwischen einem → Unternehmer und einem → Verbraucher, § 491 BGB, wobei das auszuzahlende Darlehen 200 € übersteigt. Diese Verträge bedürfen der → Schriftform und müssen einen vorgegebenen Mindestinhalt aufweisen, § 492 BGB. Ferner steht dem Verbraucher ein Widerrufsrecht zu, §§ 355, 495 BGB.

Ein Kaufvertrag bildet ein mit dem Darlehensvertrag verbundenes Geschäft, wenn der Kredit der Finanzierung des Kaufpreises dient und beide Verträge eine wirtschaftliche Einheit bilden, § 358 Abs. 3 BGB. In diesem Fall kann der Verbraucher die Rückzahlung des Kredits verweigern, soweit Einwendungen aus dem verbundenen Kaufvertrag ihn gegenüber dem Verkäufer zur Verweigerung seiner Leistung berechtigen würden, § 359 BGB. Der Widerruf einer auf den Abschluss eines Verbraucherdarlehens gerichtete Willenserklärung erstreckt sich auch auf den damit verbundenen Vertrag, § 358 Abs. 2 BGB.

Verbrauchsgüterkauf
Kauft ein Verbraucher von einem Unternehmer eine bewegliche Sache, liegt ein Verbrauchsgüterkauf gem. §§ 474 ff. BGB vor. Ergänzend zu den allgemeinen Vorschriften des Kaufrechts gelten die speziellen Verbraucherschutzvorschriften. Der Gefahrübergang findet auch im Versendungskauf mit Übergabe der Kaufsache an den Käufer statt. Der Unternehmer kann sich auf Vereinbarungen, die von den Mängelgewährleistungsvorschriften abweichen, nicht berufen. Die Verjährungsfrist beträgt nicht weniger als 2 Jahre, bei Kauf gebrauchter Sachen nicht weniger als 1 Jahr. Tritt ein Sachmangel innerhalb von 6 Monaten seit Gefahrübergang ein, wird zu Gunsten des Verbrauchers vermutet, dass der Sachmangel bereits bei Gefahrübergang vorlag. Der Verkäufer müsste darlegen und beweisen, dass der Sachmangel später eingetreten ist. Garantieerklärungen müssen den Anforderungen des § 477 BGB genügen. Der Unternehmer hat einen Regressanspruch gegen seinen Lieferanten gem. §§ 478, 479 BGB.

Verein
Der Verein ist die Grundform der Körperschaft, §§ 21 ff. BGB. Er erlangt → Rechtsfähigkeit durch Eintragung in das Vereinsregister oder als wirtschaftlicher Verein durch staatliche Verleihung.

Organe des Vereins sind der Vorstand und die Mitgliederversammlung. Der Vorstand vertritt den Verein gerichtlich und außergerichtlich; seine Bestellung erfolgt durch Beschluss der Mitgliederversammlung.

Der Verein ist für den Schaden verantwortlich, den der Vorstand, ein Mitglied des Vorstands oder ein anderer verfassungsmäßig berufener Vertreter durch eine in Ausführung der ihm zustehenden Verrichtungen begangene, zum Schadensersatz verpflichtende Handlung einem Dritten zufügt, vgl. § 31 BGB. Die → Organhaftung wird auch in anderen Körperschaften und in den Personenhandelsgesellschaften analog angewandt.

Verfügungsgeschäft
Im Unterschied zum → Verpflichtungsgeschäft ändert eine Verfügung die sachenrechtliche Zuordnung des Eigentums zu einer Person. Während der Kaufvertrag als Verpflichtungsgeschäft anzusehen ist, stellt die Übereignung ein Verfügungsgeschäft dar. Die rechtsgeschäftliche Übertragung des → Eigentums erfolgt nach abstrakten sachenrechtlichen Regeln gem. §§ 929 ff. BGB. Das Verfügungsgeschäft tritt neben den Kaufvertrag.

Ist der Kaufvertrag unwirksam, bleibt die Übereignung gleichwohl wirksam. Das Eigentum müsste nach den Regeln der → ungerechtfertigten Bereicherung im Wege der Leistungskondiktion von dem Erwerber (Käufer) zurückübertragen werden, § 812 BGB. Hat der Erwerber die Sache bereits weiter veräußert, erstreckt sich der Bereicherungsanspruch auf den Veräußerungserlös.

Verjährung
Die Einrede der Verjährung ist ein → Leistungsverweigerungsrecht, vgl. § 214 BGB. Jeder Anspruch unterliegt der Verjährung, § 194 BGB. Daher ist zunächst das Vorhandensein eines Anspruchs zu prüfen, bevor nach der einschlägigen Verjährungsfrist gesucht werden kann.

Die regelmäßige Verjährungsfrist beträgt 3 Jahre, vgl. § 195 BGB. Die Verjährungsfrist bei Rechten an einem Grundstück beträgt 10 Jahre gem. § 196 BGB, bei Herausgabeansprüchen aus Eigentum und anderen dinglichen Rechten, familien- und erbrechtlichen Ansprüchen, rechtskräftig festgestellten Ansprüchen etc. 30 Jahre gem. § 197 BGB.

Verjährungsbeginn ist für die regelmäßige Verjährung der Schluss des Jahres, in dem der Anspruch entstanden ist und der Gläubiger von den anspruchsbegründenden Umständen und der Person des Schuldners Kenntnis erlangt, § 199 BGB. Andere Verjährungsfristen beginnen mit der Entstehung des Anspruchs, § 200 BGB. Zudem ist die Hemmung der Verjährung gem. §§ 203 ff. BGB zu beachten.

Verpflichtungsgeschäft
Als Verpflichtungsgeschäft wird die Begründung schuldrechtlicher Verpflichtungen angesehen, vgl. §§ 241, 311 BGB. Durch einen Kaufvertrag verpflichtet sich der Verkäufer zur Übereignung der Kaufsache, der Käufer zur Zahlung des Kaufpreises. Im Werkvertrag ist der Werkunternehmer zur Herstellung des Werkes, der Besteller zur Entrichtung der vereinbarten Vergütung verpflichtet. Im Mietvertrag verpflichtet sich der Vermieter zur Gebrauchsüberlassung an einer Sache, der Mieter zur Entrichtung des vereinbarten Mietzinses. Alle schuldrechtlichen Verträge sind daher Verpflichtungsgeschäfte.

Versendungskauf
Im Versendungskauf geht die Gefahr auf den Käufer über, sobald der Verkäufer die Sache dem Spediteur, dem Frachtführer oder der sonst zur Ausführung der Versendung bestimmten Person oder Anstalt ausgeliefert hat, vgl. § 447 BGB. Voraussetzungen sind:

- Vereinbarung einer → Schickschuld
- Versendung der Sache an einen anderen Ort als den Erfüllungsort im Einvernehmen mit dem Käufer
- Absendung der Sache vom Erfüllungsort.

Der Gefahrübergang im Kaufvertrag erfolgt grundsätzlich erst mit der Übergabe der Sache an den Käufer, vgl. § 446 BGB. Im Versendungskauf wird der Gefahrübergang vorverlegt, kann aber nur stattfinden, wenn die Sache vom → Erfüllungsort abgesandt wird. Erfolgt der Versand von einem anderen Ort oder ohne Einvernehmen mit dem Käufer, gilt für den Gefahrübergang § 446 BGB.

Vertrag
Ein Vertrag ist ein schuldrechtliches → Verpflichtungsgeschäft, das für die Vertragspartner bindend ist. Verträge sind einzuhalten; nur durch → Erfüllung wird der Schuldner von seiner Leistungspflicht frei.

Verträge kommen durch zwei übereinstimmende → Willenserklärungen zu Stande, Angebot und Annahme. Sie unterliegen dem Grundsatz der → Privatautonomie, d. h. die Vertragsparteien können im Rahmen der gesetzlichen Grenzen die Inhalte frei gestalten. Sie können ihren Vertrag jederzeit einvernehmlich ändern oder aufheben.

Sofern der Vertrag vorzeitig beendet werden soll, kann ein → Rücktritt oder eine → Kündigung erfolgen. Die Vertragsparteien können die Beendigungsmodalitäten vereinbaren. Sie können den Vertrag auch befristet abschließen, dann endet er ohne Kündigung durch Fristablauf.

Vertragsfreiheit
→ Privatautonomie

Vertragshändler
Der Vertragshändler ist ein Kaufmann, dessen Unternehmen in die Vertriebsorganisation eines Herstellers von Markenprodukten eingebunden ist. Er ist durch Vertragshändlervertrag verpflichtet, die Markenware im eigenen Namen und auf eigene Rechnung zu vertreiben und ihren Absatz zu fördern.

Aufgrund fehlender spezialgesetzlicher Regelung finden im Fall der Verletzung des Alleinvertriebsrechts, der Kündigung und für den Ausgleichsanspruch nach Vertragsbeendigung die Vorschriften über den → Handelsvertreter Anwendung.

Vertragsverletzung
Die schuldhafte Verletzung vertraglicher Leistungspflichten zieht Schadensersatzfolgen gem. §§ 280 ff. BGB nach sich. → Pflichtverletzung.

Vertretung
Die Vertretung hat zur Folge, dass eine Willenserklärung, die im Namen des Vertretenen abgegeben wird, sich unmittelbar für und gegen den Vertretenen auswirkt, § 164 BGB. Voraussetzungen für eine wirksame Vertretung:

- Zulässigkeit der Vertretung
- Handeln im fremden Namen
- Vertretungsmacht.

Die Vertretungsmacht entsteht kraft Gesetzes z. B. für Eltern, die Gesellschafter einer Personengesellschaft (GbR, oHG, KG), den Geschäftsführer einer GmbH und den Vorstand einer AG. Die vertragliche Vertretungsmacht entsteht durch die Erteilung einer → Vollmacht gem. § 167 BGB.

Verzug

Es ist zwischen dem → Schuldnerverzug gem. §§ 286 ff. BGB und dem → Gläubigerverzug (auch: Annahmeverzug) gem. §§ 293 ff. BGB zu unterscheiden. Denn sowohl der Schuldner als auch der Gläubiger können mit den ihnen obliegenden Leistungspflichten in Verzug geraten.

Vollmacht

Als Vollmacht wird die durch Vertrag entstehende Vertretungsmacht bezeichnet, vgl. § 167 BGB. Sie ermächtigt den Vertreter, Willenserklärungen im fremden Namen mit Wirkung für und gegen den Vertretenen abzugeben, § 164 BGB. Wird das Handeln im fremden Namen nicht erkennbar, hat der Vertreter ein Eigengeschäft abgeschlossen und ist selbst aus dem Vertrag verpflichtet.

Die Vollmacht kann in Form einer Spezialvollmacht für ein einzelnes Rechtsgeschäft, aber auch als Artvollmacht für bestimmte Arten von Verträgen oder als Generalvollmacht für alle Willenserklärungen des Vertretenen erteilt werden. Spezialgesetzliche Ausgestaltungen sind die → Prokura, die → Handlungsvollmacht und die Ladenvollmacht, vgl. §§ 48 ff. HGB.

Ein Vertrag, den ein Vertreter ohne Vertretungsmacht abschließt, ist schwebend unwirksam und wird erst durch die Genehmigung des Vertretenen wirksam, § 177 BGB. Andernfalls haftet der Vertreter ohne Vertretungsmacht auf Erfüllung oder Schadensersatz, § 179 BGB.

Werkvertrag

Durch den Werkvertrag wird der Unternehmer zur Herstellung des versprochenen Werkes, der Besteller zur Entrichtung der vereinbarten Vergütung verpflichtet, vgl. § 631 BGB. Der Werkvertrag ist auf das Erreichen eines Erfolges durch Arbeit oder Dienstleistung ausgerichtet. Beispiele sind die Ausführung von Bauleistungen, Installationen und Reparaturen, die Herstellung eines Computerprogramms oder eines Werbefilms, ferner Bauträgerverträge, Architektenverträge und → Frachtverträge.

Die Abnahmepflicht ist eine Hauptleistungspflicht des Bestellers, § 640 BGB. Mit der Abnahme wird der Vergütungsanspruch fällig und die Verjährungsfrist für die Gewährleistungsansprüche beginnt zu laufen. Ist das Werk mangelhaft, bestehen umfangreiche → Mängelgewährleistungsansprüche des Bestellers, § 634 BGB.

Wertpapier

Ein Wertpapier ist eine Urkunde, in der ein Recht verbrieft wird. Es kann z. B. als Zahlungsmittel dienen (Scheck) oder als Kreditmittel (Wechsel), ferner zur Erleichterung des Güterumlaufs (→ kaufmännische Orderpapiere) oder zur Kapitalaufbringung und Kapitalanlage (Aktie und Inhaberschuldverschreibung).

Im Wertpapierrecht werden die Inhaberpapiere (Theaterkarte, Lotterielos) und die Orderpapiere (Wechsel) unterschieden. Die Inhaberpapiere berechtigen den jeweiligen Inhaber zur Ausübung des verbrieften Rechts, d. h. das Recht aus dem Papier folgt dem Recht am Papier. Dagegen lauten die Orderpapiere an Order einer namentlich benannten Person, sodass das Recht am Papier dem Recht aus dem Papier folgt. Die Übereignung erfolgt durch Einigung, Indossament und Übergabe.

Widerruf

Das Widerrufsrecht bewirkt eine Aufhebung der Bindungswirkung einer Willenserklärung, vgl. § 355 BGB. In verschiedenen Verbraucherschutzgesetzen sind Widerrufsrechte des → Verbrauchers enthalten:

- Haustürgeschäfte gem. § 312 BGB
- Fernabsatzverträge gem. § 312d BGB
- Verbraucherdarlehensverträge gem. § 495 BGB
- Finanzierungshilfen für Verbraucher, §§ 506 ff. BGB.

Der Widerruf muss keine Begründung enthalten und ist in Textform oder durch Rücksendung der Sache innerhalb von 14 Tagen zu erklären. Zur Fristwahrung genügt die rechtzeitige Absendung. Die Frist beginnt mit dem Zeitpunkt, zu dem der Verbraucher eine deutlich gestaltete ordnungsgemäße Widerrufsbelehrung erhält. Das Widerrufsrecht kann durch ein Rückgaberecht ersetzt werden, falls der Vertragsabschluss aufgrund eines Verkaufsprospekts erfolgt, der das Rückgaberecht enthält, vgl. § 356 BGB.

Willenserklärung
Die Willenserklärung ist ein Rechtsgeschäft, das auf eine Rechtsfolge ausgerichtet ist. Im Vertragsrecht werden Verträge durch Abgabe von Willenserklärungen abgeschlossen, gestaltet und beendet.

Beispiele für Willenserklärungen sind das Angebot und die Annahme eines Vertrags, die Anfechtung, die Kündigung, der Rücktritt und die Aufrechnung.

Zahlungsverzug
Der Zahlungsverzug kann gem. § 286 Abs. 3 BGB unter erleichterten Voraussetzungen eintreten als der allgemeine → Verzug. Der Schuldner einer Entgeltforderung kommt spätestens in Verzug, wenn er nicht innerhalb von 30 Tagen nach Fälligkeit und Zugang einer Rechnung oder gleichwertigen Zahlungsaufstellung leistet. Aus Gründen des Verbraucherschutzes muss die Rechnung oder Zahlungsaufstellung einen entsprechenden Hinweis enthalten, wenn der Schuldner → Verbraucher ist und die Verzugsfolge nach 30 Tagen eintreten soll, § 286 BGB.

Zurückbehaltungsrecht, kaufmännisches
Es handelt sich um ein → Leistungsverweigerungsrecht.

Während das bürgerlich-rechtliche Zurückbehandlungsrecht gem. § 273 BGB Konnexität voraussetzt (Anspruch und Verpflichtung stammen aus demselben rechtlichen Verhältnis), sieht das kaufmännische Zurückbehaltungsrecht von dieser Voraussetzung ab.

Ein Kaufmann hat wegen der fälligen Forderungen, welche ihm gegen einen anderen Kaufmann aus den zwischen ihnen geschlossenen beiderseitigen Handelsgeschäften zustehen, ein Zurückbehaltungsrecht an beweglichen Sachen und Wertpapieren des Schuldners, § 369 HGB. Die Sachen oder Wertpapiere, auf die sich das kaufmännische Zurückbehaltungsrecht erstreckt, müssen mit Willen des Geschäftspartners und auf Grund von Handelsgeschäften in den Besitz des Kaufmanns gelangt sein, oder er muss mittels Konnossements, Ladeschein oder Lagerschein darüber verfügen können.

A. Grundlagen des Bürgerlichen Rechts

Bamberger/Roth, Kommentar zum Bürgerlichen Gesetzbuch, 3. Auflage, München 2012

Brox, Allgemeiner Teil des Bürgerlichen Gesetzbuches, 36. Auflage, Köln 2012

Brox/Walker, Allgemeines Schuldrecht, 36. Auflage, München 2012

Canaris/Grigoleit, Lehrbuch des Schuldrechts Band I: Allgemeiner Teil, 15. Auflage, München 2012

Eisenmann/Quittnat/Tavakoli, Rechtsfälle aus dem Wirtschaftsprivatrecht, 9. Auflage, Heidelberg 2011

Emmerich, Das Recht der Leistungsstörungen, 6. Auflage, München 2005

Führich, Wirtschaftsprivatrecht, 11. Auflage, München 2012

Führich/Werdan, Wirtschaftsprivatrecht in Fällen und Fragen, 5. Auflage, München 2010

Gottwald, Sachenrecht, 15. Auflage, München 2010

Klunzinger, Übungen im Privatrecht, 10. Auflage, München 2012

Köhler, BGB, Allgemeiner Teil, 36. Auflage, München 2012

Köhler/Lorenz, Schuldrecht I, Allgemeiner Teil, 21. Auflage, München 2010

Kornblum/Schünemann, Privatrecht für den Bachelor, 11. Auflage, Heidelberg 2011

Medicus/Lorenz, Schuldrecht I, Allgemeiner Teil, 19. Auflage, München 2012

Palandt, Bürgerliches Gesetzbuch, 72. Auflage, München 2012

Schwab/Prütting, Sachenrecht, 34. Auflage, München 2012

Steckler, Kompendium Wirtschaftsrecht, 7. Auflage, Ludwigshafen/Rhein 2009

Wörlen/Metzler-Müller, Schuldrecht, Allgemeiner Teil, 10. Auflage, München 2011

Wörlen/Kokemoor, Sachenrecht, 48. Auflage, Köln/München 2012

B. Vertragsrecht

Schrifttum zu den Grundlagen des Bürgerlichen Rechts und zusätzlich:

Brox/Walker, Besonderes Schuldrecht, 36. Auflage, München 2012

Köhler/Lorenz, Schuldrecht II, 19. Auflage, München 2011

Medicus/Lorenz, Schuldrecht II, Besonderer Teil, 16. Auflage, München 2012

Schlechtriem, Schuldrecht, Besonderer Teil, 7. Auflage, Tübingen 2012

Steckler/Bachert/Strauß, Kompendium Arbeitsrecht und Sozialversicherung, 7. Auflage, Ludwigshafen/Rhein 2010

Steckler, Grundzüge des Gewerblichen Rechtsschutzes, 2. Auflage, Bielefeld 1996

Steckler, Grundzüge des IT-Rechts, 3. Auflage, München 2010

Ulmer/Brandner/Hensen/Schmidt, AGB-Recht, 11. Auflage, Köln 2011

Wörlen/Metzler-Müller, Schuldrecht, Besonderer Teil, 10. Auflage, München 2011

Wolf/Horn/Lindacher, AGB-Recht, 5. Auflage, München 2009

C. Handelsrecht

Schrifttum zum Bürgerlichen Recht und zusätzlich:

Baumbach/Hopt, Handelsgesetzbuch, 35. Auflage, München 2012

Brox/Henssler, Handelsrecht, 21. Auflage, München 2011

Bülow, Handelsrecht, 6. Auflage, Stuttgart 2009

Jung, Handelsrecht, 9. Auflage, München 2011

Kindler, Grundkurs Handels- und Gesellschaftsrecht, 6. Auflage, München 2012

Klunzinger, Grundzüge des Handelsrechts, 14. Auflage, München 2011

Koller/Roth/Morck, Handelsgesetzbuch, 7. Auflage, München 2011

Lettl, Handelsrecht, 2. Auflage, München 2011

Lettl, Fälle zum Handelsrecht, München 2007

Wörlen/Kokemoor, Handelsrecht mit Gesellschaftsrecht, 11. Auflage, Köln 2012

D. Gesellschaftsrecht

Schrifttum zum Bürgerlichen Recht und zum Handelsrecht und zusätzlich:

Baumbach/Hueck, GmbH-Gesetz, 20. Auflage, München 2012

Eisenhardt/Wackerbarth, Gesellschaftsrecht I – Recht der Personengesellschaften, 15. Auflage, Heidelberg 2011

Hopt/Hehl, Gesellschaftsrecht, 5. Auflage, München 2012

Klunzinger, Grundzüge des Gesellschaftsrechts, 16. Auflage, München 2012

Roth/Weller, Handels- und Gesellschaftsrecht, 7. Auflage, München 2010

Windbichler, Gesellschaftsrecht, 23. Auflage, München 2013